本书受国家自然科学基金项目"基于人才聚集的高等院校协同创新机制研究（71473174）"和"山西省特色重点学科——太原理工大学管理科学与工程一级学科博士点项目"特色专业项目（800103-02010077）资助

国有企业员工组织政治知觉对绩效行为的影响研究

瞿皎姣　著

图书在版编目(CIP)数据

国有企业员工组织政治知觉对绩效行为的影响研究 / 瞿皎姣著.
—北京：知识产权出版社，2015.3
ISBN 978-7-5130-3371-8

Ⅰ.①国… Ⅱ.①瞿… Ⅲ.①国有企业—组织管理—影响—企业绩效—研究—中国 Ⅳ.①F279.241

中国版本图书馆CIP数据核字(2015)第043370号

内容提要

本书介绍组织中资源稀缺性和利益多重性之间的矛盾不可避免，人们总是会为获取稀缺资源而相互竞争，组织政治行为也就普遍存在。国外学者对组织政治的研究已开展30多年，形成了积极、消极、中立三种视角，研究取向也从客观政治行为转为主观政治知觉。

责任编辑：唐学贵　　　执行编辑：于晓菲　吕冬娟　　　责任出版：孙婷婷

国有企业员工组织政治知觉对绩效行为的影响研究
GUOYOU QIYE YUANGONG ZUZHI ZHENGZHI ZHIJUE DUI JIXIAO XINGWEI DE YINGXIANG YANJIU

瞿皎姣　著

出版发行：知识产权出版社 有限责任公司		网　　址：http://www.ipph.cn	
电　　话：010-82004826		http://www.laichushu.com	
社　　址：北京市海淀区马甸南村1号		邮　　编：100088	
责编电话：010-82000860转8363		责编邮箱：yuxiaofei@cnipr.com	
发行电话：010-82000860转8101/8029		发行传真：010-82000893/82003279	
印　　刷：北京中献拓方科技发展有限公司		经　　销：各大网上书店、新华书店及相关专业书店	
开　　本：720mm×960mm　1/16		印　　张：19.25	
版　　次：2015年3月第1版		印　　次：2015年3月第1次印刷	
字　　数：303千字		定　　价：58.00元	

ISBN 978-7-5130-3371-8

出版权专有　　侵权必究
如有印装质量问题，本社负责调换。

摘 要

组织中资源稀缺性和利益多重性之间的矛盾不可避免，人们常常会为了获取稀缺资源而相互竞争，组织政治行为也就普遍存在。国外学者对组织政治的研究已开展了30多年，形成了积极、消极、中立三种视角，研究取向也从客观政治行为转为主观政治知觉。

组织政治知觉作为成员对周围同事和上司自利行为发生程度的主观评价，已被证明会对员工态度和行为产生重要影响。关于组织政治知觉与工作绩效之间的关系，多数学者基于社会交换理论、工作压力理论得出了负向的结论。然而，对中国国有企业的现实观察却发现：国企中高组织政治知觉与高组织公民行为并存。这有悖于既有的研究结果，也是既有研究的分析逻辑所不能解释的。鉴于此，本研究基于中国国有企业情境，对员工组织政治知觉与工作绩效的关系展开研究，旨在探明国企员工的组织政治知觉对工作绩效的影响及机制，识别导致效应差异的企业、社会、文化方面的深层次原因。以期研究成果不仅有助于完善组织政治知觉领域的相关研究、拓展研究思路，为本土化和跨文化研究提供基础，还有利于揭示国企管理低效的原因，为推动国企的优化与转型，乃至中国民主化进程提供微观依据。

本研究遵循从一般到特殊的解析思路，以历史演化的分析视角，采用理论建构与实证分析相结合的研究方法来对国有企业员工组织政治知觉与工作绩效的关系问题展开研究。首先，通过相关文献的梳理与回顾，找出了既有研究的不足。然后，基于研究不足，选择 AMO 理论框架作为理论依据，建构了组织政治知觉与工作绩效关系的一般构型。接下来，对中国传统官僚政治文化、人情社会和国有企业的三重情境特性进行深入剖析，挖掘了影响中国员工组织政治知觉及反应的深层机理。继而，基于一般构型及情境特性的分析，本研究提出了研究模型与研究假设。鉴于工作自主性反映了员工在工作中的自觉程度，是机会型要素的有力代表；自我监控反映了个体对环境的敏感性及行为调适的能力，是能力型要素的有力代表，本研究构建了组织政治知觉对工作绩效影响的主效应、自我监控与工作自主性的双重调节效应、不同工作绩效维度间的交互效应模型，并基于资源保存理论框架，提出了相应研究假设。其后，据此展开了实证研究，包括实证设计、假设检验与结果讨论。

通过来自大型国有或国有控股企业的1224份数据，基于结构方程建模技术，运用SPSS、LISREL、MPLUS分析软件，得出了如下研究结果：不同维度的组织政治知觉对不同维度的工作绩效存在不尽相同的直接影响；员工的组织政治知觉与工作绩效之间的关系受自我监控和工作自主性的交互调节，其中自我监控的作用优先于工作自主性；组织公民行为与角色内绩效之间存在倒U形关系。研究结论表明，组织政治知觉对员工工作绩效的影响存在跨文化差异，国企员工的组织政治知觉对绩效既会产生积极影响，又会产生消极影响；国企的薪酬和晋升政策、工作设计等管理措施是导致员工过于重视组织公民行为而忽视本职工作的原因。

本研究的创新主要体现在：借鉴AMO理论模型提出了组织政治知觉与工作绩效的关系构型；对不同维度的组织政治知觉和工作绩效关系进行了区辨性分析；采取中立视角展开研究；利用MPLUS分析软件间接实现了对工作自主性和自我监控的3-way调节效应检验。但在研究设计、问卷设计、变量选择、分析技术和理论建构上仍存在一定不足，需在后续研究中予以改进。最后，本研究提出组织政治行为的构型研究、组织政治概念的本土化研究、跨情境的比较研究、多重中间机制的考察、增加国企身份向度的考察、组织政治知觉及其影响演变的追踪研究都是未来值得进一步探讨的议题。

关键词：组织政治知觉；角色内绩效；组织公民行为；工作自主性；自我监控；AMO理论模型；资源保存理论

Abstract

Conflict between resource scarcity and multiple parties' interests is inevitable, and people always compete with each other for scarce resource in organizations. In this sense, organizational political behaviors are widespread. Foreign scholars have already researched organization politics more than 30 years, which involve positive, negative and neutral perspectives. And the research orientation has shifted from objective political behavior to subjective political perception.

As for relationship between organizational political perception and work performance, most scholars get negative conclusions from social exchange theory and work pressure theory perspective. However, the realistic observation of Chinese state-owned enterprise points out, high political perception and high organizational citizenship behavior may coexist in state-owned enterprise. Contrary to existing study finding, this phenomenon can not be explained by existing research logic. Accordingly, based on Chinese state-owned enterprise context, the study pays attention to relations between employee organization political perception and work performance and aims to demonstrate related process mechanism and explores business, society, culture reasons of the influence differences. Research results may improve related researches in the field of organization political perception, extend research approaches and results, as well as make foundation to localization and cross-culture studies. In addition, it also assists to find out the reasons of low efficiency problems, promotes optimization and transformation of state-owned enterprise as well as provides micro-basis for Chinese democratization process.

The study follows from general to particular analysis approach, takes historical evolution perspective, and utilizes theory construction and empirical methods to analyze relationship between political perception and job performance. Firstly, the paper reviews related literature and discovers limitations of existing researches. Based on inadequate research, it takes AMO theoretical framework as theory foundation, and builds general configuration of organization political perception and job performance. Secondly, it does in-depth analysis to Chinese traditional bureaucratic political culture, relationship society and SOE and finally gets the deep mechanism of Chinese employee organization political perception and reaction. Thirdly, grounded on general configuration and context characteristic analysis, the study proposes research model and related hypotheses. Work autonomy reflects self-determination extent and becomes strong representative for opportunity components; while self-monitoring reflects individual's sensitivity and adaptability for environment and becomes representative for capability components. Then, the research builds research model involving main effect between organization political perception and job performance, dual-interaction effect between self-monitoring and work autonomy, and interactive effect among different job performance dimensions. Moreover, it takes the basis of conservation of resource theory, and proposes related research hypotheses. Finally, it does empirical research, including empirical design, hypothesis testing and results.

Through 1224 survey data from large size state-owned enterprise, the study utilizes SPSS, LISREL and MPLUS software, and gets conclusion as follows: various dimensions of organization political perception exert different direct effects on various dimensions of job performance; the relationship between organization political perception and job performance has been moderated by self-monitoring and work autonomy, and self-monitoring has stronger effect; organization citizenship behavior and in-role performance have inverted U-shape relationship. Furthermore, the study finds out, organizational political perception has both positive and negative impact on employee performance. State-owned enterprise' compensation and promotion policy and job design lead to employee over focus OCB instead of in-role performance.

The innovation mainly reflects as follows: drawing on AMO theoretical model to propose relationship configuration between organizational political perception and job performance. The study also analyzes different dimensions of organization political perception and job performance and takes neutral perspective to continue research. Moreover, it examines 3-way interactive effect testing between job autonomy and self-monitoring by MPLUS software.

On the opposite side, the study has many limitations from research design, questionnaire design, variable selection, analysis technique selection, theory construction aspects which should be improved in the future. In the meanwhile, the researches on organization political behavior configuration, localization of organization politics concept, cross-context comparison analysis, multiple mediating mechanism, state-owned enterprise status, longitudinal study of organization political perception and impact evolution should be addressed in the future.

Key words: perceptions of organizational politics; in-role performance; organizational citizenship behavior; job autonomy; self-monitor; AMO theory model; conservation of resources theory

目 录

第一章 绪 论 ···1
第一节 研究背景与研究问题 ···1
一、研究背景 ···1
二、研究问题 ···4
第二节 研究目的与研究意义 ···6
一、研究目的 ···6
二、研究意义 ···6
第三节 研究思路与本书结构 ···7
一、研究思路 ···7
二、本书结构 ···9

第二章 文献综述 ···11
第一节 组织政治知觉相关研究 ···11
一、组织政治知觉的研究脉络 ···11
二、组织政治知觉的概念与测量 ···16
三、组织政治知觉的研究模型 ···26
四、组织政治知觉的研究视角 ···32
五、组织政治知觉研究的新进展 ···36
六、研究评述 ···39
第二节 员工工作绩效相关研究 ···41
一、工作绩效的概念 ···41
二、工作绩效的结构 ···46
三、组织公民行为与角色内绩效 ···51
四、工作绩效的影响因素 ···66

　　　　五、研究评述 ··· 74
第三节　自我监控相关研究 ··· 75
　　　　一、自我监控的概念演进 ··· 75
　　　　二、自我监控的结构与测量 ·· 81
　　　　三、自我监控与绩效之间的关系 ··· 84
　　　　四、自我监控理论评述 ··· 87
第四节　工作自主性相关研究 ·· 89
　　　　一、工作自主性的概念演进 ·· 89
　　　　二、工作自主性的结构与测量 ·· 93
　　　　三、工作自主性与工作绩效之间的关系 ··································· 95
　　　　四、研究评述 ··· 102

第三章　组织政治知觉与工作绩效关系的理论构型 ············ 104
第一节　关系构型的理论选择与依据 ·· 105
　　　　一、组织政治知觉与工作绩效关系研究的不足 ······················· 105
　　　　二、AMO 绩效模型的适切性分析 ·· 113
第二节　构型维度的探索与选择 ··· 117
　　　　一、动机维度 ··· 117
　　　　二、能力维度 ··· 119
　　　　三、机会维度 ··· 120
第三节　关系构型的构建与分析 ··· 122
　　　　一、关系构型 ··· 122
　　　　二、关系分析 ··· 123

第四章　国企员工组织政治知觉情境特性的分层探析 ········ 129
第一节　官僚政治文化与中国人的政治观 ······································· 130
　　　　一、中国古代官僚政治制度的形成及特点 ······························ 131
　　　　二、官僚政治文化的内涵 ··· 135
　　　　三、官僚政治文化的合法性基础 ·· 146
第二节　人情社会机制与中国人的政治行为 ··································· 153
　　　　一、人情社会的形成 ··· 154
　　　　二、人情社会的特征 ··· 156

		三、人情社会的运作机制···161
	第三节	国企的功能特质与员工的组织政治·······································169
		一、国有企业的起源···169
		二、国有企业的功能定位···171
		三、转轨时期中国国有企业的特点·······························176

第五章　研究模型与研究假设···184

第一节　研究模型···184
　　　　一、研究模型的形态···184
　　　　二、研究变量的选择···185
第二节　研究假设的理论基础···187
　　　　一、资源保存理论的主要内容·······························188
　　　　二、资源保存理论的解释逻辑·······························189
第三节　研究假设···191
　　　　一、组织政治知觉与工作绩效的关系·······················191
　　　　二、自我监控与工作自主性的调节作用···················193
　　　　三、组织公民行为与角色内绩效的关系···················197

第六章　实证研究设计···199

第一节　研究变量的定义与测量···199
　　　　一、组织政治知觉的定义与测量·····························199
　　　　二、角色内绩效的定义与测量·································201
　　　　三、组织公民行为的定义与测量·····························202
　　　　四、自我监控的定义与测量·····································203
　　　　五、工作自主性的定义与测量·································205
第二节　研究程序与方法···206
　　　　一、研究程序···206
　　　　二、分析方法···207
第三节　问卷的预测试与正式调研···208
　　　　一、问卷设计···208
　　　　二、问卷预测试···209
　　　　三、正式调研···213

第七章 数据分析与结果讨论 ... 217
第一节 信效度分析 ... 217
一、数据的正态性检验 ... 217
二、信度分析 ... 219
三、效度分析 ... 220
第二节 假设检验 ... 227
一、相关分析 ... 227
二、组织政治知觉对工作绩效影响的主效应检验 ... 228
三、自我监控和工作自主性的调节效应检验 ... 229
四、组织公民行为对角色内绩效影响的回归分析 ... 236
第三节 结果分析与讨论 ... 239
一、组织政治知觉对工作绩效的主效应分析 ... 239
二、自我监控和工作自主性的调节效应分析 ... 240
三、组织公民行为对角色内绩效的影响分析 ... 243

第八章 研究结论与展望 ... 244
第一节 研究结论与研究贡献 ... 244
一、研究结论 ... 244
二、研究贡献 ... 246
第二节 研究创新、研究不足及研究展望 ... 251
一、研究创新 ... 251
二、研究不足 ... 252
三、研究展望 ... 254

参考文献 ... 257
后记 ... 291

图目录

图1.1 技术路线 ··8

图2.1 组织政治知觉研究脉络 ···16

图2.2 组织政治知觉的关系模型 ··26

图2.3 工作特征模型 ··92

图3.1 组织政治知觉与工作绩效的关系构型 ·····························123

图5.1 研究模型的形态 ···185

图5.2 研究模型 ···187

图5.3 假设框架 ···198

图7.1 工作自主性对一般性政治行为知觉与助人行为关系的调节效应 ········231

图7.2 工作自主性对保持沉默静待好处知觉与助人行为关系的调节效应 ······231

图7.3 工作自主性对政治性薪酬和晋升政策知觉与助人行为关系的调节效应 232

图7.4 工作自主性对一般性政治行为知觉与参与组织活动关系的调节效应 ···232

图7.5 工作自主性对保持沉默静待好处知觉与参与组织活动关系的调节效应 233

图7.6 工作自主性对政治性薪酬和晋升政策知觉与参与组织活动关系的调节效应 ···233

图7.7 工作自主性对保持沉默静待好处知觉与参与公益活动关系的调节效应 234

图7.8 工作自主性对政治性薪酬和晋升政策知觉与参与公益活动关系的调节效应 ···234

图7.9　工作自主性对一般性政治行为知觉与角色内绩效关系的调节效应······235

图7.10　工作自主性对保持沉默静待好处知觉与角色内绩效关系的调节效应　235

图7.11　工作自主性对政治性薪酬和晋升知觉与角色内绩效关系的调节效应　235

图7.12　尽职行为与角色内绩效的关系······237

图7.13　助人行为与角色内绩效的关系······237

图7.14　参与组织活动与角色内绩效的关系······238

图7.15　参与公益活动与角色内绩效的关系······238

表目录

表 2.1　组织政治知觉的维度 ·· 21
表 2.2　工作绩效的定义 ··· 46
表 2.3　工作绩效维度汇总 ·· 50
表 2.4　OCB 维度汇总 ··· 52
表 2.5　西方和华人情境的 OCB 量表比较 ································ 54
表 2.6　高低自我监控者特征总结 ··· 80
表 2.7　自我监控量表汇总 ·· 81
表 3.1　关系解析 ··· 128
表 4.1　人情社会与契约社会的区别 ······································ 161
表 5.1　研究变量的选择 ·· 187
表 6.1　组织政治知觉的测量题项 ··· 200
表 6.2　角色内绩效的测量题项 ·· 202
表 6.3　组织公民行为的测量题项 ··· 203
表 6.4　自我监控的测量题项 ··· 204
表 6.5　工作自主性的测量题项 ·· 206
表 6.6　组织政治知觉量表的预测试分析 ································ 210
表 6.7　角色内绩效量表的预测试分析 ··································· 211
表 6.8　组织公民行为量表的预测试分析 ································ 212

表6.9　自我监控量表的预测试分析 ·············· 212

表6.10　工作自主性的预测试分析 ·············· 213

表6.11　样本信息(N=1224) ·············· 215

表7.1　测量题项的正态性检验结果 ·············· 218

表7.2　信度分析结果 ·············· 220

表7.3　模型拟合检验指标 ·············· 221

表7.4　组织政治知觉的CFA结果 ·············· 222

表7.5　角色内绩效的CFA结果 ·············· 223

表7.6　组织公民行为的CFA结果 ·············· 223

表7.7　自我监控的CFA结果 ·············· 224

表7.8　工作自主性的CFA结果 ·············· 225

表7.9　构念测量模型的整体拟合结果(N=1224) ·············· 225

表7.10　变量判别效度分析结果 ·············· 226

表7.11　变量的均值、标准差和变量间相关系数(N=1224) ·············· 228

表7.12　组织政治知觉对组织公民行为影响的路径分析结果 ·············· 229

表7.13　自我监控和工作自主性的调节效应检验结果 ·············· 230

表7.14　组织公民行为对角色内绩效的回归分析结果 ·············· 236

第一章 绪 论

本章是序章,主要对本研究进行概括性介绍,包括研究背景与研究问题;研究目的与研究意义;研究思路、研究方法、技术路线及本研究的基本框架。

第一节 研究背景与研究问题

一、研究背景

(一) 现实背景

政治的普遍性源于社会生活中资源稀缺性和利益多重性之间矛盾的不可避免性。而任何一个组织也无法避免资源稀缺性和利益多重性的这一矛盾,所以组织政治亦普遍存在。那么,每个员工或多或少都直接或间接参与过政治事件、表现过政治行为,但不同员工可能会得到不同的行为结果。受政治事件负向影响的员工,往往会将其视为组织中的一种消极因素;而那些通过政治手段获得成功的员工,却通常认为它是组织中的一种有用工具[①]。所以,不同员工对组织政治具有不同的认知和判断,从而产生不同的心理、态度和行为反应。有的能够很好地适应,在高政治性的组织中仍然具有良好的行为表现,并能利用政治有效地解决矛盾冲突问题;而有的则难以承受,会感到焦虑、压力,甚至离职。由此可见,在不同情境下,组织政治可能会产生不同结果。

---

① Ferris, G.R., Kacmar, K.M.. Perceptions of Organizational Politics[J]. Journal of Management, 1992, 18(1): 93-116.

掌握国民经济命脉的中国国有企业，在维持中国社会稳定和国民经济发展中发挥举足轻重的作用。源于国家特殊的政治体制，中国国企被赋予了政治、社会、经济的三重职能，在性质、功能、结构及运转机制上也体现出明显的体制性特征，具有中国特色。虽然国企正经历转型，形成于计划经济时代的社会性职能逐渐消减，市场性职能逐步凸显，但是其政治性职能仍未得到根本性改变。成型于计划经济时代的行政性框架仍得到较大程度的继承；现代企业制度的引进仍未能改变国企"党管干部"的格局；国企产权特殊性导致的产权模糊、代理链过长、监督机制失效等问题在不同程度上仍然存在，"所有者缺位"使得委托—代理风险犹存，国企管理者仍会"权力寻租"。也即国家政治体制存在的一些局限性催生国企治理机制的委托—代理风险问题，进而导致国企现存诸多管理问题。而国企的改革与转型并未从根本上变革这一局面，并且改革效果也具有一定滞后性。这一系列因素的交织，导致转型中的国企仍然存在官本位、行政化作风，体现出较高程度的政治性。

中国也正在经历政治、经济、社会、文化的转型。从清末立宪运动、辛亥革命、五四运动、土地改革、"文革"到改革开放，政治体制、思想、文化、社会形态都发生了很大改变。但是，中国传统官僚政治体制始于秦，末于清，绵延两千年之久。与其相伴的官僚政治文化对中国人的影响仍然根深蒂固，"大一统"思想在现实生活中仍随处可见。同时，尽管中国自20世纪以来，不断加快城市化和工业化进程，但形成于小农经济的社会运作模式也还未被完全打破，隐藏在中国语言系统中的"人情和面子"的社会机制不但并未因此消失，还经常被用作获取个人欲求社会资源的工具[①]。中国现在仍然是一个人情社会，走后门、拉关系、讲人情、找后台、寻靠山仍然是中国人见怪不怪的日常行为。中国人形成于传统社会的独特政治观和政治行为仍得到了较大程度的沿袭。

另外，中国民主化进程的步伐也在加大。随着近代西方民主思潮及价值观念

---

① 黄光国.中国人的人情关系[C]//文崇一,萧新煌.中国人：观念与行为[M].北京：中国人民大学出版社，2013：45.

的引入和移植，中国社会中的价值冲突日益严重，如政治民主与集权的冲突，个人自由与权利的冲突，社会平等与阶层的冲突，工商业与农业的冲突，小家庭与大家庭的冲突，企业家与官吏的冲突等①。一百年来，国人一直处于这种冲突之中，但仍不敢确定其是否可以变革几千年形成的遵从儒教的认知价值、重视农业的经济价值、强调权威的政治价值，重新形塑国人的观念与行为。价值变迁与社会行动的互动关系仍是一个长期性的研究议题。

（二）理论背景

学术界对组织政治的研究形成了三种视角：第一种是消极视角，认为组织政治是一种有意图地获取个人或集体私利的行为，对组织具有破坏性，不被组织道德、文化或规范所接受；第二种是积极视角，认为组织政治具有积极性，包括谈判、协商、资源分享以及其他互惠行动，可处理组织冲突、挽救组织衰退、促进个体职业发展；第三种是中立视角，认为政治行为是一种客观的社会影响过程，对组织而言，既可能具有积极影响，也可能产生消极影响②。尽管存在上述三种理论视角，但大多数研究者认为组织政治是一个消极因素，会产生破坏性和威胁性。

组织政治学领域的研究已从客观行为取向转为主观知觉取向，组织政治知觉成为该领域的研究焦点。鉴于政治知觉这一主观概念比客观行为易于测量，随着测量工具的发展，其在实证研究方面取得突破性进展。学术界围绕其概念维度、前因、结果及中间机制展开了大量研究，取得了丰硕成果。

目前关于组织政治知觉的研究主要倾向于消极视角，即认为组织政治对员工态度和行为具有很大的负面影响③。解释逻辑主要基于社会交换和工作压力两个理论：当员工知觉到工作场所充满政治性时，其会对报酬系统的公正性丧失信

---

① 文崇一.中国传统价值的稳定与变迁[C]//杨国枢.中国人的心理[M].北京：中国人民大学出版社，2012：402.
② Fedor, D.F., Ferris, G.R., Harrell-Cook, G., et al.. The Dimensions of Politics Perceptions and Their Organizational and Individual Predictors[J]. Journal of Applied Social Psychology, 1998, 28(19): 1760-1797.
③ Ferris, G.R., Adams, G., Kolodinsky, R.W, et al.. Perceptions of Organizational Politics: Theory and Research Directions. In F.J. Yammarino, F. Dansereau (Eds.), Research in Multi-level Issues, The Many Faces of Multi-level Issues. Oxford, England: JAI Press/Elsevier Science, 2002, 1: 179-254.

心[①]，不相信工作投入能换来欲求的结果（比如信任）[②]，员工—组织交换的平衡关系被打破[③]。这一不可预测性、风险性的工作场所情境感知增加了员工的工作压力体验[④]，成为一种障碍（hindrance）源[⑤]，进而使其产生工作压力、不满意感、不公正感、离职意愿等消极态度，从而影响工作绩效。但是，关于组织政治知觉影响的研究结论仍远未达一致，研究结果不仅在关系大小上存在差异，甚至在方向上还存在不一致[⑥]。而该领域最新研究进展已经显露出采取中立研究视角、考虑多重中间机制、增加曲线关系考察、跨文化比较研究的趋势。沿着这些思路，组织政治知觉研究有望取得更大突破。

二、研究问题

大多数关于组织政治知觉影响的研究都是持消极态度，认为其会对员工态度产生负向影响。然而，在中国国有企业中却发现了一个与之相悖的现象：具有高政治性的国企中存在高程度的组织公民行为。根据以往关于组织政治知觉对工作绩效（工作投入）的研究结论推知：在弥漫着浓厚组织政治氛围的国企中，员工相应会有较高的组织政治知觉，因而会感觉到压力、不公平，从而会降低工作投

[①] Rosen, C.C., Levy, P.E., Hall, R.J.. Placing Perceptions of Politics in the Context of the Feedback Environment, Employee Attitudes, and Job Performance[J]. Journal of Applied Psychology, 2006, 91(1): 211-220.

[②] Rosen, C.C., Chang, C.H., Johnson, R.E., et al.. Perceptions of the Organizational Context and Psychological Contract Breach: Assessing Competing Perspectives[J]. Organizational Behavior and Human Decision Processes, 2009, 108(2): 202-217.

[③] Chang, C.H., Rosen, C.C., Levy, P.E.. The Relationship between Perceptions of Organizational Politics and Employee Attitudes, Strain, and Behavior: A Meta-analytic Examination[J]. Academy of Management Journal, 2009, 52(4): 779-801.

[④] Cropanzano, R., Howes, J.C., Grandey, A.A., et al.. The Relationship of Organizational Politics and Support to Work Behaviors, Attitudes, and Stress[J]. Journal of Organizational Behavior. 1997, 18(2):159-180.

[⑤] Chang, C.H., Rosen, C.C., Levy, P.E.. The Relationship between Perceptions of Organizational Politics and Employee Attitudes, Strain, and Behavior: A Meta-analytic Examination[J]. Academy of Management Journal, 2009, 52(4): 779-801.

[⑥] Ferris, G.R., Adams, G., Kolodinsky, R.W, et al. Perceptions of Organizational Politics: Theory and Research Directions. In F.J. Yammarino, F. Dansereau (Eds.), Research in Multi-level Issues, The Many Faces of Multi-level Issues. Oxford, England: JAI Press/Elsevier Science, 2002, 1: 179-254.

入或工作绩效，比如组织公民行为。但事实上，国企员工经常表现出助人行为、维持人际和谐、积极参加公司活动等组织公民行为。这是既有研究所不能解释的一个现实。与此同时，国企因为经济效率低下而广受诟病。虽然在国企中发现了员工具有较高程度的组织公民行为，但同时也会发现国企员工在工作时间喝茶、聊天、看报纸、磨洋工也是常事。为何一些员工更乐于表现出不受组织奖赏的角色外行为而不努力做好被正式奖酬系统所认可的本质工作？出现这种行为倒置的原因和机理何在？是否因过于关注组织公民行为而对本职工作无暇顾及？

关于员工组织政治知觉与工作绩效影响的既有研究，通常都是基于社会交换理论和压力理论的解释逻辑，得出了消极影响的结论。而且既有研究多聚焦于组织政治知觉与组织公民行为，即角色外绩效的关系，鲜有关注对角色内绩效的影响，更未发现有研究对角色内和角色外绩效的影响同时展开分析。研究结论并不足以解决上述问题。

中国国有企业的性质与功能的特殊性，体现了明显的体制性特征。尽管经历了30多年的改制与转型，但改革效果的滞后性和不彻底性导致其在管理机制上仍然存在较为浓厚的"官本位"和行政化作风。这有可能是导致员工行为错位的一个有别于国外研究的情境因素。

此外，受中国传统官僚政治文化和人情社会深远影响的中国员工，对组织政治也有可能会表现出不同于西方国家员工的认知和理解，从而导致行为反应上的差异。

鉴于此，本研究将基于中国国有企业情境，探讨员工组织政治知觉对工作绩效的影响机制。围绕这一核心问题，本研究主要回答以下三个问题：

1. 不同维度的组织政治知觉对不同维度的工作绩效是否具有相同的影响及机制。

2. 不同维度的工作绩效之间是否存在交互效应，从而影响着组织政治知觉与工作绩效之间的关系。

3. 在中国官僚政治文化、儒家人伦思想以及人情社会情境中，员工对组织政治的理解和反应是否不同于西方情境，组织政治知觉与工作绩效之间的关系是否存在跨文化差异。

第二节　研究目的与研究意义

一、研究目的

通过对国有企业员工组织政治知觉与工作绩效关系机制的探讨，本研究欲达到以下三个研究目的。

1. 构建组织政治知觉与工作绩效的关系架构，揭示组织政治知觉对工作绩效影响的内在机制。鉴于组织政治知觉与工作绩效关系研究的不一致性，本研究以期通过建构组织政治知觉与绩效关系的一般构型，揭示二者的关系机理。

2. 考察组织政治知觉影响的文化差异。鉴于中西方员工对组织政治知觉的反应差异，以期通过国有企业员工组织政治知觉对工作绩效影响机制的研究，探明影响差异是否由不同国家文化引起。

3. 揭示中国国有企业管理制度中的缺点与不足。鉴于国企员工中存在行为错位的问题，以期通过国有企业员工组织政治知觉与工作绩效关系机制的研究，找出国企在管理制度上可能存在的问题。

二、研究意义

组织政治是个普适概念，但具有本土意义。作为一个社会事实，能够有力窥探中国传统官僚政治、人情社会的面貌，透析其对人们日常行为的影响。将这一概念植入国有企业情境下考察，即捕捉到国企管理机制上的一个显著现象。基于这一概念的政治、经济、社会三重视角的整合性分析，对国有企业员工组织政治知觉与工作绩效关系的探讨，可有力地揭示国企的转型困境及其更深层次的历史和文化原因。

1. 理论意义：组织政治知觉对工作绩效影响的内在机制的揭示，有助于减少或解决理论上犹存的二者关系的争议；对不同绩效维度交互效应的考察，可促进绩效决定因素理论和研究的丰富及拓展；对组织政治知觉影响跨文化差异的检验，可推动组织政治知觉的本土化和情境化理论的研究与发展。

2. 现实意义：组织政治知觉对工作绩效影响机制的揭示，有助于国企管理者建立和完善薪酬、绩效等人力资源管理制度;加深对组织政治的认识、理解和管理,为组织绩效提升提供启示;也有助于员工对个体绩效的控制与管理,促进其对组织政治的客观认知与积极应对,从而降低因此而产生的消极态度和行为,促进员工个人绩效的提高。

第三节 研究思路与本书结构

一、研究思路

为了解决国企中的组织政治知觉与工作绩效之间的关系问题,本研究总体上遵循从一般到特殊的分析思路,首先从一般意义上对组织政治知觉与工作绩效之间的关系进行理论分析与探讨,然后再根植于中国情境,提炼导致中西方既存现象差异背后的独特性原因,为后续关系的分析提供依据。采用这一思路的缘由在于,跨情境差异的揭示需要从情境独特性而非普适性中去找寻原因,所以在进行一般性分析的基础上,还需要根植于中国的社会、经济、文化背景去挖掘独特基因。

研究具体按以下思路展开:首先,采用文献研究法,对相关研究进行系统回顾,总结研究成果、进展、空白与不足,进一步明确和细化研究问题。其次,采用构形法,建构组织政治知觉与工作绩效的关系构型。在这一步骤中,本研究欲采用构型理论中的类型学方法(Typologies),依据理论和逻辑推演来对关系模型进行建构。其重点和难点在于构型依据的选择和确定。本研究欲通过文献研究,围绕研究问题及既有研究不足,找出适当的理论依据,再据此进行构型构建并对构型关系进行解析。然后,本研究欲采用历史分析法,从传统官僚政治体制——人情社会——国有企业三重情境的历史演变及特性展开分析。通过对国有企业情境与传统社会情境相似性的比较,判断传统官僚政治文化和人情社会运作机制在国企中继承或变异程度,找出影响国企员工组织政治知觉的独特性情境因素,并基于此提炼员工组织政治知觉的特点,为国企员工组织政治知觉与工作绩效之间的关系解析提供依据。接下来,本研究将采用实证研究方法对理论模型进行验证。拟依据所提出的理论构型和情境特征分析结果，构建研究模型并提出相应研究假设；继而拟订实证研究计划并实施。在这一流程中，本研究欲采用问卷调查法来收集数据，具体分为预调研和正式调研两步，完成后即对数据进行处理与分析、对假设进行检验并对结果展开讨论。最后，总结研究结论及启示，提炼研究创新与不足，并对未来研究进行展望。

根据这一思想，本研究技术路线如图1.1所示。

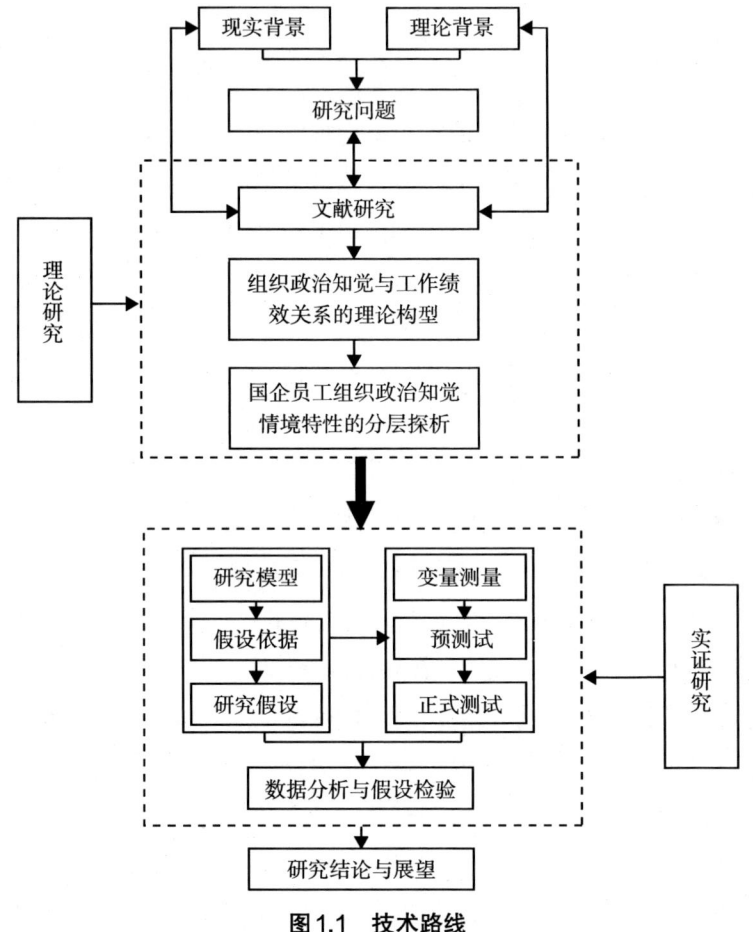

图1.1 技术路线

资料来源：本研究设计。

二、本书结构

根据研究问题及研究思路，本书共设计八个章节，内容安排如下。

第一章：绪论。本章从组织政治普遍存在的现实背景出发，结合理论背景的分析，提出研究问题。依据研究问题阐述研究目的及意义，并确定研究内容。然后，依据研究内容，介绍研究思路、方法及结构框架。

第二章：文献综述。本章主要对相关文献进行回顾与综述。首先，从组织政治知觉的研究脉络、概念与测量、研究模型、研究视角及新进展几个方面对组织政治知觉相关研究进行回顾与评述；其次，从工作绩效的概念、结构、组织公民行为与角色内绩效相关研究、工作绩效的影响因素方面进行回顾与评述；再次，从自我监控的概念演进、结构与测量、与绩效之间的关系方面进行回顾与评述；最后，从工作自主性的概念、结构与测量、与绩效之间的关系方面进行回顾与评述。

第三章：组织政治知觉与工作绩效关系的理论构型。本章主要进行理论建构。首先，从既有研究的不足和 AMO 理论的优势出发，分析关系建构的理论选择及依据；其次，根据所确定的理论模型，从动机、能力、机会三个方面对构型维度进行分析与探讨；最后，依据维度分析，构建关系构型并逐一进行关系解析。

第四章：国企员工组织政治知觉情境特性的分层探析。本章主要对影响国企员工组织政治知觉的情境因素展开分析。首先，从中国传统官僚政治文化入手分析中国人的政治观，通过对官僚政治制度的形成、官僚政治文化的内涵以及合法性基础的分析，提炼出中国人的政治观；其次，嵌入中国人情社会情境，了解中国人的政治行为，通过对人情社会的形成、特征及运作机制的分析，把握中国人的政治行为表现及特点；最后，对国有企业的功能特质展开分析，以解析影响员工组织政治知觉的直接情境。本章是以历史的演化视角，从文化—社会—经济三个层面剖析影响中国员工组织政治知觉的情境特征，为后续分析国企员工组织政治知觉与工作绩效之间的关系提供依据。

第五章：研究模型与研究假设。从本章开始进入实证研究阶段。本章主要确定研究模型并提出研究假设。首先，依据研究问题和理论构型，确定模型形态和研究变量，以此将理论模型转化为研究模型；其次，介绍研究假设的理论基础；最后，从组织政治知觉对工作绩效影响的主效应、自我监控和工作自主性的调节效应、组织公民行为对角色内绩效的影响三个方面提出研究假设。

  第六章：实证研究设计。本研究属于实证研究设计阶段，主要确定变量的操作化定义和测量方式；介绍研究程序与方法；设计问卷、收集数据，并阐明研究对象与样本的基本情况。

  第七章：数据分析与结果讨论。本章属于实证分析阶段，主要包括量表的信效度分析、变量的相关分析以及主效应、调节效应的假设检验。最后，对数据分析结果进行解释与讨论。

  第八章：研究结论与展望。本章主要对研究结果进行总结，并在此基础之上，提炼研究创新，总结研究不足，并对未来研究进行展望，提出进一步的研究方向。

第二章 文献综述

本章主要对核心概念的相关研究进行梳理和评述。本研究涉及组织政治知觉、组织公民行为、角色内绩效、自我监控、工作自主性五个核心概念。通过对这五个概念的定义、维度、测量以及前因和结果等研究进行回顾与综述，以了解研究现状并揭示本研究的起点及基础。

第一节 组织政治知觉相关研究

一、组织政治知觉的研究脉络

组织政治知觉的研究是组织政治学领域的一个重要分支，从组织政治学研究的提出到目前组织政治知觉研究的兴起，有一定的历史渊源并经历了一系列的演变过程。

（一）组织政治知觉研究的溯源

组织政治知觉是组织政治学研究的一个子领域，而组织政治学的研究源起于政治学。创始人亚里士多德在《政治学》一书中指出：政治学是探讨国家之善（goodness）的一门学问，解决的是如何组织和安排人类社会生活的问题。"政治"（politics）一词来源于古希腊语"polis"，字面意思是"城邦"或者"城市国家"（city-state）。人天生是一种政治动物，本性就是要过城邦生活[1]，虽有能力独居但始终离不开集体生活。只有通过分工协作与互惠交换，人们才可以创造剩余价值、增加福利、实现共赢。但在集体生活中，个人偏好和欲望的满足都需要

---

[1] 亚里士多德.政治学[M].颜一,秦典华,译.北京:中国人民大学出版社,2003:20.

资源，而资源总是稀缺的，人们不可避免会因此而展开竞争。一旦合作过程中发生利益冲突，合作就会终止，矛盾就会出现。为了摆脱这种被霍布斯称为的"战争状态"，就需要通过政治建立公共权力，以此克服不合作的利益根源[1]。这样，就形成了除经济市场、道德市场之外，第三种资源分配的市场——政治市场。政治权力使得"社会政治秩序何以可能"，而政治权威即政治权力的合法性基础则使得"社会政治秩序何以持久"[1]。由此可见，政治不同于人们惯常观念中的阴谋与权术，而是应对稀缺资源争夺的一种途径，涉及社会生活过程中的资源生产、分配以及使用，其本质是权力，即通过任何手段达到欲求结果的能力[2]。如何解决社会生活中不可避免的资源稀缺性与利益多元性之间的矛盾冲突正是政治学探究的核心议题。

最早将政治引入组织领域的是马克思·韦伯，其在1947年《社会经济组织理论》(The theory of Social and Economic Organization)中就曾提出组织政治的思想，但没有明确概括这一术语。韦伯思想启示：既然社会生活中资源的稀缺性会导致政治的出现，那么作为小型社会的组织，同样面临资源稀缺的问题，组织政治同理也不可避免。对组织中这一必然现象的研究就产生了组织政治学（organizational politics）这门新兴学科[2]。但当时管理学界盛行的是科学管理和人际学派管理思想[3]，争夺稀缺资源的政治行为往往是不被组织正式认可的[2]。所以，组织政治的研究长期被忽略，直到1961年Burns[4]提出了"微观政治"（micro polities）这一术语之后才有所改变。而最早明确提出组织政治概念的却是Mayes and Allen（1976）[5]，认为组织是组织政治的竞技场。其后，一批学者揭示了组织政治存在的必要性，认为它其实是决策过程中决定优先权的一种有效方式，因为组

---

[1] 毛寿龙.政治社会学[M].北京:中国社会科学出版社,2001:25-63.

[2] Heywood, A.政治学[M].第二版.张立鹏,译.北京:中国人民大学出版社,2006:1-93.

[3] Farrell, D., Petersen, J.C.. Patterns of Political Behavior on Organizations[J]. Academy of Management Review, 1982, 7(3):403-412.

[4] Burns, T. Micropolitics: Mechanisms of Institutional Change[J]. Administrative Science Quarterly, 1961, 6(3):257-281.

[5] Mayes, B.T., Allen, R.W.. Toward a Definition of Organizational Politics[J]. Academy of Management Review, 1977, 2(4): 672-678.

织资源稀缺性和利益多重性之间的必然矛盾不能依靠理性决策模式、官僚决策模式、非科层的决策模式予以调解，而需通过权力才能最终实现谈判和妥协[1]。组织政治通过优胜劣汰确保组织中最强有力的成员把持领导岗位、促成受正式系统压制的必要改革、为决策执行扫清道路[2]。当组织政治性质、作用的面纱被揭开后，越来越多的学者开始认识和关注这一现象，并基于不同学术背景和学科视角展开研究，组织政治学才逐渐得到发展，继而形成了组织政治知觉这一重要的研究分支。

（二）组织政治知觉研究的演变历程

从20世纪60年代组织政治研究的兴起到现在对组织政治知觉的探讨，主要经历了三个演变阶段（如图2.1所示），具体发展脉络如下。

第一阶段：20世纪60年代初至80年代初的组织政治理论初探期。这一时期正式开启了对组织政治的研究，主要探讨组织政治的概念、地位和作用，同时也夹杂了对组织政治行为的零星讨论，代表人物有Burns（1961年）、Cyert和March（1963年）、Thompson（1967年）、Tushman（1977年）等。但该阶段的研究主题分散，缺乏方向性和系统性[3]，组织政治概念的定义、测量都还不成熟[4]，仅处于导入和摸索期。

第二阶段，20世纪70年代末至90年代末的组织政治行为研究时期。经过20余年的摸索，已显现出宏观、微观层面研究的分野，即宏观层面指向企业政治，微观层面指向组织政治行为，并逐渐聚焦于微观层面研究。但研究者混用了组织政治和组织政治行为两个术语对二者未做明确区分，对组织政治的探讨实际上多是对组织政治行为的探讨[5]。

这一阶段的研究重点围绕组织政治行为的发生、策略类型和结果展开，其中

---

[1] Pfeffer, J.. Power in Organizations[M]. Bostion: Pitman, 1981: 1-22.

[2] Mintzberg.明兹伯格论管理[M].闾佳,译.北京:机械工业出版社,2007:189-200.

[3] Farrell, D., Petersen, J.C.. Patterns of Political Behavior on Organizations[J]. Academy of Management Review, 1982, 7(3):403-412.

[4] Kacmar, K.M., Carlson, D.S.. Further Validation of the Perceptions of Politics Scale (POPS): A Multiple Sample Investigation[J]. Journal of Management, 1997, 23(5): 627-658.

[5] Ferris, G.R., Adams, G., Kolodinsky, R.W, et al.. Perceptions of Organizational Politics: Theory and Research Directions. In F.J. Yammarino, F. Dansereau (Eds.), Research in Multi-level Issues, The Many Faces of Multi-level Issues. Oxford, England: JAI Press/Elsevier Science, 2002, 1: 179-254.

组织政治行为策略类型的研究成果最为丰富。研究发现组织制度、政策的明确性①②③；稀缺资源争夺的激烈程度③；组织生命周期④与组织政治行为的发生存在关联。关于政治行为的界定，最具代表性的是 Mayes 和 Allen（1977年）依据目标和手段两个维度提出的判断标准，他们提出：只有目标和手段都被组织认可的行为，才不属于组织政治行为范畴⑤。Kipnis et al.（1980年）则开创了组织政治行为策略研究的先河，首次总结了具体的策略类型，包括自信、讨好、以理服人、赞许（sanctions）、交换、向上求助、设障和联盟⑥⑦。其后，Porter et al.（1981 年）⑧、Mintzberg（1983 年）⑨、Ferris et al.（1989 年）⑩、Drory（1993年）⑪、Croonazano et al.（1995年）⑫等学者对组织政治行为的定义和类型研究都

---

① Allen, R.W., Madison, D.L., Porter, L.W., et al.. Organizational Politics: Tactics and Characteristics of its Actors[J]. California Management Review, 1979, 22(1): 77-83.

② Gandz, J., Murray, V.V.. The Experience of Workplace Politics. Academy of Management Journal, 1980, 23(2): 237-251.

③ Beemon, D.R., Sharkey, T.W.. The Use and Abuse of Corporate Politics[J]. Business Horisons, 1987, 30(2): 26-30.

④ Gray, B., Ariss, S.. Politics and Strategic Change across Organizational Life Cycles[J]. Academy of Management Review, 1985, 10(4): 707-723.

⑤ Mayes, B.T., Allen, R.W.. Toward a Definition of Organizational Politics[J]. Academy of Management Review, 1977, 2(4): 672-678.

⑥ Kipnis, D., Schimidt, S.M., Swaffin-Smith, C., et al.. Patterns of Managerial Influence: Shotgun Managers, Tacticians, and Bystanders[J]. Organizational Dynamics, 1980, 12(3): 58-67.

⑦ Ullah, S., Jafri, A.R., Dost, M.K.B.. A Synthesis of Literature on Organizational Politics[J]. Far East Journal of Psychology and Business, 2011, 3(3): 36-49.

⑧ Porter, L.W., Allen, R.W., Angel, H. L.. The Politics of upward Influence in Organizations. In B.M. Staw, L. L. Cummings (Eds.), Research in Organizational Behavior. Greenwich, CT: JAI. 1981,3: 109-149.

⑨ Mintzberg, H.. Power in and around Organizations[M]. Englewood Cliffs: Prentice-Hall, 1983.

⑩ Ferris, G.R., Russ, G.S., Fandt, P.M.. Politics in Organizations. In R.A. Giacalone, P. Rosenfeld(Eds.), Impression Management in the Organization, Hillsdale, NJ: Erlbaum, 1989: 145.

⑪ Drory, A.. Perceived Political Climate and Job Attitudes[J]. Organization Studies, 1993, 14(1): 59-71.

⑫ Cropanzano, R.S., Kacmar, K.M., Bozeman, D.P.. Organizational Politics, Justice, and Support: Their Differences and Similarities. In R.S. Cropanzano, K.M. Kacmar (Eds) Organizational Politics, Justice, and Support: Managing the Social Climate of the Workplace. Westport, CT: Quorum Books, 1995: 2-18.

作出了重要贡献。最后，研究发现组织政治行为可以影响职业成功[1]、工作绩效/组织绩效[2]、组织公平感[3]、管理者声誉[4]等结果。但由于政治行为具有很强的隐蔽性，定义和测量都遇到较大困难[5]，所以研究多属理论探讨，缺乏实证支持，仍未取得较大突破。

第三阶段：从20世纪80年代末至今的组织政治知觉研究时期。鉴于组织政治行为研究实证困难的现实阻碍，一些学者另辟蹊径，借鉴认知心理学引入了"知觉"概念。Lewin在1936年提出了一个重要观点：人们的态度和行为主要取决于人们对现实的感知而非现实本身，揭示出工作环境的感知属性[6]。Porter（1976年）也同意这种观点，认为知觉是一个重要概念，哪怕它并不是事实也值得研究，尤其在组织政治范畴[7]。Gandz和Murray（1980年）由此受到启发，认为不是真实的政治（或者政治行为）而是对工作场所政治性的感知对组织结果的影响更重要[8]。基于此，Ferris et al.（1989年）开辟了组织政治研究的新方向——组织政治知觉，对组织政治这一客观现象的研究随即转为对主观感知的研究[9]。鉴

---

[1] Perrew, P. L., Nelson, D. L.. Gender And Career Success: The Facilitative Role Of Organizational Political Skill[J]. Organizational Dynamics, 2004, 33(4): 366-378.

[2] Madison, D.L., Allen, R.W., Porter, L.W., et al.. Organizational Politics: An Exploration of Managers' Perceptions[J]. Human Relations, 1980, 33(2): 79-100.

[3] Ferris, G.R., Frink, D.D., Beehr, T.A., et al.. Political Fairness and Fair Politics: The Conceptual Integration of Divergent Constructs. In R.S. Cropanzano, K.M. Kacmar (Eds), Organizational Politics, Justice, and Support: Managing the Social Climate of the Workplace. Westport, CT: Greenwood Publishing Co. 1995: 21-36.

[4] Ferris, G.R., Fedor, D. B., King, T. R.. A Political Conceptualization of Managerial Behavior[J]. Human Resource Management Review, 1994, 4(1): 1-34.

[5] Kacmar, K.M., Carlson, D.S.. Further Validation of the Perceptions of Politics Scale(POPS): A Multiple Sample Investigation[J]. Journal of Management, 1997, 23(5): 627-658.

[6] Lewin, K.. Principles of Topological Psychology[M]. New York: McGraw-Hill. 1936: 12-113.

[7] Porter, L.W.. Organizations as Political Animals. Presidential Address, Division of Industrial-Organizational Psychology. 84th Annual Meeting of the American Psychological Association. Washington, DC, 1976.

[8] Gandz, J., Murray, V.V.. The Experience of Workplace Politics[J]. Academy of Management Journal, 1980, 23(2): 237-251.

[9] Ferris, G.R., Russ, G.S., Fandt, P.M.. Politics in Organizations. In R.A. Giacalone, P. Rosenfeld(Eds.), Impression Management in the Organization, Hillsdale, NJ: Erlbaum, 1989: 145.

于主观感知比具有强隐蔽性的实际行为更易测量,且组织政治知觉对员工态度和行为的影响大于实际政治行为[1],当 Ferris et al.（1989年）[2]、Ferris 和 Kacmar（1992年）[3]、Kacmar 和 Carlson（1997年）[4]等学者开发出组织政治知觉概念的测量工具后,实证研究成为可能,极大推动了该领域的发展,成为当前研究焦点。

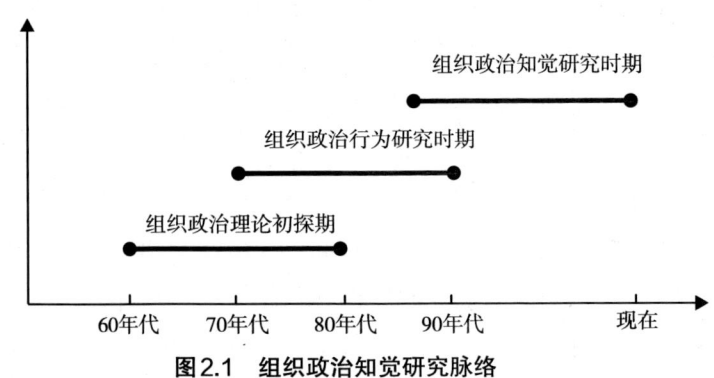

图2.1　组织政治知觉研究脉络

资料来源：本研究设计。

二、组织政治知觉的概念与测量

当组织政治知觉概念被提出之后,众多学者对其内涵、维度、测量展开研究。尽管如此,文献回顾发现学术界至今对组织政治知觉仍缺乏一个统一的界定,而惟一得到的共识却是"这一概念很难定义"[4]。

（一）组织政治知觉概念界定

Drory 和 Romm（1990年）在对组织政治概念的专述性研究中指出：这一概

---

[1] Vigoda, E., Vinarski, H., Ben, E.. Politics and Image in the Organizational Landscape：An Empirical Examination among Public Sector Employees[J]. Journal of Managerial Psychology, 2003, 18 (8): 764-787.

[2] Ferris, G.R., Russ, G.S., Fandt, P.M.. Politics in Organizations. In R.A. Giacalone, P. Rosenfeld(Eds.), Impression management in the organization, Hillsdale, NJ: Erlbaum, 1989:145.

[3] Ferris, G.R., Kacmar, K.M.. Perceptions of Organizational Politics[J]. Journal of Management, 1992, 18(1): 93-116.

[4] Kacmar, K.M., Carlson, D.S.. Further Validation of the Perceptions of Politics Scale(POPS): A Multiple Sample Investigation[J]. Journal of Management, 1997, 23(5): 627-658.

念定义差异的存在是可以理解的，因为学者们是依据不同视角来研究组织政治，包括分析的层次及结果[1]。层次的不同体现在宏观和微观的差异上，比如有宏观的组织层次分析[2]，也有关注中间层的小团体或利益群体性政治影响过程[3][4][5]，或者更为微观的个体层面探讨。而结果的差异性体现在对组织政治效应性的不同视角上[6]，对组织政治是积极、消极还是中立的不同看法影响着学者对组织政治知觉性质、内涵、外延的不同界定。

综合来看，学术界对组织政治的定义可体现为如下几层含义：未被组织批准的追求私利的行为[7][8][9][10][11]；其目的在于获得个人权力[12][13]，控制、影响组织的决策

---

[1] Drory, A., Romm, T.. The Definition of Organizational Politics: A Review[J]. Human Relations, 1990, 43(11): 1133-1154.

[2] Baysinger, B.D.. Domain Maintenance as an Objective of Business Political Activity: An Expanded Typology[J]. Academy of Management Review, 1984, 9(2): 248-258.

[3] Bacharach, S.B., Lawler, E.J.. Power and Politics in Organizations[M]. San Francisco, CA: Jossey-Bass, 1980.

[4] Pettigrew, A.M.. The Politics of Decision Making[M]. London, UK: Tavistock, 1973.

[5] Tushman, M.L.. A Political Approach to Organizations: A Review and Rationale[J]. Academy of Management Review, 1977, 2(2): 206-216.

[6] Fedor, D.F., Ferris, G.R., Harrell-Cook, G., et al.. The Dimensions of Politics Perceptions and Their Organizational and Individual Predictors[J]. Journal of Applied Social Psychology, 1998, 28(19): 1760-1797.

[7] Farrell, D., Petersen, J.C.. Patterns of Political Behavior on Organizations[J]. Academy of Management Review, 1982, 7(3):403-412.

[8] Ferris, G.R., Russ, G.S., Fandt, P.M.. Politics in Organizations. In R.A. Giacalone, P. Rosenfeld(Eds.), Impression management in the organization, Hillsdale, NJ: Erlbaum, 1989.

[9] Gandz, J., Murray, V.V.. The Experience of Workplace Politics[J]. Academy of Management Journal, 1980, 23(2): 237-251.

[10] Mayes, B.T., Allen, R.W.. Toward a Definition of Organizational Politics[J]. Academy of Management Review, 1977, 2(4): 672-678.

[11] Porter, L.W., Allen, R.W., Angel, H. L.. The Politics of upward Influence in Organizations. In B.M. Staw, L. L. Cummings (Eds.), Research in Organizational Behavior. Greenwich, CT: JAI. 1981, 3: 109-149.

[12] Burns, T.. Micropolitics: Mechanisms of Institutional Change[J]. Administrative Science Quarterly, 1961, 6(3):257-281.

[13] Pfeffer, J.. Power in Organizations[M]. Bostion: Pitman, 1981: 1-22.

制定过程；具有分裂性和竞争性的特征①②；可能与组织目标或者组织中其他人的利益相违背也可能相一致③。基于这些研究成果，Ferris et al.（1989年）在其开创性概念框架研究中，认为组织政治是一种社会影响过程，目的在于最大化个人利益，这既可能与他人利益一致，也可能以牺牲他人利益为代价④。Ferris和Kacmar（1992年）则将组织政治知觉定义为：组织成员对于个人、群体及组织自利性行为的认知评价，是对工作环境中政治因素的主观体验⑤。Ferris et al.（2000年）综合了前人研究定义，认为组织政治知觉不仅包括组织成员对工作环境中自利行为发生程度的主观评估，还包含了个体对这种行为的归因⑥。

  Cropanzano et al.（1995年）对组织政治定义共性的总结有助于揭示组织政治知觉的内涵。他们指出：政治反映了不同利益群体的存在；政治行动是一种实施社会影响力的手段；政治行为是用来提高或者保护个人的私利⑦。可见，组织政治本质是一种社会影响力，旨在提高或保护个人私利。那么，尽管知觉是一个主观概念，但若从客体性角度出发，可以将组织政治知觉理解为：个体对工作环境中同事和上司自利行为发生程度的主观评价以及行为归因，影响其在工作中的态度和行为反应。组织政治知觉实质也体现如下三层含义：组织政治知觉是一种主

---

① Bacharach, S.B., Lawler, E.J.. Power and Politics in Organizations[M]. San Francisco, CA: Jossey-Bass, 1980.
② Schein, V. E.. Individual Power and Political Behaviors in Organizations: An Inadequately Explored Reality[J]. Academy of Management Review, 1977, 2(1): 64-72.
③ Allen, R.W., Madison, D.L., Porter, L.W., et al.. Organizational Politics: Tactics and Characteristics of its Actors[J]. California Management Review, 1979, 22, 77-83.
④ Ferris, G.R., Russ, G.S., Fandt, P.M.. Politics in Organizations. In R.A. Giacalone, P. Rosenfeld(Eds.), Impression management in the organization, Hillsdale, NJ: Erlbaum, 1989.
⑤ Ferris, G.R., Kacmar, K.M. Perceptions of Organizational Politics[J]. Journal of Management, 1992, 18(1): 93-116.
⑥ Ferris, G.R., Harrell-Cook, G., Dulebohn, J.. Organizational Politics: The Nature of the Relationship Between Politics Perceptions and Political Behavior[J]. Research in the Sociology of Organizations, 2000, 17(17): 89-130.
⑦ Cropanzano, R.S., Kacmar, K.M., Bozeman, D.P.. Organizational Politics, Justice, and Support: Their Differences and Similarities. In R.S. Cropanzano, K.M. Kacmar（Eds）, Organizational Politics, Justice, and Support: Managing the Social Climate of the Workplace. Westport, CT: Quorum Books, 1995: 2-18.

观感受，并不一定与现实情况相符；是个体行为意图的一种归因，包括对组织氛围、制度环境等情境因素的判断；能够显著影响员工的表现。

（二）组织政治知觉的结构与测量

组织政治领域研究兴趣提起后很快就衰减下去的一个重要原因在于：早期对组织政治这一难以理解的现象在定义和测量时都遭遇了极大困难[1]。为了推动该领域的研究，避免再次陷入上述困境，一些学者积极开展了关于组织政治知觉这一概念维度和测量的研究。由于知觉概念的引入将客观行为研究取向转变为主观感知研究取向，测量难度大为降低，所以这一研究取向取得了丰硕的研究成果，提出了单维、三维、五维模型（整理如表2.1所示），为其后实证研究起到了奠基性的作用。

Ferris et al.（1989年）通过理论分析指出：政治知觉具有多维性，应该包括上司的政治行为、同事的政治行为、组织具有政治性的政策和实践三个方面[2]。依据这一成果，Kacmar和Ferris（1991年）[3]通过一个两阶段研究率先开始对组织政治知觉的量表（perceptions of politics scale，POPS）进行开发。两阶段的研究都是采用经典测试理论和主成分及直交方差旋转法来检验量表信度和效度。在研究1中，他们基于相关理论及论述的文献回顾，设计出一个31题项量表，通过分析得出了五维结构，分别命名为一般性政治行为、保持沉默静待好处、同事的政治行为、上司的政治行为、薪酬和晋升政策。以此为基础，在第二个研究中又增加9个题项共40个题项。为了考察该量表的判别效度，还加入了工作描述性指标（Job Descriptive Index，JDI）中的四个子量表（包括同事、薪酬、晋升和上司）。分析结果显示上司和同事政治行为题项也同时落在了JDI因子上，将其删除后最终得到三维度12题项量表：一般性政治行为、保持沉默静待好处、薪酬

---

[1] Kacmar, K.M., Carlson, D.S.. Further Validation of the Perceptions of Politics Scale(POPS): A Multiple Sample Investigation. Journal of Management, 1997, 23(5): 627–658.

[2] Ferris, G.R., Russ, G.S., Fandt, P.M.. Politics in Organizations. In R.A. Giacalone, P. Rosenfeld(Eds.), Impression management in the organization, Hillsdale, NJ: Erlbaum, 1989.

[3] Kacmar, K.M., Ferris, G.R.. Perceptions of Organizational Politics Scale (POPS): Development and Construct Validation[J]. Educational and Psychological Measurement, 1991, 51(1): 193–205.

和晋升政策，内部一致性系数为0.87[①]。尽管该量表在其后研究中得到大量运用，但Nye和Witt（1993年）发现其并未报告各子维度之间的相关性[②]，对该量表的区辨性提出质疑。

接着，Ferris和Kacmar（1992年）[③]用主成分分析法再次对31题项进行评估，但是两次研究中有一个题项并不完全相同。通过主成分分析，Ferris和Kacmar（1992年）最终将31题项缩减为22题项，研究结果也支持了三维结构，但具体构成不同，该三维模型包括上司的政治行为、同事的政治行为、组织具有政治性的政策和实践，内部一致性系数分别为0.80、0.84、0.81[③]。然而，该量表存在一个缺陷，即样本来自同一个组织（医院），并且95名参与者中有91名是女性，普适性受一定影响[④]。Zhou和Ferris（1995年）通过验证性因子分析发现，三维模型与数据的拟合度最佳且相互区辨，包括主导性群体、组织奖酬实践、同事的政治行为[⑤]。Ferris et al.（1996年）[⑥]也支持了三维模型。其后，Kacmar和Carlson（1997年）[⑦]在Kacmar和Ferris（1991年）12题项的基础上，利用结构方程模型重新对组织政治知觉的结构和测量展开研究，得出一个三维15题项量表，包括一般性政治行为、保持沉默静待好处、薪酬和晋升政策。但该量表没有报告内部一致性系数。而我国学者马超（2005年）基于中国情境所开发的组织政治知觉

[①] Kacmar, K.M., Ferris, G.R.. Perceptions of Organizational Politics Scale (POPS): Development and Construct Validation[J]. Educational and Psychological Measurement, 1991, 51(1): 193-205.

[②] Nye, L.G., Witt, L.A.. Dimensionality and Construct Validity of the Perceptions of Politics Scales (POPS)[J]. Education and Psychological Measurement, 1993, 53(3): 821-829.

[③] Ferris, G.R., Kacmar, K.M.. Perceptions of Organizational Politics[J]. Journal of Management, 1992, 18(1): 93-116.

[④] Fedor, D.F., Ferris, G.R., Harrell-Cook, G., et al.. The Dimensions of Politics Perceptions and Their Organizational and Individual Predictors[J]. Journal of Applied Social Psychology, 1998, 28(19): 1760-1797.

[⑤] Zhou, J., Ferris, G.R.. The Dimensions and Consequences of Organizational Politics Perceptions: A Confirmatory Analysis[J]. Journal of Applied Social Psychology, 1995, 25(19): 1747-1764.

[⑥] Ferris, G.R., Frink, D.D., Bhawuk, D.P.S., et al.. Reactions Of Diverse Groups To Politics In The Workplace[J]. Journal of Management, 1996, 22(1): 23-44.

[⑦] Kacmar, K.M., Carlson, D.S.. Further Validation of the Perceptions of Politics Scale(POPS): A Multiple Sample Investigation. Journal of Management, 1997, 23(5): 627-658.

量表也支持了三维模型，包括自利行为、薪酬与晋升和同事关系，各子量表信度系数分别为 0.823、0.745、0.875[①]。

不过，也有少数学者得出单维结论。Nye 和 Witt（1993年）质疑了 Kacmar 和 Ferris（1991年）12 题项量表的区辨性，通过探索性和验证性因子分析，得出组织政治知觉是一个单维构念的结论[②]。Parker et al.（1995年）的研究也支持单维结构[③]。

鉴于概念维度的不一致，Fedor et al.（1998年）通过详尽比较找到了原因。不同学者对变量的操作化定义以及研究对象的选择有所差异[④]。他们进而依据 Kacmar 和 Ferris（1991年）的 31 题项量表对这一概念维度重新进行了探讨，结果发现五维模型与数据拟合最好，包括优势个人或群体、薪酬实践、信息扭曲、印象管理和不明确的薪酬及晋升政策。

总体来看，尽管学术界对组织政治知觉维度的构成仍有争议，但不管哪种观点都界定和涵盖了"谁（who）、什么（what）以及如何（how）"这三个基本问题[④]。从目前来看，三维结构模型的应用最为广泛。

表 2.1　组织政治知觉的维度

结构	研究者	概念结构
单维	Nye and Witt（1993年）	单维结构
	Parker et al.（1995年）	
三维	Ferris et al.（1989年）	上司的政治行为、同事的政治行为、组织具有政治性的政策和实践
	Kacmar and Ferris（1991年）研究2	一般性政治行为、保持沉默静待好处、具有政治性的薪酬和晋升政策

---

① 马超. 组织政治认知及其对人力资源管理影响的研究[D]. 广州：暨南大学博士学位论文，2005.

② Nye, L.G., Witt, L.A.. Dimensionality and Construct Validity of the Perceptions of Politics Scales (POPS)[J]. Education and Psychological Measurement，1993，53(3)：821-829.

③ Parker, C.P., Dipboye, R.I., Jackson, S.L.. Perceptions of Organizational Politics：An Investigation of Antecedents and Consequences[J]. Journal of Management，1995，21(5)：891-912.

④ Fedor, D.F., Ferris, G.R., Harrell-Cook, G., et al.. The Dimensions of Politics Perceptions and Their Organizational and Individual Predictors[J]. Journal of Applied Social Psychology，1998，28(19)：1760-1797.

续表

结构	研究者	概念结构
三维	Ferris and Kacmar（1992年）	上司的政治行为、同事的政治行为、组织具有政治性的政策和实践
	Zhou and Ferris（1995年）	主导群体、组织奖酬实践、同事的政治行为
	Kacmar and Carlson（1997年）	一般政治行为、同事及小团体的政治行为、薪酬和晋升政策
	马超（2005年）	自利行为、薪酬与晋升和同事关系
五维	Kacmar and Ferris（1991年）研究1	一般性政治行为、保持沉默静待好处、同事的政治行为、上司的政治行为、薪酬和晋升政策
	Fedor et al.（1998年）	优势个人或群体、薪酬实践、信息扭曲、印象管理和缺乏明确性的薪酬及晋升政策

资料来源：本研究整理。

（三）组织政治知觉内涵的代表性界定

组织政治知觉的三维模型之所以得到更多认同，是因为单维模型不足反映组织政治知觉的不同性质和构面，而五维模型中各子维度缺乏足够区辨性，比如上司和同事的政治行为实际可划归一般性政治行为和保持沉默静待好处行为。在三维模型中：一般性政治行为、保持沉默静待好处政治行为及政治性薪酬和晋升政策相对更具概括性，是组织政治知觉的代表性维度。

1. 一般性政治行为（general political behavior）

一般性政治行为反映的是在组织缺乏明确行为规范情形下，员工根据自身需要所决定采取的自利性行为。当组织规则不能够规制员工的行动时，政治行为就会增加[1][2][3]。在缺乏明确规则和政策作为指导的情况下，个人不知道哪些行为是

---

[1] Drory, A., Romm, T.. The Definition of Organizational Politics: A Review[J]. Human Relations, 1990, 43(11): 1133-1154.

[2] Madison, D.L., Allen, R.W., Porter, L.W., et al.. Organizational Politics: An Exploration of Managers' Perceptions. Human Relations, 1980, 33(2): 79-100.

[3] Tushman, M.L.. A Political Approach to Organizations: A Review and Rationale. Academy of Management Review, 1977, 2(2): 206-216.

可接受的，就会根据自己的需要来行动，往往就会制定一些有利于自己的规则。更善于应对不确定性环境的，以及能将自己的规则强加于他人的人往往更容易使自己的规则被采纳[1]，他们自然也会从中受益。

同时，在不确定性环境下所制定的决策通常也被视为受政治影响[2]。当决策信息不完全或者模糊时，决策制定者就会根据自己的理解来制定决策。对同一信息的多重解释就会导致决策的失效，而政治则间接出现于该过程中[3]。所以，不确定性环境也会导致决策行为的政治性。

此外，有价值的稀缺资源（比如调任、加薪、办公室大小、预算等）也是政治行为出现的原因。资源的稀缺性会引发竞争，许多研究都已经发现通过阴谋手段来获取有价值资源的职场竞争是一种典型的政治行为[4][5]。这说明组织资源的稀缺性会形塑政治环境。而每个组织至少在某一资源上存在短缺，所以任何组织都不可避免政治行为的出现[6][7]。

那么，探明资源为何稀缺则有助于预测政治行为的目的及恶性竞争是如何演变而成的。那些掌握着关键资源的人就是一个可能的政治目标[8]。资源的吸引力

---

[1] Kacmar, K.M., Ferris, G.R.. Perceptions of Organizational Politics Scale（POPS）: Development and Construct Validation[J]. Educational and Psychological Measurement, 1991, 51(1): 193-205.

[2] Drory, A., Romm, T.. The Definition of Organizational Politics: A Review[J]. Human Relations, 1990, 43(11): 1133-1154.

[3] Cropanzano, R.S., Kacmar, K.M., Bozeman, D.P.. Organizational politics, justice, and support: Their differences and similarities. In R.S. Cropanzano, K.M. Kacmar (Eds), Organizational Politics, Justice, and Support: Managing the Social Climate of the Workplace. Westport, CT: Quorum Books, 1995: 2-18.

[4] Farrell, D., Petersen, J.C.. Patterns of Political Behavior on Organizations[J]. Academy of Management Review, 1982, 7(3):403-412.

[5] Kumar, P., Ghadially, R.. Organizational Politics and its Effects on Members of Organizations[J]. Human Relations, 1989, 42(4): 305-315.

[6] Kacmar, K.M., Carlson, D.S.. Further Validation of the Perceptions of Politics Scale（POPS）: A Multiple Sample Investigation[J]. Journal of Management, 1997, 23(5): 627-658.

[7] Fedor, D.F., Ferris, G.R., Harrell-Cook, G., et al.. The Dimensions of Politics Perceptions and Their Organizational and Individual Predictors[J]. Journal of Applied Social Psychology, 1998, 28(19): 1760-1797.

[8] Frost, P.J.. Power, Politics, and Influence. In F. Jablin, L. Putnam, K. Roberts, L. Porter (Eds.), Handbook of Organizational Communication. Beverly Hills, CA: Sage, 1987.

和及时性也是引发政治行动的决定因素[1]。而有些资源，比如一张体育比赛门票、一次旅行机会等，则只是对少数人有价值。获取这类资源的行为就不如获取所有人都看重的稀缺资源的行为更具有竞争力，比如加薪、晋升等[2]。

由此可知，鉴于组织规则的不完善性、不确定性及资源稀缺性的不可避免，政治行为也不可避免，因此是组织政治的一个重要构面。

2. 保持沉默静待好处（go along to get ahead）

这一行为反映的是组织中存在避免参与政治活动（例如保持沉默），以确保获得有利于自身结果的行为。之所以包含这一构面，是因为文献中一致认为冲突与组织政治存在关联[3][4][5]。这种关系的本质在于政治行为是自利性的，对其他人的利益构成潜在威胁。当这种威胁上升为报复时，冲突就升级了[4]。根据 Drory 和 Romm（1990年）的研究，冲突实质就是组织政治存在的前提，其影响也预示着不同利益群体间的一种潜在冲突状态[5]。

而组织中有些人可能希望能避免这些冲突，所以就不会去检举揭发他人，也不会违抗他人的操控企图。尽管这些行为看起来是非政治性的，但实质上仍属于政治行为。因为组织中政治与非政治行为的区别在于其是否带有目的性[5]。如果一种行为的目的是增加私利，那它就是政治性的[3]。而没有从中作梗、给别人捣乱、坏别人好事（rock the boat）的人不会对那些有政治企图（acting politically）的人造成威胁。因此，这类不具威胁性的个体会因未妨碍政治行动者实施计划而被纳入"圈内人"并获得有利于自己的结果。这样来看，缺失性行动（lack of

---

[1] Drory, A., Romm, T.. The Definition of Organizational Politics: A Review[J]. Human Relations, 1990, 43 (11): 1133-1154.

[2] Kacmar, K.M., Carlson, D.S.. Further Validation of the Perceptions of Politics Scale(POPS): A Multiple Sample Investigation[J]. Journal of Management, 1997, 23(5): 627-658.

[3] Gandz, J., Murray, V.V.. The Experience of Workplace Politics[J]. Academy of Management Journal, 1980, 23 (2): 237-251.

[4] Porter, L.W., Allen, R.W., Angel, H. L.. The Politics of upward Influence in Organizations. In B.M. Staw, L. L. Cummings (Eds.), Research in Organizational Behavior. Greenwich, CT: JAI. 1981, 3: 109-149.

[5] Tushman, M.L.. A Political Approach to Organizations: A Review and Rationale[J]. Academy of Management Review, 1977, 2(2): 206-216.

action）或者保持沉默静待好处行为可以为自己带来好处和利益[1][2]，则同样也属于有目的的获利性行为。因此，保持沉默静待好处也是组织政治的一个构面。

3. 薪酬和晋升政策（pay and promotion policies）

薪酬和晋升政策知觉反映的是组织政策如何导致政治行为的存续。很多学者认为，组织政策可以奖赏及保持政治行为[3][4][5]。不管决策制定者是否故意这样为之，其所制定和执行的人力资源体系也难免会激励错位，对那些有影响行为表现（influence behavior）的人进行了奖励而对未参与这类行动的人却实施了惩罚。所以那些政策就会营造出一种组织文化，使得政治行动普遍存在于人力资源决策的各个环节[1][2]。

具体来说，组织的奖酬体系设计在很多方面都可以滋生政治行为。比如，以个人为导向的奖酬就会引发以个体为导向的行为。其与以组织为导向的行为相反，通常都是自利性和政治性的。当这种行为受到嘉奖或者强化时，那么员工就会重复使用这些伎俩来确保再次获得奖励。所以，组织就会逐渐塑造出一种鼓励、奖赏政治行为的环境氛围[1][2]。由于表现出政治行为反而得到奖赏所造成的不公平感，那些原来没有采取政治行动的人未来也可能会效仿，则也可能会表现出政治行为[5][6]。因此，组织的薪酬和晋升政策很难避免政治行为的出现，也是组织政治的一个重要构面。

---

[1] Kacmar, K.M., Carlson, D.S.. Further Validation of the Perceptions of Politics Scale (POPS): A Multiple Sample Investigation. Journal of Management, 1997, 23(5): 627-658.

[2] Fedor, D.F., Ferris, G.R., Harrell-Cook, G., et al.. The Dimensions of Politics Perceptions and Their Organizational and Individual Predictors. Journal of Applied Social Psychology, 1998, 28(19): 1760-1797.

[3] Ferris, G.R., Fedor, D., Chachere, J.G., et al.. Myths and Politics in Organizational Contexts[J]. Group and Organizational Studies, 1989, 14(1): 88-103.

[4] Ferris, G.R., King, T.R.. Politics in Human Resource Decisions: A Walk on the Dark Side[J]. Organizational Dynamics, 1991, 20(2): 59-71.

[5] Kacmar, K.M., Ferris, G.R.. Politics at Work: Sharpening the Focus of Political Behavior in Organizations[J]. Business Horizons, 1993, 36(4): 70-74.

[6] Ferris, G.R., Russ, G.S., Fandt, P.M.. Politics in Organizations. In R.A. Giacalone, P. Rosenfeld (Eds.), Impression Management in the Organization, Hillsdale, NJ: Erlbaum, 1989: 145.

三、组织政治知觉的研究模型

随着组织政治知觉概念维度、测量工具研究的不断成熟，前一研究阶段实证难的困境得以摆脱，并开启了组织政治知觉诱因、影响机制的实证探讨。Ferris et al.（1989年）通过理论推演，首次系统提出了组织政治知觉的概念模型。Ferris et al.（2002年）基于其后20年来的实证结果，又提出一个修正模型，对1989年模型进行了调整和补充。其他学者也在此基础之上拓展了更多前因、结果、调节和中介变量，进一步丰富了组织政治知觉的产生、影响及作用机理的逻辑关系（组织政治知觉关系模型如图2.2所示）。

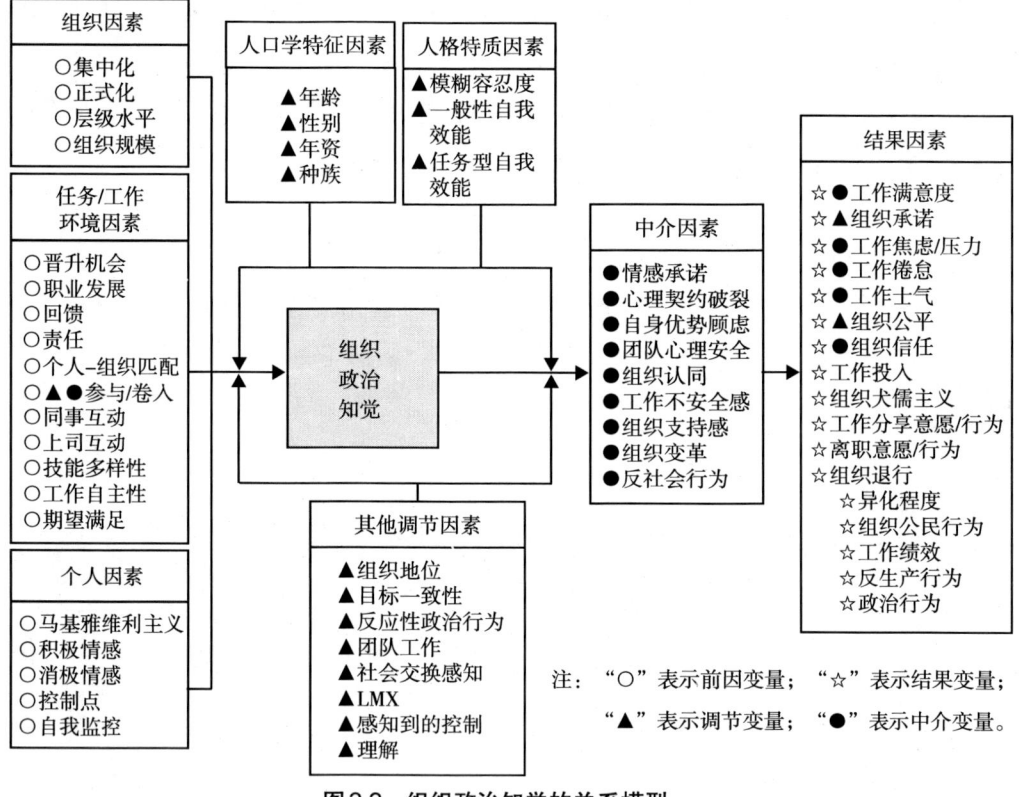

图2.2 组织政治知觉的关系模型

资料来源：本研究整理。

（一）前因变量

Ferris et al.（1989年）从组织、工作环境、个人三个层次提出了组织政治知觉的影响因素，Ferris et al.（2002年）对此进行了修订、补充。Atinc et al.（2010年）对组织政治知觉的前因变量进行了元分析，囊括了这两个模型以及其他研究中所涉及的共25个变量。研究证实：组织因素中，集中化、正式化、程序公平；工作环境因素中，自主性、回馈、技能多样性、晋升机会、信任、LMX、协作、决策参与、期望满足、发展机会；个人因素中，资历、马基雅维利主义、控制点、积极情感、消极情感对组织政治知觉存在显著的预测作用，而层级水平、控制幅度、年龄、性别、教育、民族地位、自我监控与政治知觉没有显著关系[1]。结论支持了Ferris et al.（2002年）模型中将人口学特征变量从前因中删除而作为调节变量的决定。同时，该研究的另一个重要贡献在于它揭示出各类前因的相对效应大小。Atinc et al.（2010年）发现在三类前因变量中，工作环境因素总体来说与组织政治知觉的关系强于组织和个人因素[1]。在工作环境的影响因素中，LMX、决策参与、对同事的信任、期望满足、晋升机会和发展机会的解释力度高于其他因素，且发展机会与组织政治的关系强于晋升机会；而工作设计类变量（比如自主性、回馈和技能多样性）以及协作与组织政治知觉的关系弱于其他因素。在组织层面的影响因素中，集中化和程序公平与组织政治知觉的关系强于正式化。个人因素中，马基雅维利主义、消极情感的预测效力强于控制点、积极情感；人格特质变量可以影响这些前因与组织政治知觉之间的关系，表明其调节作用的存在[1]。基于此，Atinc et al.（2010年）认为，该研究结论对管理实践具有很大的启示意义，说明管理者能够通过适当措施把控组织政治知觉的影响，因为工作环境因素是管理者相对最容易控制和变革的情境因素[2]。

（二）结果变量

相对而言，组织政治知觉影响的研究得到更大关注。Ferris et al.（1989年）

---

[1] Atinc, G., Darrat, M., Fuller, B., et al.. Perceptions of Organizational Politics: A Meta-analysis of Theoretical Antecedents[J]. Journal of Managerial Issues, 2010, 22(4): 494-513.

[2] Valle, M., Perrewe, P.L.. Do Politics Perceptions Relate to Political Behaviors? Tests of an Implicit Assumption and Expanded Model[J]. Human Relations. 2000, 53 (3): 359-386.

指出，员工对政治知觉至少会有三种反映：从组织中退出、留在组织中但不参与政治和留在组织中且参与政治，并据此提出了结果变量模型。Ferris et al.（2002年）进行了补充，新增了组织承诺、公平反应、信任、组织犬儒主义、工作绩效、组织公民行为、政治行为等结果。

组织政治知觉的结果变量大致可分为心理、态度和行为结果三类[1]，多数研究证实了它的负面效应[2]，发现其会降低工作满意度[3][4][5]、组织承诺[3][6][7]、工作士气[8][9]、人际信任[10]、生产率[11]、工作投入[12]、角色内绩效[6][8][10]、组织公民行

---

[1] Poon, J.M.. Situational Antecedents and Outcomes of Organizational Politics Perceptions[J]. Journal of Managerial Psychology, 2003, 18(2): 138-155.

[2] Hsiung, H.H., Lin, C.W., Lin, C.S.. Nourishing or Suppressing? The Contradictory Influences of Perception of Organizational Politics on Organizational Citizenship Behaviour[J]. Journal of Occupational and Organizational Psychology, 2012, 85(2):258-276.

[3] Miller, B.K., Rutherford, M.A., Kolodinsky, R.W.. Perceptions of Organizational Politics: A Meta-analysis of Outcomes[J]. Journal of Business and Psychology, 2008, 22(3): 209-222.

[4] Hochwarter, W.A., Thompson, K.R.. The Moderating Role of Optimism on Politics-Outcomes Relationships: A Test of Competing Perspectives[J]. Human Relations, 2010, 63(9):1371-1394.

[5] 张军成,凌文辁.组织政治知觉对研发人员工作态度的影响——基于资源保存理论的实证分析[J].科学学与科学技术管理,2013,34(2):134-143.

[6] Chang, C.H., Rosen, C.C., Levy, P.E.. The Relationship between Perceptions of Organizational Politics and Employee Attitudes, Strain, and Behavior: A Meta-analytic Examination[J]. Academy of Management Journal, 2009, 52(4): 779-801.

[7] Chinomona, R., Chinomona, E.. The Influence of Employees' Perceptions of Organizational Politics on Turnover Intentions in Zimbabwe's SME Sector[J]. South African Journal of Business Management 2013, 44(2):57-66.

[8] Ferris, G.R., Kacmar, K.M. Perceptions of Organizational Politics[J]. Journal of Management, 1992, 18(1): 93-116.

[9] Randall, M.L., Cropanzano, R., Bormann, C.A. Organizational Politics and Organizational Support as Predictors of Work Attitudes, Job Performance, and Organizational Citizenship Behavior[J]. Journal of Organizational Behavior, 1999, 20(2):159-174.

[10] Rosen, C.C., Levy, P.E., Hall, R.J.. Placing Perceptions of Politics in the Context of the Feedback Environment, Employee Attitudes, and Job Performance[J]. Journal of Applied Psychology, 2006, 91(1): 211-220.

[11] Ferris, G.R., Adams, G., Kolodinsky, R.W, et al.. Perceptions of Organizational Politics: Theory and Research Directions. In F.J. Yammarino, F. Dansereau (Eds.), Research in Multi-level Issues, The Many Faces of Multi-level Issues. Oxford, England: JAI Press/Elsevier Science, 2002, 1: 179-254.

[12] Karatepe, O.M.. Perceptions of Organizational Politics and Hotel Employee Outcomes: The Mediating Role of Work Engagement[J]. International Journal of Contemporary Hospitality Management, 2013, 25(1): 82-104.

为[1]、工作绩效[2][3]、知识分享意愿/行为[4]，增加离职倾向[5][6]、工作压力[7]、异化程度[8]、不公平感[9]、心理退行（psychological withdrawal）[6][10]、工作倦怠[5]、反生产行为[11]。

但有学者也注意到，组织政治知觉的影响不仅在关系大小上存在差异，甚至在方向上还存在不一致[7][12]。Ferris et al.（2002年）发现9篇探讨组织政治知觉与任务绩效和组织公民行为关系的研究中就有4篇没有支持预期的负向关系[12]。Miller

---

[1] Danaeefard, H., Balutbazeh, A.E., Kashi, K.H.A.. Good Soldiers' Perceptions of Organizational Politics Understanding the Relation between Organizational Citizenship Behaviors and Perceptions of Organizational Politics: Evidence From Iran[J]. European Journal of Economics, Finance, and Administrative Sciences, 2010, 18(1):146-162.

[2] Kacmar, K.M., Bozeman, D.P., Carlson, D.S., et al.. An Examination of the Perceptions of Organizational Politics Model: Replication and Extension[J]. Human Relations, 1999, 52(3): 383-416.

[3] Treadway, D.C., Witt, L.A., Ferris, G.R., et al.. The Role of Age in the Perceptions of Politics-Job Performance Relationship: A Three-Study Constructive Replication[J]. Journal of Applied Psychology, 2005, 90(5): 872-881.

[4] 于伟,倪慧君.员工组织政治知觉与知识分享意愿关系研究——以团队心理安全为中介[J].图书情报工作,2011,55(8):88,131-134.

[5] 张军成,凌文辁.组织政治知觉对研发人员工作态度的影响——基于资源保存理论的实证分析[J].科学学与科学技术管理,2013,34(2):134-143.

[6] Rosen, C.C., Chang, C.H., Johnson, R.E., et al.. Perceptions of the Organizational Context and Psychological Contract Breach: Assessing Competing Perspectives[J]. Organizational Behavior and Human Decision Processes, 2009, 108(2): 202-217.

[7] Miller, B.K., Rutherford, M.A., Kolodinsky, R.W.. Perceptions of Organizational Politics: A Meta-analysis of Outcomes[J]. Journal of Business and Psychology, 2008, 22(3): 209-222.

[8] Cropanzano, R., Howes, J.C., Grandey, A.A., et al.. The Relationship of Organizational Politics and Support to Work Behaviors, Attitudes, and Stress[J]. Journal Of Organizational Behavior. 1997, 18(2):159-180.

[9] Chinomona, R., Chinomona, E.. The Influence of Employees' Perceptions of Organizational Politics on Turnover Intentions in Zimbabwe's SME Sector[J]. South African Journal of Business Management 2013, 44(2):57-66.

[10] Kumar, P., Ghadially, R.. Organizational Politics and its Effects on Members of Organizations[J]. Human Relations, 1989, 42(4): 305-315.

[11] 张永军.组织政治知觉对员工反生产行为的影响:心理契约破裂的中介检验[J].商业经济与管理,2013,264(10):63-71.

[12] Ferris, G.R., Adams, G., Kolodinsky, R.W, et al.. Perceptions of Organizational Politics: Theory and Research Directions. In F.J. Yammarino, F. Dansereau (Eds.), Research in Multi-level Issues, The Many Faces of Multi-level Issues. Oxford, England: JAI Press/Elsevier Science, 2002, 1: 179-254.

et al.（2008年）在元分析中发现组织政治知觉与工作满意度的关系在-0.71—0.01，与工作压力的关系在0.01—0.05，与工作绩效的关系在-0.32—0.12之间变化[1]。当然，还有学者得出不显著关系[2]。这说明组织政治知觉与这些结果变量间的关系尚无定论。

（三）中间变量

有学者指出，组织政治知觉与结果变量之间关系尚存争议的原因在于既有研究重点仅探讨了双边关系，缺乏对心理过程机制[3]以及可能的边界条件[4]的考虑。于是，一批学者重点关注组织政治知觉与结果变量关系的中间机制。

Ferris et al.（1989年）认为，双边关系会受可感知到的控制和了解程度的调节性影响。当个人认为自己对局面有很强的掌控力或者对整个事件了解程度较高时，组织政治知觉与结果变量之间的负向关系就会减弱[5]。Ferris et al.（2002年）新增了人口学特征因素和人格特质因素两类调节变量，前者包括性别、年龄、资历、种族；后者包括对模糊性的忍耐度、总体自我效能、工作自我效能。而在实证研究中得到验证的调节变量有：组织地位[6]、目标一致性[7]、理解[8]、

---

[1] Miller, B.K., Rutherford, M.A., Kolodinsky, R.W.. Perceptions of Organizational Politics: A Meta-analysis of Outcomes[J]. Journal of Business and Psychology, 2008, 22(3): 209-222.

[2] Randall, M.L., Cropanzano, R., Bormann, C.A.. Organizational Politics and Organizational Support as Predictors of Work Attitudes, Job Performance, and Organizational Citizenship Behavior[J]. Journal of Organizational Behavior, 1999, 20(2): 159-174.

[3] Chang, C.H., Rosen, C.C., Levy, P.E.. The Relationship between Perceptions of Organizational Politics and Employee Attitudes, Strain, and Behavior: A Meta-analytic Examination[J]. Academy of Management Journal, 2009, 52(4): 779-801.

[4] Hochwarter, W.A., Thompson, K.R.. The Moderating Role of Optimism on Politics-Outcomes Relationships: A Test of Competing Perspectives[J]. Human Relations, 2010, 63(9): 1371-1394.

[5] Ferris, G.R., Russ, G.S., Fandt, P.M.. Politics in Organizations. In R.A. Giacalone, P. Rosenfeld(Eds.), Impression Management in the Organization, Hillsdale, NJ: Erlbaum, 1989: 145.

[6] Drory, A.. Perceived Political Climate and Job Attitudes[J]. Organization Studies, 1993, 14(1): 59-71.

[7] Witt, L.A.. Enhancing Organizational Goal Congruence: A Solution to Organizational Politics. Journal of Applied Psychology, 1998, 83(4): 666-674.

[8] Kacmar, K.M., Bozeman, D.P., Carlson, D.S., et al.. An Examination of the Perceptions of Organizational Politics Model: Replication and Extension[J]. Human Relations, 1999, 52(3): 383-416.

组织承诺[1]、反应性政治行为[2]、工作自我效能[3]、组织公平[4]、LMX[5]等。

员工的态度和行为都可能受组织政治知觉影响，所以，组织政治知觉结果变量的范围相对较为宽泛，包括心理、态度和行为。而心理状态可以预测态度和行为、态度亦可预测行为，那么，组织政治知觉的心态类结果变量亦有可能成为组织政治知觉与行为结果之间的中介。在实证研究中得到证实的中介变量包括：工作满意度[6][7]、情感承诺[7]、工作压力[8]、士气[6]、事业心[10]、心理契约破裂[9]、自身优势顾虑[9]、团队心理安全[11]、工作不安全感[12]、组织认

---

[1] Hochwarter, W.A., Perrewe, P.L., Ferris, G.R., et al.. Commitment as an Antidote to the Tension and Turnover Consequences of Organizational Politics. Journal of Vocational Behavior，1999，55(3)：277-297.

[2] Valle, M., Perrewe, P.L.. Do Politics Perceptions Relate to Political Behaviors? Tests of an Implicit Assumption and Expanded Model[J]. Human Relations. 2000, 53(3)：359-386.

[3] Bozeman, D.P., Perrewe, P.L., Hochwarter, W.A., et al.. Organizational Politics, Perceived Control, and Work Outcomes：Boundary Conditions on the Effects of Politics. Journal of Applied Social Psychology，2001，31(3)：486-503.

[4] 孙汉银.组织公平对组织政治知觉与工作满意度之间关系的调节作用——以北京市中学教师为例[J].师范大学学报(社会科学版)，2009，211(1)：60-67.

[5] 林忠，孙灵希.组织政治知觉类群划分及其对工作压力影响[J].财经问题研究，2011(12)：108-115.

[6] Hsiung, H.H., Lin, C.W., Lin, C.S.. Nourishing or Suppressing? The Contradictory Influences of Perception of Organizational Politics on Organizational Citizenship Behaviour[J]. Journal of Occupational and Organizational Psychology，2012，85(2)：258-276.

[7] Rosen, C.C., Levy, P.E., Hall, R.J.. Placing Perceptions of Politics in the Context of the Feedback Environment, Employee Attitudes, and Job Performance[J]. Journal of Applied Psychology，2006，91(1)：211-220.

[8] Chang, C.H., Rosen, C.C., Levy, P.E.. The Relationship between Perceptions of Organizational Politics and Employee Attitudes, Strain, and Behavior：A Meta-analytic Examination[J]. Academy of Management Journal，2009，52(4)：779-801.

[9] Rosen, C.C., Chang, C.H., Johnson, R.E., et al.. Perceptions of the Organizational Context and Psychological Contract Breach：Assessing Competing Perspectives[J]. Organizational Behavior and Human Decision Processes，2009，108(2)：202-217.

[10] 杨玉浩，龙君伟，库夭梅.员工组织政治知觉与知识分享行为的关系：珠三角地区企业的实证研究及其启示[J].科学学与科学技术管理，2009(5)：175-180.

[11] 于伟，倪慧君.员工组织政治知觉与知识分享意愿关系研究——以团队心理安全为中介[J].图书情报工作，2011，55(8)：88,131-134.

[12] 胡三嫚，佐斌.组织政治知觉与组织承诺：工作不安全感的调节作用研究[J].心理学探，2007，27(2)：82-87.

同[1]、工作参与[2]、工作倦怠[3]、组织支持感[4]、组织信任[5]等。

四、组织政治知觉的研究视角

通过对30年来组织政治知觉理论和实证研究的回顾可发现，学术界对组织政治知觉的研究所秉持的视角主要有积极、消极和中立三种。组织政治知觉的早期研究都倾向于选择消极视角，即认为组织政治对员工态度和行为具有很大的负面影响[6]。解释逻辑主要基于工作压力和社会交换两个理论：当员工知觉到工作场所充满政治性时，表明他可能对报酬系统的公正性丧失信心[7]，认为绩效评价标准、奖赏决策的制定是基于权力、裙带关系、报复动机等非贡献性因素（nonmerit-based factors）而非客观依据[8]。一旦员工不相信工作投入能换来欲求的经济和社会情感结果（比如信任）[9]，员工——组织交换的平衡关系

---

[1] 钟建安,曹忠良,刘庆春.组织政治知觉对组织认同的影响及工作投入的中介作用[J].应用心理学,2011,17(1):24-30.

[2] Karatepe, O.M.. Perceptions of Organizational Politics and Hotel Employee Outcomes: The Mediating Role of Work Engagement[J]. International Journal of Contemporary Hospitality Management, 2013, 25(1): 82-104.

[3] 张军成,凌文铨.组织政治知觉影响离职倾向的多重中介效应比较分析[J].商业经济与管理,2011,231(1):44-51+59.

[4] 张军成,凌文铨.组织政治知觉对研发人员工作态度的影响——基于资源保存理论的实证分析[J].科学学与科学技术管理,2013,34(2):134-143.

[5] 曾贱吉,胡培,蒋玉石.员工对工作满意度、离职倾向影响的实证研究——基于组织政治知觉的角度[J].山西财经大学学报,2010,32(2):104-109.

[6] Ferris, G.R., Adams, G., Kolodinsky, R.W, et al.. Perceptions of Organizational Politics: Theory and Research Directions. In F.J. Yammarino, F. Dansereau (Eds.), Research in Multi-Level Issues, The Many Faces of Multi-Level Issues. Oxford, England: JAI Press/Elsevier Science, 2002, 1: 179-254.

[7] Rosen, C.C., Levy, P.E., Hall, R.J.. Placing Perceptions of Politics in the Context of the Feedback Environment, Employee Attitudes, and Job Performance[J]. Journal of Applied Psychology, 2006, 91(1): 211-220.

[8] Rusbult, C.E., Campbell, M.A., Price, M.E.. Rational Selective Exploitation and Distress: Employee Reactions to Performance-based and Mobility-Based Reward Allocations[J]. Journal of Personality and Social Psychology, 1990, 59(3): 487-500.

[9] Rosen, C.C., Chang, C.H., Johnson, R.E., et al.. Perceptions of the Organizational Context and Psychological Contract Breach: Assessing Competing Perspectives[J]. Organizational Behavior and Human Decision Processes, 2009, 108(2): 202-217.

就会被打破①。而对这一不可预测性、风险性的工作场所情境感知会增加员工的工作压力体验②，成为一种"障碍（hindrance）"或者压力源①，进而使其产生工作压力①③、不满意感④⑤、不公正感⑥、离职意愿①⑥等消极态度，并降低工作投入⑦、工作绩效⑧等行为表现，尤其可能会以减少角色外行为作为对不平衡交换关系的反应，因为这样做可降低被惩罚的可能性⑥⑨。

不过，尽管消极视角处于压倒性地位，近期开始有学者提出积极和中立两种不同视角。Chang et al.（2009年）指出政治并不必然是消极或危险的①，因为压力有障碍性和机会性之分⑩，政治环境中所固有的模糊性也为员工留下了一

---

① Chang, C.H., Rosen, C.C., Levy, P.E.. The Relationship between Perceptions of Organizational Politics and Employee Attitudes, Strain, and Behavior: A Meta-analytic Examination[J]. Academy of Management Journal, 2009, 52(4): 779-801.

② Cropanzano, R., Howes, J.C., Grandey, A.A., et al.. The Relationship of Organizational Politics and Support to Work Behaviors, Attitudes, and Stress[J]. Journal of Organizational Behavior. 1997, 18(2):159-180.

③ Ferris, G.R., Adams, G., Kolodinsky, R.W, et al.. Perceptions of Organizational Politics: Theory and Research Directions. In F.J. Yammarino, F. Dansereau (Eds.), Research in Multi-Level Issues, The Many Faces of Multi-Level Issues. Oxford, England: JAI Press/Elsevier Science, 2002, 1: 179-254.

④ Miller, B.K., Rutherford, M.A., Kolodinsky, R.W.. Perceptions of Organizational Politics: A Meta-analysis of Outcomes[J]. Journal of Business and Psychology, 2008, 22(3): 209-222.

⑤ Hochwarter, W.A., Thompson, K.R.. The Moderating Role of Optimism on Politics-Outcomes Relationships: A Test of Competing Perspectives[J]. Human Relations, 2010, 63(9):1371-1394.

⑥ Rosen, C.C., Chang, C.H., Johnson, R.E., et al.. Perceptions of the Organizational Context and Psychological Contract Breach: Assessing Competing Perspectives[J]. Organizational Behavior and Human Decision Processes, 2009, 108(2): 202-217.

⑦ Karatepe, O.M.. Perceptions of Organizational Politics and Hotel Employee Outcomes: The Mediating Role of Work Engagement[J]. International Journal of Contemporary Hospitality Management, 2013, 25(1): 82-104.

⑧ Kacmar, K.M., Bozeman, D.P., Carlson, D.S., et al.. An Examination of the Perceptions of Organizational Politics Model: Replication and Extension[J]. Human Relations, 1999, 52(3): 383-416.

⑨ Rosen, C.C., Harris, K.J., Kacmar, K.M.. The Emotional Implications of Perceived Organizational Politics: A Process Model[J]. Human Relations, 2009, 62(1): 27-57.

⑩ Fedor, D.B., Maslyn, J. M.. Politics and Political Behavior: Where Else do We Go from here?, In F. Dansereau, F. J. Yammarino (Eds.), Research in Multi-Level Issues. Oxford: Elsevier/JAI Press, 2002, 1: 287-294.

定的解释空间[1]。当组织政治未被视为障碍，而被知觉为资源获取的机会时，就会产生积极结果[2]，比如员工会投入更多的时间和精力来利用这一机会，包括更高的工作投入[3]、更多的组织公民行为[4]等。此外，Fedor et al.（2008年）反对将组织政治知觉进行"合法—不合法""好—坏"的绝对二维划分，呼吁回归组织政治的资源分配决策的本质属性，以平衡、中立视角将其视为一种既可产生积极结果，又可产生消极结果的双元社会影响过程，而不主张对其预先进行价值判断[5]。

实际上，组织政治研究一直存在不同视角，积极和中立观点早就有学者提出过。例如，Hirschman（1970年）坚持认为，政治行为是对避免冲突或组织衰退的合法努力（a legitimate fight）[6]。组织中的政治氛围可以刺激个体追求成功、地位、权力或者职业发展[7]。政治环境还可以促进管理者提高政治技能以提升处理组织内外复杂问题的能力[8]。这一视角揭示出组织政治的积极性。另外，Pfeffer（1981年）认为，组织政治是个人在不确定性或者意见分歧情境中，通过对权力

---

[1] Chang, C.H., Rosen, C.C., Siemieniec, G.M., et al.. Perceptions of Organizational Politics and Employee Citizenship Behaviors: Conscientiousness and Self-Monitoring as Moderators[J]. Journal of Business and Psychology, 2012, 27(4):395-406.

[2] Schuler, R.S.. Definition and Conceptualization of Stress in Organizations. Organizational Behavior and Human Performance, 1980, 25(2): 184-215.

[3] Ferris, G.R., Kacmar, K.M. Perceptions of Organizational Politics[J]. Journal of Management, 1992, 18(1): 93-116.

[4] Hsiung, H.H., Lin, C.W., Lin, C.S.. Nourishing or Suppressing? The Contradictory Influences of Perception of Organizational Politics on Organizational Citizenship Behaviour[J]. Journal of Occupational and Organizational Psychology, 2012, 85(2):258-276.

[5] Fedor, D., Maslyn, J., Farmer, S., et al.. The Contribution of Positive Politics to the Prediction of Employee Reactions[J]. Journal of Applied Social Psychology, 2008, 38(1): 76-96.

[6] Hirschman, A.. Exit, Voice, and Loyalty: Responses to Decline in Firms, Organizations, and States[M]. Cambridge, CA: Harvard University Press, 1970.

[7] Kumar, P., Ghadially, R.. Organizational Politics and its Effects on Members of Organizations[J]. Human Relations, 1989, 42(4): 305-315.

[8] Wayne, S.J., Ferris, G.R.. Influence Tactics, Affect, and Exchange Quality in Supervisor-Subordinate Interactions: A Laboratory Experiment and Field Study[J]. Journal of Applied Psychology, 1990, 75(5):487-499.

及其他资源的获取、开发和运用,来实现欲求结果的活动①。它实际上是一种社会影响过程,旨在实现稀缺资源的合理分配②③④。这些学者更倾向于秉持中立视角,将组织政治视为效应中性而并不必然是有害的。只不过在组织政治知觉概念引入时,多数学者过度关注其消极的一面,对另外两种视角并未予以足够重视。直到近期的实证研究质疑了组织政治知觉的绝对负向影响结论时,才有学者采纳多视角尤其中立视角展开研究。

  随着研究视角的拓展,相关的理论基础也得到扩充。不局限于社会交换和压力两大理论基础,随之运用公平理论⑤、资源保护理论（conservation of resources theory）⑥⑦⑧、资源分配理论⑨、注意力理论（attention-based theory of the firm）⑨等来解析组织政治知觉与其他变量关系的研究不断涌现。

---

① Pfeffer, J.. Power in Organizations[M]. Bostion: Pitman, 1981: 1-22.
② Allen, R.W., Madison, D.L., Porter, L.W., et al.. Organizational Politics: Tactics and Characteristics of its Actors. California Management Review, 1979, 22(1):77-83.
③ Ferris, G.R., Russ, G.S., Fandt, P.M.. Politics in Organizations. In R.A. Giacalone, P. Rosenfeld(Eds.), Impression Management in the Organization, Hillsdale, NJ: Erlbaum, 1989.
④ Madison, D.L., Allen, R.W., Porter, L.W., et al.. Organizational Politics: An Exploration of Managers' Perceptions. Human Relations, 1980, 33(2): 79-100.
⑤ Chinomona, R., Chinomona, E.. The Influence of Employees' Perceptions of Organizational Politics on Turnover Intentions in Zimbabwe's SME Sector[J]. South African Journal of Business Management 2013, 44(2): 57-66.
⑥ Ferris, G.R., Adams, G., Kolodinsky, R.W, et al.. Perceptions of Organizational Politics: Theory and Research Directions. In F.J. Yammarino, F. Dansereau (Eds.), Research in Multi-level Issues, The Many Faces of Multi-level Issues. Oxford, England: JAI Press/Elsevier Science, 2002, 1: 179-254.
⑦ Treadway, D.C., Witt, L.A., Ferris, G.R., et al.. The Role of Age in the Perceptions of Politics-Job Performance Relationship: A Three-Study Constructive Replication[J]. Journal of Applied Psychology, 2005, 90(5): 872-881.
⑧ 张军成,凌文辁.组织政治知觉对研发人员工作态度的影响——基于资源保存理论的实证分析[J].科学学与科学技术管理,2013,34(2):134-143.
⑨ Shoss, M.K., Witt, L.A., Vera, D.. When does Adaptive Performance Lead to Higher Task Performance? Journal of Organizational Behavior, 2012. 33(7): 910-924.

五、组织政治知觉研究的新进展

组织政治知觉概念引入之后的近30年间,研究者围绕其产生、影响机制展开了大量的理论和实证研究。但是,尽管研究成果逐渐丰硕,理论上的争议和不一致仍未消除。于是,一些学者近期开辟了新方向,尝试对组织政治知觉的影响机理做出更深入的探讨。

(一) 跨文化研究

Hofstede(1980年)指出国家文化影响员工对工作不同构面解释和反应的心智图示(mental programs)[1],不同国家文化下员工对组织社会交换关系有不同的评价和预期[2]。同理,组织政治知觉作为员工对工作环境中同事和上司自利行为发生程度的主观评估,也必然会受到国家文化的影响。于是一些研究者展开了跨文化研究,主要包括不同文化情境下组织政治知觉的影响机制和跨文化比较。Zhang和Lee(2010年)基于中国政府情境探讨了组织政治知觉对压力——离职关系的影响[3];Danaeefard et al.(2010年)在伊朗这一中亚阿拉伯情境下讨论了组织政治知觉与组织公民行为之间的关系[4];Hsiung et al.(2012年)以中国台湾警察为研究对象考察了以工作满意度和事业心为中介的组织政治知觉对组织公民行为的影响[5];

---

[1] Hofstede, G.. Culture's Consequences: International Differences in Work Related Values[M]. London: Sage, 1980.

[2] Chang, C.H., Rosen, C.C., Levy, P.E.. The Relationship between Perceptions of Organizational Politics and Employee Attitudes, Strain, and Behavior: A Meta-analytic Examination[J]. Academy of Management Journal, 2009, 52(4): 779-801.

[3] Zhang, G. Lee, G.. The Moderation Effects of Perceptions of Organizational Politics on the Relationship between Work Stress and Turnover Intention: An Empirical Study about Civilian in Skeleton Government of China[J]. iBusiness, 2010, 2(3): 268-273.

[4] Danaeefard, H., Balutbazeh, A.E., Kashi, K.H.A.. Good Soldiers' Perceptions of Organizational Politics Understanding the Relation between Organizational Citizenship Behaviors and Perceptions of Organizational Politics: Evidence From Iran[J]. European Journal of Economics, Finance, and Administrative Sciences, 2010, 18(1):146-162.

[5] Hsiung, H.H, Lin, C.W., Lin, C.S.. Nourishing or Suppressing? The Contradictory Influences of Perception of Organizational Politics on Organizational Citizenship Behavior[J]. Journal of Occupational and Organizational Psychology, 2012, 85(2): 258-276.

Chinomona和Chinomona（2013年）在津巴布韦的中小企业中展开了以组织公平感和组织承诺为中介的组织政治知觉与员工离职关系的研究[①]。此外，Chang et al.（2009年）的跨文化比较研究发现：美国和以色列样本中组织政治知觉与士气之间的关系存在差异，因为以色列员工经历了更多的地缘冲突，习惯了工作内外的政治过程，所以更能容忍政治行为[②]。

总体来说，在这一方向中，跨文化研究的趋势较为明显，而跨文化比较研究初现端倪。

（二）中间机制探索

随着理论视角的拓展以及研究方法的进步，有一批学者开始尝试基于中立视角，依托更为先进的数据分析方法来探讨更为复杂的中间机制的作用效果，即挖掘在竞争性中介机制或双重调节机制下组织政治知觉的影响。

Rosen et al.（2006年）在全人型方法（a holistic person-oriented approach）[③]的影响下，首先提出需同时考虑多种个体差异来研究组织政治知觉和组织公民行为之间的关系[④]。受此启发，Chang et al.（2012年）在探索组织政治知觉与组织公民行为之间的关系时同时考虑了自我监控（代表能力）和责任心（代表意愿）两种特质的双重调节作用[⑤]；Hsiung et al.（2012年）探讨了工作满意度（抑制）和事业心（促进）在组织政治知觉与组织公民行为关系中的中介作用，同时考察

[①] Chinomona, R., Chinomona, E.. The Influence of Employees' Perceptions of Organizational Politics on Turnover Intentions in Zimbabwe's SME Sector[J]. South African Journal of Business Management 2013, 44(2): 57–66.

[②] Chang, C.H., Rosen, C.C., Levy, P.E.. The Relationship between Perceptions of Organizational Politics and Employee Attitudes, Strain, and Behavior: A Meta-analytic Examination[J]. Academy of Management Journal, 2009, 52(4): 779–801.

[③] Hogan, R., Hogan, J., Roberts, B.W.. Personality Measurement and Employment Decisions. American Psychologist, 1996, 51(5): 469–477.

[④] Rosen, C.C., Levy, P.E., Hall, R.J.. Placing Perceptions of Politics in the Context of the Feedback Environment, Employee Attitudes, and Job Performance[J]. Journal of Applied Psychology, 2006, 91(1): 211–220.

[⑤] Chang, C.H., Rosen, C.C., Siemieniec, G.M., et al.. Perceptions of Organizational Politics and Employee Citizenship Behaviors: Conscientiousness and Self-Monitoring as Moderators[J]. Journal of Business and Psychology, 2012, 27(4):395–406.

两种竞争性心理传导过程[1]。Chang et al.（2009年）分析了心理应激（表征工作压力）和士气（表征社会交换）在组织政治知觉与离职意愿和绩效关系中的中介作用[2]。

多重中间变量的考虑在一定程度上有助于解决研究中组织政治知觉与结果变量关系不一致的争议，成为该领域研究的又一前沿和特点。

（三）情境研究

组织政治知觉具有环境属性，是对工作环境、组织氛围的一种主观反映。于是，有学者将其视为一个情境变量，作为其他变量关系的调节或中介等中间机制展开研究。

Miller和Nicols（2008年）在探讨工作控制点（work locus of control）与分配公平之间的关系时，就将组织政治知觉作为中介变量[3]；Zhang和Lee（2010年）在研究中将组织政治知觉作为工作压力和离职意愿关系的情境性调节变量[4]；孟睿智（2011年）考察了组织政治知觉在变革性领导与员工工作不安全感关系中的中介效应[5]；张蕾等（2012年）在研究中将组织政治知觉作为真实型领导对下属真实型追随影响中的调节变量[6]。

随着学术界对组织政治知觉逻辑关系研究的成熟，出现了将其作为情境变量

---

[1] Hsiung, H.H, Lin, C.W., Lin, C.S.. Nourishing or Suppressing? The Contradictory Influences of Perception of Organizational Politics on Organizational Citizenship Behavior[J]. Journal of Occupational and Organizational Psychology, 2012, 85(2): 258-276.

[2] Zhang, G. Lee, G.. The Moderation Effects of Perceptions of Organizational Politics on the Relationship between Work Stress and Turnover Intention: An Empirical Study about Civilian in Skeleton Government of China[J]. iBusiness, 2010, 2(3): 268-273.

[3] Miller, B.K., K.M. Nicols.. Politics and Justice: A Mediated Moderation Model[J]. Journal of Managerial Issues, 2008, 22(2):214-237.

[4] Zhang, G. Lee, G.. The Moderation Effects of Perceptions of Organizational Politics on the Relationship between Work Stress and Turnover Intention: An Empirical Study about Civilian in Skeleton Government of China[J]. iBusiness, 2010, 2(3): 268-273.

[5] 孟睿智. 变革型领导与员工工作不安全感:组织政治知觉的中介作用[J]. 生产力研究,2011(7):178-181.

[6] 张蕾,于广涛,周文斌. 真实型领导对下属真实型追随的影响——基于认同中介和组织政治知觉调节作用的研究[J]. 经济管理, 2012,34(10):97-106.

研究的趋势。

六、研究评述

关于组织政治知觉的既有研究已经取得诸多有价值的成果，尤其是近期出现的一些新视角更是带来了很多新启示。但是，理论犹存的争议以及现实中尚存的未能解释的现象，说明既有研究仍存在一些不足和空白，有待进一步探索。

首先，本土化研究不够，对于在具有官僚政治文化传统的中国，员工组织政治知觉的独特表现及反应的问题挖掘不够。

Hofstede（1980年）指出国家文化会影响员工对工作环境的解读和反应[1]。而中国是一个高度政治化的社会，自秦统一六国以后就建立起了中央集权制并一直延续至今[2][3]。在儒家人伦思想的影响下，中国独特的以情理而非法治为基础的社会运作机制与官僚政治体制形成互补[4]，为权力操纵提供了空间，无权者和权威者可通过个人关系的连接使权威发生转移[5]。中国的人情交换法则不同于西方国家文化中的等值倾向，是依据报（恩）大于施（恩）的不公平性建立关系[9]。那么，依照此法则，普通老百姓亦可获得所需权力和资源[6]。这样来看，中国员工可能更容易习惯、适应政治性组织环境，更善于利用隐藏其中的机会来实现个人目的，对组织政治知觉也就可能会具有不同于西方的表现和影响。然而，目前本土化研究相对不足，既有研究主要是综述性介绍、国外研究的中国移植。只有少数学者尝试了测量工具的本土开发等本土化研究，缺乏对独特文化因素的提炼。因此，需要加强本土化研究，扎根中国情境尝试对组织政治知觉概念的界定、测量工具的开发，特别是针对具有中国文化独特性的问题展开研究。

---

[1] Hofstede, G.. Culture's Consequences: International Differences in Work Related Values[M]. London: Sage, 1980.
[2] 王亚南.中国官僚政治研究[M].北京:中国社会科学出版社,1981:38-45.
[3] 毛寿龙.政治社会学[M].北京:中国社会科学出版社,2001:25-63.
[4] 崔勋,瞿皎姣.组织政治知觉对组织公民行为的影响辨析——基于国有企业员工印象管理动机的考察[J].南开管理评论:2014,17(2):129-141.
[5] 翟学伟.人情、面子与权力的再生产[M].北京:北京大学出版社,2005:77-227.
[6] 黄光国,胡光缙等.人情与面子:中国人的权利游戏[M]. 北京:中国人民大学出版社,2010:3-32.

其次，局限于线性思维，对组织政治知觉影响的过程机理研究不够深入。

既有研究发现组织政治知觉与很多结果变量之间的关系尚无定论，为解决这一理论争议，一些学者尝试考察竞争性中介和多重调节的影响。然而，这类研究几乎仍然基于线性关系假设，缺乏动态演化视角。事实上，员工的态度、行为并不是一成不变的，而是随着社会化程度、情境变化而可能发生变化的。只不过不同心理状态、行为改变的难易程度和频率周期有所不同。员工在知觉到组织中存在政治氛围之初，可能会产生焦虑、压力等体验，导致工作满意度、公平感知降低等。但是随着对这种环境的熟悉和适应，或者政治技能的提高，其态度和行为反应是可能会相应发生改变的，甚至还可能会采取积极行动来应对。所以，线性关系假设与实际情况并不完全相符。未来研究可从动态演化视角考察组织政治知觉与变量之间的曲线关系。

此外，过于关注组织政治知觉对员工态度和心理的影响，对员工行为尤其是绩效影响的研究不足。

既有的实证研究集中于对工作压力、工作满意度、公平感、离职意愿等员工态度的影响，相对而言，对员工行为影响的研究较为欠缺。而且在少有的探讨组织政治知觉与工作绩效关系的研究中，也主要关注的是对某一种绩效的影响，比如组织公民行为、角色内绩效等，鲜有同时考察对不同维度绩效影响的研究。这有可能是导致组织政治知觉与工作绩效研究结论存在很大偏差的重要原因。得益于研究方法的发展，已经有学者开始通过多重中间机制来揭示组织政治知觉与行为结果之间的关系。未来研究若能借鉴这一思路，将有助于推动组织政治知觉影响机制的研究。

最后，既有研究未能区分不同维度组织政治知觉影响机制的差异。

研究已经指出组织政治知觉具有对环境的感知属性，既可被视为机会，也可被视为障碍。而机会型和障碍型的不同判断会影响员工其后的态度和行为反应。不同维度的组织政治知觉是有可能形成不同的环境感知，其影响机理和结果相应也有可能有所不同。未来研究可以沿这一思路具体分析在不同情境下不同维度组织政治知觉可能存在的不同感知属性，进而分析其可能带来的影响及机制，有望加深对组织政治知觉的认识和理解，消除研究中犹存的争议。

第二节　员工工作绩效相关研究

绩效可以分为个体、团队、组织等多个层次，本研究旨在探究员工层次绩效，所以着重对个体工作绩效相关研究进行回顾和评述。

一、工作绩效的概念

绩效（performance）的字面意思是指"表现程度"，从管理的激励视角，可理解为"员工工作的完成情况"；从行为方面来看，则又体现效率（efficiency）、效果（effectiveness）以及效力（efficacy）等意思。随着相关理论的发展，工作绩效概念的内涵、外延、结构与测量等研究成果也不断丰富。

尽管学术界对工作绩效的研究已经有较长时间，但是对工作绩效的界定仍未达成一致的共识。早期的学者如 Bernadin 和 Beatty（1984年）等认为绩效是指职位说明书所明确规定的工作任务的完成情况，主要关注行为结果[1][2]。到了20世纪90年代，Murphy（1990年）[3]、Campbell et al.（1990年）[4]、Bates 和 Holton（1995年）[5]等学者提出了绩效是行为的观点，其内涵得以扩展，由此展开了大量关于绩效行为的研究。在最近的研究中，一些学者整合了胜任力（competency）的研究成果，进一步扩大了绩效的边界，认为绩效还应该包括胜任力，特别是个体动机等因素[6]。

总体来看，关于工作绩效内涵的演变，经历了20世纪初 Taylor 主导的人体机械运动效率，到20世纪50年代 Flanagan 的关键事件，再到20世纪70年代 Mc-

---

[1] Berdardin, H.J., Beatty, R.W.. Performance Appraisal: Assessing Human Behavior at Work[M]. Boston: Kent Publish, 1984.

[2] 陈志霞. 知识员工组织支持感对工作绩效和离职倾向的影响[D]. 武汉: 华中科技大学博士学位论文, 2006.

[3] Murphy RJ. Field Performance of a Digital Transient Surge Recorder[J].IEEE Transactions on Power Delivery, 1990,5(2):899–904.

[4] Campbell, J.P., Mchenry, J., Wise, L.L.. Modeling the Performance Prediction Problem in a Population of Job [J]. Personnel Psychology, 1990, 43(2):313–333.

[5] Bates, R.A., Holton, E.F.. Computerized Performance Monitoring: A Review of Human Resource Issues[J]. Human Resource Management Review, 1995, 5(4):267–288.

[6] Jon Warner. 双面神绩效管理系统[M]. 许玉林, 付亚和, 译. 北京: 电子工业出版社. 2003:498–512.

Clelland等学者提出的胜任力三个阶段①。工作绩效的界定相应也可总结为结果观、行为观以及能力观三种。

（一）工作绩效的结果观

持工作绩效结果观的学者将工作绩效视为员工在特定时间内基于特定职能或岗位所输出的产物②，同义于产出、成果、成就③。结果观视角更强调绩效的可评判性，尽管他们承认工作绩效还受员工动机、能力和情境等因素的影响，但认为可测量的结果才是最佳评价依据④。所以，该视角倾向于将工作绩效视为任务完成的一种结果。

然而，该视角的界定仅在计时、计件性等易于量化的工作情境中具有优势，并不能完全反映结果具有一定滞后性的任务完成情况。比如在一些创新性、服务性工作中，员工的工作结果受到其他很多不可控因素的干扰⑤，且需要一定周期才能见成效。尤其在团队协作性工作中，个人工作成果难以脱离团队而单独予以衡量。那么，仅以结果来判断员工工作完成的优良而忽视一些重要的过程和情境因素则有可能会作出错误的决策，不仅不能准确反映一个人的努力程度、技能水平及贡献大小，还有可能挫伤其工作热情和主动性。过于以结果为导向甚至还可能诱发员工急功近利的短期行为，从而降低团队的凝聚力和协作精神，致使最终不能达到绩效改进和提升目的，影响组织目标的实现。所以，随着知识经济的不断渗透，工作方式、内容与工业化初期也大为不同，基于结果的绩效界定因为对如何取得业绩的过程关注不足，因而越来越受到学术界的质疑。在行为心理学研究成果的推动下，一些学者开始关注达到企业欲求目的的员工应具备的态度和行为。

---

① 薛琴，林竹. 胜任力研究溯源与概念变迁[J].商业时代，2007，31：4-5.

② Berdardin, H.J., Beatty, R.W.. Performance Appraisal: Assessing Human Behavior at Work[M]. Boston: Kent Publish, 1984.

③ 杰里·W. 吉雷，安·梅楚尼奇. 组织学习、绩效与变革——战略人力资源开发导论[M]. 康青，译.北京：中国人民大学出版社，2005.

④ Berdardin, H.J., Beatty, R.W.. Performance Appraisal: Assessing Human Behavior at Work[M]. Boston: Kent Publish, 1984.

⑤ Cardy, R. L., Dobbins, G. H.. Performance Appraisal: Alternative Perspectives[M]. South Western Publishing Company, Cincinnati, OH, 1994.

（二）工作绩效的行为观

工作绩效的行为观是当前被普遍接受的观点[1]。持该观点的学者倾向于将绩效视为"行为"，并重视过程、人际等间接因素的影响，认为这些因素对绩效结果仍然非常重要。这一视角强调绩效不是产出或结果，而是与目标或结果相关的行为表现本身，不管这些行为是认知的、生理的、心智活动的还是人际的[2][3]。Murphy（1990年）清楚地界定了二者之间的关系：员工工作绩效实质是指员工所表现出来的与实现组织目标相关的一系列行为[4]；Campbell（1990年）也明确提出了绩效是行为的观点[5]，认为绩效本身就是行动[3]，是人们可被观察到的实际行为表现。但是，尽管认为绩效是一种行为或者行为过程，但并不是所有工作行为都构成绩效，而只有与组织目标有关的，且可以根据个人的熟练程度（贡献大小）进行衡量的行为或行动才是绩效[3]。只不过，与组织目标的相关性有直接和间接之分，不同学者对于工作绩效行为内涵做出了不同的定义和分类。比较具有代表性的界定包括：任务绩效和情境绩效[6]、角色内绩效和角色外绩效[7][8][9]的二维

---

[1] 韩翼. 雇员工作绩效结构模型构建与实证研究[D]. 武汉：华中科技大学博士学位论文, 2006.

[2] Hunt, S.T.. Generic Work Behavior: An Investigation into the Dimensions of Entry, Hourly Job Performance[J]. Personnel Psychology, 1996, 49(1):51-83.

[3] Campbell, J.P., MeCloy, R.A., Oppler, S.H., et al.. A Theory of Performance. In N., Schmitt, W.C., Boman (Eds), Personnel Selection in Organizations(pp:35-70), San Francisco: Jossey-Bss, 1993.

[4] Murphy RJ. Field Performance of a Digital Transient Surge Recorder[J]. IEEE Transactions on Power Delivery, 1990, 5(2):899-904.

[5] Campbell, J.P., Mchenry, J., Wise, L.L.. Modeling the Performance Prediction Problem in a Population of Job [J]. Personnel Psychology, 1990, 43(2):313-333.

[6] Borman, W.C., Motowiddlo, S.J.. Expanding the Criterion Domain to Include Elements of Contextual Performance. In N. Schmitt, W. Borman(Eds.), Personal selection in organizations. New York: Jossey-Bass, 1993, 56-149.

[7] Katz, D., Kahn, R.L.. The Social Psychology of Organizations (2nd Ed.)[M]. New York: Wiley, 1978.

[8] Williams, L.J., Anderson, S.E.. Job Satisfaction and Organizational Commitment As Predictors of Organizational Citizenship and In-Role Behaviors[J]. Journal of Management, 1991, 17(3): 601-617.

[9] Van Dyne, L., Cummings, L.L., Parks, J.M.. Extra-Role Behaviors: In Pursuit of Construct and Definitional Clarity (A Bridge over Muddied Waters). In Cummings, L.L., Staw, B.M. (Eds.), Research in organizational behavior (Vol. 17, pp. 215-285). Greenwich, CT: JAI Press, 1995.

划分,以及组织公民行为(organizational citizenship behaviors)[①][②]、亲社会组织行为(prosocial organizational behaviors)[③][④]、组织自发行为(organizational spontaneity)[⑤][⑥]等与组织目标间接相关的绩效行为。

在这些研究者的推动下,绩效的内涵就从结果扩展为一种行为和过程。但是该定义也存在一定缺陷:因为工作绩效并不一定都是由可观测的行为产生的,具有这种行为也不一定会产生绩效[⑦]。于是一些学者尝试将行为和结果两种视角结合起来,并吸纳能够显著预测行为和结果的其他要素来界定工作绩效。

(三)工作绩效的能力观

持这一观点的学者整合了胜任力研究成果,认为员工的工作绩效不仅包括结果、行为[⑧][⑨],还包括员工的素质和能力[⑩],比如学习、创新、共享的动机和能力[⑪]等。胜任力是个体的内在特征,其与工作情境和相关绩效之间存在某种程度的因

---

① Bateman, T.S., Organ, D.W.. Job Satisfaction and the Good Soldier: The Relationship between Affect and Employee "Citizenship"[J]. Academy of Management Journal, 1983, 26(4): 587-595.

② Smith, C.A., Organ, D.W., Near, J.P.. Organizational Citizenship Behavior: Its Nature and Antecedents[J]. Journal of Applied Psychology, 1983, 68(4): 655-663.

③ Brief, A.P., Motowidlo, S.J.. Prosocial Organizational Behaviors[J]. Academy of Management Review, 1986, 11(4):710-725.

④ George, J. M., Bettenhausen, K.. Understanding Prosocial Behavior, Sales Performance, and Turnover: A Group-Level Analysis in a Service Context[J]. Journal of Applied Psychology, 1990,75(6): 698-709.

⑤ George, J.M., Brief, A.P.. Feeling Good-Doing Good: A Conceptual Analysis of the Mood at Work- Organizational Spontaneity Relationship[J]. Psychological Bulletin, 1992, 112(2): 310-329.

⑥ George, J.M., Jones, G.R.. Organizational Spontaneity in Context[J]. Human Performance, 1997, 10(2): 153-170.

⑦ 杨洁.技术经理的胜任特征与工作绩效的关系:领导成员交换的中介作用研究[D].南京:南京大学博士学位论文,2010.

⑧ Armstrong, M., Baron, A.. Performance Management[M]. London: The Cromwell Press, 1998.

⑨ Wayne, A., Kacmar. C, Perrewe, P., et al.. Perceived Organizational Support as a Mediator of the Relationship between Politics Perception and Work Outcomes[J]. Journal of Vocational Behavior. 2003, 263(3):438-456.

⑩ Woodruffe, C.. What is Meant by a Competency? In R. Boam and P. Sparrow (Eds), Designing and Achieving Competency. Maidenhead: McGraw-Hill, 1992:16-29.

⑪ Sydanmaanlakka, P.. An Intelligent Organization. Integrating Performance, Competence and Knowledge Management[M]. Capstone. London, 2002.

果关系[1][2]。McClelland（1973年）在前人研究成果的基础上，提出了基于胜任力的有效测验原则，倡导通过胜任力替代传统的成绩和能力测试来评估结果[3]。胜任力是一个与绩效密切相关的概念，由内在的价值观、动机、态度、个性、自我概念和外在的技能、能力、知识要素组成[4][5][6]，是导致个人绩效优劣的深层次原因。行为本身不是胜任力，而是其表现形式，并非所有行为都是胜任力的表现，胜任力只是其中稳定、可描述、能预测高绩效的那部分行为[7]。胜任力通常都与工作任务相联系，其核心假设就是，合格的员工能带来合格的绩效，所以能力的识别可以区分其在工作中的优劣表现[1][4][8]。

这一视角的优点是导入了前馈控制的思想，认为通过工作前的能力测评可以为员工指明其能力上的相对缺陷与不足，并通过事后的评价来考核员工是否在工作期间获得了知识与能力上的提高，从而提供了一种基于反馈的学习机制[9]。由此可见，该视角将胜任力纳入绩效内涵范畴，强调的是能力、行为和结果的一体性：行为是将工作任务付诸实现的脑力和体力劳动的表现，不仅是结果的工具，本身也是一种结果[10]。

综合观的视角将能力、行为和结果整合到工作绩效的界定中，其内涵和外延得到丰富和拓展，是潜在与显在、静态与动态、过程与结果的统一。关于绩效的代表性定义整理如表2.2所示。

---

[1] 柳丽华,徐向艺. 知识型员工绩效管理模型及其优化[J]. 山东社会科学,2006,129(5)：56-58.

[2] 薛琴,林竹. 胜任力研究溯源与概念变迁[J].商业时代,2007,31:4-5.

[3] McClelland, D.C.. Testing for Competence Rather than for "Intelligence"[J]. American Psychologist, 1973, 28(1)：1-14.

[4] Spencer, L.M., Spencer, P.S.. Competence at Work Models for Superior Performance[M]. New York：John Wiley and Sons, 1993.

[5] Boyatzis, R.E.. Rendering unto Competence the Things that are Competent[J]. American Psychologist, 1994, 49(1)：64-66.

[6] Halley, Dee.. The Core Competency Model Project[J]. Corrections Today, 2001, 63(7):154.

[7] 薛琴. 胜任力及相关概念辨析[J].商场现代化,2008(1):277-278.

[8] Kochanski, J.. Competency-Based Management[J]. Training and Development, 1997, 51(10)：41-44.

[9] 柳丽华,徐向艺. 知识型员工绩效管理模型及其优化[J]. 山东社会科学,2006,129(5)：56-58.

[10] Brumbrach. Performance Management[M]. London：The Cronwell Press, 1988:15.

表2.2 工作绩效的定义

学者	年份	定义
Porter and Lawler	1968	工作绩效是由绩效的质、量和对工作尽力的程度所组成
Kane	1976	工作绩效是员工在某一特定时间内,执行工作时所达成结果的记录
Boyatzis	1982	工作绩效是通过某种行动完成工作要求,并能够维持或符合组织环境的条件、政策及程序
French and Seward	1983	工作绩效是一项行动方案达成目标的程度
Hall and Goodale	1986	工作绩效是一种员工完成自己工作任务的方法,包括员工自主学习技能技巧、与他人互动、服从领导等
Burmbarch	1988	绩效包括行为和结果。行为由从事工作的人表现出来,将工作任务付诸实践。行为不仅是结果的工具,其本身也是一种结果,能够与结果区分开来
Murphy	1990	把绩效定义为与组织目标有关的一系列行为
Campbell et al.	1993	工作绩效涉及个体的行为表现
Borman and Motowidlo	1997	工作绩效是可测量的、多维度、连续的与组织目标相关联的行为结构体
Schermerhorn	2000	个人或团队工作任务达成的值与量
Rotundo and Sackett	2002	工作绩效是个体或组织在特定时间内以某种方式实现的结果

资料来源：本研究整理。

二、工作绩效的结构

随着学界对绩效认识的日益深入,其内涵也在不断拓展。工作绩效的结构也从早期的单维发展为多维,其中基于行为视角的多维结构研究成果最为丰富。

从行为视角来看,最早对工作绩效结构进行划分的是Katz和Kahn,其在1978年系统提出了绩效行为的维度结构,认为一个高绩效组织有三种员工行为不可或缺：(1)加入并留在组织中；(2)达到或超过组织所规定的绩效标准；(3)主动或自发地履行规范外的活动,比如协作、建言、保护组织免受伤害等[①]。第一种

---

① Katz, D., Kahn, R.L.. The Social Psychology of Organizations (2nd Ed.)[M]. New York: Wiley, 1978.

行为可称为"留任行为",第二种可称为"角色内行为",第三种可称为"角色外行为"。这三种行为存在明显不同,后两种属于绩效行为,一个是组织所明确规定的,另一个虽是自发,未被组织明确要求,但对组织也同样重要。其实,早在1964年,Katz借鉴Barnard(1938年)关于协作意愿的论述,就曾指出组织的有效运行依赖超越正式工作规范的行为,一个仅依赖所规定行为的组织是一个脆弱的社会系统[1]。这一论点开启了大量关注自发性和自愿性行为的研究。比如,Borman et al.(1983年)提出了"士兵有效性模型",指出一个士兵的绩效不仅指成功地执行了所分派的任务,还应包括决心(determination)、协作(teamwork)、忠诚(allegiance)三个维度[2]。而Smith和Organ(1983年)、Organ(1988年)、William和Anderson(1991年)、Podsakoff和MacKenzie(1989年)、Farh et al.(1997年)、Farh et al.(2004年)等学者对组织公民行为这一角色外行为的概念、维度都进行了大量探讨。还有一批学者基于行为观对绩效行为的维度结构进行了研究,主要成果整理如表2.3所示。

(一)二维结构

受Katz和Kahn(1978年)所提出的角色内和角色外二维结构的启发,其他一些学者也从不同视角提出了工作绩效的二维结构。Dalton et al.(1980年)根据特征将绩效分为硬性绩效(hard performance)和软性绩效(soft performance)。其中,硬性绩效是指销售额、生产量以及提供的服务等效率,具有可被客观测量的特点;软性绩效指主管评估、顾客满意、自我知觉等指标[3]。而Borman和Motowidlo(1993年)整合了组织公民行为、亲社会行为以及他们自己关于士兵绩效的研究成果,认为Campbell绩效模型中包括的八个因素可以进一步提炼、降

---

[1] Katz, D.. The Motivational Basis of Organizational Behavior[J]. Behavioral Science, 1964, 9(2):131-146.

[2] Borman, W.C., Motowidlo, S.J., Hanser, L.M.. A Model of Individual Performance Effectiveness: Thoughts about Expanding the Criterion Space. Paper Presented as Part of Symposium, Integrated Criterion Measurement for Large Scale Computerized Selection and Classification, the 91st Annual American Psychological Association Convention. Washington, DC, 1983.

[3] Dalton, D.R., Todor, W.D., Spendolini, M.J.. Organization Structure and Performance: A Critical Review[J]. The Academy of Management Review, 1980, 5(1): 49-64.

维。其中,本职任务的熟练性、非本职工作任务的熟练性,书面和口头交流的能力,额外努力的程度可归纳为与工作任务相关的绩效行为,而保持个人自律、促进同事间的协作、监督与领导、管理与实施等可以归纳为另一种绩效行为[1],由此提出了任务绩效(task performance)和情境绩效(contextual performance)的二维划分。所谓任务绩效,就是正式工作范围内的活动,直接作用于组织的技术核心,与角色内行为类似[1]。Motowidlo 和 Van Scotter(1994年)对该定义进行了延伸,将其界定为一种个人工作上的结果,关系到工作者完成组织所指定任务的程度,而且合乎正式角色所加诸个人部分的要求,包括工作说明书、作业标准程序及主管临时指令[2]。情境绩效则并不直接作用于组织的技术核心,而是支持组织技术核心得以运行的一般性组织、社会、心理的环境,通过促进任务绩效来提高组织有效性,类似于组织公民行为、亲社会行为等角色外行为,包括自愿执行非正式规定的活动、保持完成任务的热忱、合作并帮助他人、牺牲小我以遵从组织规则与程序,以及赞同、支持与维护组织目标的相关行为[1]。情境绩效依赖员工的自主表现,组织无法强制要求。Podsakoff et al.(2000年)[3]和 Van Dyne et al.(1995年)[4]等学者也支持了 Katz 和 Kahn(1978年)提出的角色内行为(in-role performance/in-role behavior)和角色外行为(extra-role behavior)的二维划分。

(二)三维结构

任务绩效和情境绩效模型提出后,Scotter 和 Motowidlo(1996年)在研究中发现工作绩效应该由包括任务熟练性和任务完成动机的任务绩效,以及包括人际

---

[1] Borman, W.C., Motowiddlo, S.J.. Expanding the Criterion Domain to Include Elements of Contextual Performance. In N. Schmitt, W. Borman(Eds.), Personal selection in organizations. New York: Jossey-Bass, 1993.

[2] Motowidlo, S.J., Van Scotter, J.R.. Evidence that Task Performance should be Distinguished from Contextual Performance[J]. Journal of Applied Psychology, 1994, 79(4): 475-480.

[3] Podsakoff, P.M., Mackenzie, S.B, Paine, J.B., et al.. Organizational Citizenship Behaviors: A Critical Review of the Theoretical and Empirical Literature and Suggestions for Future Research[J]. Journal of Management, 2000, 26(3): 513-563.

[4] Van Dyne, L., Cummings, L.L., Parks, J.M.. Extra-Role Behaviors: In Pursuit of Construct and Definitional Clarity (A Bridge over Muddied Waters). In Cummings, L.L., Staw, B.M. (Eds.), Research in organizational behavior (Vol. 17, pp. 215-285). Greenwich, CT: JAI Press, 1995.

技能、维持良好工作关系、帮助同事完成任务动机的情境绩效组成，所以进一步可将情境绩效划分为两个更为严密的结构：人际促进和工作奉献，提出了任务绩效、人际促进和工作奉献的三维结构[1]。Allworth 和 Hesketh（1997年）在 Borman 和 Motowidlo（1993年）所提出的任务绩效和情境绩效的基础上，增加了关注员工应对变化的适应性绩效（adaptive performance）维度，提出了任务绩效、情境绩效和适应性绩效三维结构[2]。其后，pulakos（2002年）还专门对适应性绩效维度展开研究，提出了八因素模型[3]。rotundo 和 sackett（2002年）从另一视角还提出了工作绩效的三维度结构：任务绩效（task performance）、公民性绩效（citizenship performance）、反生产性绩效（counterproductive performance）[4]。

（三）多维结构

Campbell et al.（1990年）提出了一个 Campbell 模型，认为工作绩效应包括八个维度：本职工作的熟练度、非本职工作的熟练性、书面和口头交流的能力、努力的程度、个人自律性、促进同事间的协作、监督与领导、管理与实施[5]。我国学者温志毅（2005年）提出了任务绩效、人际绩效、适应绩效及努力绩效四个维度[6]，韩翼（2006年）作出了任务绩效、关系绩效、学习绩效、创新绩效的四维划分[7]。

总体来看，二维结构在研究中应用较为广泛，较具代表性的就是任务绩效

---

[1] Van Scotter, J.R., Motowidlo, S.J.. Interpersonal Facilitation and Job Dedication as Separate Facets of Contextual Performance[J]. Journal of Applied Psychology, 1996, 81(5): 525-531.

[2] Allworth, E., Hesketh, B.. Adaptive Performance: Updating the Criterion to Cope with Change. Paper presented at the 2nd Australian Industrial and Organizational Psychology Conference, Melbourne, 1997.

[3] Pulakos, E.D., Schmitt, N., Dorsey, D.W., et al.. Predicting Adaptive Performance: Further Tests of a Model of Adaptability[J]. Human Performance, 2002, 15(4): 299-323.

[4] Rotundo, M., Sackett, P.R.. The Relative Importance of Task, Citizenship, and Counterproductive Performance to Global Ratings of Job Performance: A Policy-Capturing Approach[J]. Journal of Applied Psychology, 2002, 87(1): 66-80.

[5] Campbell, J.P., McCloy, R.A., Oppler, S.H., et al.. A Theory of Performance. In N., Schmitt, W.C., Boman (Eds), Personnel Selection in Organizations(pp:71-98), San Francisco: Jossey-Bss. 1993.

[6] 温志毅.工作绩效的四因素结构模型[J].首都师范大学学报(社会科学版),2005,(5):105-111.

[7] 韩翼.雇员工作绩效结构模型构建与实证研究[D].武汉:华中科技大学博士学位论文,2006.

和情境绩效、角色内行为（in-role behavior）和角色外行为（extra-role behavior）两种二维模型。鉴于任务绩效和情境绩效分别近似于 Katz 和 Kahn（1978年）作出的角色内和角色外行为的经典分类，而且 Van Dyne et al.（1995年）在对几种典型的角色外行为比较分析之后发现组织公民行为是最具代表性的角色外行为①，其研究也相对成熟，所以，本研究选择角色内绩效和组织公民行为来表征工作绩效。

表 2.3 工作绩效维度汇总

结构	作者	内容
二维	Katz and Kahn（1978年）	角色内行为、角色外行为
	Podsakoff et al.（2000年）	
	Van Dyne et al.（1995年）	
	Dalton et al.（1980年）	硬性绩效、软性绩效
	Borman and Motowidlo（1993年）	任务绩效、情境绩效
三维	Scotter and Motowidlo（1996年）	任务绩效、人际促进、工作奉献
	Allworth and Hesketh（1997年）	任务绩效、情境绩效、适应性绩效
	Rotundo and Sackett（2002年）	任务绩效、公民性绩效、反生产性绩效
四维	温志毅（2005年）	任务绩效、人际绩效、适应绩效、努力绩效
	韩翼（2006年）	任务绩效、关系绩效、学习绩效、创新绩效
八维	Campbell et al.（1990年）	本职工作的熟练度、非本职工作的熟练性、书面和口头交流的能力、努力的程度、个人自律性、促进同事间的协作、监督与领导、管理与实施

资料来源：本研究整理。

---

① Van Dyne, L., Cummings, L.L., Parks, J.M.. Extra-Role Behaviors: In Pursuit of Construct and Definitional Clarity (A Bridge over Muddied Waters). In Cummings, L.L., Staw, B.M. (Eds.), Research in organizational behavior (Vol. 17, pp. 215–285). Greenwich, CT: JAI Press, 1995.

三、组织公民行为与角色内绩效

（一）组织公民行为

1. 组织公民行为的概念

基于 Barnard（1938年）所提出的"协作意愿"的概念以及 Katz（1964年）、Katz 和 Kahn（1978年）对"可靠性角色行为"与"创新性和自发性行为"所做的区分，Bateman 和 Organ（1983年）、Smith et al.（1983年）首次提出了组织公民行为（organizational citizenship behavior，OCB）概念。Organ（1988年）最初将其定义为：个体的自发性行为、没有直接或明确地受到正式奖酬体系的认可，其在整体上促进了组织职能的有效发挥。自发性行为意味着不是工作描述或角色所强制要求的，也不是雇佣合同条款明确规定的，所以忽略了也不会认为应受惩罚[1]，后来他将概念修订为一种"支持任务绩效的社会和心理环境的自愿行为"[2]。

Organ（1988年）认为 OCB 对于组织生存至关重要，有助于员工和组织生产效率的最大化，进而促进组织的有效运作。Podsakoff et al.（2000年）总结了 OCB 对组织有效性产生积极影响的七个机理：（1）提高同事和管理者的生产率；（2）节约资源以用于更有产出的地方；（3）减少在维持性职能中稀有资源的投入量；（4）促进工作群体内、群体间的协作行为；（5）增加组织吸引、保留优秀人才的能力；（6）提高组织绩效的稳定性；（7）帮助组织能够更有效地适应环境变化[3]。总之，大多数学者认为，OCB 是组织社会机制的"润滑剂（lubricant）"，可以减少摩擦，提升效率。

2. 组织公民行为的结构

鉴于 OCB 对组织的诸多重要意义，学术界随即对其展开深入研究，其中有

---

[1] Organ, D.W.. Organizational Citizenship Behavior: The Good Soldier Syndrome[M]. Lexington, MA: Lexington Books, 1988.

[2] Organ, D.W.. Organizational Citizenships Behavior: It's Construct Cleanup Time[J]. Human Performance, 1997, 10（2）: 85-97.

[3] Podsakoff, P.M., Mackenzie, S.B., Paine, J.B,, et al.. Organizational Citizenship Behaviors: A Critical Review of the Theoretical and Empirical Literature and Suggestions for Future Research[J]. Journal of Management, 2000, 26(3): 512-563.

相当学者尝试对其维度结构进行探讨（总结见表2.4）。在众多关于OCB概念操作化研究成果中，最流行的是如下两种定义[①]。

表2.4 OCB维度汇总

结构	作者	内容
单维	Bateman and Organ(1983年)	统称为组织公民行为
二维	Smith, Organ and Near(1983年)	利他主义、一般性顺从
	Williams and Anderson(1991年)	朝向个人的公民行为、朝向组织的公民行为
三维	Podsakoff and MacKenzie(1994年)	运动员精神、助人行为、公民道德
	Graham(1991年)	组织顺从、组织忠诚、参与
	Bettencourt, Meuter and Gwinner(2001年)	忠诚、服务、参与
四维	Netemeyer, Boles, Mckee et al.(1997年)	运动员精神、利他主义、公民道德、尽职行为
五维	Smith and Organ(1988年)	利他主义、尽职行为、运动员精神、事先知会、公民道德
	Podsakoff and Mackenzie(1989,1990年)	利他主义、运动员精神、事先知会、公民道德、尽职行为
	Farh, Earley and Lin(1997年)	认同组织、协助同事、敬业守法、人际和谐、保护公司资源
	Van Dyne, Graham and Dienesch(1994年)	组织顺从、组织忠诚、社会性参与、拥护性参与、功能性参与
七维	Podsakoff, Mackenzie, Paine et al.(2000年)	助人行为、运动员精神、组织忠诚、组织顺从、个人主动性、公民道德、自我提升

资料来源：本研究整理。

[①] Podsakoff, N.P., Whiting, S.W., Podsakoff, P.M.. Individual-and Organizational-Level Consequences of Organizational Citizenship Behaviors: A Meta-Analysis[J]. Journal of Applied Psychology, 2009, 94(1):122-141.

第一种是Organ（1988年，1990年）提出的五维模型，包括利他主义（帮助其他员工）、谦恭谨慎（在采取行动或者决策之前，尊重他人的意见并会预先知会、提醒、交流，避免同事遇到麻烦）、尽职精神（最初指一般性顺从，是员工对超出工作标准的一些强制性工作的顺从和尽职，后指接受并坚守组织规则、规章、程序的行为）、公民道德（积极参与公司活动）和运动员精神（容忍不可避免的麻烦和毫无怨言地接受强制工作的意愿，坦然忍受不理想的环境）[1][2]。

第二种是Williams和Anderson（1991年）提出的二维模型。他们基于行为的目标或方向把OCB分为有利于其他个体的行为（OCBI）和有利于组织的行为（OCBO）[3]。Organ（1988年，1990年）的利他主义、维护和平（peacekeeping）和支持鼓励（cheerleading）可纳入OCBI；Organ（1988年，1990年）的尽职精神（或顺从）、公民道德和运动家精神可纳入OCBO。Williams和Anderson的这一概念图式（conceptual scheme）不仅可以囊括Organ（1988年，1990年）的所有OCB维度[4]，还可纳入OCB的其他相关维度。比如，OCBI不仅可包含Organ的利他主义、谦恭有礼、维护和平（peacekeeping）和加油支持（cheerleading），还可涵盖Graham（1989）的人际帮助（interpersonal helping）、Van Scotter和Motowidlo（1996年）的人际促进（Interpersonal Facilitation）以及Farh et al.（1997年）的帮助同事和人际和谐构念；OCBO不仅可包括Organ的尽职精神（或顺从）、公民道德、运动家精神维度，还可涵盖Graham（1991年）的组织忠诚，Borman和Motowidlo（1993，1997年）的支援（endorsing）、支持和保护组织目标，Van Scotter和Motowidlo（1996年）的工作奉献，LePine和Van Dyne（1998年）的建言行为以及Farh et al.（2004年）的提升公司形象等构念[4]。

---

[1] Organ, D.W.. Organizational Citizenship Behavior: The Good Soldier Syndrome[M]. Lexington, MA: Lexington Books, 1988:4.

[2] Organ, D.W.. The Motivational Basis of Organizational Citizenship Behavior. In B.M. Staw and L.L. Cummings (Eds.), Research in organizational behavior (Vol. 12, pp. 43-72). Greenwich, CT: JAI Press, 1990.

[3] Williams, L.J., Anderson, S.E.. Job Satisfaction and Organizational Commitment As Predictors of Organizational Citizenship and In-Role Behaviors[J]. Journal of Management, 1991,17(3): 601-617.

[4] Podsakoff, N.P., Whiting, S.W., Podsakoff, P.M.. Individual-and Organizational-Level Consequences of Organizational Citizenship Behaviors: A Meta-analysis[J]. Journal of Applied Psychology, 2009, 94(1):122-141.

而Farh et al.（1997年）、Farh et al.（2004年）基于华人情境提出了OCB维度。Farh et al.（1997年）对西方和华人情境的OCB量表进行了对比，发现跨文化情境中有一些共同的维度（etic dimension），也有一些各自独特的维度（emic dimension）（见表2.5）[①]。在此基础上，Farh et al.（2004年）提出了四类11维度模型，在华人研究中得到一定应用，其中OCB-Self包括办事积极主动、积极学习、维持环境卫生；OCB-Interpersonal包括工作上帮助同事、生活上帮助同事、良好的人际关系；OCB-Organization包括敢于表达意见、参与组织活动、保护企业财产；OCB-Society包括维护企业形象、参与公益活动[②]。

表2.5 西方和华人情境的OCB量表比较

	西方的OCB维度	华人的OCB维度
etic dimension	公民美德(civic virtue)：个人自发性地参与并关心组织	认同公司(identification with company)：与西方civic virtue类似
	利他主义(altruism)：员工在工作中自发地帮助他人或团队	利他主义(altruism toward colleagues)：与西方altruism类似
	尽职精神(conscientiousness)：员工遵守工作相关政策与规定	尽职精神(conscientiousness)：与西方conscientiousness类似
emic dimension	运动员精神(sportsmanship)：不抱怨琐碎、微不足道的事	人际和谐(interpersonal harmony)：防止为了获得个人权利和绩效而损害他人或组织的利益
	预先知会(courtesy)：事先通知他人以避免工作中出现问题或冲突	保护公司资源(protecting company resources)：避免发生滥用公司资源或政策等行为发生

资料来源：Farh, J.L., Earley, P.C., Lin, S.C.. Impetus for Action: A Cultural Analysis of Justice and Organizational Citizenship Behavior in Chinese Society[J]. Administrative Science Quarterly, 1997, 42（1）：421-444。

[①] Farh, J.L., Earley, P.C., Lin, S.C.. Impetus for Action: A Cultural Analysis of Justice and Organizational Citizenship Behavior in Chinese Society[J]. Administrative Science Quarterly, 1997, 42(1)：421-444.

[②] Farh, J.L., Zhong, C.B., Organ, D.W.. Organizational citizenship behavior in the People's Republic of China[J]. Organization Science, 2004, 15(2)：241-253.

3. 组织公民行为的形成机制

OCB 作为一种支持任务绩效发挥的社会和心理环境的自愿行为[1]，通常不在正式工作要求范围之内，至于员工还会表现出 OCB 的原因，学术界目前有以下两种视角予以解释。

第一种是"好公民"的利他动机视角[2]，主要依据社会交换理论来解释。当员工被赋予令人满意的工作安排、领导给予支持和恩惠、雇主公平对待时，为了维持交换均衡，员工就会表现出这类行为以作为回报[3]。即使得不到任何明确的回报员工仍愿意表现出这些行为，动机就是利他性的[4]。早期学者一致认为 OCB 对于组织生存至关重要[2]，会促进组织有效性的提高[2][5][6]。比如，助人行为可以通过经验传授或知识分享提高同事的生产率；公民道德（或建言行为）可以提供有价值的建议从而降低成本、提高顾客满意度，或让管理者腾出时间来关注战略性任务；OCB 还可以提升团队精神、士气和凝聚力，创造支持性组织氛围与积极的工作环境，使得组织可以吸引和保留员工[7][8]。Podsakoff et al.（2009 年）的元分

---

[1] Organ, D.W.. Organizational Citizenships Behavior: It's Construct Clean-Up Time[J]. Human Performance, 1997, 10(2): 85-97.

[2] Organ, D.W.. Organizational Citizenship Behavior: The Good Soldier Syndrome[M]. Lexington, MA: Lexington Books, 1988.

[3] Organ, D.W., Podsakoff, P.M., MacKenzie, S.B.. Organizational Citizenship Behavior: Its Nature, Antecedents and Consequences[M]. Thousand Oaks, CA: Sage, 2006.

[4] Hsiung, H.H., Lin, C.W., Lin, C.S.. Nourishing or Suppressing? The Contradictory Influences of Perception of Organizational Politics on Organizational Citizenship Behaviour[J]. Journal of Occupational and Organizational Psychology, 2012, 85(2):258-276.

[5] Borman, W. C., Motowidlo, S.J.. Expanding the Criterion Domain to Include Elements of Contextual Performance. In N. Schmitt, W. C. Borman(Eds.), Personnel selection in organizations. San Francisco Jossey-Bass, 1993, 71-18.

[6] Podsakoff, P.M., MacKenzie, S.B.. Impact of Organizational Citizenship Behavior on Organizational Performance: A Review and Suggestions for Future Research[J]. Human Performance, 1997, 10(2):133-151.

[7] Organ, D.W.. Organizational Citizenship Behavior: The Good Soldier Syndrome[M]. Lexington, MA: Lexington Books, 1988.

[8] Organ, D.W., Podsakoff, P.M., MacKenzie, S.B.. Organizational Citizenship Behavior: Its Nature, Antecedents and Consequences[M]. Thousand Oaks, CA: Sage, 2006.

析证实员工的OCB可以提高组织的生产率、效率、利润率以及顾客满意度[1]。所以，为了回报领导和同事的恩惠而表现出的OCB被视为具有利他的、亲社会动机的导向，有这类行为表现的员工往往被视为好公民。这反映了志愿主义（volunteerism）逻辑，强调OCB是个体为了他人或者组织的福利而自愿做出的超越组织正式回报系统的积极行为[2]。

第二种是"好演员"的利己动机视角[3][4]，主要基于印象管理理论来解释。印象管理（lmpression management），又称为印象整饰，反映着一个人在社会交往中所表现出的对环境及自我行为关注的心理倾向和对自我呈现的调控能力[5]。这一视角认为，OCB并不必然产生于利他动机，有时也可能是利己动机和工具性信念（印象管理）的反映[4][6]，即用来提升或保护自己在他人眼中的形象[7]。实证研究已经证明，OCB并非完全不受组织奖赏，已有研究发现OCB与上司绩效评价和晋升策略正相关[1][8]。一旦员工认识到看起来像个好公民有助于他们实现工具性、自利性目标，其也会表现出OCB[3]。比如当绩效评价临近、容易被关键人物发现、自身形象受损都是OCB的表现时机，以此提升或挽回自己形象[9]。这一解释逻辑

---

[1] Podsakoff, N.P., Whiting, S.W., Podsakoff, P.M.. Individual- and Organizational-Level Consequences of Organizational Citizenship Behaviors: A Meta-analysis[J]. Journal of Applied Psychology, 2009. 94(1):122-141.

[2] Lester, S.W., Meglino, B.M., Korsgaard, M.A.. The Role of Other Orientation in Organizational Citizenship Behavior[J]. Journal of Organizational Behavior, 2008, 29(6):829-841.

[3] Bolino, M.C.. Citizenship and Impression Management: Good Soldiers or Good Actors?[J]. Academy of Management Review, 1999, 24(1): 82-98.

[4] Bolino, M.C., Turnley, W.H., Niehoff, B.P.. The other Side of the Story: Reexamining Prevailing Assumptions about Organizational Citizenship Behavior[J]. Human Resource Management Review, 2004, 14(2): 229-246.

[5] 陈启山,温忠麟. 印象整饰的测量及其在人力资源管理中的应用[J]. 心理科学,2005,28(1):178-179.

[6] Haworth, C.L., Levy, P.E.. The Importance of Instrumentality Beliefs in the Prediction of Organizational Citizenship Behaviors[J]. Journal of Vocational Behavior, 2001, 59(1): 64-75.

[7] Bolino, M.C., Kacmar, K.M., Turnley, W.H., et al.. A Multi-Level Review of Impression Management Motives and Behaviors[J]. Journal of Management, 2008, 34(6): 1080-1109.

[8] Hui, C., Lam, S.S., Law, K.K.. Instrumental Values of Organizational Citizenship Behavior for Promotion: A Field Quasi-Experiment[J]. Journal of Applied Psychology, 2000, 85(5): 822-828.

[9] Bolino, M.C., Anthony, C.K., William, H.T., et al.. Exploring the Dark Side of Organizational Citizenship Behavior[J]. Journal of Organizational Behavior, 2012,34(4):542-559.

得到实证支持。Hui et al.（2000年）发现，当员工认为OCB可以增加他们的晋升机会时，其就会在晋升决策做出之前表现出高程度的OCB，但当获得晋升之后会降低OCB[1]。Yun et al.（2007年）证明随着角色模糊性的增加，员工尤其可能通过表现出OCB来提升自己的形象[2]。以上研究证实：虽然OCB被定义为对组织绩效具有积极贡献，但是潜藏在"好"事之下的动机是可以受个人自我形象提升的驱动，而不仅仅是有利于组织或成员[3]。这反映了功利主义（utilitarianism）的逻辑，强调OCB是个体在互惠规范下为了获得更多回报而做出的自利性的交易行为[4]。

总之，Bolino et al.（2012年）建议最好将OCB定义为具体的额外行为（比如助人行为、承担额外工作、保护组织）[5]。OCB并不必然是积极或消极的，其既有积极一面，又有消极一面；OCB并不必然产生于一种动机，也并不必然导致某一结果；好事情和坏事情并不必然是对立的，在特定情境下可以相互转换[5]；这两种竞争性动机不是非此即彼，可以同时并存[6]。Bolino et al.（2004年）[7]、Fineman（2006年）[8]等学者呼吁以一种平衡的视角来看待OCB的作用机制，从积极心理

---

[1] Hui, C., Lam, S.S. K., Law, K.K.S.. Instrumental Values of Organizational Citizenship Behavior for Promotion: A Field Quasi-Experiment[J]. Journal of Applied Psychology, 2000, 85(5): 822-828.

[2] Yun, S., Takeuchi, R., Liu, W.. Employee Self-Enhancement Motives and Job Performance Behaviors: Investigating the Moderating Effects of Employee Role Ambiguity and Managerial Perceptions of Employee Commitment[J]. Journal of Applied Psychology, 2007, 92(3): 745-756.

[3] Bolino, M.C., Anthony, C.K., William, H.T., et al.. Exploring the Dark Side of Organizational Citizenship Behavior[J]. Journal of Organizational Behavior, 2012, 34(4):542-559.

[4] Lester, S.W., Meglino, B.M., Korsgaard, M.A.. The Role of Other Orientation in Organizational Citizenship Behavior[J]. Journal of Organizational Behavior, 2008, 29(6):829-841.

[5] Klotz, A. C., Bolino, M. C.. Citizenship and Counterproductive Work Behavior: A Moral Licensing View[J]. Academy of Management Review. 2013,38(2):292-306.

[6] Grant, A.M., Mayer, D. M.. Good Soldiers and Good Actors: Prosocial and Impression Management Motives as Interactive Predictors of Affiliative Citizenship Behaviors[J]. Journal of Applied Psychology, 2009, 94, 900-912.

[7] Bolino, M.C., Turnley, W.H., Niehoff, B.P.. The other Side of the Story: Reexamining Prevailing Assumptions about Organizational Citizenship Behavior[J]. Human Resource Management Review, 2004, 14(2): 229-246.

[8] Fineman, S.. On Being Positive: Concerns and Counterpoints[J]. Academy of Management Review, 2006, 31(2): 270-291.

学的越多越好视角转化成过犹不及（too-much-of-a-good-thing，TMGT）[①]的非单一效应视角，重视OCB动机、维度特性、所消耗的时间和资源等情境因素，来理解何时、何地、如何以及为何OCB会产生何种效果。

（二）角色内绩效

根据绩效就是行为的观点，角色内绩效就是与OCB等角色外行为相对的一种行为表现及结果。角色理论可为这一概念的理解提供理论基础。

1. 角色理论

角色理论（role theory）是现代社会科学研究中用以研究人类行为的重要基础理论，其核心概念是角色。"角色"一词源于戏剧，原指演员根据剧本所扮演的人物角色，是一种行为脚本。这一概念有助于理解人的社会行为和个性，人在社会关系中的地位决定了其社会行为，类似于脚本规定了演员的行为一样[②]。鉴于此，美国社会学家Mead首先将"角色"概念引入社会心理学领域，认为自我（个人）是各种角色的综合，代表着社会对具有一定社会地位的人所期望的行为。角色作为社会结构的基本分析单位，体现社会对个人职能做出的一种分工，又可称之为社会角色，表示由人们所处的特定社会地位、身份所决定的一整套规范系列和行为模式，是社会对某一特定地位的人所赋予的行为期望[③]。但角色不仅是他人对相互作用中个人行为的期望系统，也是个体对自身行为的期望系统，这些系统会成为人们在特定关系中的行为规则。当个人根据其在社会中所处的位置来履行相应的权利和义务时，就可视为个人扮演着相应的角色。而一旦个体扮演了某种角色，同一社会或团体中的其他人则会根据该角色所应具备的角色标准来评价他的行为表现。

根据角色理论对角色内涵阐述可知，每个人的社会角色都不是与生俱来的，而是基于客观社会期望和主观自我认识，在对社会环境的适应过程中所表现出来

[①] Grant, A.M., Schwartz, B.. Too Much of a Good Thing: The Challenge and Opportunity of the Inverted U[J]. Perspectives on Psychological Science，2011，6(1)：61-76.
[②] 诸彦含. 员工交换关系感知对个体行为的作用机理研究[D]. 成都：西南财经大学博士学位论文，2011.
[③] 刘哈兰. 角色理论视角下的高校管理干部"双肩挑"现象研究[D]. 武汉：华中科技大学硕士学位论文，2006.

的。角色这种行为模式的影响因素不仅包括个体所处的社会地位、社会规范、社会环境等外因,还包括个体主观认知等内因。所以说,角色是社会或群体共同赋予而非个人能够确定的。

角色理论揭示出角色扮演效果的决定机制。一般来说,角色扮演都要经历角色期待、角色认知和角色表现三个阶段。角色期待是社会对某一角色的期待和要求,它是一种外在的社会观念,能在很大程度上影响人的角色行为,是角色扮演的起点,角色扮演首先是受角色期待的制约和影响;角色认知是角色扮演者对其角色规范和角色要求的认识和理解,是一种主观感知,反映了角色扮演的内在力量;角色表现就是人们在角色期待、角色认知之后表现出来的具体行为。由此可见,角色扮演的成功与否取决于社会环境的影响以及个人对所处地位和社会期望的解释、传递与选择能力的大小。

2. 角色内绩效

Katz 和 Kahn(1978年)认为,角色是理解组织中员工行为的关键,在其所提出的高绩效组织不可或缺的三种行为中,后两种行为就可依据角色分为角色内和角色外行为,并将角色内行为定义为一种被期望或要求的行为,是稳定、持续工作绩效的基础。Rotundo 和 Sackett(2002年)认为,角色内行为是正式的、岗位说明书上明确指出的与工作职责相关的行为[1]。Williams 和 Anderson(1991年)从雇佣关系角度将其定义为一种正式的工作行为,是完成本职工作所必需的,其评价标准通常包括等级评估、质量评估、数量标准以及文件数据等四类[2]。Vigoda(2000年)未明确区分角色内绩效与角色内行为,认为角色内绩效是指员工在工作中被期望表现出的一组必需的行为,这些行为表现会直接受到奖赏[3]。刘军等

---

[1] Rotundo, M., Sackett, P.R.. The Relative Importance of Task, Citizenship, and Counterproductive Performance to Global Ratings of Job Performance: A Policy-Capturing Approach[J]. Journal of Applied Psychology, 2002, 87(1): 66-80.

[2] Williams, L.J., Anderson, S.E.. Job Satisfaction and Organizational Commitment As Predictors of Organizational Citizenship and In-Role Behaviors[J]. Journal of Management, 1991, 17(3): 601-617.

[3] Eran Vigoda. Internal Politics in Public Administration Systems: An Empirical Examination of its Relationship with Job Congruence, Organizational Citizenship Behavior, and In-role Performance[J]. Public Personnel Management, 2000, 2: 185-201.

人（2008年）则认为，角色内绩效与任务绩效内涵相同[①]。

角色内绩效是相对于角色外绩效而言，前者类似于任务绩效，后者似于情境绩效。对角色内、外绩效内涵的理解也可以类比任务绩效与情境绩效。然而，Borman和Motowidlo（1993年）指出，角色内、外绩效的划分并不完全等同于任务绩效与情境绩效的划分。情境绩效中也包含一些对角色内行为的描述；而角色内绩效也不仅是指职位说明书中所明确要求的行为，还包括一些未被明确规定但被行动者知觉为角色内的行为[②]。正是由于角色不仅受社会客观环境影响，还受个人主观知觉型塑这一特点，角色内、外绩效的划分就不如任务绩效、情境绩效这样确定与稳定。Morrison（1994年）证实：如果员工对工作角色的定义较为宽泛，OCB就会被视为角色内行为，并倾向于表现出这类行为[③]。而角色知觉又与民族文化显著相关，不同国家文化下角色内、外绩效的界定与划分也会存在一定差异，并非完全一致[④]。

所以，事实上，角色内绩效的外延要大于任务绩效。不过，从学者对角色内绩效的一般性定义来看，其主要是指工作说明书所规定的基本工作职责和任务，在组织正式奖赏范围之内。

3. 组织公民行为与角色内绩效的区别与联系

角色内、外绩效作为工作绩效的两个构面，彼此存在交互性关系[⑤]。这一关

[①] 刘军，宋继文，吴隆增. 政治与关系视角的员工职业发展影响因素探讨[J]. 心理学报，2008，40（2）：201-209.

[②] Borman, W.C., Motowiddlo, S.J.. Expanding the Criterion Domain to Include Elements of Contextual Performance. In N. Schmitt, W. Borman(Eds.), Personal Selection in Organizations. New York: Jossey-Bass, 1993, 56-149.

[③] Morrison, E.W.. Role Definitions and Organizational Citizenship Behavior: The Importance of the Employee's Perspective[J]. Academy of Management Journal, 1994, 37(6): 1543-1567.

[④] Blakely, G.L., Srivastava, A., Moorman, R.H.. The Effects of Nationality, Work Role Centrality, and Work Locus of Control on Role Definitions of OCB[J]. Journal of Leadership and Organizational Studies, 2005, 12(1): 103-117.

[⑤] Podsakoff, P.M., Mackenzie, S.B., Paine, J.B,, et al.. Organizational Citizenship Behaviors: A Critical Review of the Theoretical and Empirical Literature and Suggestions for Future Research[J]. Journal of Management, 2000, 26(3): 512-563.

系的解析可以类比学者关于任务绩效、情境绩效关系的分析。

OCB作为一种典型的角色外行为，与角色内绩效分属工作绩效的两个不同构面，二者区别可借由任务绩效与情境绩效的区别来体现：（1）任务绩效通过技术核心为组织目标做贡献；而情境绩效是通过对工作所处的社会、组织以及心理背景的支持为组织目标做贡献。（2）任务绩效在不同工作中的差异大于情境绩效。不同的工作有不同的任务要求，任务绩效相应也不同；而不同工作中的情境绩效，比如帮助他人、积极主动、认同目标等行为相差不大，所以在不同工作中情境绩效差别不大。（3）任务绩效更多地决定于个体的知识、技能、能力等因素，与个体能力差异更相关；而情境绩效更多地决定于个体自愿性、奉献性和主动性等人格因素，与个体人格差异关系更密切。（4）任务绩效包含了更多的角色内行为，是工作说明书所明确规定的；而情境绩效主要侧重角色外的自发性、自愿性行为，不是本职工作所明确要求的[1]。

关于二者之间的关系，学术界主要有以下两种观点。

（1）角色外绩效促进角色内绩效

在对角色外绩效的界定中，不管是OCB，还是情境绩效，都指出了其会作用于技术核心，通过促进任务绩效来提高组织绩效。所以，Organ、Borman和Motowidlo等学者认为角色外绩效对角色内绩效具有积极的促进作用。

Organ（1988年）发现OCB有助于协调工作群体内和群体间的工作行为[2]；Organ et al.（2006年）在研究中指出，OCB可以产生积极的工作态度、积极情感、鼓励性领导力（encouraging leadership）、支持性组织氛围等，并得出了OCB和角色内绩效之间的显著强关系[3]。Podsakoff et al.（2009年）通过元分析表明表

---

[1] Daniel R.Ilgen, Elaine D, Pulakos.变革的绩效评估——员工安置、激励与发展[M]. 张宏,关丹丹,彭广强 译.北京:中国轻工业出版社.2004:14-33.

[2] Organ, D.W.. Organizational Citizenship Behavior: The Good Soldier Syndrome[M]. Lexington, MA: Lexington Books, 1988.

[3] Organ, D.W., Podsakoff, P.M., MacKenzie, S.B.. Organizational Citizenship Behavior: Its Nature, Antecedents and Consequences[M]. Thousand Oaks, CA: Sage, 2006.

现出OCB的员工通常会被上司评价为更高的总体工作绩效[1]，这些研究都支持了角色外绩效对角色内绩效的积极影响。

（2）角色外绩效有损角色内绩效

尽管多数学者认同OCB对角色内绩效以及组织绩效存在积极作用，但也有少部分学者论述了角色外绩效可能的负面影响，揭示了其消极面（dark side）：员工将主要精力投入职责外的工作上就可能会忽视本职工作。

Bolino（1999年）发现OCB并不一定如定义那样产生于利他性动机，会对组织产生积极影响[2]。Podsakoff和MacKenzie（1994年）证实保险推销人员的助人行为会导致低销售绩效[3]。Grant和Schwartz（2011年）也明确指出，OCB可以产生负面影响，人们在高度压力下的OCB、过度的OCB、在牺牲其他重要行为为代价的OCB都有可能产生消极结果[4]。而Vigoda-Gadot（2006年）则发现被迫表现出职责范围外的OCB是一种强制性公民行为（compulsory citizenship behaviors，CCB），与工作压力、忽视行为（negligent behaviors）、离职意愿和其他消极结果相关[5]。

Bolino和Turnley（2003年）从"OCB升级"（escalating citizenship）角度剖析了其潜在的消极性。他们认为一旦OCB成为一种规范，员工就必须持续表现出OCB以维持尽职工作的形象，这种逐步升级的OCB使得员工难以从工作中脱

---

[1] Podsakoff, N.P., Whiting, S.W., Podsakoff, P.M.. Individual-and Organizational-Level Consequences of Organizational Citizenship Behaviors: A Meta-analysis[J]. Journal of Applied Psychology, 2009, 94(1): 122-141.

[2] Bolino, M.C.. Citizenship and Impression Management: Good Soldiers or Good Actors?[J]. Academy of Management Review, 1999, 24(1): 82-98.

[3] Podsakoff, P.M., MacKenzie, S.B.. An Examination of the Psychometric Properties and Nomological Validity of some Revised and Reduced Substitutes for Leadership Scales[J]. Journal of Applied Psychology, 1994, 79(5): 702-713.

[4] Grant, A.M., Schwartz, B.. Too Much of a Good Thing: The Challenge and Opportunity of the Inverted U[J]. Perspectives on Psychological Science, 2011, 6(1): 61-76.

[5] Vigoda-Gadot, E.. Compulsory Citizenship Behavior: Theorizing Some Dark Sides of the Good Soldier Syndrome in Organizations[J]. Journal for the Theory of Social Behaviour, 2006, 36(1): 77-93.

身，并会增加员工之间的竞争和摩擦①。Bergeron（2007年）从资源视角进一步解析了逐步升级的OCB所潜藏着的危害。他注意到逐步升级的公民行为会使OCB的价值因其成为一种规范而得以降低，致使OCB的成本（比如时间和精力）最终会大于收益（比如奖赏和晋升）。他进而指出OCB不是发生在真空中，而是需要耗费时间和精力的，这类资源的有限性会制约员工无止境地表现出OCB②。根据资源—分配框架，Bergeron（2007年）认为，当一个组织更看重结果而不是行为以及员工所表现的是挑战且耗时（challenging and time-consuming）的OCB时，员工在OCB上花费的时间越多，在任务绩效上投入的就越少。OCB就可能会降低角色内绩效，进而导致在OCB上投入较多精力的员工反而可能得不到加薪和提拔③，有损职业发展。

在Bolino（1999年）"OCB升级"观点的启发下，Van Dyne和Ellis（2004年）提出的工作蠕变模型（job creep）揭示出OCB与角色内绩效之间的转化机制，成为其他学者识别OCB消极面的理论依据。工作蠕变模型是说当OCB有规律地不断被执行时，这种被视为超越正式工作要求范围的行为就会逐渐变成员工正常或理所当然的责任。员工最初是自愿的行为也不再被视为"额外的"，而被认为是角色内的。于是，他们提出了"承担工作要求之外的责任会不断增加员工压力"的观点④。Bolino和Turnley（2005年）明确指出，过度的OCB可以增加工

---

① Bolino, M. C., Turnley, W. H.. Going the Extra Mile: Cultivating and Managing Employee Citizenship Behavior [J]. The Academy of Management Executive, 2003, 17(3): 60-71.

② Bergeron, D.M.. The Potential Paradox of Organizational Citizenship Behavior: Good Citizens at what Cost?[J]. Academy of Management Review, 2007, 32(4): 1078-1095.

③ Bergeron, D.M.. The Potential Paradox of Organizational Citizenship Behavior: Good Citizens at what Cost?[J]. Academy of Management Review, 2007, 32(4): 1078-1095.

④ Van Dyne, L., Ellis, J. B.. Job Creep: A Reactance Theory Perspective on Organizational Citizenship Behavior as Over-Fulfillment of Obligations. In Coyle-Shapiro, J.A., Shore, L.M., Taylor, M.S., et al. & L. E. Tetrick (Eds.), The Employment Relationship: Examining Psychological and Contextual Perspectives. Oxford: Oxford University Press. 2004: 181-205.

作负荷，导致角色超载、工作家庭冲突，从而影响角色内绩效①。

另一些学者还发现了正负行为之间的可转化性。Bolino（1999年）②、Spector and Fox（2010a，2010b）③④指出，员工如果具有针对组织的反生产行为（counterproductive work behavior，CWB），可能会因此产生内疚感，由此激发OCB以弥补之前的错误行为。Klotz和Bolino（2013年）依据道德许可理论（moral licensing theory），从相反视角揭示了OCB的消极面。道德许可理论是说道德称许行为可以导致非道德行为。Klotz和Bolino（2013年）借此推出：由于OCB在道德上是值得称赞的，那么表现出OCB的员工会觉得即使做出点CWB也无妨，所以其CWB等行为表现也就不会有太大的心理负担和压力⑤。Spector和Fox（2010a，2010b）证实了二者之间的转换关系：表现出针对同事的CWB的员工，因担心东窗事发而感到焦虑或愧疚，所以会促使其通过OCB来避免可能背负的恶名⑥；反之，如果组织存在一些限制性条件（比如资源的缺乏）、计划不周、沟通不善或奖励绩效欠佳者而致使员工被迫承担额外责任、超时工作，或者表现出OCB的员工没有得到预期的认可或奖赏时，其就会感到愤怒和不满，进而会诱发CWB④，影响角色内绩效。

---

① Bolino, M.C., Turnley, W.H.. The Personal Costs of Citizenship Behavior: The Relationship between Individual Initiative and Role Overload, Job Stress, and Work‐Family Conflict[J]. Journal of Applied Psychology, 2005, 90(4):740-748.

② Bolino, M.C.. Citizenship and Impression Management: Good Soldiers or Good Actors?[J]. Academy of Management Review, 1999, 24(1):82-98.

③ Spector, P. E., Fox, S.. Theorizing about the Deviant Citizen: An Attributional Explanation of the Interplay of Organizational Citizenship and Counterproductive Work Behavior[J]. Human Resource Management Review, 2010(a), 20(2):132-143.

④ Spector, P.E., Fox, S.. Counterproductive Work Behavior and Organisational Citizenship Behavior: Are they Opposite Forms of Active Behavior?[J]. Applied Psychology: An International Review, 2010b, 59(1):21-39.

⑤ Klotz, A. C., Bolino, M. C.. Citizenship and Counterproductive Work Behavior: A Moral Licensing View[J]. Academy of Management Review. 2013,38(2):292-306.

⑥ Spector, P. E., Fox, S.. Theorizing about the Deviant Citizen: An Attributional Explanation of the Interplay of Organizational Citizenship and Counterproductive Work Behavior[J]. Human Resource Management Review, 2010(a), 20(2):132-143.

还有一些学者从分类学视角也发现了OCB对绩效可能产生的消极效应。比如，有研究证明不同任务情境中OCB对绩效影响存在差异。在不太需要成员协作（如低任务互依性）情境下的公民行为通常会导致低绩效[1]。Bachrach et al.（2006年）证明在低任务互依性群体中，较高或较低程度的OCB都会降低群体绩效[2]。Nielsen et al.（2012年）认为，当在低任务互依性的群体中OCB会降低任务绩效、反向激励具有OCB表现的员工。他们发现，任务互依性较低时助人行为和公民道德反而会降低群体绩效（比如内部客户的评价）[3]。另外，之前大多数探讨OCB和组织绩效关系的研究主要关注的都是亲和性OCB（affiliative forms of citizenship），比如助人行为。近期研究表明，挑战性OCB对绩效影响可能不同于此。MacKenzie et al.（2011年）发现，挑战性OCB与群体任务绩效之间存在倒U形关系，OCB在适度水平上可以促进群体任务绩效，但在高程度上会损害绩效[4]。Bergeron（2007年）对OCB和角色内绩效之间负向关系的原因作出了有力的解释：即有关于OCB和角色内绩效关系的研究一般都是在员工资源（比如时间）相对不太受限的情境下展开的；而在时间对固定的情境下，由于资源的有限性，OCB和角色内绩效的关系实际是负向的[5]。

由此可以看出，OCB与角色内绩效之间的关系并非如最初定义那样一定是正向的，这取决于OCB的类型以及任务类型等一系列情境因素。

---

[1] Bolino, M.C., Anthony, C.K., William, H.T., et al.. Exploring the Dark Side of Organizational Citizenship Behavior[J]. Journal of Organizational Behavior, 2012, 34(4): 542-559.

[2] Bachrach, D.G., Powell, B.C., Collins, B.J., et al.. Effects of Task Interdependence on the Relationship between Helping Behavior and Group Performance. Journal of Applied Psychology, 2006, 91(6): 1396-1405.

[3] Nielsen, T.M., Bachrach, D.G., Sundstrom, E., et al.. Utility of OCB: Organizational Citizenship Behavior and Group Performance in a Resource Allocation Framework[J]. Journal of Management, 2012, 38(2): 668-694.

[4] Mackenzie, S.B., Podsakoff, P.M., Podsakoff, N.P.. Challenge-Oriented Organizational Citizenship Behaviors and Organizational Effectiveness: Do Challenge-Oriented behaviors really have an Impact on the Organization's Bottom Line?[J]. Personnel Psychology, 2011, 64(3): 559-592.

[5] Bergeron, D.M.. The Potential Paradox of Organizational Citizenship Behavior: Good Citizens at what Cost?[J]. Academy of Management Review, 2007, 32(4): 1078-1095.

四、工作绩效的影响因素

Bates 和 Holton（1995年）等学者提出了绩效应该是一个多因多维的结构[1]。在管理学和应用心理学文献中一个不言而喻的认识就是，在职行为是员工动机和能力的交互函数[2][3]。基于此，很多学者提出了工作绩效的影响因素模型，具有代表性的绩效方程观点有如下三种。

（一）工作绩效= f（陈述性知识×程序性知识×动机）

该关系模型由 Campbell et al.（1990年）提出，他认为工作绩效取决于三个因素：陈述性知识、程序性知识与动机[4]。其中，陈述性知识主要是关于知道做什么的知识，包括完成工作所必须的知识、技能、原理和程序；过程性知识则是关于如何做的知识，包括工作实际完成过程中所需要的知识、技能；动机代表员工的行为意愿，包括选择努力的时机、水平和时间长短[5][6]。基于这一绩效模型，他们进一步指出工作绩效应包括以下八个方面：本职工作的熟练度、非本职工作的熟练性、书面和口头交流的能力、努力的程度、个人自律性、促进同事间的协作、监督与领导、管理与实施[7]。后来 McCloy et al.（1994年）在实证研究中证实：陈述性知识、程序性知识以及意志选择（动机和态度）决定绩效的真实变异[8]。

---

[1] Bates, R.A., Holton, E.F.. Computerized Performance Monitoring: A Review of Human Resource Issues[J]. Human Resource Management Review, 1995, 5(4):267-288.

[2] Levy, P. E.. Industrial-Organizational Psychology: Understanding the Workplace (3rd Eds.)[M]. New York: Worth Publishers, 2010.

[3] Vroom, V. H.. Work and motivation[M]. New York: Wiley, 1964.

[4] Campbell, J.P.. Modeling the Performance Prediction Problem in Industrial and Organization Psychology. In M. D., Dunnette, L.M., Hough(Eds.), Handbook of Industrial and Organization Psychology (2nd ed), Palo Alto, CA: Consulting Psychologists Press, 1:687-732.

[5] 王朝晖.人力资源管理与组织绩效关系:基于AMO理论的分析[J].当代经济管理,2009,31(2): 58-60.

[6] 柳丽华,徐向艺.知识型员工绩效管理模型及其优化[J].山东社会科学,2006,129(5): 56-58.

[7] Daniel R.Ilgen, Elaine D, Pulakos.变革的绩效评估——员工安置、激励与发展[M]. 张宏,关丹丹,彭广强译. 北京:中国轻工业出版社. 2004:14-33.

[8] McCloy, R.A., Campbell, J.P., Cudeck, R.. A Confirmatory Test of a Model of Performance Determinants[J]. Journal of Applied Psychology, 1994, 79(4):493-505.

(二) 工作绩效=f（知识×技能×能力×人格）

该模型是基于胜任力理论提出的。但早期的胜任理论中未包括人格因素，认为具有特定知识、技能和能力的员工才能在特定工作中表现出高绩效[1]。根据胜任力素质模型，可以识别特定组织角色中所需要的知识（K）、技能（S）、能力（A）和其他（O）相关因素，由此确定员工绩效的影响因素。在其后的研究中，学者们逐渐开始重视"O"的重要性，KSA则变为KSAO[2]。随着人格特质研究的深入，其对绩效的预测效度也不断得到证实，尤其是大五人格模型的提出和情境绩效概念及研究的成熟，人格是工作绩效显著预测指标的观点日益被学界所接受。为此，绩效的胜任力模型最终演变为知识（K）、技能（S）、能力（A）及人格（P）的"KSAP"模型[3]。

(三) 工作绩效=f（动机×能力×机会）

随着绩效内涵研究的不断发展，关于绩效决定因素的认识也更加深入。越来越多的学者意识到知识、能力等不是决定绩效高低的独立因素，还需要其他因素相结合才能发挥作用。目前，有关工作绩效影响因素的一个普遍观点是，个体工作绩效是由其能力、动机及环境条件共同作用的[1][3]。Sara et al.（2005年）就指出绩效是动机与能力共同作用的结果[4]。其中，动机和能力是两个最基本的因素，其交互作用能够实现两个因素作用间的互补，即一个具有2倍能力、一半动机的人，与一个具有一半能力、2倍动机的人具有相同水平的绩效表现；而如果这两个因素中任何一个因素的水平过低或者几乎不存在，那么员工的工作绩效水平也会很低[5]。Blumberg和Pringle（1982年）却发现，具有动机和能力的员工并不一

---

[1] 于茂双.企业中层管理人员工作自主性及其与工作绩效关系研究[D].济南:山东大学硕士学位论文,2009.

[2] Lawler, E.E.. From Job Based to Competency-Based Organizations[J]. Journal of Organizational Behavior, 1994, 15(1):3-15.

[3] 余君.基层公务员工作特征及其与人格特质、工作满意度、工作绩效关系研究[D].杭州:浙江大学硕士学位论文,2005.

[4] Sara, L.R., Barry, G., Parks, L.. Personnel Psychology: Performance Evaluation and Pay for Performance[J]. Annual Review of Psychology, 2005, 56(1): 571-600.

[5] Fleishman, E.A.. A Relationship between Incentive Motivation and Ability Level in Psychomotor Performance[J]. Journal of Experimental Psychology, 1958, 56(1): 78-81.

定能为组织创造高绩效，这还需要组织提供各种外围环境保障为前提[1]。于是，Charles 和 Melvin（1986年）进一步提出了 P= f（O×C×W）的绩效方程，表明绩效"P"（performance）是由"O"（机会，opportunity）、"C"（能力，capacity）和"W"（意愿，willingness）三个不同构面共同决定[2]。Becker et al.（1997年）在所提出的 HRM 与组织绩效关系"黑箱"中，指出 HRM 实践通过员工技能、动机、工作设计和结构影响其生产率、创造力与自主努力（discretionary efforts）[3]。Wright et al.（1999）在研究中发现，在高参与式（重视机会）的组织中，强化员工能力和动机的 HRM 实践对企业绩效都具有显著正向影响[4]。而 MacDuffie（1995年）则提出了组织获得高绩效所必须具备的三个条件：（1）员工必须具备相当的知识、技能和能力；（2）HR 实践活动必须能够激励员工充分发挥他们的知识和技能；（3）组织必须创造能让员工自主促进组织目标实现的机会[5]。

基于以上研究，Appelbaum（2000年）将系列成果进行了理论提炼，首次提出了高绩效工作系统的 AMO 模型，认为如果人力资源管理体系能够提升员工的能力、动机和机会，则组织将实现利益最大化[6][7]。该模型指出人力资源管理体系对员工绩效有三种影响机制：（1）人力资源管理体系通过直接影响员工的任务完成能力来提升绩效，具体包括提升员工的知识、技能和能力；（2）人力

---

[1] Blumberg, M., Pringle, C.D.. The Missing Opportunity in Organizational Research: Some Implications for a Theory of Work Performance[J]. Academy of Management Review, 1982,7(4):560-569.

[2] Charles, D.P., Blumberg, B.. What Really Determines Job Performance?[J]. SAM Advanced Management Journal, 1986, 51(4):9-14.

[3] Becker, B.E., Huselid, M.A., Pickus, P.S., et al.. HR as a Source of Shareholder Value: Research and Recommendations[J]. Human Resource Management, 1997, 36(1): 39-47.

[4] Wright, P.M., McCormick, B., Sherman, W.S., et al.. The Role of Human Resource Practices in Petro-Chemical Refinery Performance[J]. International Journal of Human Resource Management, 1999, 10(4): 551-571.

[5] MacDuffie, J.P.. Human Resource Bundles and Manufacturing Performance: Organizational Logic and Flexible Productions Systems in the World Auto Industry[J]. Academy Of Management Journal, 1995, 48 (2):197-221.

[6] 王朝晖,罗新星.战略人力资源管理内部契合及中介机制研究：一个理论框架[J].管理科学,2008,21(6): 57-65.

[7] Appelbaum, E., Bailey, T., Berg, P., et al.. Manufacturing Advantage: Why High Performance Work Systems Payoff[M]. Cornell University Press, 2000:27.

资源管理体系通过激发员工的任务完成动机来提升绩效，主要包括支持性、激励性的奖酬措施；（3）人力资源管理体系通过提供合适的工作机会来提升员工的工作绩效，包括团队工作、工作轮换、质量小组等高参与工作实践①。AMO模型阐释了人力资源管理系统对工作绩效的影响机制，直接说明了二者关系的"黑箱"，但同时间接揭示出员工绩效的影响因素，说明员工绩效是能力（ability）、动机（motivation）和机会（opportunity）的函数②。Boxall et al.（2011年）③、Jiang et al.（2012年）④证实了这一关系，其通过元分析发现，AMO框架在HRM实践与组织绩效之间的确起重要的中介作用。由此可知，员工表现出高绩效需要三个充要条件：具备与所从事工作相关的各种知识、技能和能力；具有为组织努力工作、奉献才能的意愿和动机；具备组织为工作有效完成所提供的支持和机会⑤。

1. 能力因素

AMO绩效方程中的A（能力）主要指员工自身的素质和胜任力，是"提升集体人力资本水平（劳动力的集体KSAs水平）"的实践和做法⑥，因此其各种表现形式可以归纳为包括知识、技能和能力（KSA）在内的人力资本⑤。20世纪80年代末到90年代初，RBV理论在战略人力资源管理的应用揭示出人力资源是企

---

① Osterman, P.. How Common is Workplace Transformation and Who Adopts it?[J]. Industrial and Labor Relations Review, 1994, 47(2): 173-188.

② Bailey, T., Berg, P., Sandy, C.. The Effect of High Performance Work Practices on Employee Earnings in the Steel, Apparel, and Medical Electronics and Imaging Industries[J]. Industrial and Labor Relations Review, 2001, 54(2): 525-543.

③ Boxall, P., Ang, S.H., Bartram, T.. Analysing the "Black Box" of HRM: Uncovering HR Goals, Mediators, and Outcomes in a Standardized Service Environment[J]. Journal of Management Studies, 2011, 48(7): 1504-1532.

④ Jiang, K.F., Lepak, D.P., Hu, J., et al.. How does Human Resource Management Influence Organizational Outcomes? A Meta-Analytic Investigation of Mediating Mechanisms. Academy of Management Journal, 2012, 55(6): 1264-1294.

⑤ 田立法. 个体层面的战略人力资源管理"黑箱"研究[J]. 科技和产业, 2013, 13(4): 51-58.

⑥ Bowen, D.E., Ostroff, C.. Understanding HRM-Firm Performance Linkages: The Role of The "Strength" of the HRM System[J]. Academy of management review, 2004, 29(2):203-221.

业获取竞争优势的一种源泉[1],为 HRM 实践可以通过提升人力资本池来提高组织绩效提供了理论支持。在 RBV 理论视角下,包括知识、技能和能力在内的人力资本是员工绩效的重要影响因素。Fey et al.(2000 年)证实了员工能力是 HRM 实践与企业绩效之间的"黑箱"[2],Park et al.(2003 年)[3]、Katou 和 Budhwar(2010 年)[4]证实了员工技术、能力能够显著影响其工作绩效,所以 HRM 实践可以通过提高员工能力来提高员工乃至组织绩效。其他一些学者对能力概念进行了拓展,Youndt et al.(2004 年)[5]、Yang et al.(2009 年)[6]等证明 HRM 实践可以通过智力资本来对绩效产生影响;Hsu et al.(2007 年)[7]、Pardo 和 Moreno(2009 年)[8]等证明人力资本在 HRM 实践与组织绩效之间起中介作用。这些研究都说明,宽泛的能力概念是员工绩效的重要前因。

2. 动机因素

AMO 绩效方程中的 M(动机)是指员工在工作中运用、发挥才能的意愿,

---

[1] Wright, P.M., Wright, G.C., McWilliams, A.. Human Resources and Sustained Competitive Advantage: A Resource-Based Perspective[J]. International Journal of Human Resource Management, 1994, 5(2): 301-326.

[2] Fey, C.F., Bjorkman, I., Pavlovskaya, A.. The Effect of Human Resource Management Practices on Firm Performance in Russia[J]. International Journal of Human Resource Management, 2000, 11(1): 1-18.

[3] Park, H.J., Mitsuhashi, H., Fey, C.F., et al.. The Effect of Human Resource Management Practices on Japanese MNC Subsidiary Performance: A Partial Mediating Model[J]. International Journal of Human Resource Management, 2003, 14(8): 1391-1406.

[4] Katou, A.A, Budhwar, P.S.. Causal Relationship between HRM Policies and Organisational Performance: Evidence from the Greek Manufacturing Sector[J]. European Management Journal, 2010, 28(1): 25-39.

[5] Youndt, M.A., Snell, S.A.. Human Resource Configurations, Intellectual Capital, and Organizational Performance[J]. Journal of Managerial Issues, 2004, 16(3): 337-360.

[6] Yang, C.C., Lin, C.Y.. Does Intellectual Capital Mediate the Relationship between HRM and Organizational Performance? Perspective of a Healthcare Industry in Taiwan[J]. International Journal of Human Resource Management, 2009, 20(9): 1965-1984.

[7] Hsu, I.C., Lin, Y.Y., Lawler, J.J., et al.. Toward a Model of Organizational Human Capital Development: Preliminary Evidence from Taiwan[J]. Asia Pacific Business Review, 2007, 13(2): 251-275.

[8] Pardo, I.P.G., Moreno, M.V.F.. Looking into the Black-Box: Analysis of the Effectiveness of Human Resources Strategy[J]. Zbornik Radova Ekonomskog Fakultet au Rijeci, 2009, 27(1): 31-55.

主要受员工心理影响[1]。动机因素也可以被理解为一种过程，体现的是员工为实现组织目标而付出的努力强度、方向和坚持性。其中，强度指的是个体付出努力的大小；方向是指个体努力目标与组织目标的一致性；坚持性则指个体朝向组织目标努力所维持的时间长短[2]。

很多学者都强调 M 同 A 一样，也是员工工作绩效的重要影响因素。如果员工不具备行为意愿，即使具备高超的技术和能力，也并不一定能够产生高绩效。MacDuffie（1995 年）就曾论述 HRM 实践除了要能够实现人力资源开发以增加人力资本池外，还需要提升员工的动机来利用和发挥人力资本[3]。Wright 和 Snell（1991 年）也曾明确指出高绩效的企业必定拥有高动机的员工[4]。

到目前为止，实证研究已揭示出 M 与员工乃至组织绩效之间的关系机制。比如 Kuvaas 等学者从员工感知角度，对培训、开发、绩效与薪酬等 HRM 实践与动机、员工绩效之间的关系激励展开了一系列研究。Kuvaas（2006 年）[5]、Kuvaas（2007 年）[6]、Dysvik 和 Kuvaas（2008 年）[7]基于认知评价与自我决定理论证实固定薪酬、发展型绩效评价与培训等 HRM 实践可以激励员工提高工作绩效。其后，Kuvaas 和 Dysvik（2009 年）又从社会交换与自我决定理论视角证实 M 是员工

---

[1] 田立法. 个体层面的战略人力资源管理"黑箱"研究[J]. 科技和产业，2013，13（4）：51-58.

[2] 斯蒂芬·P. 罗宾斯，蒂莫西·A. 贾齐. 组织行为学(第12版)[M]. 李原，孙健敏 译. 北京：中国人民大学出版社. 2008：158.

[3] MacDuffie, J.P.. Human Resource Bundles and Manufacturing Performance: Organizational Logic and Flexible Productions Systems in the World Auto Industry[J]. Academy of Management Journal, 1995, 48 (2):197-221.

[4] Wright, P.M., Snell, S.A.. Toward an Integrative View of Strategic Human Resource Management[J]. Human Resource Management Review, 1991, 1(3): 203-255.

[5] Kuvaas, B.. Work Performance, Affective Commitment, and Work Motivation: The Roles of Pay Administration and Pay Level[J]. Journal of Organizational Behavior, 2006, 27(3): 365-385.

[6] Kuvaas, B.. Different Relationships between Perceptions of Developmental Performance Appraisal and Work Performance[J]. Personnel Review, 2007, 36(3): 378-397.

[7] Dysvik, A., Kuvaas, B.. The Relationship between Perceived Training Opportunities, Work Motivation and Employee Outcomes[J]. International Journal of Training and Development, 2008, 12(3): 138-157.

开发投资感知对工作绩效影响的中介因素[1]。这些研究均表明：培训与开发、绩效、薪酬等HRM实践可满足员工的自控感和价值需求，从而激发其内在动机，进而提高工作绩效，因此也间接证明了M是员工绩效的又一重要因素。其他一些探究HRM与绩效关系黑箱的研究从交互效应视角也揭示出M对员工绩效的重要作用。Fey et al.（2000年）发现，HRM实践通过员工的能力、动机与行为影响企业绩效[2]；Park et al.（2003年）研究表明，HRM实践通过员工能力、动机与态度因素影响企业绩效[3]；Katou和Budhwar（2010年）则综合上述研究成果认为，HRM实践是通过员工的能力、动机、态度与行为来影响企业绩效的[4]。由此可见，不仅M因素是员工乃至企业绩效的又一重要因素，而且其与能力的交互效应能强化与绩效的关系。

3. 机会因素

AMO绩效方程中O（机会）是指员工参与工作的机会，代表的是组织为员工任务执行所提供的环境支持[5]。O因素反映了组织的工作结构与设计以及员工的参与和授权水平[6]，是管理政策和实践的具体体现。

机会要素重点反映的是工作结构特征（工作设计），体现员工收集、处理信息并据此作出决策的机会、权力和责任大小[7]。Osterman（1994）总结了工作结

---

[1] Kuvaas, B., Dysvik, A.. Perceived Investment in Employee Development, Intrinsic Motivation and Work Performance[J]. Human Resource Management Journal, 2009, 19(3): 217-236.

[2] Fey, C.F., Bjorkman, I., Pavlovskaya, A.. The Effect of Human Resource Management Practices on Firm Performance in Russia[J]. International Journal of Human Resource Management, 2000, 11(1): 1-18.

[3] Park, H.J., Mitsuhashi, H., Fey, C.F., et al.. The effect of Human Resource Management Practices on Japanese Mnc Subsidiary Performance: A Partial Mediating Model[J]. International Journal of Human Resource Management, 2003, 14(8): 1391-1406.

[4] Katou, A.A, Budhwar, P.S.. Causal Relationship between HRM Policies and Organisational Performance: Evidence from the Greek Manufacturing Sector[J]. European Management Journal, 2010, 28(1): 25-39.

[5] 田立法. 个体层面的战略人力资源管理"黑箱"研究[J]. 科技和产业, 2013, 13(4): 51-58.

[6] Jiang, K.F., Lepak, D.P., Hu, J., et al.. How does Human Resource Management Influence Organizational Outcomes? A Meta-Analytic Investigation of Mediating Mechanisms[J]. Academy of Management Journal, 2012, 55(6): 1264-1294.

[7] Appelbaum, E., Bailey, T., Berg, P., et al.. Manufacturing Advantage: Why High Performance Work Systems Payoff[M]. Cornell University Press, 2000.

构方面的四个创新型工作实践：团队作业、工作轮换、质量圈与全质量管理①。Subramony（2009年）通过元分析发现，能够为员工创造工作参与机会的HRM实践主要包括流程参与、决策参与、投诉体系、工作丰富度、自我管理与信息反馈②。Katou和Budhwar（2010年）证实包括工作设计、参与、交流、健康与安全等方面在内的机会型HRM实践能够影响组织绩效③。

关于O因素与绩效之间的关系，Huselid（1995年）明确指出机会在HRM实践与企业绩效之间起中介作用④。Gardner et al.（2001年）⑤、Gardner et al.（2011年）⑥等证实，高参与型等O型HRM实践能够通过改善员工工作态度与行为来提升绩效。Pil和Macduffie（1996年）⑦、MacDuffie（1995年）⑧指出特定的高参与型工作系统能够提升对生产工人的管理绩效。Waldman（1994年）在Dobbins et al.（1991年）研究的基础上，进一步将TQM理论与AMO框架进行了整合，详细阐释了A、M、O对员工绩效的影响机理⑨。他指出，当O较

---

① Osterman, P.. How Common is Workplace Transformation and Who Adopts it?[J]. Industrial and Labor Relations Review, 1994, 47(2): 173-188.

② Subramony, M.. A Meta-analytic Investigation of the Relationship between HRM Bundles and Firm Performance [J]. Human Resource Management, 2009, 48(5): 745-768.

③ Katou, A.A, Budhwar, P.S.. Causal Relationship between HRM Policies and Organisational Performance: Evidence from the Greek Manufacturing Sector[J]. European Management Journal, 2010, 28(1): 25-39.

④ Huselid, M.A..The Impact of Human Resource Management Practices on Turnover, Productivity, and Corporate Financial Performance[J]. Academy of Management Journal, 1995, 38(3): 635-672.

⑤ Gardner, T.M., Moynihan, L.M., Park, H.J., et al.. Beginning to Unlock the Black Box in the Hr Firm Performance Relationship: the Impact of HR Practices on Employee Attitudes and Employee Outcomes[M]. CAHRS Working Paper, Ithaca, NY: Cornell University, 2001.

⑥ Gardner, T.M., Wright, P.M., Moynihan, L.M.. The Impact of Motivation, Empowerment, and Skill-Enhancing Practices on Aggregate Voluntary Turnover: The Mediating Effect of Collective Affective Commitment[J]. Personnel Psychology, 2011, 64(2): 315-350.

⑦ Pil, F.K., Macduffie, J.P.. The Adoption of High-Involvement Work Practices[J]. Industrial Relations, 1996, 35(3): 423-455.

⑧ MacDuffie, J.P.. Human Resource Bundles and Manufacturing Performance: Organizational Logic and Flexible Productions Systems in the World Auto Industry[J]. Academy of Management Journal, 1995, 48(2):197-221.

⑨ Waldman, D.A.. The Contributions of Total Quality Management to a Theory of Work Performance[J]. Academy of Management Review, 1994, 19(3): 510-536.

A、M的影响大时，则需要确保员工与组织的价值观匹配一致才能实现高绩效；当员工所处的管理层级越高、工作设计越自治时，A、M因素的影响就会增大，员工则需要通过类似组织公民行为、角色外绩效行为等自由裁量式行为来获得高绩效。这一研究揭示出不能孤立地探究O（机会）因素与绩效之间的关系，应将其与A（能力）、M（动机）整合起来，从三者交互性的视角来解析对绩效的影响。

从上述AMO框架相关的理论与实证研究结果中可推知：A（能力）、M（动机）、O（机会）是员工绩效的重要决定因素，若从三者交互效应视角出发，可以更好地揭示绩效的影响机理。

五、研究评述

工作绩效的研究成果十分丰富，对相关文献的梳理可以得出如下四点启示。

第一，工作绩效是一个多因多维构念，其内涵界定经历了从结果观——行为观——能力观的演变。相对而言，行为观更受学界重视，持这一观点的研究最为成熟。在行为观视角对绩效的各种界定中，角色内绩效与角色外绩效或者任务绩效与情境绩效等二维划分在研究中应用相对更多。

第二，在对工作绩效影响因素的研究中，很多学者对Vroom所提出的绩效=f（能力A×动机M）这一绩效方程进行了延伸。其中，工作绩效的AMO模型被广泛用于战略人力资源管理研究中，作为揭示其对绩效影响机理的黑箱，取得了系列研究成果。由此可知，工作绩效是能力、动机和机会交互作用的结果。在其后关于对绩效影响的研究中，如果同时纳入这三类因素将有望带来更大启示，彼此之间的关系将更加明晰。

第三，现有研究表明，工作绩效不同维度的影响因素存在差异。角色内和角色外两种不同维度绩效的产生逻辑和生成机制不尽一致。角色内绩效类似于任务绩效，是工作职责范围之内的行为表现，其结果主要取决于客观期望和主观认知水平及能力高低；而角色外绩效类似于情境绩效，是一种自由裁量行为，既可以产生于利他性动机，又可产生于利己性动机，其结果主要取决于人格特质和机会大小。那么，不同绩效构面影响因素序列是有差异的，同一影响因素对不同绩效构面的相对效应大小也是不尽相同的。在探讨相关问题时，需要对不同绩效维度进行区辨性考量，才能得到更精确的结论、揭示出更准确的关系。

第四，众多研究证明，不同绩效维度之间存在交互效应。以OCB为代表的角色外行为与角色内绩效并不是毫无关系的，只不过这种关系并不是确定的和线性的。OCB既有可能促进角色内绩效的提高，也有可能阻碍角色内绩效的达成。不同OCB类型（性质）、程度在不同的任务和组织情境中，对角色内绩效的影响有所不同。未来在探讨对工作绩效的影响时，有必要加强这一机制的解析，以有助于进一步明晰绩效的逻辑关系。

第三节　自我监控相关研究

一、自我监控的概念演进

在组织行为学领域中，与组织行为有关的人格特质研究一直备受学者关注。有学者发现人格特质与组织行为之间有很强的关联[1]，其中一个被广泛讨论的就是自我监控[2][3]。

20世纪70年代，人格心理学家和社会心理学家在解释个体行为差异的决定因素时存在争议，即行为是由特质决定还是由环境决定，态度和行为为何不一致[4]。自我监控概念的引入在一定程度上解决了这一争论。不仅如此，该概念还反映了心理学界在解释个体行为差异时视角上的转变，从强调主观人格特质转向

---

[1] Palmer, J.. Scientists and Information. II. Personal Factors in Information Behaviors[J]. Journal of Documentation, 1991, 47(3): 254-275.

[2] Briggs, S. R, Cheek, J. M.. On the Nature of Self-monitoring: Problems with Assessment, Problems with Validity[J]. Journal of Personality and Social Psychology, 1988, 54(4): 663-678.

[3] Richmomd, L.D., Craig, S.S., Ruzieka, M. F.. Self-monitoring and Marital Adjustment[J]. Journal of Research in Personality, 1991, 25(2): 177-188.

[4] Gangestad, S. W, Snyder, M.. Self-monitoring: Appraisal and Reappraisal[J]. Psychological Bulletin, 2000, 126(4): 530-555.

重视客观环境因素①。

1. 自我监控概念的提出

自我监控概念源起于对表达控制（expressive control）问题的关注。研究者们发现，个体具有一种通过类语言的方式（如面部表情、肢体语言等）来表达内在状态的能力，称其为表达控制能力②。这种能力差异的形成原因即为自我监控概念的雏形。

自我监控在组织行为领域的应用建立在 Goffman 的研究成果之上③。Goffman（1995年）认为，那些能够依赖社会情境的需要来调整自身态度和行为的人，在赢得社会认同、信任、获得他人喜爱等方面都具有更大优势④。因此，在日常生活中，个体会有意识地控制自己在他人心目中形象的形成过程，也就是自我呈现（self-presentation）过程⑤⑥。在这一过程中，不同人有不同的形象影响方式。有的是通过在不同情境中保持行为的一致性来塑造自己在他人心目中的形象；而有的则是为了给他人留下期望的印象，会让行为随着情境变化而相应地发生变化⑦。为了反映自我呈现中的这种个体差异，Snyder（1974年）提出了自我监控（self-monitoring）概念⑧。他认为个体在控制表情和自我呈现能力上的不同，是由自我监控能力差异造成的。因为有的人通过把注意力投向内部（真实）的自我来调控

---

① Mischel, W, Soda, Y.. A Cognitive-affective System Theory of Personality and the Role of Situation[J]. Psychological Review, 1995, 102(2): 246-286.

② 唐静.自我监控对团队绩效的影响机制研究[D].成都：西南交通大学硕士学位论文,2012.

③ 赵冬阳.自我监控人格对销售绩效的影响研究[D].成都：西南财经大学博士学位论文,2011.

④ Goffman, E.. The Presentation of Self in Everyday Life[M]. New York: Doubledav, 1959.

⑤ Leary, M. R, Kowalski, R. M.. Impression Management: A Literature Review and Two Component Model[J]. Psychological Bulletin, 1990, 107(1): 34-47.

⑥ Snyder, M, Schlenker, B. R.. Impression Management: The Self-concept, Social Identity, and Interpersonal Relation[J]. Monterey, CA: Brooks/Cole.1980: 46-78.

⑦ Schlenker, B. R.. Impression Management: The Self-concept, Social Identity, and Interpersonal Relation[J]. Monterey, CA: Brooks/Cole, 1980: 46-78.

⑧ Snyder M.. Self-monitoring of Expressive Behavior[J]. Journal of Personality and Social Psychology, 1974, 30(4): 526-537.

行为，而有的人则加更注重给别人留下的印象[1][2][3][4]。根据Snyder的界定，高自我监控者就像变色龙一样，自我呈现的方式及结果会随情境的变化而变化。

2. 自我监控概念的界定

自我监控概念自提出以来，受到了心理学和社会学领域的广泛关注，基于这两种视角展开了大量研究[5][6]。正是由于学科视角和侧重点的不同，自我监控概念内涵的界定也存在不同，归纳起来，有如下三种。

（1）自主认知能力

自主认知能力是基于认知心理学和教育心理学视角对自我监控的界定。1976年，美国心理学家Flavell在《认知发展》一书中首先提出了元认知（meta-cognition）的概念。他认为元认知是一个人对自己思维、学习活动的认知和监控，其核心是对认知的认知[7]。元认知监控即为主体在认知过程中，主动对自己认知活动的监视、控制和调节[8]。目前在认知心理学和教育学领域，大多学者将self-monitoring译为自我监察，将其视作一种特殊的认知能力，即元认知[9]。如我国学者董奇等人（1995年）将自我监控分为三个部分：自我监察、自我指导和自我强化[10]。

该领域早期的学者基于Banduar（1977年）的社会认知理论，强调了个人的

---

[1] Snyder, M.. Self-monitoring Processes. In: Berkowitz L (Ed.).Advance in Experimental Social Psychology. New York: Academic Press,1979: 85-128.

[2] Snyder M.. Impression Management: The Self in Social Interaction. In: Wrightsman, L. S, Deaux, K (Eds.) Social Psychology in the 80s (3rd Ed). Monterey, CA: Brooks/Cole, 1981: 91-104.

[3] Gangestad, S. W, Snyder, M.. "To Carve Nature At Its Joints": On the Existence of Discrete Classes in Personality[J]. Psychological Review, 1985, 92(3): 317-349.

[4] Gangestad, S. W, Snyder, M.. Taxonomic Analysis Redux: Some Statistical and Conceptual Considerations for Testing a Latent Class Model[J]. Journal of Personality and Social Psychology, 1991, 61(1): 141-146.

[5] Briggs, S. R., Cheek, J. M.. On The Nature of Self-monitoring: Problems with Assessment, Problems with Validity[J]. Journal of Personality and Social Psychology, 1988, 54(4): 663-678.

[6] Gangestad, S. W, Snyder, M.. Self- monitoring: Appraisal and Reappraisal[J] Psychological Bulletin, 2000, 126(4): 530-555.

[7] 王玲,方平,郭德俊.元认知的性质、结构与评定方法[J].心理学动态,1999,7(1):6-10.

[8] 董奇,周勇.论学习的自我监控[J].北京师范大学学报(社科版),1994(1):8-14.

[9] 余玺梅.内外控人格特质、自我监控和员工沉默的关系[D].太原:山西大学硕士学位论文,2012.

[10] 董奇,周勇.10—16岁儿童自我监控学习能力的成分、发展及作用的研究[J].心理科学,1995,18(2):75-79.

认知因素在自我监控过程中的关键作用①。而20世纪90年代以来，研究者们开始关注其他因素，重心从"认知"逐渐发展为"动机、情感、意志控制之间的相互关系"②③④。而元认知监控作为一种自我监控，又是学生自主学习能力的重要组成部分，对学习效率的影响较大⑤。因此，近年来，自我监控在学习方面的应用研究得到了迅速发展。

（2）认知和人际交往能力

认知和人际交往能力的界定产生于人格和社会心理学领域。该领域学者将 self-monitoring 译为自我监控或自我监控性，视其为一种特殊的社会认知和人际交往能力，同时作为人格的一个维度⑥。Snyder（1974年）就属这一流派，将自我监控定义为：一个人在自我表现方面的心理结构⑦。总体来看，自我监控的定义分为广义和狭义两类：广义的自我监控是指个体根据社会适应性的情境线索进行自我观察、自我控制和调节的能力⑧⑨⑩，包含了个体在人际交往中所表现出的

---

① Bandura, A.. Self-efficacy: Toward a Unifying Theory of Behavioral Change[J]. Psychological Review, 1977, 84(2): 191-215.

② Boekaerts, M.. Self-regulated Learning: Where We are Today[J]. International Journal of Educational Research, 1999, 31(6): 445-457.

③ Pintrieh, P. R.. Understanding Self-regulated Learning[J]. New Direction for Teaching and Learning, 1995, 1995(63): 3-12.

④ Corno, L.. The Meta Cognitive Control Components of Self-regulated Learning[J]. Contemporary Educational Psychology, 1986, 11(4): 333-346.

⑤ 沈德立,白学军. 高效率学习的心理机制研究[J].心理科学,2006,29(1):2-6.

⑥ Carver, Charles, S.. How Should Multifaceted Personality Constructs be Tested? Issues Illustrated by Self-monitoring, Attributional Style, and Hardiness[J]. Journal of Personality and Social Psychology, 1989, 56(4): 577-585.

⑦ Snyder M.. Self-monitoring of Expressive Behavior[J]. Journal of Personality and Social Psychology, 1974, 30(4): 526-537.

⑧ Snyder, M.. Self-monitoring Processes. In: Berkowitz L (Ed.).Advance in Experimental Social Psychology. New York: Academic Press, 1979: 85-128.

⑨ Gangestad, S. W, Snyder, M.. Self-monitoring: Appraisal and Reappraisal[J]. Psychological Bulletin, 2000, 126(4): 530-555.

⑩ Jesus, S, Marúa, L. S, María, D. A.. Self-monitoring and the Prediction of one's Own and Others' Personality Tests Cores[J]. European Journal of Personality, 1996, 10(3): 173-184.

某种心理倾向和对自我表现的调控能力[1]；而狭义的自我监控则只强调能力，如Lennox和Wolfe（1984年）认为自我监控是指个体对他人表达行为的敏感性和调节自我表现的能力[2]，Robbins（1988年）将其定义为个体根据外部情境因素来调整自己行为的一种能力[3]。

（3）源于印象提升的需要

将自我监控界定为印象管理的需要，是角色研究领域学者的视角。研究角色的Goffman（1955年，1959年，1967年）[4][5][6]和研究印象管理的Alexander（1977年）[7]等学者认为，自我监控是一种普遍存在的社会心理现象，是社会交往的客观需求。由于个体在社会交往中，不但需要有意识地去了解他人行为的含义，还同时需要维护面子和自我表现，所以就会愿意运用印象管理技术来达到目的[8]。在这一领域的研究中，关于自我监控和印象管理关系的研究成果颇丰。

从上述界定可以看出，无论是在哪个研究领域，自我监控在本质上都应该是一种相对稳定的人格特质，不同自我监控水平的人应对环境变化的策略迥然不同。自我监控具有以下两个特征：首先，自我监控存在明显的个体差异，不同自我监控水平的人在同一人格维度上会表现出不同的行为特征；其次，自我监控本身并无好坏之分，但研究发现在现实生活中，高自我监控者的社会适应能力强于

---

[1] Miller, M. L, Thayer, J. F.. On the Nature of Self-monitoring: Relationships with Adjustment and Identity[J]. Personality and Social Psychology Bulletin.1988, 14(3): 544-553.

[2] Lennox, R.D, Wolfe, R.N.. Revision of the Self-monitoring Scale[J]. Journal of Personality and Social Psychology, 1984, 46(6): 1349-1364.

[3] Robbins, S. P.. Native American Families in Transition: A Study of Juvenile Delinquency[J]. Tulane Studies in Social Welfare, 1988: 17.

[4] Goffman, E.. On Face-work: An Analysis of Ritual Elements of Social Interaction[J].Psychiatry: Journal for the Study of Interpersonal Processes, 1955, 18(3): 213-231.

[5] Goffman, E.. The Presentation of Self in Everyday Life[M]. Garden City, NY: Doubleday, 1959.

[6] Goffman, E.. Interaction Ritual: Essays in Face-to-Face Behavior[M]. Random House, 1967.

[7] Alexander, M.. Introduction to Soil Microbiology[M]. John Wiley and Sons, Inc. New York, 1977.

[8] Johnson, M. B.. The Relationship between Self-monitoring and Successful Ingratiation[J]. The Sciences and Engineering, 2003, 10: 101-112.

低自我监控者[1][2]。

Snyder（1979年）提出了通过描述典型的高低自我监控者的特征来确定自我监控特征的思路[3]，但不同学者对二者差别的描述有所不同（见表2.6）。

表2.6 高低自我监控者特征总结

学者	关注点	高自我监控者的特征	低自我监控者的特征
Snyder, 1987年	情境适应性	关注社会适宜性 在社会情境中对他人表情和自我呈现敏感 使用这些线索作为监控和管理自我呈现以及表达性行为的指南	对情境要求反应迟钝 注重以自己的价值观、情绪、态度和情感来调整自身的行为 注重社交中的自我感觉
Robbins, 1994年	自我呈现的一致性	对环境线索敏感 能随时随地改变自身行为适应环境 公我与私我差异极大	不伪装自己 在各种情境下的行为具有高度一致性 公我与私我一致
John, Cheek and Klohnen, 1996年	社会交往前提和方式	以活动、任务作为与人交往的前提 自信、幽默，具有熟练的社会技能 对人际线索有很强的知觉力 能清楚地意识到自己的影响力	以本身的态度、情感作为与人交往的前提 善于自省，富有亲和力 社交中自我呈现保持一致 有坚定的价值观和清晰的人格特征
肖崇好, 2005年	自我呈现行为	在自我呈现过程中既维系自我和谐，又维系人际和谐 行为是有条件地随情境的变化而变化 具有极强的环境适应力	既不注意人际和谐，也不注意自我和谐 行动受意识控制水平低 行为具有不可预测性

资料来源：本研究整理。

---

[1] Snyder, M.. Self-monitoring of Expressive Behavior[J]. Journal of Personality and Social Psychology, 1974, 30 (4): 526-537.

[2] Miroslawa, H, Joanna, C.. Self-focused Attention and Self-monitoring Influence on Health and Coping with Stress[J]. Stress and Health, 2006, 22(2): 153-159.

[3] Snyder, M.. Self- monitoring Processes. In: Berkowitz L (Ed.).Advance in Experimental Social Psychology. New York: Academic Press, 1979: 85-128.

二、自我监控的结构与测量

自我监控的概念提出后，一批学者开始探讨其结构与测量问题。鉴于个体对情境线索的敏感性既是高低自我监控者的差异所在，又是自我监控概念的内核，故许多学者利用个体对情境线索的敏感度来测量自我监控的能力高低[①]。迄今为止，已经形成从单维到多维的观点，并开发出多个成熟的自我监控量表（详见表2.7）。

表2.7 自我监控量表汇总

结构	作者	内容
单维结构	Snyder，1974年	外向、表演、他人导向
	Snyder and Gangestad，1986年	公开行为、他人导向
	John，Cheek and Klohnen，1996年	外向
多维结构	Briggs，1980年	外倾性；他人定向；表演
	Briggs and Cheek，1988年	公众表现、他人导向
	Lennox and Wolfe，1984年	第一部分(13题)：修正自我呈现的能力、对他人表达性行为的敏感度 第二部分(20题)：个体对行为适应性的关心程度、对社会比较信息的关注
	Li and Zhang，1998年	自我呈现能力、自我呈现倾向

资料来源：本研究整理。

1. 单维结构及测量

持单维结构观的代表人物是自我监控概念的提出者Snyder（1974年）[②]，他

[①] Briggs, S.R., Cheek, J.M.. On the Nature of Self-monitoring: Problems with Assessment, Problems with Validity[J]. Journal of Personality and Social Psychology, 1988, 54: 663-678.

[②] Snyder M.. Self-monitoring of Expressive Behavior.[J] Journal of Personality and Social Psychology, 1974, 30(4): 526-537.

将高自我监控者的特征概括为：关注社会适宜性、在社会情境中对他人表情和自我呈现敏感、利用这些线索作为监控和管理自我呈现及表达性行为的指南，并据此进行了量表开发。他认为自我监控的这三个特征具体体现为关注自我呈现的社会适宜性；注意社会比较信息，将其作为情境适宜性自我呈现的线索；控制和调整自我呈现和表达性行为的能力；在特定情境中使用这一能力；个体表达性行为和自我呈现跨情境变化的一致程度五个方面[1]，并编制出25项目量表，包含外向、表演和他人导向三个因子[1][2]。该量表自提出后得到广泛应用，德国、日本、西班牙、波兰、中国香港、台湾地区均对之进行过多次检验，信度和效度得到验证[3]。同时，Snyder（1974年）进行了补充说明，量表中五成分的划分只是为了研究的方便，而事实上它们彼此之间并不一定相互独立[1]。

Gangestad和Snyder（1985年）对自我监控初始量表进行了修订，在因素分析中保留了与第一个未旋转因素高相关的题目，最后将原量表的25项目简化为18个[4]。Snyder和Gangestad（1986年）弱化了他人导向因子，从而使18个项目简缩版量表能够用单一因子来解释[5]。在此，Snyder（1986年）对自我监控结构重新进行了诠释，他认为"自我监控已从最初关心外显行为控制发展为一个更广泛的人际定向理论"，并指出高自我监控者视人际交往为戏曲表演，低自我监控者则以自我的真实感受与人交往[5]。Snyder等仍坚持自我监控的单维性，他们指出自我监控量表虽是多因素结构，但其反映的是一个共同的潜在变量，即自我监控[6]。

---

[1] Snyder M.. Self-monitoring of Expressive Behavior.[J] Journal of Personality and Social Psychology, 1974, 30(4): 526-537.

[2] Snyder, M.. Self-monitoring Processes. In: Berkowitz L (Ed.). Advance in Experimental Social Psychology. New York: Academic Press,1979: 85-128.

[3] Snyder, M.. Public Appearances, Public Realities: The Psychology of Self-monitoring[M]. New York, Freeman, 1987.

[4] Gangestad, S, Snyder, M. "To Carve Nature at its Joints": On the Existence of Discrete Classes in Personality [J]. Psychological Review, 1985, 92(3):317-349.

[5] Snyder, M, Gangestad, S.. On the Nature of Self-monitoring: Matters of Assessment, Matters of Validity[J]. Journal of Personality and Social Personality and Social Psychology, 1986, 51(1):125-139.

[6] Gangestad, S W, Snyder, M. Self-monitoring: Appraisal and Reappraisal[J]. Psychological Bulletin, 2000, 126(4): 530-555.

2. 多维结构及测量

在自我监控量表的开发过程中，Briggs.et.al.（1980年）等一批学者对 Snyder 的初始自我监控量表提出了质疑，认为该量表的效标关联效度存在问题[1]，并指出自我监控应该是多维结构[1][2]。然后，Lennox 和 Wolfe（1984年）对 Snyder（1974年）的自我监控量表进行了修订，结果显示该量表包括两个部分：第一部分是基于狭义自我监控概念的13题项量表，用于测量对他人表达性行为（情境线索）的敏感性和修正自我呈现的能力；第二部分是20题项量表，用于测量个体对行为适宜性和社会比较信息的关注程度[3]。Briggs 和 Cheek（1986年）认为，Snyder 和 Gangestad 修订后的18题项量表实际上包括两个内容：公众表现和他人导向。通过因子分析，却发现自我监控量表包括三个内容群：表达性的自我控制、社会舞台的表现和他人定向的自我表现[4]。另外，John.et.al（1996年）使用Q分类技术对自我监控结构进行了分析，研究结论也支持了多维结构[5]。其中，持三维结构观的学者占大多数，他们认为自我监控不是一个简单的单维结构，而应该是一个三维结构[3][4][6][7]，分别为表演（acting）、外倾性（extroversion）和他人导向（other-directedness）[8]。自我监控结构的多维性意味着在自我监控量表上得

---

[1] Briggs, S. R, Cheek, J. M, Buss, A. H.. An Analysis of the Self-monitoring Scale[J]. Journal of Personality and Social Psychology, 1980, 38(4): 679-686.

[2] Gabrenya, W. K, Arkin, R. M.. Self-monitoring Scale: Factor Structure and Correlates[J]. Personality and Social Psychology Bulletin, 1980, 6(1): 13-22.

[3] Lennox, R.D, Wolfe, R.N.. Revision of the Self-monitoring Scale[J]. Journal of Personality and Social Psychology, 1984, 46(6): 1349-1364.

[4] Briggs, S. R, Cheek, J. M.. The Role of Factor Analysis in the Development and Evaluation of Personality Scales [J]. Journal of Personality, 1986, 54(1): 106-148.

[5] John, O. P, Cheek, J. M, Klohnen, E. C.. On the Nature of Self-monitoring Construct Explication With Q-Sort Ratings[J]. Journal of Personality and Social Psychology, 1996, 71(4): 763-776.

[6] Gangestad, S, Snyder, M. "To Carve Nature at its Joints": On the Existence of Discrete Classes in Personality [J]. Psychological Review, 1985, 92(3):317-349.

[7] Hosch, H. M, Marchioni, P. M.. The Self-monitoring Scale: A Factorial Comparison among Mexicans, Mexican Americans and Anglo Americans[J]. Journal of Behavioural Sciences, 1986, 8(3): 225-242.

[8] Briggs, S. R, Cheek, J. M.. On The Nature of Self-monitoring: Problems with Assessment, Problems with Validity[J]. Journal of Personality and Social Psychology, 1988, 54(4): 663-678.

分高的所谓高自我监控者，可能只是在其中某一个或两个维度上得分高，当然，也有可能三个维度得分都高[1][2]。

20世纪90年代开始，我国学者开始尝试自我监控量表的本土化开发，如汤志群（1991年）[3]、李峰和张宇莲（1998年）[4]，但其主要都是基于Snyder（1974年）和Lennox和Wolfe（1984年）量表的修订与拓展，其中李峰和张宇莲（1998年）开发的量表更具代表性。

综上所述，单维结构和多维结构分歧的根本在于对学者自我监控概念的理解差异，只对自我监控是人格特质的本质特点保持高度一致。另外，由于个体对组织情境的敏感性和修正自我呈现的能力是调节个体感知—行为、绩效这类关系的关键因子，因此，学者们在探讨这类关系时更偏爱Lennox和Wolfe（1984年）的13题项量表。

三、自我监控与绩效之间的关系

Robbins（1994年）提出个体认知能力和人格特征的差异是引起绩效差异的一个主要原因[5]。自我监控被认为是影响绩效的潜在人格变量[6]。个体可以通过掌控自己的行为，改变行为动机，来追逐个人利益、实现自我[7][8]。而个体在自我呈

---

[1] Hull, J. G, Lehn, D. A, Tedlie, J. C.. A General Approach to Testing Multifaceted Personality Constructs[J]. Journal of Personality and Social Psychology, 1991, 61(6): 932-945.

[2] Richmond, L. D, Craig, S. S, Ruzicka, M. F.. Self-monitoring and Marital Satisfaction[J]. Journal of Research in Personality, 1991, 25: 177-188.

[3] 汤志群.中学生价值取向、自我监控性与亲社会行为关系初探[M].北京师范大学出版社,1991.

[4] Li, F, Zhang, Y. L.. Measuring Self-monitoring Ability and Propensity: A Two-Dimensional Chinese Scale[J]. The Journal of Social Psychology, 1998, 138(6): 758-765.

[5] Robbins, T. L, Denisi, A. S.. A Closer Look at Interpersonal Affect as a Distinct Influence on Cognitive Processing in Performance Evaluations[J]. Journal of Applied Psychology, 1994, 79(3): 341-353.

[6] Gangestad, S. W, Snyder, M.. Self-monitoring: Appraisal and Reappraisal[J]. Psychological Bulletin, 2000, 126(4): 530~555.

[7] Snyder, M.. Self-monitoring of Expressive Behavior[J]. Journal of Personality and Social Psychology, 1974, 30(4): 526-537.

[8] Snyder, M.. Self-monitoring Processes. In: Berkowitz L (Ed.).Advance in Experimental Social Psychology. New York: Academic Press, 1979: 85-128.

现的监控意愿和监控能力方面存在较大差异,这就决定了其对自己行为的掌握、动机的切换效果上会有所不同,最终导致工作绩效上的差异。由此可见,自我监控和工作绩效之间存在某种联系[1][2],很多学者对此展开了实证分析。比如,Snyder（1987年）[3]、Kilduff（1994年）[4]发现,工作场所绩效、领导才能、信息管理、印象管理及冲突管理等都与自我监控有关；Day et al.（2002年）的元分析（2002年）也证明,自我监控和包括工作绩效、晋升、领导紧急性在内的许多组织问题存在关联[5]。关于自我监控与工作绩效关系的实证研究总体可归纳为将其作为前因变量和中间变量研究两类。

1. 自我监控作为前因变量

自我监控作为一个人格变量,已被证明可直接或间接对绩效产生影响[6][7]。有学者发现,自我调节能力和对情境敏感性这两个自我监控维度与绩效呈显著正相关[8][9][10]。Anderson（1987年）在对护士职业进行的一项研究中发现,在传统的以女性

---

[1] Snyder, M.. Self-monitoring of Expressive Behavior[J]. Journal of Personality and Social Psychology, 1974, 30(4): 526-537.

[2] Snyder, M.. Self-monitoring Processes. In: Berkowitz L (Ed.).Advance in Experimental Social Psychology. New York: Academic Press, 1979: 85-128.

[3] Snyder, M.. Public Appearances/Private Realities: The Psychology of Self-monitoring[M]. New York: Freeman, 1987:59-84.

[4] Kilduff, M, Day, D. V.. Do Chameleons Get Ahead? The Effects of Self-monitoring on Managerial Careers[J]. Academy of Management Journal, 1994, 37(4): 1047-1060.

[5] Day, D. V, Schleicher, D. J, Unckless, A. L.etc.. Self-monitoring Personality at Work: A Meta-analytic Investigation of Construct Validity[J]. Journal of Applied Psychology, 2002, 87(2), 390-401.

[6] Abraham, R.. Emotional Dissonance in Organizations: Antecedents, Consequences, and Moderators[J]. Genetic, Social, and General Psychology Monographs, 1998, 124(2): 229-246.

[7] Schnake, M.E.. Organizational Citizenship: A Review, Proposed Model, and Research Agenda[J]. Human Relations, 1991, 44(7): 735-759.

[8] Spiro, Weitz.. Adaptive Selling: Conceptualization, Measurement, and Nomological Validity[J]. Journal of Marketing Research, 1990, 27(1): 61-69.

[9] Goolsby, J. R, Ramsey, R. R, Boorom, M. L.. Psychological Adaptiveness and Sales Performance[J]. Journal of Personal Selling and Sales Management, 1992, 12(2): 51-66.

[10] Deeter-Schmelz, D.R., Rosemary, P.R.. A Psychometric Assessment of the Lennox and Wolfe Self-monitoring Scale in the Sales Force[J]. Industrial Marketing Management, 2010, 39(7):1162-1169.

为主的护士工作中,男性的自我监控对工作绩效有显著正向影响[1]。Zaccaro et.al(1991年)、Kilduff 和 Day(1994年)在其研究中都支持了自我监控与内部晋升等绩效之间的显著关系[2][3]。Deeter-Schmelz 和 Sojka(2007年)也对自我监控和绩效之间的正向关系提供了证据[4]。在我国学者中,于文华和喻平(2011年)、连榕和罗丽芳(2003年)均证实了自我监控与学业成绩显著相关[5][6]。杨林波(2013年)证实了自我监控作为一种人格特质,对工作绩效具有显著正向影响[7]。但同时,Neumann et al.(1998年)[8]、胡竹菁和徐淑媛(2001年)[9]却发现二者之间存在负向关系。

另外,有些学者尝试通过探究影响自我监控和工作绩效之间关系的其他变量来揭示关系机制。已有研究证明自我监控与工作绩效关系会受一些变量的调节影响,诸如任期[10]、性别[11]、个体在网络中的位置[12]、合作网络特

---

[1] Anderson, L. R., McLenigan, M.. Sex Differences in the Relationship between Self-monitoring and Leader Behavior[J]. Small Group Behavior, 1987, 18(2): 147-167.

[2] Zaccaro, Foti.. Self-monitoring and Trait-based Variance in Leadership: An Investigation of Leader Flexibility across Multiple Group Situations[J]. Journal of Applied Psychology, 1991, 76(2): 308-315.

[3] Kilduff, M, Day. D.. Do Chameleons Get Ahead? The Effects of Self-monitoring on Managerial Careers[J]. Academy of Management Journal, 1994, 37(4): 1047-1060.

[4] Deeter-Schmelz, D. R, Sojka, J. Z.. Personality Traits and Sales Performance: Exploring Differential Effects of Need for Cognition and Self-monitoring[J]. Journal of Marketing Theory & Practice, 2007, 15(2): 145-157.

[5] 于文华,喻平.个体自我监控能力、思维品质与数学学业成绩的关系研究[J].心理科学,2011,34(1):141-144.

[6] 连蓉,罗丽芳.学业成就中等生和优良生的成就目标、自我监控与学业成绩关系的比较研究[J].心理科学,2003,26(6):1043-1046.

[7] 杨林波.人格特质与员工绩效间关系研究[D].新疆:石河子大学硕士学位论文,2013.

[8] Neumann, Avidan, U. L, Nancy P. H. C.. Viral Dynamics in Vivo and the Antiviral Efficacy of Interferon Therapy[J]. Science, 1998, 282(5386): 103-107.

[9] 胡竹菁,徐淑媛.影响大学生自我监控能力的情境因素的实验研究[J].心理学探新,2001,21(4):35-39.

[10] Caldwell. D. F, O'Reilly, III.. Responses to Failure: The Effects of Choice and Responsibility on Impression Management[J]. The Academy of Management Journal, 1982, 25(1): 121-136.

[11] Goolsby, J. R, Ramsey, R. R, Boorom, M. L.. Psychological Adaptiveness and Sales Performance[J]. Journal of Personal Selling and Sales Management, 1992, 12(2): 51-66.

[12] Mehra, A, Martin, K, Brass, D. J.. The Social Networks of High and Low Self-monitors: Implications for Workplace Performance[J]. Administrative Science Quarterly, 2001, 46(1): 121-146.

性[①]等。此外，有学者探讨了自我监控与工作绩效关系的中介变量。比如，Dubinsky 和 Hartley（1986年）研究发现，自我监控可通过角色模糊和角色冲突来影响工作绩效[②]。秦源（2010年）[③]、唐静（2012年）[④]发现，组织政治知觉部分中介了自我监控和团队绩效的关系。Neuman et al.（1998年）证实，个体的社交欲望和社交行为可以中介自我监控对工作绩效的影响[⑤]。而赵冬阳（2011年）考察了自我中心网络规模、网络密度等变量的中介作用，发现销售员的自我监控与绩效呈现U形关系[⑥]。

（2）自我监控作为调节或中介变量

在关注自我监控与绩效之间关系的同时，也有研究者将自我监控作为人格特质因素与工作绩效关系的调节变量和中介变量展开研究。Barrick et al.（2005年）发现，大五人格特质中的外向性、开放性以及神经质三个特质与绩效之间的关系受到自我监控的调节影响[⑦]。而刘霞（2003年）的研究则表明，自我监控策略部分中介了成就动机对绩效的影响，完全中介了成就目标和成就动机之间的关系[⑧]。

四、自我监控理论评述

社会认知理论认为，自我监控是由个人、环境和行为三者间的相互作用共同

[①] 张华,郎淳刚. 自我监控、知识创新与合作网络的协同演化研究[J].科技管理研究,34(8):153-157.

[②] Dubinsky, A. J, Hartley, S. W.. A Path-analytic Study of a Model of Salesperson Performance[J]. Journal of the Academy of Marketing Science, 1986, 14(1): 36-46.

[③] 秦源. 自我监控和组织政治知觉对工作满意度以及绩效影响的研究[D].上海:复旦大学硕士学位论文,2010.

[④] 唐静. 自我监控对团队绩效的影响机制研究[D].成都:西南交通大学硕士学位论文,2012.

[⑤] Neumann, Avidan, U. L, Nancy P. H. C.. Viral Dynamics in Vivo and the Antiviral Efficacy of Interferon Therapy[J]. Science, 1998, 282(5386): 103-107.

[⑥] 赵冬阳. 自我监控人格对销售绩效的影响研究[D].成都:西南财经大学博士学位论文,2011.

[⑦] Barrick, M.R, Parks, L, Mount, M.K.. Self-monitoring As a Moderator of the Relationships between Personality Traits and Performance[J]. Personnel Psychology, 2005, 58(3): 745-767.

[⑧] 刘霞. 成就目标定向、成就动机、自我监控策略与绩效的关系研究[D].西安:陕西师范大学硕士学位论文,2003.

决定的[1]，且个体自我效能决定着个体行为的动机水平和行为目标的变化[2]。人格社会学领域认为，自我监控在本质上是一种相对稳定的人格特质，代表个体对情境的敏感性和个体行为的适应性[3]。在组织中，不同人的自我呈现意愿和监控能力存在较大差异[4][5]，导致在行为掌控、动机转换方面存在较大的不同，由此产生了工作结果上的差异[4][5]。可见，自我监控反映的是组织成员对待环境的态度和认识，以及对自身行为和行为结果的控制、调节过程，可以作为组织行为的预测指标，即自我监控水平的差异会引起绩效的差异。

但关于自我监控和绩效之间的确切关系，既有研究未达一致。有些研究认为自我监控和绩效之间存在正向关系；但有些研究结果却支持自我监控对绩效的消极影响。关于二者之间的负向关系，学术界目前主要有两种解释逻辑：其一，虽然高自我监控者会通过印象管理来实现自己的绩效目标，但印象管理的长期使用会引发信任危机，从而影响绩效[6]；其二，高自我监控者把主要精力集中在情境观察和自我调整上，不能专注于本职工作，所以绩效结果会受影响[7]。

鉴于自我监控与工作绩效之间关系的不确定性，学术界越来越倾向于将自我监控作为工作绩效的调节性变量，而非直接前因，并开始关注二者之间的曲线关系而非仅限于线性关系假设。

---

[1] Zimmerman, B.J.. A Social Cognitive View of Self-regulated Academic Learning[J]. Journal of Educational Psychology, 1989, 81(3), 329-339.

[2] Meece, J. L, Blumenfeld, P. C, Hoyle, R. H.. Students' Goal Orientation and Cognitive Engagement in Class Room Activities[J]. Journal of Educational Psychology, 1988, 80(4), 514-623.

[3] Lennox, R.D, Wolfe, R.N.. Revision of the Self-monitoring Scale[J]. Journal of Personality and Social Psychology, 1984, 46(6): 1349-1364.

[4] Snyder, M.. Self-monitoring of Expressive Behavior[J]. Journal of Personality and Social Psychology, 1974, 30(4): 526-537.

[5] Snyder, M.. Self- monitoring Processes. In: Berkowitz L (Ed.).Advance in Experimental Social Psychology. New York: Academic Press, 1979: 85-128.

[6] Neumann, Avidan, U. L, Nancy P. H. C.. Viral Dynamics in Vivo and the Antiviral Efficacy of Interferon Therapy[J]. Science, 1998, 282(5386): 103-107.

[7] 胡竹菁,徐淑媛.影响大学生自我监控能力的情境因素的实验研究[J].心理学探新,2001,21(4):35-39.

第四节 工作自主性相关研究

一、工作自主性的概念演进

行为自主作为人的一个基本需要,自主性(autonomy)问题长期以来都是哲学、政治学、伦理学、心理学等研究领域的重要议题[①]。受这些学科视角和理论的影响,工作自主性(job autonomy)在管理学领域研究的展开缘起于对泰勒制严格分工体系阻碍了员工工作积极性、主动性及创造力发挥等弊端的反思,属于突破束缚员工行为的工作设计研究范畴,旨在避免单调重复工作所导致的员工满意度、绩效低下等消极态度和行为。

1. 工作自主性概念演进

工作自主性概念发展于工作控制(job control)研究,体现的是人对环境的控制能力及控制程度。与工作控制相关的几个概念是工作自主性概念的雏形。其中,自我控制(self-control)与"行为控制"(action control)等效,描述的是个体根据价值观和社会期望来调节自身行为的能力。自我控制力高的人往往能够抑制冲动、抵制诱惑、制订并完成行为计划[②]。自我调节(self-regulation)概念揭示了个体根据不同时间和环境调整目标定向的内在处理机制,这意味着个体具备调节自身观念、情感、注意力及行为的特定机制和支持性元技能[③]。自我监控(self-monitoring)概念则阐述了个人在没有外在指导或监督的情形下,保持某种行为以达到某一特定目的的过程。它实际代表了人的一种认知,高自我监控者往往更容易将目标视为一种机会而不是威胁,并借此调整自己的行

---

① 王益富,秦启文,张建人.生产型企业的工作自主性:概念、测量与相关研究[J].心理科学进展,2012,20(7):1062-1067.

② Koop, C.B.. Antecedents of Self-regulation: A development Perspective[J]. Development Psychology, 1982, 18(2):199-241.

③ Paul, Karoy.. Mechanisms of Self-regulation: A System View[J]. Annual Review Psychology, 1993, 44:23-52.

为[1]。这一概念在人格特质领域研究中大量出现，反映了个人认知性能力的差异。

以上三个与工作控制相关的概念揭示了个体行为调节的能力、条件及认知构面，成为自主性概念的基础。而工作自主性是自主性研究的一个分支领域，国外学者于20世纪60年代开始对其进行系统研究。但工作自主性概念的形成及确认是在20世纪70年代[2]，分属工作特征概念子集。尽管Turner和Lawrence（1965年）最早对工作特征展开研究，但当时并未将工作自主性作为一个独立概念而加以重视[3]。直到1975年Hackman和Oldham提出了著名的工作特征模型（job characteristic model，JCM），才将工作自主视为一个独立的工作特征维度，这一概念才真正形成。

2. 工作自主性概念界定

关于工作自主性，不同学者基于不同视角给出了不同界定。归纳起来，主要有如下两种。

（1）基于权力视角的界定

早期对工作自主性展开研究的学者基本都是从员工在工作中所具备的权力大小的角度来界定自主性的。对工作自主性进行开创性研究的学者Turner和Lawrence（1965年）将其定义为"工人在任务执行过程中的自决程度"[4]。在此基础上，Hackman和Lawler（1971年）在所提出的工作特性理论（Theory of Job Characteristic）中指出：真正影响员工态度和行为的，并非客观工作性质，而是

---

[1] Andeson, J.R.. The Role of Hope in Appraisal, Social-setting, Expectancy and Coping. In Darid, F.et.al. (Eds). Social Cognitive Psychology Plenum press, New York, 1997.

[2] Joo, B.B., Jeung, C., Yoon, H.J.. Investigating the Influences of Core Self-Evaluations, Job Autonomy, and Intrinsic Motivation on In-Role Job Performance[J]. Human Resource Development Quarterly, 2010, 21(4): 353-371.

[3] 王益富,秦启文,张建人.生产型企业的工作自主性:概念、测量与相关研究[J].心理科学进展,2012,20(7): 1062-1067.

[4] Turner, A.N., Lawrence, P.R. Industrial Jobs and the Worker[M]. Boston: Harvard Graduate School of Business Administration, 1965.

主观工作体验[1]，并根据Turner和Lawrence（1965年）的"任务属性"（task attributes）发展出六个工作描述构面：多样性（variety）、自主性（autonomy）、工作一致性（task identity）、回馈性（feedback）、合作性（dealing with other）及友谊性（friendship opportunities）。其中，前四项为工作特性的核心维度，当员工知觉到工作具有多样性、自主性、完整性和回馈性时，他们会有更好的工作表现及更高的满意度。继而，Hackman和Oldham（1975年）对此进行了精简并加以系统化，提出了工作特征模型（如图2.3所示）。这两位研究者再次将工作自主性作为一个核心维度，并连同其他工作特性一起对其内涵进行更深入的分析[2]。他们认为技能多样性（skill variety）、工作自主性（task autonomy）、工作一致性（task identity）、工作回馈性（feedback）、工作重要性（task significance）这五项工作特征构面，会激发员工三种心理状态，并由此影响个人的行为及工作表现，最后形成四种工作结果，整个过程受到员工成长需求强度的影响。通过JCM作用机制的揭示，作为JCM维度之一的工作自主性概念内涵、作用过程也得以明晰。在JCM中，Hackman和Oldham（1975年）将工作自主性定义为：在工作执行过程中，员工所享有的自主权程度[2]，也即反映了员工在任务完成过程中的自由、独立和自决程度[3]。这一定义实际揭示出员工在工作中所具备的工作控制权的大小以及某种工作行为表现机会的多少。后来有学者将工作自主作为心理授权的维度之一，被视为一种内在工作动机[4]，在工作自主性的权力性内涵与动机性内涵之间搭建了一座桥梁。于是，便有一批研究者从激励视角来揭示工作自主性的概念及作用逻辑。

---

[1] Hackman, J. R., Lawler, E. E.. Employee Reactions to Job Characteristics[J]. Journal of Applied Psychology, 1971,55(3):259-286.

[2] Hackman, J. R., Oldham, G. R.. Development of the Job Diagnostic Survey[J]. Journal of Applied Psychology, 1975,60(2):159-170.

[3] Hackman, J. R., Oldham, G. R.. Motivation through the Design of Work: Test of a Theory[J]. Organizational Behavior and Human Performance, 1976, 16(2), 250-279.

[4] Thomas, K.W., Velthouse, B.A. Cognitive Elements of Empowerment: An Interpretive Model of Intrinsic Task Motivation[J]. The Academy of Management Review, 1990, 15(4): 666-681.

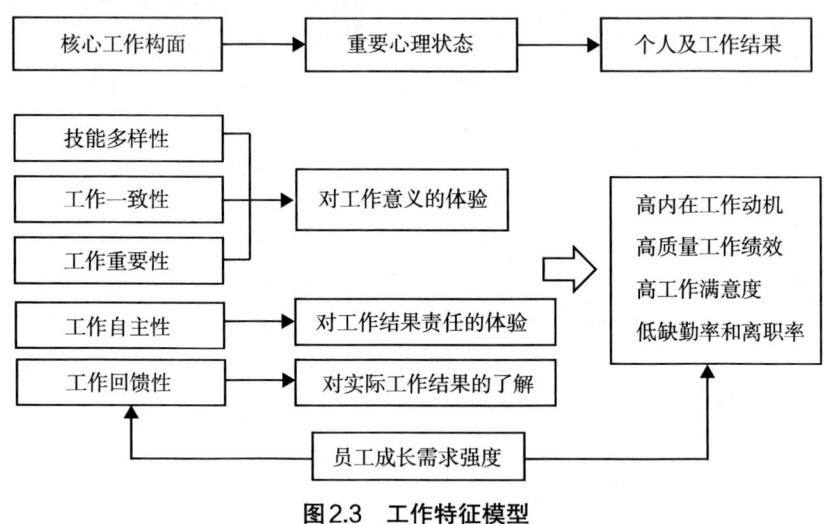

图 2.3 工作特征模型

资料来源：Hackman, J. R., Oldham, G. R.. Development of the Job Diagnostic Survey. Journal of Applied Psychology, 1975, 60（2）: 160。

（2）基于激励视角的界定

不同于权力视角的定义，一些学者认为工作自主性不仅代表着员工在工作中所具备的自主控制权和决定权的大小，还是一种地位高低的表现，是基于信任与工作能力的奖励[1][2]。工作自主性是对"个体在什么时候会承担更多角色"问题的一个回应，反映了工作情境的强弱。在高自主性环境下（弱情境），个体行为具有高自由裁量权，能够自己决定如何完成工作，包括时间、方式、程序等决策，反之则受到严密监控、机器进度（machine-driven pacing）及烦琐规程的约束[3]。所以，员工在自主工作中的动机强于严格规制的工作中[4]，也更有条件将更多工

---

[1] Katz, D., Kahn, R.L.. The Social Psychology of Organizations (2nd Ed.)[M]. New York: Wiley, 1978.

[2] Payne, R. L., Pugh, D. S.. Organizational structure and climate. In M. 1. Dunnette (Ed.), Handbook of Industrial and Organizational Psychology. Chicago: Rand McNally, 1976.

[3] Fuller, J.B., Hester, K., Cox, S.S.. Proactive Personality and Job Performance: Exploring Job Autonomy as A Moderator[J]. Journal of Managerial Issues, 2010, 22(1): 35-51.

[4] Hackman, J.R., Oldham, G.R.. Development of the job diagnostic survey[J]. Journal of Applied Psychology, 1975, 60(2): 159-170.

作整合到自己的角色中[1]。从这一角度来看,工作自主性不仅是对组织控制系统的挣脱,同时还可以作为一种激励手段。

二、工作自主性的结构与测量

尽管学术界已经对工作自主性展开大量研究,但是关于其概念结构仍未达共识,形成了从单维到多维的观点,并由此产生了多种测量工具。

1. 单维结构

工作自主性早期的研究学者大多都将其视为一个单维结构。Hackman 和 Lawler(1971年)在所提出的工作特性理论中就将工作自主性作为一个独立维度,并基于 Turner 和 Lawrence(1965年)提出的工作特性指数(requisite task attributes index, rta)修订而成工作特性量表(job characteristic scale, JCS)[2]。Hackman 和 Oldham(1975年)的工作特征模型中也将工作自主性视为一个整体,涵盖了行动的自由性与独立性两个方面[3]。他们在 Turner 和 Lawrence(1965年)、Hackman 和 Lawler(1971年)研究的基础上开发出了工作诊断量表(job diagnostic survey, JDS)。该量表具有 JDS 长版本、JDS 短版本和工作评价量表三个版本,而其中 JDS 短版本理论架构最严谨,应用最广泛。Sims et al.(1976年)同样也将工作自主性作为一个单维结构概念,在参考 Hackman 和 Lawler(1971年)的 JCS 基础上,发展成了一个包括六个构面的工作特性量表(job characteristic inventory, JCI),其中也是将工作自主性作为一个整体,用独立性指标来衡量[4]。相比较而言,在单维模型中,Quinn 和 Staines(1979年)对工作自主性的界定更

---

[1] Morgeson, F.P., Delaney-Klinger, K., Hemingway, M.A.. The Importance of Job Autonomy, Cognitive Ability, and Job-Related Skill for Predicting Role Breadth and Job Performance[J]. Journal of Applied Psychology, 2005, 90(2): 399-406.

[2] Hackman, J. R., Lawler, E.E.. Employee Reactions to Job Characteristics[J]. Journal of Applied Psychology, 1971, 55(3): 259-286.

[3] Hackman, J.R., Oldham, G.R.. Development of the job diagnostic survey[J]. Journal of Applied Psychology, 1975, 60(2): 159-170.

[4] Sims, H.R., Andrew, S., Keller, Robert, K.. The Measurement of Job Characteristics[J]. Academy of Management, 1976, 26(2): 195-212.

为全面,认为工作自主性实际包含了员工在工作中关于做什么、如何做、何时做、与谁一起做以及与工作相关的发言权等内容,由此设计七个题项予以测量①。该量表在 Kirmeyer 和 Shirom（1976 年）②的研究中得到应用;其后,Thompson 和 Prottas（2005 年）③在研究中使用了此量表的简化版,选取其中 4 个题项来测量工作自主性,进一步证明了该量表的信度和效度。

2. 三维结构

随着单维结构模型对工作自主性内涵探讨的深入和丰富,并且 JDS 和 JCI 量表的信度和效度不断受到研究者质疑④⑤,一些学者认为工作自主性应该是一个多维概念⑥⑦。Breaugh（1985 年）在对相关研究进行系统总结之后,提出了工作自主性的三维结构模型及相应测量工具⑧。他认为工作自主性包括：方法自主（method autonomy）、安排自主（scheduling autonomy）和标准自主（criteria autonomy）,并由此开发出了工作自主性量表（work autonomy scale, WAS）⑧。Breaugh 和 Becker（1987 年）⑨、Breaugh（1989 年）⑩、Breaugh（1999 年）⑪的研

---

① Quinn, R.P., Staines, G.L. The 1977 Quality of Employment Survey: Descriptive Statistics with Comparison Data from the 1969-70 and 1972-73 Surveys[M]. Ann Arbor, Mich.: Institute for Social Research, 1979.

② Kirmeyer, S.L., Shirom, A.. Perceived Job Autonomy in the Manufacturing Sector: Effects of Unions, Gender, and Substantive Complexity[J]. Academy of Management Journal, 1986. 29(4): 832-840.

③ Thompson, C.A., Prottas, D.J. Relationships among Organizational Family Support, Job Autonomy, Perceived Control, and Employee Well-Being[J]. Journal of Occupational Health Psychology, 2005, 10(4): 100-118.

④ Aldog, R. J., Barr, S. H., Brief, A. P.. Measurement of Perceived Task Characteristics[J]. Psychological Bulletin, 1981, 90(3): 415-431.

⑤ Roberts, K. H., Glick, W.. The Job Characteristics Approach to Task Design: A Critical Review[J]. Journal of Applied Psychology, 1981, 66(2): 193-217.

⑥ Nicholson, N.. A Theory of Work Role Transitions[J]. Administrative Science Quarterly, 1984, 29, 172-191.

⑦ Bailyn, L.. Autonomy in the Industrial R&D Lab[J]. Human Resource Management, 1985, 24, 129-146.

⑧ Breaugh, J. A.. The Measurement of Work Autonomy[J]. Human Relations, 1985, 38, 551-570.

⑨ Breaugh, J. A., Becker, A. S.. Further Examination of the Work Autonomy Scales: Three Studies[J]. Human Relations, 1987, 40(6): 381-400.

⑩ Breaugh, J. A.. The Work Autonomy Scales: Additional Validity Evidence[J]. Human Relations, 1989, 42: 1033-1056.

⑪ Breaugh, J.A.. Further Investigation of the Work Autonomy Scales: Two Studies[J]. Journal of Business and Psychology, 1999, 13(3): 357-373.

究证实了三维结构以及WAS量表的信度和效度。

3. 高阶因子结构模型

工作自主性的单维和三维结构是应用最广泛的两个概念模型。除此之后，还有学者提出了其他多维结构模型。比如我国学者罗渝川（2003年）基于本土研究发现工作自主性由九个一阶因子构成：工作方法、环境控制、实际监控、行为控制、责任心、情绪策略、目标定位、兴趣和自我效能感，这九个一阶因子共同反映了两个二阶因子：外显行为和心理过程[1]，并开发了相应测量工具。这一研究结果在国内研究中得到了一定应用[2][3]。

尽管多维结构模型在一定程度上弥补了单维结构模型的局限性，但总的来说，大多数学者在研究中更倾向于将其视为一个整体概念，采取单维结构来定义和测量。

三、工作自主性与工作绩效之间的关系

随着工作自主性概念及测量研究的不断成熟与发展，关于其前因及结果的实证研究也相应出现。虽然一些研究者围绕哪些因素会提高员工的工作自主性展开了系列研究，并得出了性别、年龄、资历、学历等人口学特征变量；领导风格、上下级关系等领导力相关变量；行业、规模、国别等组织环境特征变量对工作自主性有显著影响[2][4]。但是，理论界和实践界更关心的是作为一种对泰勒制分工体系反思而提出的工作设计理论的实际效果。所以，关于工作自主性所产生的影响得到更多关注，尤其与工作绩效的关系成为该领域的研究重点。

工作特性概念最早起源于科学管理原理下的工作设计四原则：工作的专业化、系统化、简单化、标准化[5]，说明工作设计能够对员工态度和行为表现产生

---

[1] 罗渝川.企业员工工作自主性的探索性研究[D].重庆:西南师范大学硕士学位论文,2003.
[2] 于茂双.企业中层管理人员工作自主性及其与工作绩效关系研究[D].济南:山东大学硕士学位论文,2009.
[3] 高超.知识型员工工作自主性与心理授权的相关性研究[D].开封:河南大学硕士学位论文,2007.
[4] 彭钊琪.服务型领导与组织公民行为的关系:中介效应与调节效应[D].杭州:浙江理工大学硕士学位论文,2013.
[5] 王东波.基于工作特性模型的先进制造技术实施效果实证研究[D].大连:大连理工大学硕士学位论文,2007.

影响。但人际关系学派的研究成果对泰勒式工作设计的实际效果产生了质疑。在这种背景下，Hackman和Oldham（1975年，1980年）提出JCM的初衷在于，通过改善工作设计来激励员工达到更好的工作结果[1][2]。作为JCM中的特征之一，工作自主性代表工作所允许的员工在完成任务过程中的自由裁量、自由、独立程度[1][3]。具有高工作自主性的员工能够自己决定如何完成工作，包括时间、方式、程序及任务等自主决策[1][4]。于是，Hackman和Oldham（1980年）认为，由于工作自主性是如何设计一项工作来激励员工的一个重要因素，员工在自主设计的工作环境中的动机强于严格规制的工作环境中[1]。这一逻辑关系的深层次机理在于：动机是员工对任务本身的积极回应[5]，而内隐动机的一个重要组成部分就是自我决定（self-determination）[6]。因此，工作自主性作为工作自我决定程度的一种反映，本身就具有激励功能。而动机与员工绩效行为的逻辑关联又在于：具有内隐动机的个体对工作抱有巨大热情、充满好奇、愿意冒险、不畏困难、不走寻常路，并会加速其认知进程，有助于将心中的想法更快地转化成现实的行动[7][8]。显然，被赋予了更高自主权的员工就会在工作中体验到更高的灵活性和掌控力，自主决定如何分配工作时间、精力、资源而不受外部制约，增加工作效能

---

[1] Hackman, J. R., Oldham, G. R.. Development of the Job Diagnostic Survey[J]. Journal of Applied Psychology, 1975, 60(2):159-170.

[2] Hackman, J. R., Oldham, G. R. Work Redesign[M]. Reading, MA: Addison Wesley, 1980.

[3] Oldham, G. R., Cummings, A. Employee Creativity: Personal and Contextual Factors at Work[J]. Academy of Management Journal, 1996, 39(3):607-634.

[4] Parker, S. K., Axtell, C. M., Turner, N.. Designing a Safer Workplace: Importance of Job Autonomy, Communication Quality, and Supportive Supervisors[J]. Journal of Occupational Health Psychology, 2001, 6(3): 211-228.

[5] Amabile, T. M.. Creativity in Context: Update to the Social Psychology of Creativity[M]. Boulder, CO: Westview Press, 1996.

[6] Deci, E. L., Ryan, R. M.. Intrinsic Motivation and Self-Determination in Human Behavior[M]. New York, NY: Plenum Press, 1985.

[7] 王端旭,洪雁. 领导支持行为促进员工创造力的机理研究[J]. 南开管理评论,2010,13(4):109-114.

[8] Mumford, M.D., Gustafson, S.B.. Creativity Syndrome: Integration, Application, and Innovation[J]. Psychological Bulletin, 1988, 103(1): 27-43.

感和胜任力[1]，获得内隐动机，因而会体验到更高的工作满意度和绩效水平。这在与创造力的关系中体现得尤为明显。有学者认为工作设计对员工创造力存在重要影响[2]，因为自主性的工作设计促进了工作任务的多维、交叉组合[3]，员工则被赋予更多获得新资源、新技能、新知识的机会[4]，就有更多机会获得多样化认知及另类思维[3][5]，在内隐动机的作用下，就更敢于承担冒险性的创新工作，进而更能应对变革、激发创造力[3][6][7]。

为此，在理论上，工作自主性被广泛视为员工动机和创造性工作绩效的一个有效影响因素[2][8][9]。根据Hackman和Oldham（1975年，1980年）关于工作自主性和工作绩效之间关系的分析，很多研究者开始了对二者关系的实证考察。这类研究总体可归纳为将工作自主性作为前因变量和调节变量的两类。

1. 工作自主性作为前因变量的关系研究

在将工作自主性作为员工绩效的前因变量研究中，不管是将其作为直接前因还是

---

[1] Axtell, C. M., Parker, S.K.. Promoting Role Breadth Self-Efficacy through Involvement, Work Redesign and Training[J]. Human Relations, 2003, 56(1):113-131.

[2] West, M., Farr, J.. Innovation at Work. In West, M., Farr, J.(Eds.), Innovation and Creativity at Work: Psycholo- gical and Organizational Strategies[M]. New York, NY: Wiley, 1990: 3-13.

[3] Oldham, G. R., Cummings, A. Employee Creativity: Personal and Contextual Factors at Work[J]. Academy of Management Journal, 1996, 39(3):607-634.

[4] Parker, S.K.. Enhancing Role Breadth Self-Efficacy: The Roles of Job Enrichment and Other Organizational Interventions[J]. Journal of Applied Psychology, 1998, 83(6): 835-852.

[5] Amabile, T. M.. A Model of Creativity and Innovation in Organizations. In B. M. Staw, L. L. Cummings (Eds.), Research in organizational behavior (Vol. 10:123-168). Greenwich,CT: JAI, 1988.

[6] Cunningham, C.E., Woodward, C.A., Shannon, H.S., et al.. Readiness for Organizational Change: A Longitudinal Study of Workplace, Psychological and Behavioural Correlates[J]. Journal of Occupational and Organizational Psychology, 2002, 75(4): 377-392.

[7] Utman, C.H.. Performance Effects of Motivational State: A Meta-analysis[J]. Personality and Social Psychology Review, 1997, 1(2): 170-182.

[8] Hackman, J. R., Oldham, G. R.. Development of the Job Diagnostic Survey[J]. Journal of Applied Psychology, 1975, 60(2):159-170.

[9] Shalley, C. E., Zhou, J., Oldham, G. R.. The Effects of Personal and Contextual Characteristics on Creativity: Where Should We Go from Here?[J]. Journal of Management, 2004, 30(6): 933-958.

同时考虑了其他中间变量,都被证明其可对工作绩效相关变量产生显著影响[1]。

Spector(1986年)[2]、Fried和Ferris(1987年)[3]、Taber和Taylor(1990年)[4]的元分析表明,工作自主性可以显著降低旷工率和情感应激,提高满意度、营业额及员工绩效。Dodd和Ganster(1996年)[5]、Eisenberger et al.(1989年)[6]、Tyagi(1985年)[7]等学者都证明了工作自主性与工作绩效之间的强关系。Hatcher et al.(1989年)在一项综合研究中表明,工作自主性与组织中员工提交新建议的数量之间呈显著正相关[8]。Oldham和Cummings(1996年)[9]、王端旭和赵轶(2011年)[10]、李悦(2013年)[11]的研究也支持了工作自主性与员工创造性绩效之间的显著正向关系。厉明(2013年)则发现,组织创新氛围是通过工作自主性对员工创新行为产生影响[12]。Zurmehly(2008年)证实工作自主性能提高满

---

[1] 王益富,秦启文,张建人.生产型企业的工作自主性:概念、测量与相关研究[J].心理科学进展,2012,20(7):1062-1067.

[2] Spector, P.E.. Perceived Control by Employees: A Meta-analysis of Studies Concerning Autonomy and Participation at Work[J]. Human Relations, 1986, 39(11): 1005-1016.

[3] Fried, Y., Ferris, G.R.. The Validity of the Job Characteristics Model: A Review and Meta-analysis[J]. Personnel Psychology, 1987, 40(2): 287-322.

[4] Taber, T.D., Taylor, E.. A Review and Evaluation of the Psychometric Properties of the Job Diagnostic Survey [J]. Personnel Psychology, 1990, 40(3): 476-500.

[5] Dodd, N.G., Ganster, G.C.. The Interactive Effects of Variety, Autonomy, and Feedback on Attitudes and Performance[J]. Journal of Organizational Behavior, 1996, 17(4): 329-347.

[6] Eisenberger, R., Rhoades, L., Cameron, J.. Does Pay for Performance Increase or Decrease Perceived Self-Determination and Intrinsic Motivation?[J]. Journal of Personality and Social Psychology, 1999, 77(5): 1026-1040.

[7] Tyagi, P. K.. Relative Importance of Key Job Dimensions and Leadership Behaviors in Motivating Salesperson Work Performance[J]. Journal of Marketing, 1985, 49(3): 76-86.

[8] Hatcher, L., Ross, T. L., Collins, D.. Prosocial Behavior, Job Complexity, and Suggestion Contribution Under Gain Sharing Plans[J]. Journal of Applied Behavioral Science, 1989, 25(3): 231-248.

[9] Oldham, G. R., Cummings, A. Employee Creativity: Personal and Contextual Factors at Work[J]. Academy of Management Journal, 1996, 39(3):607-634.

[10] 王端旭,赵轶.工作自主性、技能多样性与员工创造力:基于个性特征的调节效应模型[J].商业经济与管理,2011,240(10):43-50.

[11] 李悦.创造性角色期望的影响机制及其对创造性的影响效应研究[J].科技管理研究,2013(10):214-218.

[12] 厉明.组织创新氛围对员工创新行为的影响机制研究[J].暨南学报,2013,172(5):62-70.

意度[①], 为自主性工作设计能够改善科学管理原理下的劳动异化问题提供了证据。

除了直接考察工作自主性与工作绩效之间的关系外, 还有些学者进一步分析了二者关系的中间机制。Fried et al. (1999年)[②]、Troyer et al. (2000年)[③]在研究中指出, 工作自主性之所以会带来高绩效, 是因为具有高自主性的员工在工作执行过程中被赋予更大的灵活性。Parker et al. (1997年)[④]、Parker (1998年)[⑤]等的研究从角色宽度视角进一步揭示了这一过程的机理。高自主性使得员工可以自由决定如何完成工作, 所以在界定其角色时具有更大的弹性[②③]。这样, 他们不仅增加了工作中的所有权, 也会将角色范围界定得更为宽泛, 以此刺激自己去学习新知识、掌握新技能、尝试新任务。高自主性会增加问题的所有权, 而且会将更大范围的技能和知识视为角色的重要因素。所以, 当被赋予自主性时, 个体则会体验到一种内在激励[⑥⑦], 就可能会将更多任务视为己任, 并努力完成。而Morgeson et al. (2005年) 的研究则恰好证实工作自主性的确可以增加角色宽度从而提高工作绩效[⑧]。Joo et al. (2010年) 通过韩国《财富》100强企业数据发现, 工作自主性是通

[①] Zurmehly, J.. The Relationship of Educational Preparation, Autonomy, and Critical Thinking to Nursing Job Satisfaction[J]. The Journal of Continuing Education in Nursing, 2008, 39(10): 453-460.

[②] Fried, Y., Hollenbeck, J.R., Slowik, L.H., et al.. Changes in Job Decision Latitude: The Influence of Personality and Interpersonal Satisfaction[J]. Journal of Vocational Behavior, 1999, 54(2): 233-243.

[③] Troyer, L., Mueller, C. W., Osinsky, P. I.. Who's the Boss? A Role-Theoretic Analysis of Customer Work[J]. Work and Occupations, 2000, 27(3): 406-427.

[④] Parker, S.K., Wall, T.R., Jackson, P. R.. "That's Not My Job." Developing Flexible Employee Work Orientations[J]. Academy of Management Journal, 1997, 40(4): 899-929.

[⑤] Parker, S.K.. Enhancing Role Breadth Self-Efficacy: The Roles of Job Enrichment and Other Organizational Interventions[J]. Journal of Applied Psychology, 1998, 83(6): 835-852.

[⑥] Fried, Y., Ferris, G.R.. The Validity of the Job Characteristics Model: A Review and Meta-analysis[J]. Personnel Psychology, 1987, 40(2): 287-322.

[⑦] Morgeson, F.P., Campion, M. A.. Work Design. In W. C. Borman, D. R. Ilgen, R. J. Klimoski (Eds.), HandBook of Psychology: Industrial and Organizational Psychology, 2003, 10: 423-452. Hoboken, NJ: Wiley.

[⑧] Morgeson, F.P., Delaney-Klinger, K., Hemingway, M.A.. The Importance of Job Autonomy, Cognitive Ability, and Job-Related Skill for Predicting Role Breadth and Job Performance[J]. Journal of applied psychology, 2005, 90(2): 399-406.

过内隐动机提高角色内绩效，直接支持了 Hackman 和 Oldham（1975年，1980年）的分析，也间接支持了 Parker et al.（1997年）、Parker（1998年）的论述[①]。

此外，鉴于个体的心理状态及工作绩效是特定的人格特征（内在因素）和工作条件（外在因素）的函数[②]，还有一些研究者将工作自主性与其他因素结合在一起来考察对工作绩效的影响。比如，Anders 和 Bard（2011）证实了工作自主性对工作绩效的影响受到内在动机的调节[③]。但是，在这一关系验证中，大多数研究者更倾向于将工作自主性作为调节变量来进行探讨。

2. 工作自主性作为调节变量的关系研究

既有研究已经表明，工作绩效是工作自主性和个体差异性变量共同作用的结果[④]，一些研究者则开始将工作自主性作为人格特质因素与工作绩效关系的调节变量展开研究。比如，Lee et al.（1990年）验证了工作自主性在 A 型人格特质与工作绩效之间的调节作用[⑤]，说明如果组织给予支持，赋予员工较大的工作自主权，那么 A 型员工则会有更好的绩效表现；Barrick 和 Mount（1993年）证明了大五人格中，具有责任心、外倾性和宜人性特质的员工在具有高工作自主性情境下会有更好的绩效表现，并论证了具有高工作自主性的员工比自主性较低的员工往往有更高的绩效[⑥]。Lorenzo 和 Giuseppe（2011年）证明了自我监控人格特质与情

[①] Joo, B.B., Jeung, C., Yoon, H.J.. Investigating the Influences of Core Self-evaluations, Job Autonomy, and Intrinsic Motivation on In-role Job Performance[J]. Human Resource Development Quarterly, 2010. 21(4): 353-371.

[②] Kalbers, L.P., Cenker, W. J.. The Impact of Exercised Responsibility, Experience, Autonomy and Role Ambiguity on Job Performance in Public Accounting[J]. Journal of Managerial Issues, 2008, 20(3): 327-347.

[③] Anders, D., Bård, k.. Intrinsic Motivation as a Moderator on the Relationship between Perceived Job Autonomy and Work Performance[J]. European Journal of Work and Organizational Psychology, 2011, 20(3): 367-387.

[④] Fuller, J.B., Hester, K., Cox, S.S.. Proactive Personality and Job Performance: Exploring Job Autonomy as A Moderator[J]. Journal of Managerial Issues, 2010, 22(1): 35-51.

[⑤] Lee, C., Ashford, S.J., Bobko, P.. Interactive Effects of "Type A" Behavior and Perceived Control on Worker Performance, Job Satisfaction, and Somatic Complaints[J]. Academy of Management Journal, 1990, 33(4): 870-881.

[⑥] Barrick, M. R., Mount, M.K.. Autonomy as a Moderator of the Relationships between the Big Five Personality Dimensions and Job Performance[J]. Journal of Applied Psychology, 1993, 78(1): 111-118.

境绩效之间的正向关系受到工作自主性的负向调节。他们发现高自我监控者更可能感觉到高工作自主，但其情境绩效反而低于低自我监控者[1]。Fuller et al.（2010年）发现，工作自主性可以调节主动性人格与工作绩效之间的关系，表明当具有主动性人格的员工在工作中未被赋予足够的自主性时，其工作绩效会受影响[2]。

此外，Steers 和 Spencer（1977年）[3]、Hackman 和 Lawler（1971年）[4]证明了工作自主性可以调节成长需求与工作绩效之间的关系；Kim et al.（2009年）从信息加工过程的视角证明了员工与领导的关系建立（relationship development）和反馈获取（feedback seeking）与任务有效性（task effectiveness）之间的关系受到工作自主性的调节影响。他们发现，相对于工作自主程度较低的员工而言，具有高工作自主性的员工因其在工作中具有更高的自由度、自主裁量权及动力来利用从上司回馈和关系发展中所获得的信息，可以自主决定应该如何选择并将其运用到工作中，从而更有可能改善工作行为或者绩效[5]。

而孙灵希和滕飞（2013年）的研究对于工作自主性在工作绩效影响中的角色作用带来了启示。他们发现，在对科研人员工作投入的影响中，相对于其他工作特征，工作自主性更多地表现为调节变量[6]。随着工作自主性在其他变量与绩效关系之间调节效应的不断被证实，越来越多的学者认同工作自主性更适合作为员工工作绩效的调节变量。

---

[1] Lorenzo, B., Giuseppe, S.. The Paradox of Authentic Selves and Chameleons: Self-monitoring, Perceived Job Autonomy and Contextual Performance[J]. British Journal of Management, 2011, 22(2): 324-339.

[2] Fuller, J.B., Hester, K., Cox, S.S.. Proactive Personality and Job Performance: Exploring Job Autonomy as A Moderator[J]. Journal of Managerial Issues, 2010, 22(1): 35-51.

[3] Steers, R. M., Spencer, D.G.. The Role of Achievement Motivation in Job Design[J]. Journal of Applied Psychology, 1977, 62: 472-479.

[4] Hackman, J. R., Lawler, E.E.. Employee Reactions to Job Characteristics[J]. Journal of Applied Psychology, 1971, 55(3): 259-286.

[5] Kim, T.Y., Cable, D.M., Kim, S.P., Wang, J.. Emotional Competence and Work Performance: The Mediating Effect of Proactivity and the Moderating Effect of Job Autonomy[J]. Journal of Organizational Behavior, 2009, 30(7): 983-1000.

[6] 孙灵希,滕飞.新进科研人员工作特征与工作投入之间关系的纵向研究[J].科技管理研究,2013(23):150-154.

这些研究结论间接支持了在工作设计方面的改善的确如理论预期那样,可以提高满意度、工作绩效,突破泰勒制对人性忽视和绩效制约的局限。但同时,也有研究得出其他结论。Chang和Scott(2002年)在研究中发现工作一致性、反馈性和技能多样性对绩效目标影响显著,但工作自主性的影响不显著[1]。Fried和Ferris(1987年)[2]、Morgeson和Campion(2003年)[3]研究发现,工作自主性对绩效的直接影响微乎其微且结论模棱两可。而Gellatly和Irving(2001年)[4]、George和Jones(1997年)[5]、Morrison(1994年)[6]等学者尽管证明了工作自主性与绩效之间的关系,但却发现由于自主性较低的员工倾向于将精力投入规定的任务要求中,所以他们认为工作自主性与角色外绩效或情境绩效的关系强于角色内绩效。

四、研究评述

根据工作自主性基于权力和动机两种视角的定义可知,其对员工绩效的影响机理主要体现在动机和机会两个方面:第一,自主的工作设计能够提供一种相对理想的工作环境,员工可以在工作本身中受到激励,获得内隐动机[7],从而会增加工作投入;第二,工作自主性会增加角色宽度,提高柔性角色导向,员工会有

---

[1] Chang, P.L., Scott, S.C.. Organizational Changes for Advanced Manufacturing Technology Infusion: An Empirical Study[J]. International Journal of Management, 2002, 19(2): 206-217.

[2] Fried, Y., Ferris, G.R.. The Validity of the Job Characteristics Model: A Review and Meta-analysis[J]. Personnel Psychology, 1987, 40(2): 287-322.

[3] Morgeson, F.P., Campion, M.A.. Work design. In W.C. Borman, D.R. Ilgen, R.J. Klimoski (Eds.), Handbook of psychology: Industrial and organizational psychology, 2003,10: 423-452. Hoboken, NJ: Wiley.

[4] Gellatly, I.R., Irving, P.G.. Personality, Autonomy, and Contextual Performance of Managers[J]. Human Performance, 2001, 14(3): 231-245.

[5] George, J.M., Jones, G.R.. Organizational Spontaneity in Context[J]. Human Performance, 1997, 10(2): 153-170.

[6] Morrison, E.W.. Role Definitions and Organizational Citizenship Behavior: The Importance of the Employee's Perspective[J]. Academy of Management Journal, 1994, 37(6): 1543-1567.

[7] Joo, B.B., Jeung, C., Yoon, H.J.. Investigating the Influences of Core Self-Evaluations, Job Autonomy, and Intrinsic Motivation on In-Role Job Performance[J]. Human Resource Development Quarterly, 2010. 21(4): 353-371.

更多机会从事超角色行为[1]，从而促进角色外绩效的增加。

然而，鉴于工作自主性与工作绩效之间的不确定关系，学术界越来越倾向于将工作自主性作为工作绩效的调节性变量，而非直接前因变量；同时结合人格特质变量来考察对工作绩效的影响；再者就是开始尝试非线性关系的研究。此外，Gellatly 和 Irving（2001 年）[2]、George 和 Jones（1997 年）[3]、Morrison（1994 年）[4]的研究结论都为工作自主性和绩效关系的研究带来很大启发，未来需要细分工作绩效类型，分别考察工作自主性的影响，有望解决既有研究中二者关系尚无定论的问题。

---

[1] Morgeson, F.P., Delaney-Klinger, K., Hemingway, M.A.. The Importance of Job Autonomy, Cognitive Ability, and Job-Related Skill for Predicting Role Breadth and Job Performance[J]. Journal of applied psychology, 2005, 90(2): 399-406.

[2] Gellatly, I.R., Irving, P.G.. Personality, Autonomy, and Contextual Performance of Managers[J]. Human Performance, 2001, 14(3): 231-245.

[3] George, J.M., Jones, G.R.. Organizational Spontaneity in Context[J]. Human Performance, 1997, 10(2): 153-170.

[4] Morrison, E.W.. Role Definitions and Organizational Citizenship Behavior: The Importance of the Employee's Perspective[J]. Academy of Management Journal, 1994, 37(6): 1543-1567.

第三章 组织政治知觉与工作绩效关系的理论构型

本章主要从理论上探析组织政治知觉与工作绩效的关系。不管是关于组织政治知觉影响因素,还是员工绩效决定因素的研究,最新进展都倾向于动态、曲线关系的观点。因此,在对二者关系进行理论分析时,需要摒弃以往稳定的、线性关系的假定,而从情境化视角、曲线关系假定出发来揭示二者的权变关系。考虑到构型理论(contingency theories)是一种基于理想类型的整体性探究方法(the holistic principle of inquiry),它基于的是"殊途同归(equifinality)"系统性假定[1][2][3][4],关注多重自变量与因变量之间的关系模式而非单一自变量与因变量的关系[5],在揭示变量间的非线性协同效应以及高阶交互效应方面表现出良好的理论解析力,可以描绘出传统双边权变理论所不能反映的关系[1]。所以,本章将依据构型思想,选择构型方法来解构组织政治知觉与工作绩效之间的关系。

---

[1] Doty, D.H., Glick, W.H.. Typologies as a Unique form of Theory Building: Toward Improved Understanding and Modeling[J]. Academy of Management Review, 1994, 19(2): 230-251.

[2] Doty, D.H., Glick, W.H., Huber, G.P.. Fit, Equifinality, and Organizational Effectiveness: A Test of Two Configurational Theories[J]. Academy of Management Journal, 1993, 36(6): 1196-1250.

[3] Meyer, A.D., Tsui, A.S., Hinings, C.R.. Configurational Approaches to Organizational Analysis[J]. Academy of Management Journal, 1993, 36(6): 1175-1195.

[4] Venkatraman, N., Prescott, J.E.. Environment-Strategy Coalignment: An Empirical Test of its Performance Implications[J]. Strategic Management Journal, 1990, 11(1): 1-23.

[5] Delery, J.E., Doty, D.H.. Modes of Theorizing in Strategic Human Resource Management: Tests of Universalistic, Contingency, and Configurational Performance Predictions[J]. Academy of Management Journal, 1996, 39(4): 802-835

常用的构型方法包括实证性的分类学方法（taxonomies）和概念性的类型学方法（typologies）两种[①]。前者是归纳逻辑，依据定量数据进行归类；后者是演绎逻辑，依据理论推导得出理想类型（ideal type）。相对而言，分类学方法虽然操作起来较为简单，但缺乏先验理论支持，变量选择过于主观，结果缺乏稳健性；而类型学方法相对较为复杂，需要深入了解变量的脉络及关系，其依托理论上的变量关系作为分类依据[②]，结果会更稳健。Delery和Doty（1996年）证实HR类型学方法能够有效预测组织效能[③]，表明了该方法在绩效研究中的适用性。

鉴于此，本章选择类型学方法，依据演绎逻辑来构建组织政治知觉与工作绩效的关系构型。具体思路是：首先，针对组织政治知觉与工作绩效关系研究的不足确定关系构型建构的理论依据；其次，依据所选择的理论确定构型要素并分析其特征；最后，构建关系构型并进行关系解析。

第一节 关系构型的理论选择与依据

一、组织政治知觉与工作绩效关系研究的不足

通过文献回顾可知，目前关于组织政治知觉与工作绩效关系的研究尚未得出一致结论。大多数学者基于社会交换和工作压力理论的分析视角，认为组织政治知觉因降低了员工组织公平感[④]，破坏了员工—组织的交换关系[⑤]，并增加了

[①] Meyer, A.D., Tsui, A.S., Hinings, C.R.. Configurational Approaches to Organizational Analysis[J]. Academy of Management Journal, 1993, 36(6): 1175-1195.

[②] 彭娟. 基于构型理论的人力资源系统与组织绩效的关系研究[D]. 广州:华南理工大学博士学位论文,2013.

[③] Delery, J.E., Doty, D.H.. Modes of Theorizing in Strategic Human Resource Management: Tests of Universalistic, Contingency, and Configurational Performance Predictions[J]. Academy of Management Journal, 1996, 39(4): 802-835

[④] Rosen, C.C., Levy, P.E., Hall, R.J.. Placing Perceptions of Politics in the Context of the Feedback Environment, Employee Attitudes, and Job Performance[J]. Journal of Applied Psychology, 2006, 91(1): 211-220.

[⑤] Chang, C.H., Rosen, C.C., Levy, P.E.. The Relationship between Perceptions of Organizational Politics and Employee Attitudes, Strain, and Behavior: A Meta-analytic Examination[J]. Academy of Management Journal, 2009, 52(4): 779-801.

员工在工作中的压力体验[1]，会导致角色内绩效和组织公民行为等工作绩效的降低[2]。Rosen et al.（2009a，b）甚至指出，在政治环境中，员工会首先选择降低角色外行为，因为这样做在获得心理平衡的同时还不太可能受上司责罚[3][4]。但是，Ferris et al.（2002年）却发现，有些探讨组织政治知觉与任务绩效和组织公民行为关系的研究没有得出预期的负向关系[2]。Miller et al.（2008年）的元分析结果表明，即使得出负向关系，其大小也在-0.32—0.12范围内变化[5]。Schuler（1980年）指出，当组织政治未被视为障碍，而被视为知觉为资源获取的机会时，就会产生积极结果[6]。Hsiung et al.（2012年）就证明了组织政治知觉可以通过事业心正向影响组织公民行为[7]。此外，Randall et al.（1999年）甚至还认为二者之间没有显著关系[8]。由此可见，关于组织政治知觉和工作绩效关系的既有研究得出了相互矛盾的结论，二者关系仍是一个有待解决的理论问题。

通过文献分析和逻辑推演，本研究发现，导致上述理论争议的主要原因在于

---

[1] Cropanzano, R., Howes, J.C., Grandey, A.A., et al.. The Relationship of Organizational Politics and Support to Work Behaviors, Attitudes, and Stress[J]. Journal of Organizational Behavior. 1997, 18(2):159-180.

[2] Ferris, G.R., Adams, G., Kolodinsky, R.W, et al.. Perceptions of Organizational Politics: Theory and Research Directions. In F.J. Yammarino, F. Dansereau (Eds.), Research in Multi-Level Issues, The Many Faces of Multi-Level Issues. Oxford, England: JAI Press/Elsevier Science, 2002, 1: 179-254.

[3] Rosen, C.C., Chang, C.H., Johnson, R.E., et al.. Perceptions of the Organizational Context and Psychological Contract Breach: Assessing Competing Perspectives[J]. Organizational Behavior and Human Decision Processes, 2009, 108(2): 202-217.

[4] Rosen, C.C., Harris, K.J., Kacmar, K.M.. The Emotional Implications of Perceived Organizational Politics: A Process Model[J]. Human Relations, 2009, 62(1): 27-57.

[5] Miller, B.K., Rutherford, M.A., Kolodinsky, R.W.. Perceptions of Organizational Politics: A Meta-analysis of Outcomes[J]. Journal of Business and Psychology, 2008, 22(3): 209-222.

[6] Schuler, R.S.. Definition and Conceptualization of Stress in Organizations[J]. Organizational Behavior and Human Performance, 1980, 25(2): 184-215.

[7] Hsiung, H.H., Lin, C.W., Lin, C.S.. Nourishing or Suppressing? The Contradictory Influences of Perception of Organizational Politics on Organizational Citizenship Behaviour[J]. Journal of Occupational and Organizational Psychology, 2012, 85(2):258-276.

[8] Randall, M.L., Cropanzano, R., Bormann, C.A.. Organizational Politics and Organizational Support as Predictors of Work Attitudes, Job Performance, and Organizational Citizenship Behavior[J]. Journal of Organizational Behavior, 1999, 20(2):159-174.

以下三个方面。

（一）未能对不同维度组织政治知觉的影响机制进行区辨

文献研究结果表明，组织政治知觉研究存在积极、消极和中立三种视角，揭示出组织政治知觉效应的非单一性。尽管政治行为被定义为自利性的，但这并不意味着其一定会以损害他人为代价。如果回溯到组织政治的起源——政治学视角就可以看出政治其实是一个中性概念，本质是解决利益多重性和资源稀缺性矛盾的一个社会影响过程[1][2][3]。其价值在于它是除经济市场、道德市场之外，第三种资源分配的市场——政治市场，保障社会政治秩序的存续[2]。那么，从逻辑上看，政治并不必然是消极的。尽管其常常被贴上负面标签，具有阴谋权术的一面，但同时也存在着其他构面，不同构面所产生的影响和结果自然有所不同。

同理，组织中的政治也如此。尽管组织政治在多数情况下都被视为破坏性的，不被道德规范和文化所接受[4]，但也有学者明确指出组织政治具有积极的一面，包括谈判、协商、资源分享以及其他互惠行动[5][6]，可处理组织冲突[7]、挽救组织衰退[8]、促进个体职业发展[7]。既然组织政治同样具有多个构面，组织政治知觉也应该是一个具有不同影响逻辑的多维构念。虽然"知觉"是一个主观评价而

---

[1] Allen, R.W., Madison, D.L., Porter, L.W., et al.. Organizational Politics: Tactics and Characteristics of its Actors[J]. California Management Review, 1979, 22(1): 77-83.

[2] Ferris, G.R., Russ, G.S., Fandt, P.M.. Politics in Organizations. In R.A. Giacalone, P. Rosenfeld(Eds.), Impression Management in the Organization, Hillsdale, NJ: Erlbaum, 1989.

[3] Madison, D.L., Allen, R.W., Porter, L.W., et al.. Organizational Politics: An Exploration of Managers' Perceptions[J]. Human Relations, 1980, 33(2): 79-100.

[4] Farrell, D., Petersen, J.C.. Patterns of Political Behavior on Organizations[J]. Academy of Management Review, 1982, 7(3): 403-412.

[5] Bacharach, S.B., Lawler, E.J.. Power and Politics in Organizations. San Francisco, CA: Jossey-Bass, 1980.

[6] Ferris, G.R., King, T.R.. Politics in Human Resource Decisions: A Walk on the Dark Side[J]. Organizational Dynamics, 1991, 20(2): 59-71.

[7] Kumar, P., Ghadially, R.. Organizational Politics and its Effects on Members of Organizations[J]. Human Relations, 1989, 42(4): 305-315.

[8] Hirschman, A.. Exit, Voice, and Loyalty: Responses to Decline in Firms, Organizations, and States[M]. Cambridge, CA: Harvard University Press, 1970.

非客观真实的反映,但组织政治知觉是对组织环境的一种感知,具有感知属性[1][2]。因此员工对组织中政治性环境氛围的不同感知就会影响其后行为的不同表现。Chang et al.(2009年)明确指出,政治并不必然是消极或危险的[3],政治环境的模糊性也为员工提供了解释空间[4]。借鉴压力的机会性和障碍性划分[5],如果组织政治未被知觉为一种障碍,而被视为资源获取的机会,其也会产生积极结果[6]。

由此可知,组织政治知觉的影响取决于员工对组织政治如何感知,而政治知觉的不同维度可能代表着不同的环境属性感知,是机会性还是障碍性的不同认知判断决定着其后的不同表现及结果。因此,在探讨组织政治知觉与绩效关系时则有必要对不同维度进行区辨分析。

而且这种知觉还会受到国家文化的强烈影响。Hofstede(1980年)已经明确指出,国家文化影响员工对不同工作构面的解释和反应[7]。Chang et al.(2009年)的研究也已证明不同国家文化下POP的影响有所差异。他们发现,由于以色列员工比美国员工经历了更多的地缘冲突,对工作内外政治过程更加习惯,认为组织政治具有规范和道德合法性[8],所以更能容忍政治行为[3]。因此,在中国情境

---

[1] James, L.A., James, L.R.. Integrating Work Environment Perceptions: Explorations into the Measurement of Meaning[J]. Journal of Applied Psychology, 1989,74(5): 739-751.

[2] Schneider, B.. Organizational Climates: An essay[J]. Personnel Psychology, 1975, 28(4): 447-479.

[3] Chang, C.H., Rosen, C.C., Levy, P.E.. The Relationship between Perceptions of Organizational Politics and Employee Attitudes, Strain, and Behavior: A Meta-analytic Examination[J]. Academy of Management Journal, 2009, 52(4): 779-801.

[4] Chang, C.H., Rosen, C.C., Siemieniec, G.M., et al.. Perceptions of Organizational Politics and Employee Citizenship Behaviors: Conscientiousness and Self-monitoring as Moderators[J]. Journal of Business and Psychology, 2012, 27(4):395-406.

[5] Fedor, D.B., Maslyn, J. M.. Politics and Political Behavior: Where Else do We Go from here?, In F. Dansereau, F. J. Yammarino (Eds.), Research in Multi-Level Issues. Oxford: Elsevier/JAI Press, 2002, 1: 287-294.

[6] Schuler, R.S.. Definition and Conceptualization of Stress in Organizations[J]. Organizational Behavior and Human Performance, 1980, 25(2): 184-215.

[7] Hofstede, G.. Culture's Consequences: International Differences in Work Related Values[M]. London: Sage, 1980.

[8] Romm, T., Drory, A.. Political Behavior in Organizations: A Cross-Cultural Comparison[J]. International Journal of Valued Based Management, 1988, 1(2): 97-113.

下展开组织政治知觉影响的研究就必须加入文化维度，根植于中国文化特征来解析组织政治知觉与绩效关系的普适性和独特性。

然而，既有研究存在的很大不足在于：尽管理论上已经确认组织政治知觉构念的多维结构，但是现有很多研究几乎都把"所有维度效应一致"视为一个隐含的前提，并未区分不同维度影响机制及结果可能存在的差异。这就模糊了效应边界，很难明晰哪些政治知觉可能有损工作绩效而导致消极结果，哪些可能促进绩效的提高，一概而论则导致了关系混淆的局面。同时，在既有基于华人（包括大陆和台湾）情境展开的二者关系的研究中，也是基于西方逻辑，鲜有从中国官僚政治或人情社会等因素入手，分析独特文化可能造成的政治知觉差异进而导致的绩效差异。解决这一理论争议问题的必要前提之一就是：在后续研究中改变等量齐观的思路，在融入文化因素分析的基础上，对不同维度组织政治知觉的效应进行区辨性对待，增加对不同维度之间效应差别的考量。

（二）未能对不同维度工作绩效的生成机制进行区辨

关于绩效的多维性已经成为共识。尤其基于行为视角的绩效维度研究相当成熟，其中以角色内和角色外为基础的二维结构最具代表性。依据定义和相关研究成果，这两种不同的绩效维度在生成机制方面并非完全相同。角色内绩效主要内涵等同于任务绩效，涉及的是工作规范所明确规定的工作，属分内之事，其结果好坏、绩效高低更多地取决于个人能力的大小；而角色内外绩效，例如OCB或情境绩效，是超越正式规范和奖酬系统的行为，属分外之责，这类绩效行为带有明显的自发性特征，而非组织强制要求，更大程度上是受个人奉献性、主动性等人格特质的影响[1]。

由此看出，不同维度绩效的影响因素是存在差异的。而既有关于组织政治知觉和工作绩效关系的研究几乎都未能充分认识到这种差异的存在，在进行关系探讨时大多都仅关注某一种绩效，比如角色内绩效（任务绩效）、OCB或者总体绩效，很少对不同绩效维度进行区分研究，在一定程度上导致二者关系的揭示不够

---

[1] Daniel R.Ilgen, Elaine D, Pulakos.变革的绩效评估——员工安置、激励与发展[M]. 张宏,关丹丹,彭广强译. 北京:中国轻工业出版社.2004:14-33.

准确。

不仅如此，关注不同绩效维度不同生成逻辑的必要性还在于：不同维度绩效之间存在交互效应①。根据OCB或情境绩效等角色外行为的定义，其作为"一种支持任务绩效的社会和心理环境的自愿行为"②，对角色内绩效具有促进作用，进而有助于组织绩效的提升。然而，也有很多学者从理论和实践方面证明了过度的、被动的OCB反而可能有损角色内绩效③④⑤。由此可见，OCB与角色内绩效之间可能存在倒U形关系，如果过多OCB对组织所带来的好处不足以弥补其对角色内绩效降低所造成的损失，最终也有损于总体绩效。

此外，一些学者所发现的行为转化机制也间接证明，需要对不同绩效维度进行区辨，行为转化可以沿不同方向进行。比如，Klotz和Bolino（2013年）⑥依据道德许可理论（Moral Licensing Theory）所阐述的"道德称许行为可以导致非道德行为"的观点，揭示出积极的OCB可能转化为消极性的反生产行为，从而影响绩效；而依据角色理论所强调的"角色型塑于主客观因素"的观点，角色内、外边界的界定除了正式工作予以规定之外，还受个人主观判断的影响。如果员工对工作角色的定义较为宽松，那么OCB这类角色外行为则可能会被视为本职工作⑦，

---

① Podsakoff, P.M., Mackenzie, S.B., Paine, J.B,, et al.. Organizational Citizenship Behaviors: A Critical Review of the Theoretical and Empirical Literature and Suggestions for Future Research[J]. Journal of Management, 2000, 26(3): 512-563.

② Organ, D.W.. Organizational Citizenships Behavior: It's Construct Cleanup Time[J]. Human Performance, 1997,10(2): 85-97.

③ Vigoda-Gadot, E.. Compulsory Citizenship Behavior: Theorizing Some Dark Sides of the Good Soldier Syndrome in Organizations[J]. Journal for the Theory of Social Behaviour, 2006, 36(1): 77-93.

④ Bergeron, D.M.. The Potential Paradox of Organizational Citizenship Behavior: Good Citizens at what Cost?[J]. Academy of Management Review, 2007, 32(4): 1078-1095.

⑤ Grant, A.M., Schwartz, B.. Too Much of a Good Thing: The Challenge and Opportunity of the Inverted U[J]. Perspectives on Psychological Science, 2011, 6(1): 61-76.

⑥ Klotz, A. C., Bolino, M. C.. Citizenship and Counterproductive Work Behavior: A Moral Licensing View[J]. Academy of Management Review. 2013,38(2):292-306.

⑦ Morrison, E.W.. Role Definitions and Organizational Citizenship Behavior: The Importance of the Employee's Perspective[J]. Academy of Management Journal, 1994, 37(6): 1543-1567.

从而影响绩效。而个人的这种主观感知又受国家文化的强烈影响，角色知觉可能与权力距离文化高度相关[①]。比如，美国员工更可能将参与管理视为一种积极行为，而中国员工则会认为这是管理者的职责，员工参与管理是管理者缺乏能力的表现[②]。事实上，中国文化的一个显著特征就是中庸思想，强调不偏不倚，不走极端，这就使得中国人习惯于综合而非分析的思维方式，不习惯对事物进行清晰界定[③]，包括工作和生活、职责内和职责外的划分。而且，中国悠久的官僚政治文化形成了中国的高权力距离，正式制度职责内、外边界的规定可能极为有限，主要取决于具有权威的领导意愿。因此，在中国情境下，内、外角色绩效的界定有可能与西方存在不同。Morrison（1994年）指出，在"Yes/No"文化背景下尚未对角色内、外绩效作出清晰界限，在中国中庸文化背景下，OCB的角色内、外归属的划分则会更加模糊[④]。Blakely et al.（2005年）的研究证实OCB的角色内知觉与民族文化显著相关[⑤]。他们关于OCB的跨文化研究结果表明：相对而言，中国经理比美国经理更倾向于将OCB视为工作角色的一部分。

有鉴于此，如果将各绩效维度的产生机制混为一谈，不考虑不同绩效维度的差异以及可能存在的交互效应，组织政治知觉与工作绩效的关系就得不到明晰；如果不考虑文化因素对不同维度边界界定的影响，组织政治知觉与工作绩效的关系就得不到准确揭示。而既有研究在这两方面的考虑都有所欠缺，后续探讨组织政治知觉与绩效关系时需要引起重视。

（三）对组织政治知觉和工作绩效关系的多重中间机制挖掘不够深入

既有研究除了缺乏对组织政治知觉和工作绩效不同维度不同机理的考量外，

---

① Hofstede, G.. Culture's Consequences: International Differences in Work Related Values[M]. London: Sage, 1980.

② Copeland, L., Griggs, L.. Going International[M]. New York: Random House, 1985.

③ 李万县,李丹. 基于角色内取向的组织公民行为个体差异研究[J]. 河北经贸大学学报,2009,30(5):53-58.

④ Morrison, E.W.. Role Definitions and Organizational Citizenship Behavior: The Importance of the Employee's Perspective[J]. Academy of Management Journal, 1994, 37(6): 1543-1567.

⑤ Blakely, G.L., Srivastava, A., Moorman, R.H.. The Effects of Nationality, Work Role Centrality, and Work Locus of Control on Role Definitions of OCB[J]. Journal of Leadership and Organizational Studies, 2005, 12(1): 103-117.

对二者关系的中间机制挖掘也还不够深入。正是因为两个概念的多维性，影响机制才可能存在多样性甚至竞争性。不同维度的POP可能会通过不完全一样的路径来影响绩效；不同维度的绩效也可能借由不同的路径受POP的影响。所以，即使同一中间机制，不同维度的POP对不同维度的绩效影响也有可能是不同的。

以OCB为例，研究已经发现其可能由利他和利己动机引发，这两种竞争性动机可以同时存在。如果基于利他视角，组织政治知觉可能会因公平感降低而抑制利他性动机，从而减少OCB；如果基于利己动机，组织政治知觉则可能会因激发利己性动机，从而增加OCB，不同机制就会产生不同结果。再比如，相对而言，角色内绩效更受个人能力大小的影响，而角色外绩效则更受人格特质的影响[1]。同一调节变量对不同维度绩效的调节效应也并不完全是一致的。尤其像OCB这类自发性的角色外行为，在组织中的真正表现还需要一定的自主条件为前提。如果工作设计较为僵化，即使员工具有利他性行为动机特质，也不可能真实体现。所以，能够显著预测不同维度绩效的因素也存在差异。

然而，既有关于组织政治知觉和工作绩效的研究大多都忽视了二者关系中可能存在的复杂机制，这也是导致二者关系模棱两可的一个重要原因。近期关于组织政治知觉和OCB关系的研究已经开始挖掘竞争性中介或调节等中间机制。这一尝试有助于明晰二者的关系机理。

此外，制约组织政治知觉与工作绩效关系揭示的另一因素在于研究取向问题。通过文献研究可知：之所以会得出千差万别的研究结论，是因为学者对组织政治知觉和工作绩效所持的研究视角存在较大差异，或多或少存有偏颇。由于"政治"是一个敏感词，很多学者预设其是一个消极概念，一定会产生消极结果，忽视了组织政治的积极和中立两种视角；而关于像OCB这类自发性的积极行为，很多学者受积极心理学的影响认为其越多越好，从而忽视了"好事过头反成坏事（too-much-of-a-good-thing，TMGT）[2]"的可能。这种先入为主式的研究

---

[1] Daniel R.Ilgen, Elaine D, Pulakos.变革的绩效评估——员工安置、激励与发展[M]. 张宏，关丹丹，彭广强译. 北京：中国轻工业出版社. 2004：14-33.

[2] Grant, A.M., Schwartz, B.. Too Much of a Good Thing: The Challenge and Opportunity of the Inverted U[J]. Perspectives on Psychological Science, 2011, 6(1): 61-76.

取向就会影响对二者关系的客观判断。事实上，不管是组织政治知觉领域，还是OCB领域的学者，在反思研究结论的矛盾性时，都提出了一个共同的呼吁——平衡和中立视角。比如，Fedor et al.（2008年）[①]反对将组织政治知觉进行绝对的二维划分，不主张预先对其进行价值判断，呼吁以平衡、中立视角将其视为一种既可产生积极结果、又可产生消极结果的双元社会影响过程；Bolino et al.（2004年）[②]、Fineman（2006年）[③]等学者呼吁以一种平衡的视角来看待OCB的作用机制，从越多越好的视角转化成过犹不及的非单一效应的视角，来理解何时、何地、如何以及为何OCB会产生何种效果。所以，未来在探究组织政治知觉与工作绩效关系时，采取中立视角客观地来探索关系的实然状态有望获得更大收获。

总之，要探明组织政治知觉与工作绩效之间的关系，弥补现有研究的这些不足，首要任务是找到一个能够有力揭示工作绩效生成机制的整合性理论框架，再据此分析不同维度组织政治知觉会如何影响这些中间过程，从而勾勒出组织政治知觉对工作绩效的影响路径、方向和大小。

二、AMO绩效模型的适切性分析

自从Vroom提出了绩效是能力和动机的交互函数，即Performance= f（A×M）这一绩效方程之后，很多学者在此基础上进行了拓展，提出了一系列绩效方程来揭示绩效的决定机制。通过文献回顾可知，AMO模型是其中应用得最为广泛的一个理论模型。AMO模型相较于其他理论框架，在揭示绩效，尤其是个体工作绩效的决定机制方面具有如下三个优势。

（一）AMO模型的逻辑完整性

Vroom在1964年出版的《工作与动机》（*Work and motivation*）一书中所提的期望

---

① Fedor, D., Maslyn, J., Farmer, S., et al.. The Contribution of Positive Politics to the Prediction of Employee Reactions[J]. Journal of Applied Social Psychology, 2008, 38(1): 76-96.
② Bolino, M.C., Turnley, W.H., Niehoff, B.P.. The other Side of the Story: Reexamining Prevailing Assumptions about Organizational Citizenship Behavior[J]. Human Resource Management Review, 2004, 14(2): 229-246.
③ Fineman, S.. On Being Positive: Concerns and Counterpoints[J]. Academy of Management Review, 2006, 31(2): 270-291.

理论（expectancy theory）是目前有关员工激励方面最广为接受的一种解释性理论[1]。该理论框架实际揭示出个人工作绩效是受员工努力水平的影响，而努力水平又取决于员工的动机和能力：Performance= f（A×M）是较早揭示出绩效决定机制的理论模型，在理论和实践上为理解员工如何取得高绩效带来了启发。但是，后来很多学者指出了该模型的不足，他们发现动机和能力只是组织创造高绩效的必要条件，但并不能确保一定能够带来高绩效，还需要组织提供各种外围环境保障为前提[2][3]。Charles 和 Melvin（1986 年）[4]、Becker et al.（1997 年）[5]、Wright et al.（1999 年）[6]等都明确指出，除了动机和能力之外，工作设计和结构方面所体现出的参与机会同样对绩效具有显著影响。由此弥补了 Vroom 绩效方程在行为发生机会的环境保障性因素方面考虑的不足。Appelbaum（2000 年）对此进行了理论整合与提炼，首次提出了高绩效工作系统的 AMO 模型，说明绩效最大化需要通过员工的动机、能力和机会提升来实现[7][8]，明确揭示出绩效的决定机制。

从逻辑上看，AMO 模型比 Vroom 绩效方程更为完整。Sara et al.（2005 年）的分析论证了 Vroom 的绩效方程：动机和能力是决定绩效的两个基本因素，绩效

---

[1] 斯蒂芬·P. 罗宾斯, 蒂莫西·A. 贾齐. 组织行为学(第12版)[M].李原,孙健敏 译. 北京：中国人民大学出版社. 2008：177.

[2] Blumberg, M., Pringle, C.D.. The Missing Opportunity in Organizational Research：Some Implications for a Theory of Work Performance[J]. Academy of Management Review，1982,7(4)：560-569.

[3] MacDuffie, J.P.. Human Resource Bundles and Manufacturing Performance：Organizational Logic and Flexible Productions Systems in the World Auto Industry[J]. Academy of Management Journal，1995, 48 (2)：197-221.

[4] Charles, D.P., Blumberg, B.. What Really Determines Job Performance?[J]. SAM Advanced Management Journal，1986, 51(4)：9-14.

[5] Becker, B.E., Huselid, M.A., Pickus, P.S., et al.. HR as a Source of Shareholder Value：Research and Recommendations[J]. Human Resource Management，1997, 36(1)：39-47.

[6] Wright, P.M., McCormick, B., Sherman, W.S., et al.. The Role of Human Resource Practices in Petro-Chemical Refinery Performance[J]. International Journal of Human Resource Management，1999, 10(4)：551-571.

[7] 王朝晖, 罗新星. 战略人力资源管理内部契合及中介机制研究：一个理论框架[J]. 管理科学,2008,21(6)：57-65.

[8] Appelbaum, E., Bailey, T., Berg, P., et al.. Manufacturing Advantage：Why High Performance Work Systems Payoff[J]. Cornell University Press，2000：27.

是其共同作用的结果,二者的交互作用能够实现两个因素作用间的互补[1]。但是,如果员工只具备行为动机和能力,而不具备行为实施的条件和机会,最终也不可能具有这种行为表现,绩效高低就更无从谈起。所以,AMO模型相对于其他理论模型,在逻辑上更具完整性,在揭示绩效的决定机制方面也更为完善。

(二)AMO模型的高度概括性

AMO模型认为员工绩效决定于员工的动机、能力和机会三因素的交互作用。相对于其他绩效方程,该模型更符合理论建构的简约原则(Parsimony)。其中,A(能力)因素的内涵和外延界定具有很宽的涵盖性,可以包括员工自身的素质和胜任力以及"提升集体人力资本水平"的实践和做法[2]。A(能力)因素可以被理解为包括知识、技能和能力(KSA)在内的人力资本[3]。这就将Campbell et al.(1990年)绩效模型中的"陈述性知识、程序性知识"[4]以及胜任力绩效模型中的"知识×技能×能力×人格"[5]要素纳入其中;M(动机)是指员工在工作中运用、发挥才能的意愿[2],可以被理解为一种过程,体现员工为实现组织目标而付出的努力强度、方向和坚持性,反映个体所付出努力的大小、与组织目标的一致程度以及坚持的时间长短;O(机会)是指员工参与工作的机会,代表的是组织为员工任务执行所提供的环境支持[2],包括组织的工作结构与设计以及员工的参与和授权水平[6],反映管理政策和实践。

由此可见,AMO模型有着高度的涵盖性,既可以囊括其他绩效决定模型中

---

[1] Sara, L.R., Barry, G., Parks, L.. Personnel Psychology: Performance Evaluation and Pay for Performance[J]. Annual Review of Psychology, 2005, 56(1): 571-600.

[2] Bowen, D.E., Ostroff, C.. Understanding HRM-Firm Performance Linkages: The Role of the "Strength" of the HRM System[J]. Academy of management review, 2004, 29(2):203-221.

[3] 田立法. 个体层面的战略人力资源管理"黑箱"研究[J]. 科技和产业, 2013, 13(4): 51-58.

[4] Campbell, J.P.. Modeling the Performance Prediction Problem in Industrial and Organization Psychology. In M. D., Dunnette, L.M., Hough (Eds), Handbook of Industrial and Organization Psychology (2nd ed), Palo Alto, CA: Consulting Psychologists Press, 1:687-732.

[5] 于茂双. 企业中层管理人员工作自主性及其与工作绩效关系研究[D].济南:山东大学硕士学位论文,2009.

[6] Jiang, K.F., Lepak, D.P., Hu, J., et al.. How does Human Resource Management Influence Organizational Outcomes? A Meta-Analytic Investigation of Mediating Mechanisms[J]. Academy of Management Journal, 2012, 55(6): 1264-1294.

的要素，又符合模型简效原则，没有过多的信息冗余。AMO模型所揭示的绩效影响因素还体现出"组织—工作—个体"多层次的交互性。所以，AMO模型在对要素及要素关系方面有高度的概括性。

（三）AMO模型解析的有效性

AMO模型目前已广泛应用到SHRM与组织绩效的关系研究中，作为揭示关系"黑箱"的重要理论依据。通过文献回顾与分析可发现，AMO模型表明了人力资源管理体系对员工绩效的三种影响机制：人力资源管理体系通过直接影响员工任务完成的能力、激发员工任务完成的动机、提供合适的工作机会来提升绩效[1][2]。Boxall et al.（2011年）[3]、Jiang et al.（2012年）[4]的元分析证实AMO框架是HRM实践和组织绩效关系重要的中介机制。

AMO模型在SHRM领域的应用研究再次证明：员工具备与所从事工作相关的各种知识、技能和能力，具有为组织努力工作、奉献才能的意愿和动机，以及具备组织为工作有效完成所提供的各种支持和机会，是其高绩效的三个充要条件[5]。由此可知，AMO理论模型能够很好地揭示员工绩效的决定机制，其在SHRM领域的应用证明了其对绩效的解释效力。

总而言之，AMO整合了预测行为的动机、能力和机会三元交互因素，具有完整的逻辑体系和高度的理论概括力，是一个成熟的整合性理论框架并已经在SHRM领域展现出对绩效黑箱的解析效力。鉴于AMO绩效模型的上述特点及优

---

[1] MacDuffie, J.P.. Human Resource Bundles and Manufacturing Performance: Organizational Logic and Flexible Productions Systems in the World Auto Industry[J]. Academy of Management Journal, 1995, 48（2）:197-221.

[2] Osterman, P.. How Common is Workplace Transformation and Who Adopts it?[J]. Industrial and Labor Relations Review, 1994, 47(2): 173-188.

[3] Boxall, P., Ang, S.H., Bartram, T.. Analysing the "Black Box" of HRM: Uncovering HR Goals, Mediators, and Outcomes in a Standardized Service Environment[J]. Journal of Management Studies, 2011, 48(7):1504-1532.

[4] Jiang, K.F., Lepak, D.P., Hu, J., et al.. How does Human Resource Management Influence Organizational Outcomes? A Meta-analytic Investigation of Mediating Mechanisms[J]. Academy of Management Journal, 2012, 55(6): 1264-1294.

[5] 田立法.个体层面的战略人力资源管理"黑箱"研究[J].科技和产业, 2013, 13(4): 51-58.

势，其可以在组织政治知觉与绩效关系的多重机制方面带来有价值的启示，弥补既有研究在中间机制探索中的不足，适合作为关系构型构建的理论依据。

第二节 构型维度的探索与选择

基于既有研究的不足和AMO模型的优势，本研究认为AMO模型有助于克服既有研究在揭示POP和工作绩效关系方面存在的缺陷。于是，将AMO模型作为解析二者关系的理论基础。AMO理论模型的基本观点是员工个体绩效决定于其动机、能力和机会三者的交互作用。那么，POP与工作绩效关系的中间过程就是动机、能力和机会的交互作用机制，是多重因子组合效应的反映，每个单一因子都构成影响二者关系的一个维度。依据构型思想，不同维度的组合产生不同效应结果，最终形成关系构型或关系模型。而构型维度的分析与确定是构型建构的基础。本节内容将依据AMO框架，逐一分析POP与工作绩效关系构型的维度选择。

一、动机维度

组织行为学里将动机（motivation）定义为一种过程，体现个人为了实现目标而付出的努力强度、方向和坚持性[1]。动词性意义可被理解为"激励"，表示人的某种内在驱动力，使其朝着期望目标努力的过程。SHRM领域对动机激发要素的界定是，促使员工行为方向与工作目标保持一致的、为员工获取高绩效提供诱因的HR实践[2]。对此，不同学者给出了不同的HR实践组合。比如，Huselid（1995年）认为正式绩效评价、奖励计划（奖金、收益分享、利润分享）、内部晋升、员工福利等HR实践能够激励员工获得高绩效[3]；Gong et al.（2009年）认

---

[1] 斯蒂芬·P. 罗宾斯,蒂莫西·A. 贾齐.组织行为学(第12版)[M].李原,孙健敏 译.北京:中国人民大学出版社.2008:158.

[2] Kinnie, N., Hutchinson, S., Purcell, J., et al.. Satisfaction with HR Practices and Commitment to the Organisation: Why One Size does not Fit All[J]. Human Resource Management Journal, 2006, 15(4): 9–29.

[3] Huselid, M.. The Impact of Human Resource Management Practices on Turnover, Productivity, and Corporate Financial Performance[J]. Academy of Management Journal, 1995, 38(3): 635–672.

为正式的绩效评价、绩效薪酬、流动与晋升与雇佣保障也对员工具有激励作用[1]。基于绩效的个人或团队奖励机制可以让员工感受到组织对其贡献的重视[2]，觉得自己的努力能得到公平回报，所以会激发内在动力提高个人绩效水平；而像收益分享和利润分享等奖励制度实则赋予了员工的剩余索取权，增加了员工的权力，也会对动机产生重要影响；而流动与晋升政策可促进员工的职业发展，有助于激励并留住优秀员工。

由此，基于诱因—贡献模型可知，动机激发要素实际就是组织为员工获得高绩效所提供的诱因，具体表现为组织的相关政策实践。Woodard et al.（1994年）指出HRM实践反映的是组织的一种环境特征，通过型塑员工的心理感知来影响动机[3]。Wright和Nishi（2007年）在其所提出的SHRM多层理论模型中也已指出，组织层面的常规惯例是通过影响员工个体层面的认知程式进而影响员工的行为反应及绩效[4]。这说明组织客观制度环境实际是通过员工主观感知来影响动机的。而组织政治知觉是员工对工作环境自利行为发生程度的主观评估[5]，也包含对组织薪酬和晋升政策等HR实践的感知和判断。类比SHRM中HR实践对绩效的影响逻辑，组织政治知觉也是客观组织制度环境特征的一种主观反映，能够诱发员工的某种员工绩效行为表现。

所以，组织政治知觉可被视为员工绩效的动机激发要素，它是诱发绩效行为

---

[1] Gong, Y., Law K.S., Chang, S., et al.. Human Resources Management and Firm Performance: The Differential Role of Managerial Affective and Continuance Commitment[J]. Journal of Applied Psychology, 2009, 94(1): 263-275.

[2] Gerhart B., Rynes, S.. Compensation: Theory, Evidence, and Strategic Implications[M]. Sage Publications, Inc, 2003.

[3] Woodard, G.A., Cassill, N., Herr, D.. The Relationship between Psychological Climate and Work Motivation in a Retail Environment[J]. The International Review of Retail Distribution and Consumer Research, 1994, 4(3):297-314.

[4] Wright, P. M., Nishii, L.H.. Strategic HRM and Organizational Behaviuor: Integrating Multiple Levels of Analysis. CARHS Working Paper Series, 05. Available at: http://ilr.corneli.edu/CAHRS, 2006.

[5] Ferris, G.R., Harrell-Cook, G., Dulebohn, J.. Organizational Politics: The Nature of The Relationship Between Politics Perceptions and Political Behavior[J]. Research in the Sociology of Organizations, 2000, 17(17): 89-130.

的客观环境的主观认知,可作为关系构型的其中一个维度,反映组织层次的影响因素。如果从中立、平衡的视角来看,政治并不必然是消极或危险的[1],政治环境中的模糊性也为员工提供了解释空间[2]。倘若组织政治被视为障碍,则会产生消极结果;倘若组织政治被视为资源获取的机会,就会产生积极结果[3]。由此推之,组织政治知觉对绩效的影响则有"促进性"和"抑制性"之分。如果组织政治被视为机会,则会激发员工把握机会的行为,尽力表现出高绩效;如果组织政治被视为障碍,则会增加员工压力从而降低员工的行为动机,影响绩效水平。那么,组织政治知觉作为动机性维度,可以划分为"促进性"→"抑制性"两级。

二、能力维度

基于人力资本理论视角,A(能力)可界定为包括知识、技能和能力(KSA)在内的人力资本[4]。在SHRM领域,该理论成为阐释A(能力)因素对绩效影响和决定机制的基础理论,认为能力的提升可以提高组织的人力资源存量[5],成为企业竞争优势的来源[6]。从社会资本理论视角来看,能力实则是参与者获取资源的能力,其大小决定于参与者在网络节点中获取有用资源的多少[7]。从组织行为学角度,基于胜任力理论可知,个体认知能力的差异是引起绩效差异的

---

[1] Chang, C.H., Rosen, C.C., Levy, P.E.. The Relationship between Perceptions of Organizational Politics and Employee Attitudes, Strain, and Behavior: A Meta-analytic Examination[J]. Academy of Management Journal, 2009, 52(4): 779-801.

[2] Chang, C.H., Rosen, C.C., Siemieniec, G.M., et al.. Perceptions of Organizational Politics and Employee Citizenship Behaviors: Conscientiousness and Self-monitoring as Moderators[J]. Journal of Business and Psychology, 2012, 27(4): 395-406.

[3] Schuler, R.S.. Definition and Conceptualization of Stress in Organizations[J]. Organizational Behavior and Human Performance, 1980, 25(2): 184-215.

[4] 田立法.个体层面的战略人力资源管理"黑箱"研究[J].科技和产业, 2013, 13(4): 51-58.

[5] Youndt, M.A., Snell, S.A., Dean, Jr, J.W., et al. Human Resource Management, Manufacturing Strategy, and Firm Performance[J]. Academy of Management Journal, 1996, 39(4): 836-866.

[6] Becker B., Gerhart, B. The Impact of Human Resource Management on Organizational Performance: Progress and Prospects[J]. Academy of Management Journal, 1996, 39(4): 779-801.

[7] Adler, P.S., Kwon, S.W.. Social Capital: Prospects for a New Concept[J]. Academy of Management Review, 2002, 27(1): 17-40.

主要因素之一[①]。

　　基于以上不同理论视角，A（能力）提升因素是决定绩效的重要前因，可以作为关系构型的又一维度。在组织政治环境中，相对而言，能够对绩效高低产生影响的能力更多的是社会资本和胜任力理论视角下的能力内涵。如果员工将组织政治知觉作为一种机会，那么其在这些机会中获取资源的多少就影响其后对绩效提升贡献的大小。Lewin（1936年）就揭示出工作环境存在感知属性，人们的态度和行为主要取决于其对现实的感知而非现实本身[②]；Porter（1976年）[③]、Gandz和Murray（1980年）[④]等学者都赞同"对工作场所政治性的感知比真实的政治（或政治行为）对结果影响更重要"。然而，知觉对绩效结果影响的大小取决于员工对政治环境的认知能力。如果其对政治环境不敏感，不能快速识别出情境的变化并及时准确调控自己的行为以适应环境，员工则不会知觉到组织政治的存在，或者即使知觉到了也不能相应地调适出适合的行为，也就不会对绩效产生影响。

　　由此可知，在组织政治情境下的能力维度，需要从社会认知和人际交往能力的视角进行剖析。能力表征了员工在组织政治环境下行为改变与调适的过程，是根据外部情境来控制和调整自身行为的一种能力，也是一种印象管理能力。这种能力不仅体现在能够快速、准确地判断出哪类绩效行为可以在政治性的组织中得到奖励，还体现在能够敏捷地进行自我控制、调节出符合社会情境要求的绩效行为。基于此，能力维度是个体层次因素的反映，主要体现员工在环境认知和行为调适能力方面的差异，这种差异可以划分为"高"→"低"两级。

三、机会维度

　　O（机会）指员工参与工作的机会，是组织为提高员工任务完成质量所提供

[①] Robbins, T.L, DeNisi, A.S.. A Closer Look at Interpersonal Affect as a Distinct Influence on Cognitive Processing in Performance Evaluations[J]. Journal of Applied Psychology, 1994, 79(3): 341-353.

[②] Lewin, K. Principles of Topological Psychology[M]. New York: McGraw-Hill. 1936: 12-113.

[③] Porter, L.W.. Organizations as Political Animals. Presidential Address, Division of Industrial-Organizational Psychology. 84th Annual Meeting of the American Psychological Association. Washington, DC, 1976.

[④] Gandz, J., Murray, V.V.. The Experience of Workplace Politics[J]. Academy of Management Journal, 1980, 23(2): 237-251.

的环境支持①。机会要素的核心就是工作结构设计,旨在让非管理层员工有机会、权力和责任来收集、处理信息,以提高解决问题和制定决策的质量②。员工参与、抱怨程序和申诉解决系统、工作丰富化、工作轮换、质量圈、自我管理或团队自治等 HR 实践都是可为员工提供参与机会的管理举措③④⑤⑥,主要体现在工作结构设计层面。工作结构实则反映员工的参与水平⑦。在相对自主的工作安排下,员工具有自主工作的空间和平台⑧,彼此可以相互沟通与交流、学习与分享工作的相关信息,有助于提升绩效表现,尤其在相互依赖型工作情境中。不仅如此,自主工作设计还体现出员工的授权程度⑦,被赋予自主权可以增加员工的内隐动机,提高其工作主动性,有助于激发 OCB 等利组织行为③。

由此可见,机会提供要素也是员工绩效决定机制中的一个前提性因素。在政治性组织环境中,如员工仅具备表现某种绩效行为的动机和能力,但组织没有提供实施这种行为的权力和机会,那么最终也难以对绩效水平造成影响。比如,

---

① 田立法.个体层面的战略人力资源管理"黑箱"研究[J].科技和产业,2013,13(4):51-58.

② Appelbaum, E., Bailey, T., Berg, P., et al.. Manufacturing Advantage: Why High Performance Work Systems Payoff[M]. Cornell University Press, 2000:27.

③ Subramony, M.A.. Meta-analytic Investigation of the Relationship Between HRM Bundles and Firm Performance [J]. Human Resource Management, 2009, 48(5): 745-768.

④ Takeuchi, R., Lepak, D.P., Wang, H., et al.. An Empirical Examination of the Mechanisms Mediating Between High-Performance Work Systems and the Performance of Japanese Organizations[J]. Journal of Applied Psychology, 2007, 92(4): 1069-1083.

⑤ Huselid, M.A..The Impact of Human Resource Management Practices on Turnover, Productivity, and Corporate Financial Performance[J]. Academy of Management Journal, 1995, 38(3): 635-672.

⑥ Hsu, I.C., Lin, Y.Y., Lawler, J.J., et al.. Toward a Model of Organizational Human Capital Development: Preliminary Evidence from Taiwan[J]. Asia Pacific Business Review, 2007,13(2):251-275.

⑦ Jiang, K.F., Lepak, D.P., Hu, J., Et Al.. How does Human Resource Management Influence Organizational Outcomes? A Meta-analytic Investigation of Mediating Mechanisms[J]. Academy of Management Journal, 2012, 55(6): 1264-1294.

⑧ MacDuffie, J.P.. Human Resource Bundles and Manufacturing Performance: Organizational Logic and Flexible Productions Systems in the World Auto Industry[J]. Academy of Management Journal, 1995, 48 (2): 197-221.

Hsiung et al.（2012年）在研究中发现，组织政治知觉可以激发利己性OCB动机[①]，但是OCB作为一种自由裁量式的角色外行为，其表现需要一定条件为前提。鉴于角色外行为研究中的一个前提假设是，有角色外行为表现的个体要比仅有任务角色表现的个体更具自由裁量权[②]，说明OCB的表现需要员工在工作中具备一定自主决定权。考虑到绩效的多维性，角色内和角色外绩效表现在对工作参与或自主机会需求的高低存在一定差异。仅与本职工作相关的角色内绩效则不需要太高的工作自主性，传统的严格根据任务、流程分工的工作结构设计也可保证角色内绩效的获得；但是角色外行为属于分外职责，则对自主性、自治性工作设计要求更高，需要更大的自由决定权才能有所体现。

但是，不管哪种绩效，都可用机会大小来衡量对其影响的高低。所以，机会提供要素作为绩效决定机制的又一个维度，可以划分为"大"→"小"两级。

第三节 关系构型的构建与分析

一、关系构型

本研究探究的核心问题是组织政治知觉与工作绩效的关系机理，解决思路是探索二者关系的形成边界与情境。这决定着在AMO三个影响维度下的作用和地位并不对等。为此，本研究将组织政治知觉（动机维度）与工作绩效关系作为主效应，而将能力和机会维度作为二者关系的调节变量来构建二者关系的不同情境，通过跨情境关系的演化分析来建立组织政治知觉与工作绩效的关系构型。这样处理既符合AMO模型对绩效影响机制的原理，又能准确反映研究问题。

为此，本研究依据能力与机会两个维度来建立关系构型。能力维度的

[①] Hsiung, H.H, Lin, C.W., Lin, C.S.. Nourishing or Suppressing? The Contradictory Influences of Perception of Organizational Politics on Organizational Citizenship Behavior[J]. Journal of Occupational and Organizational Psychology, 2012, 85(2): 258-276.

[②] Smith, C.A., Organ, D.W., Near, J.P.. Organizational Citizenship Behavior: Its Nature and Antecedents[J]. Journal of Applied Psychology, 1983, 68(4): 655-663.

"高"→"低"两级与机会维度的"大"→"小"两级可以组成 $C_2^1 C_2^1$ =4个象限（如图3.1所示）。"能力高机会大"、"能力高机会小"、"能力低机会小"、"能力低机会大"就分别构成"机能兼备（象限1）"、"有能无机（象限2）"、"机能俱乏（象限3）"、"有机无能（象限4）"四种关系情境，据此展开组织政治知觉与工作绩效的关系分析。

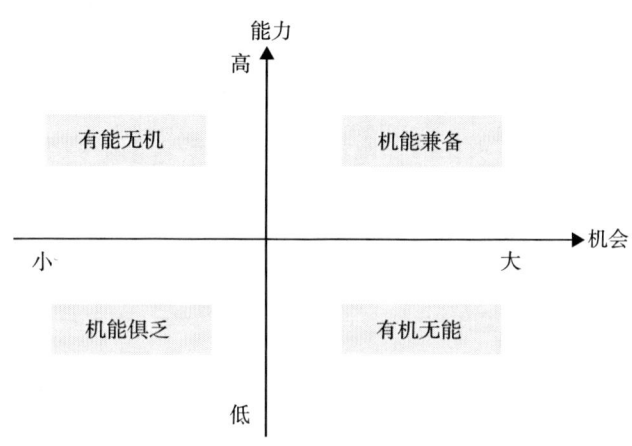

图3.1 组织政治知觉与工作绩效的关系构型

资料来源：本研究设计。

二、关系分析

依据所构建的关系构型，不同象限代表着组织政治知觉与工作绩效关系分析的不同情境。鉴于组织政治知觉属于绩效决定机制中的动机维度，有"促进性"→"抑制性"两级划分，所以在每种情境下又存在两种不同主关系效应。

（一）机能兼备情境

象限1表示的是员工具备快速调整符合环境需求行为的能力以及表现出这类行为的机会和条件。在这种情境下，员工的行为动机最有可能转化为实际行为表现，组织政治知觉与工作绩效之间的关系会得到加强。也就是说，处于政治性组织中的员工如果被激发出增加某种行为或抑制某种行为的动机，其具备行为调适的能力和表现机会，这两种动机都会得到实现，从而会强化政治知觉与工作绩效之间的关系，不管是正向关系还是负向关系。具体来看，在该情境中，如果员工认识到政治性组织环境需要表现出OCB才能获得欲求结果，从而激发出OCB行为动机，在具备这种行为调适能力和表现机会的前提下，其就可能表现出OCB；同理，如果员工认识到在一个高度政治性的组织中，做好本职工作并不能获得公平回报，就会产生降低角色内绩效行为的动机，在能力和机会兼具的情形下，员工最终会降低角色内的行为表现。总而言之，在这种情境下，组织政治知觉与工作绩效之间的直接关系最有可能最终得以真实呈现。如果组织政治知觉对角色内绩效或OCB是促进性的，组织政治知觉与角色内绩效或OCB之间正向关系将加强；如果组织政治知觉对角色内绩效或OCB是抑制性的，组织政治知觉与角色内绩效或OCB之间的负向关系将加强；如果组织政治知觉对其中一种绩效是促进性的，对另一种是抑制性的，组织政治知觉与工作绩效之间相应的正向或负向关系都会得到加强。

（二）有能无机情境

象限2表示的是员工仅具备快速调整符合环境需求行为的能力，但缺乏表现出这类行为的机会和条件。在这种情境下，组织政治知觉与不同类型工作绩效的关系会有差异。相对于OCB这类角色行为而言，角色内绩效受能力因素的影响大于机会因素[1]，因为角色内绩效主要与本职工作相关，即使不具备太高的工作自主性、参与或授权水平，也有可能达到角色内绩效要求。那么，该情境会强化组织政治知觉与角色内绩效的关系。具体来看，在该情境中，如果组织政治知觉对角色内绩效和OCB都是促进性的，那么组织政治知觉与角色内绩效的正向关系增强效应高于OCB；如果组织政治知觉对角色绩效和OCB都是抑制性的，那么组织政治知觉与角色内绩效的负向关系的增强效应高于OCB；如果组织政治知觉对角色内绩效是促进性的，对OCB是抑制性的，那么组织政治知觉与角色内绩效的正向关系将加强；如果组织政治知觉对角色内绩效是抑制性的，对OCB是促进性的，那么组织政治知觉与角色内绩效的负向关系将加强。

---

[1] Daniel R.Ilgen, Elaine D, Pulakos.变革的绩效评估——员工安置、激励与发展[M]. 张宏，关丹丹，彭广强译. 北京：中国轻工业出版社，2004：14-33.

(三) 机能俱乏情境

象限3表示的是员工既不具备快速调整符合环境需求行为的能力，也不具备表现出这类行为的机会和条件，与象限1相对。在这种情境下，员工的行为动机最终很难得以真实表现，组织政治知觉与工作绩效之间的关系不会产生多大改变，甚至可能会减弱。也就是说，处于政治性组织中的员工如果被激发出增加某种行为或抑制某种行为的动机，但如若不具备行为调适的能力和表现机会，这两种动机都会衰减，不管是正向关系还是负向关系。具体来看，在该情境下，如果组织政治知觉对角色内绩效或OCB是促进性的，组织政治知觉与角色内绩效或OCB的正向关系将减弱；如果组织政治知觉对角色内绩效或OCB是抑制性的，组织政治知觉与角色内绩效或OCB的负向关系将减弱；如果组织政治知觉对其中一种绩效是促进性的，对另一种是抑制性的，那么组织政治知觉与促进型绩效的正向关系将减弱，与抑制型绩效的负向关系也将减弱。

(四) 有机无能情境

象限4表示的是员工不具备快速调整符合环境需求行为的能力，但具备表现出这类行为的机会和条件，与象限2相对。在这种情境下，组织政治知觉与不同类型工作绩效的关系同样会有差异。相对于角色内绩效，OCB受工作机会大小的影响更大，因为前文已经指出角色外行为的表现受工作自主决策权的影响。那么该情境会强化组织政治知觉与OCB的关系。具体来看，在该情境下，如果组织政治知觉对角色内绩效或OCB是促进性的，组织政治知觉与OCB正向关系的增强效应高于角色内绩效；如果组织政治知觉对角色内绩效或OCB是抑制性的，组织政治知觉与OCB负向关系的增强效应会高于角色内绩效；如果组织政治知觉对角色内绩效是促进性的，对OCB是抑制性的，组织政治知觉与OCB的负向关系将加强；如果组织政治知觉对角色内绩效是抑制性的，对OCB是促进性的，组织政治知觉与OCB的正向关系将加强。

通过对4个象限情境下的关系分析可知，由于组织政治知觉的多维性对绩效可以产生促进性或抑制性两种动机，而工作绩效又可分为角色内绩效和OCB两种。依据"促进"→"抑制"和"角色内"→"OCB"又可产生四种主效应关系："双促进"、"双抑制"、"促内抑外"、"促外抑内"，也即每一情境下都可产生四种主效应关系。而不同情境对不同绩效的影响效应有所不同。因为绩效的多因多维性，不同绩效其决定机制的相对重要性也存在差异。相对而言，角色内绩效受能力影响更大，OCB受机会影响更大；同时，OCB和角色内绩效之间还存在影响关系。那么，在同一动机下，四个象限可横向比较出绩效结果的相对大小。具体分析如下。

如果一个组织中存在的政治氛围对角色内绩效和OCB都具有促进作用（双促进），那么，在象限1中OCB最高，因为能力和机会兼备；在象限3中OCB最低，因为缺乏行为能力和机会；在象限4中的OCB高于象限2的，因为相对于能力因素，机会对OCB的影响更大。四个象限中OCB的相对效应大小是：象限1>象限4>象限2>象限3。对于角色内绩效而言，象限2中角色内绩效最高；象限3中角色绩效最低；象限2中的角色内绩效之所以会高于象限1的，是因为：首先，角色内绩效主要受能力因素影响，工作自主性大小与否对其影响不大，在能力高机会小的象限2情境中，员工角色内绩效则会提高；其次，研究已经发现在资源有限的情形下，过多的OCB会降低角色内绩效[1][2]。在象限1中，由于员工兼具行为能力和机会，在促进性动机下，很有可能表现出过多的OCB，从而致使角色内绩效降低，而象限2中，由于员工不具备高度的行为机会，即使在促进性动机下，OCB表现程度也不会太高，这时的OCB有可能如定义那样将对角色内绩效产生正向影响，所以象限2的角色内绩效高于象限1的；同理，象限4中的角色内绩效高于象限3，因为尽管不具备太高的行为能力，但当具有一定的工作自主性时，在促进性动机下，员工或多或少会增加OCB。但员工的OCB程度受到能力局限的控制，不会太过度，这时有可能促进角色内绩效提高。四个象限中角色内绩效的相对效应大小是：象限2>象限1>象限4>象限3。

如果一个组织中存在的政治氛围对角色内绩效和OCB都具有抑制作用（双

---

[1] Grant, A.M., Schwartz, B.. Too Much of a Good Thing: The Challenge and Opportunity of the Inverted U[J]. Perspectives on Psychological Science, 2011, 6(1): 61-76.

[2] Bolino, M.C., Turnley, W.H.. The Personal Costs of Citizenship Behavior: The Relationship between Individual Initiative and Role Overload, Job Stress, and Work-Family Conflict[J]. Journal of Applied Psychology, 2005, 90(4): 740-748.

抑制），那么象限1中OCB最低，象限3中OCB反而最高。因为在具备行为能力和机会时，员工的抑制性行为动机才可能得以实现，自主的工作机会能够保证其在工作中可以降低OCB表现。而象限3中，员工既不具备行为能力，也不具备行为机会，组织政治知觉对OCB的负向影响就保持在一个正常水平，受情境影响不大；同理，象限4中的OCB低于象限2的，因为工作机会对OCB的影响大于能力要素，如果员工可以自主决定自己的行为表现，当决定降低OCB时就有更大可能性将其付诸实践。四个象限中OCB的相对效应大小是：象限3>象限2>象限4>象限1。对于角色内绩效而言，在象限1中角色内绩效最低，象限3中角色内绩效最高。道理类似，惟一的差别在于，象限2中的角色内绩效低于象限4，因为能力因素对角色内绩效的影响大于机会因素。如果员工具备高行为调适能力，当决定降低角色内绩效时，其就有更大可能性将其实现。四个象限中角色内绩效的相对效应大小是：象限3>象限4>象限2>象限1。

如果一个组织中存在的政治氛围对角色内绩效有促进作用，对OCB具有抑制作用（促内抑外），OCB的效应大小等同于双抑制情境中的效应：象限3>象限2>象限4>象限1。而角色内绩效在象限2中最高，因为OCB在象限1中最低，而在象限2可保持一个适度水平，可以对角色内绩效产生促进作用，所以象限2中的角色内绩效高于象限1。尽管象限3中的OCB程度最高，但在抑制性动机下，OCB程度也不会过高以致有损角色内绩效，所以在适度水平上的OCB对角色内绩效是可能存在积极作用的；而象限4中的OCB程度过低，其对角色内绩效的促进作用会小于象限3，所以，象限3中的角色内绩效高于象限4，角色内绩效的相对效应大小是：象限2>象限1>象限3>象限4。

如果一个组织中存在的政治氛围对OCB有促进作用、对角色内绩效具有抑制作用（促外抑内），角色内绩效的效应同等于双抑制情境中的效应：象限3>象限4>象限2>象限1。对于OCB而言，象限1中员工兼具行为的能力和机会，所以最高；同理，象限3的最低。而机会要素对OCB的影响大于能力要素，所以象限4中的OCB程度大于象限2的。该情境下的OCB效应大小与双促进情境中的OCB效应等同：象限1>象限4>象限2>象限3。

各象限中组织政治知觉与工作绩效关系的横、纵向比较相对效应大小整理如

表3.1所示。

表3.1 关系解析

前因变量	结果变量	相对效应大小			
		象限1	象限2	象限3	象限4
双促进	OCB	1	3	4	2
	角色内绩效	2	1	4	3
双抑制	OCB	4	2	1	3
	角色内绩效	4	3	1	2
促内抑外	OCB	4	2	1	3
	角色内绩效	2	1	3	4
促外抑内	OCB	1	3	4	2
	角色内绩效	4	3	1	2

注：表中数字表示相对效应大小，"1"表示最大，"4"表示最小。
资料来源：本研究设计。

第四章 国企员工组织政治知觉情境特性的分层探析

本章主要对影响国企员工组织政治知觉的多层次情境因素展开分析。Chang et al.（2009年）[1]的研究已经证明组织政治知觉的影响存在跨文化差异，说明不同国家文化会导致员工对组织政治产生不同的认知和反应。因此，跨文化差异性则需要从文化独特性中去探寻原因和机理。

从历史发展来看，工业文明对农耕文明形成了很大冲击，工业化进程对传统农村社会经济体系带来了极大的变革与瓦解；从中国内部看，辛亥革命以来传统文化又受到西方民主科学、社会主义等思潮的极大挑战，再加上五四运动、"文革"、经济转型所带来的震荡，中国的社会文化以及人们的价值观都发生了很大变迁。但不可否认的是，尽管受到如此大的冲击，中国日常社会生活中仍然充斥着浓厚的传统文化色彩，并且其影响无处不在，很难说延续了几千年的官僚政治文化根基已被动摇。那么，对国企员工组织政治知觉的分析则需要根据中国传统文化来探讨历史文化基因可能带来的影响。

同时，个人的观念与行为往往会发生错位。个人行为并非一定由个人的单一观念所决定，还会受社会规范的型塑。中国社会中的关系、人情与面子等运作机制与传统官僚政治文化形成互补[2]，共同影响中国人的行为表现。因此，探讨国

---

[1] Chang, C., Rosen, C.C., Levy, P.E.. The Relationship between Perceptions of Organizational Politics and Employee Attitudes, Strain, and Behavior: A Meta-analytic Examination[J]. Academy of Management Journal, 2009, 52(4): 779-801.

[2] 崔勋,瞿皎姣.组织政治知觉对组织公民行为的影响辨析——基于国有企业员工印象管理动机的考察[J].南开管理评论:2014,17(2):129-141.

企员工组织政治知觉与工作绩效行为之间的关系则需要置于中国的人情社会机制中,通过中国人的政治行为特征来洞察国企员工政治知觉下的行为表现。

此外,文明的变迁导致政治稳定、经济发展、社会安定的微观机制都发生演变。农耕文明时代,以家庭、村落为单位的稳定是国家稳定的微观基础,在工业文明下,经济组织——企业替代家庭成为促进国家安定与发展的微观机制。鉴于政治是除经济、道德之外的第三种资源分配方式,如果经济、道德的资源分配角色受抑制,那政治将成为资源分配的主导。中国体制的特殊性,就决定了肩负国家安定与发展的政治性使命的国企也呈现出体制性特征。相对于其他所有制形式的企业而言,国企则可能会有更多政治特征的沿袭与渗透。

个体的微观行为表现受宏观背景的型塑与规范。政治、经济与社会的三者关系构成了人类社会的内在联系,彼此间关系的变化与互动是解释人类社会发展演变的关键[①]。为此,国企员工组织政治知觉与工作绩效的关系需要嵌入文化(政治)、社会、企业(经济)三重交互情境中,并从历史、演化的视角来进行深入剖析。本章则主要根据这一思路对该问题展开论述。

第一节　官僚政治文化与中国人的政治观

牟宗三在《中国哲学的性质》一书中指出哲学是构成文化的一个基本成分,通过对中西方哲学的差异比较则可以发现中国文化的特点。周桂细(2007年)将哲学分为三大类:求真的哲学(包括宇宙论、科学哲学、逻辑学、知识论等)、求善的哲学(伦理学、政治哲学、宗教哲学、道德哲学等)、求美的哲学(艺术哲学或美的哲学),并指出欧洲哲学以科学哲学、逻辑学等求真的哲学为主,而中国哲学则以政治学、伦理学等求善的哲学为主[②]。西方的思辨哲学,跟现实政治是脱离的;而中国哲学与现实社会紧密相连,特别与现实政治的结合尤为密切,是政治

[①] 陈国权,曹伟.人情悖论:人情社会对经济转型的推动与钳制——基于温州模式的历史考察[J].国家行政学院学报,2013(1):15-19+47.

[②] 周桂细.中国传统政治哲学[M].石家庄:河北人民出版社,2007:4.

的指导与参谋①。由此可见，传统政治哲学是中国传统文化的基本构成。

众多学者都将官僚政治文化作为中国古代文化的代言人②。中国古代官僚制或科层制形成于秦朝，终结于清王朝，存续长达两千多年，形成了一个超稳定体系③。其间尽管发生过一些变化，但它总是作为一种国家组织结构形式和政治制度而存在着②。中国传统文化明显地表现为以这种科层制或官僚制为核心的官僚政治文化。而儒家思想或儒学是官僚政治文化形成及存续的基础和纽带。儒家文化的核心地位是被政治所选择的结果。其在中国古代文化中的地位，取决于君主专制和中央集权的官僚政治制度的需要及其自身的变化②。所以，本研究将焦点锁定在官僚政治文化，借此透析中国传统文化对国人政治观影响的内在逻辑。

一、中国古代官僚政治制度的形成及特点

传统的中国社会一直被视为一个高度"政治化"的社会，具有权力本位或官本位、政治经济文化结构高度合一、"皇权主义"和政治全能主义的政治特征④。自秦统一六国以来，废封建，立郡县，统一文字，统一度量衡，建立了大一统的中央集权制度，专制型官僚政治得以成行并延续了两千年之久。在1949年新中国成立之后，中国社会政治权力的基本结构不仅继承了郡县制的传统，而且还通过土地改革和工商业改革，把政治上的中央集权制度推向了社会、经济、文化等生活领域，使得新中国成立后的中国社会政治权力结构在总体上也呈现出高度集中的特征，比如稀缺资源高度垄断，组织运作方式上强调彻底动员式的群众运动⑤。

毋庸置疑，中国封建官僚政治制度对中国的社会、经济、文化都产生了深远影响。官僚制度作为集权政府和专制君主维持政权的必要工具⑥，始于秦，末于清，其形成具有一定的经济社会背景。

---

① 周桂细.中国传统政治哲学[M].石家庄：河北人民出版社，2007：21.
② 肖宁灿.科层制与中国古代文化初探[J].社会科学研究，2001(1)：119-122.
③ 文崇一，萧新煌.中国人：观念与行为[M].北京：中国人民大学出版社，2013：1.
④ 燕继荣.政治学十五讲[M].北京：北京大学出版社，2001：3.
⑤ 毛寿龙.政治社会学.北京：中国社会科学出版社，2001：25-49.
⑥ 刘慧敏，刘余莉.儒家文化与和谐社会[J].齐鲁学刊，2007(6)：11-17.

首先，一家一户的小农经济是官僚政治制度的经济基础。古代中国是一个农耕民族，最主要的生产部门是农业，社会财富的最主要创造者是农民，个体农户则成为社会最基层的经济组织，也是最基层的政治组成细胞[1]。在当时的经济领域中，小农生产方式占主导，而要协调这样的个体家庭有效地从事生产甚至一定程度地扩大再生产，必要的权威是必不可少的[2]。因为经营分散、彼此独立的这种小农经济没有也不可能自发产生紧密的联系，只有依靠超经济的行政权力和手段来强行管理，使之成为经济联合体，以此防御游牧民族对农业种植经济的破坏、修建治水等社会公共工程，从而保护社会生存的命脉——小农经济的稳定[3]。经济基础决定上层建筑，正是基于封建社会的这种小农经济体系。秦灭六国后，消除诸侯割据，建立了中央集权的大一统国家，以政治权力为中心来管理社会，通过由中央委任地方政府官吏来实现[3]。该制度与小农生产方式联系在一起，是当时政治、经济形态相结合的产物。

其次，终止战争、结束分裂、实现安定是官僚政治体制的现实需要。在中国古代社会，交通和通信都不发达，如何管理如此辽阔的领土和众多的臣民是当时的一大社会、政治问题。为此，尧时代采取的是"协和万邦"制，以尧为中心形成了从最亲近的"九族"→周围的"百姓"→远方的"万邦"的大一统系统[4]。后来，该系统一直得以延续。到了周朝，周公则采取了封建制度。通过建立诸侯国，把边远的土地分成若干块，将土地和土地上生产、生活的人民一起分给先王之后、开国功臣以及亲戚，由其分别管理[4]。封国有很大的独立性和自主权，王位可以世袭，具有官吏任用权以及财政收入的支配管理权，而其义务仅为朝聘和进贡。随着周朝末年的天下大乱、礼崩乐坏，一个中心的大一统格局被打破，社会陷入无序状态，战争频发，民不聊生。正所谓"春秋无义战"，局面无法控制，最终导致战国七雄并起，秦灭周，再灭山东六国，一统天下[5]，消除了诸侯

---

[1] 周桂细.中国传统政治哲学[M].石家庄:河北人民出版社,2007:238.
[2] 王金崇."三纲五常"在批判[D].哈尔滨:黑龙江大学硕士学位论文,2004.
[3] 刘慧敏,刘余莉.儒家文化与和谐社会[J].齐鲁学刊,2007(6):11-17.
[4] 周桂细.中国传统政治哲学[M].石家庄:河北人民出版社,2007:153.
[5] 周桂细.中国传统政治哲学[M].石家庄:河北人民出版社,2007:155.

纷争，建立了中央集权的大一统国家。秦始皇一反过去的封建制，实行了郡县制，为了实现稳定，建立了中央集权，官僚政治体制得以成型。到汉朝在经历吴楚七国叛乱之后，董仲舒总结历史教训，向汉武帝提出了：反对诸侯分裂割据，加强中央集权、统一思想、独尊儒术的治国方略，使得这一体制得以强化。由此可见，封建官僚政治体制的出现具有一定的历史背景，也是一个是被选择的结果。

成形于秦汉时期的官僚政治体制，不但改变了中国的封建性质，决定中国官僚政治的形态，也改变了中国专制君主与官僚间，乃至官僚相互间的社会阶级利害关系[1]。关于中国官僚政治的特点，王亚南（1981年）将其归纳为如下三点。

（一）延续性——中国官僚政治延续期悠久，几乎与中国传统文化相始终

在中国古代社会，早在夏朝就已经开始设官治事。如《礼记·明堂位》中便有关于"夏后氏官百"的记载。但是，夏、商、周三代实行的是贵族统治，并未建立真正的官僚制或科层制，是随着春秋战国时期的动荡、礼崩乐坏的变革，分封制、世卿世禄制的废除以及郡县制的确立，职业官吏从无到有、从少到多，中国古代科层制或官僚制才逐渐得以形成[2]。秦灭六国后，建立起了中央集权的大一统国家，君主专制或官僚制（科层制）才基本成型。可以说，战国、秦汉之际是中国古代政治体制的转折点。前者实行的宗法贵族统治制度，后者实行的才是官僚政治体制，由官僚而非贵族来统治士民。秦朝的官僚政治在封建贵族政治的崩溃过程中形成，而后各朝的官僚政客，则都是在官僚政治体制下形成的[3]。朝代的更迭也不过是同式政治形态的重复，王朝的不绝"再生产"联动了官僚统治的不绝"再生产"。所以，这一政治体制在其后两千多年里不断强化。尽管其间发生过一些动荡，但都未在根本上予以动摇。

由此可见，中国官僚制出现的时间比任何国家都早、持续的时间比任何国家都长[4]。秦汉建立中央集权制度以后，诸子思想融汇为新的庞大体系，形成相对完善的内容丰富的政治哲学。该哲学作为中国民族精神的主干，决定了中国民族

---

[1] 王亚南.中国官僚政治研究[M].北京:中国社会科学出版社,1981:57.
[2] 肖宁灿.科层制与中国古代文化初探[J].社会科学研究,2001(1):119-122.
[3] 王亚南.中国官僚政治研究[M].北京:中国社会科学出版社,1981:40.
[4] 王亚南.论官僚政治与官僚主义[J].学术月刊,1957(7):33-39.

的历史和文化,绵延到明清时代,也在一定程度上影响着当今的中国[①]。

(二)包容性——中国官僚政治包摄范围广阔,其同中国各种社会文化现象如伦理、宗教、法律、财产、艺术等方面关系密切

中国官僚政治的包容性特征或许也是其得以延续两千年之久的一个原因。每个社会都会同时存在各种各样的社会文化和制度。如果一种制度不能够与其周围的其他社会体制相适应、相协调,就会显得孤立无助,变得狭隘;反之则会增加其作用和影响[②]。中国官僚政治体制的影响之所以如此深远,与其自身的包容性不无联系。这种包容性的具体体现及原因如下。

首先,中国以父家长为中心的家族制和宗法组织虽然在专制——官僚政体实现后更加强化,但在这以前,是存在这样一个可供官僚政治利用的传统。国与家是相同的,君权与父权是相互为用的[②]。

其次,法律和政治关系非常密切。在中国,一般的社会秩序,不是靠法来维持,而是靠宗法、靠纲常、靠下层对上层的绝对服从来维持;"法治"被"人治"与"礼治"所替代。这与专制——官僚政治互为因果,不仅是专制——官僚政治实行的结果,同时又是官僚政治影响增大的原因[②]。

最后,学术、思想等文化与政治的高度合一。欧洲专制时代的学术、思想与教育并不完全与其所处的政教统治体制结合在一起。文艺复兴、启蒙运动、加尔文主义运动等都是主张自由、强调人权,就其反封建的立场来看,尽管有些方面在维护专制官僚,但大体上仍然是反对专制主义和官僚政治的[②]。不同于此,中国的传统文化却对专制——官僚统治给予了有形、无形的支持,学术、思想等文化教育事等与官僚政治紧密结合在一起。"二千年之政,秦政也,二千年之学,荀学业",无非谓学术与政治的统一。"是道也,是学也,是治也,则一而已"。学术、思想乃至教育,完全变为政治工具,与官僚政治达到了水乳交融的调和程度[③],故政治的作用和渗透力达到了政治本身活动所不能达到的一切领域也就不

[①] 周桂细.中国传统政治哲学[M].石家庄:河北人民出版社,2007:155.
[②] 王亚南.中国官僚政治研究[M].北京:中国社会科学出版社,1981:41-42.
[③] 王亚南.中国官僚政治研究[M].北京:中国社会科学出版社,1981:43.

足为奇。

总之,中国的家族制度、社会风习与教育思想活动等与官僚政治互为因果,在某种限度内既是官僚政治实行的结果,又是官僚政治的推力。它们不但从外部给予官僚政治以有力的影响,而且变为官僚制度内部的一种机能,一种配合物[①]。

(三)贯彻性——中国官僚政治的支配作用有深入的影响,中国人的思想活动乃至整个人生观,都拘囚锢蔽在官僚政治所设定的樊笼中

在中国古代,一般人民,尤其是一般农民是没有机会受教育的,其所受的只是统治者为他们编制的一套有利于统治的"教育"[②]。因为"明君贤臣"的政治场面,必然要以"顺民"来维持,而"暴君污吏"的政治场面,尤须"顺民"的忍耐以保证。这种"教育"的手段除了严刑峻法来型塑其恭敬顺从外,还有纲常教化以及其他与"治道"攸关的各种社会制度、习惯乃至命运哲学。官僚政治体制下的这类官僚政治文化起到了缓和一般民众对官僚权威的反抗情绪。因此,中国自古以来就不允许人民具有基本的权利观念,对其自身基本权利的剥夺、蹂躏也很少从法治的角度来考虑是非,至多只在伦理范围去分别善恶;事实上,即使是在伦理认识的范畴内,他们也并不能把善恶辨得明白,因为读书有权利做官,做官有权利发财,做官发财都是命运安排,这类想法是不允许用道德来评价的[②]。

同一社会事象的反复,会使人们的反应牢固地变成其第二天性。在专制官僚政治的影响下,统治阶级的优越感和一般贫苦大众的低贱感,被一系列社会条件予以支持和强化,长此以往,被统治者和统治者双方在当时的情形下自然而然地将这种尊卑等级视为理所当然,而以现代民主的角度来审视这都是不公平、不合理的[②]。由此可见,几千年官僚政治体制的影响根深蒂固。

二、官僚政治文化的内涵

制度需要文化作为支撑,官僚政治制度的形成和存续也伴随着一套支持这一制度的文化的出现和延续,即官僚政治文化。中国传统文化的核心构成要素——

---

① 王亚南.中国官僚政治研究[M].北京:中国社会科学出版社,1981:43.
② 王亚南.中国官僚政治研究[M].北京:中国社会科学出版社,1981:45.

中国传统政治哲学产生于春秋战国的乱世环境。在那个时代，礼崩乐坏，社会混乱，各诸侯纷争，以强凌弱，以众暴寡，人民陷入苦难的深渊[1]。那个时代出现了许多哲学家、思想家，他们都以经世济民作为自己的历史使命，围绕国家社会如何组织与管理、人与人之间如何相处与交际等问题提出各自的政治主张，以消除战乱，恢复社会秩序，促进国家长治久安。

可以说，百家争鸣中的各家学说多属政治哲学范畴。儒家强调伦理学或道德哲学是政治哲学的一部分，所谓修身、齐家、治国、平天下，修身是根本，外王就是平天下，修身是为了治国平天下，伦理是为政治服务的；道家的《道德经》被称为"君王南面之术"的书，也是关于政治哲学的著作，其中政治权术常为后代政治家所用；墨家的十大主张也都是治国方略；法家依法治国，不言而喻也是关于政治哲学的著作；纵横家的所谓合纵连横，是一种政治战略；研究天文历法的阴阳家，在中国古代天命论、天人感应说的影响下，也与政治发生密切的联系，成为天命的代言人和政治家的精神支柱[2]。

先秦诸子百家的治国方略，形成了丰富多彩的政治哲学。在秦汉建立中央集权制度以后，诸子思想融汇为新的庞大体系，形成了相对完善的政治哲学，型塑着中国的历史和文化，绵延至清，影响至今。而这一政治哲学所代表的政治文化则是与形成于该时期的官僚政治制度相匹配的官僚政治文化，二者都是历史选择的结果。那么，官僚政治文化的内涵、构成、基础则是由传统政治哲学予以反映。

（一）传统政治哲学的格局

中国哲学的特色是以政治哲学为主，其格局可体现为天命（圣人、经典）、天子（王、皇帝）、百官、万民四个层次[3]。最高层是天，包括天的代言人——圣人及其著作经书，天扮演着一种精神权威，是统治者的精神支柱，现代称其为"意识形态"；第二层是皇帝，称为"天子"，他处于中央集权的塔尖，是人间政权的最高代表，拥有最高统治权，类似于现代的"国家元首"、"总统"；第三层

---

[1] 周桂钿.中国传统政治哲学[M].石家庄:河北人民出版社,2007:15.
[2] 周桂钿.中国传统政治哲学[M].石家庄:河北人民出版社,2007:20.
[3] 周桂钿.中国传统政治哲学[M].石家庄:河北人民出版社,2007:21-24.

是政权机构中的各级官吏，相对于"君"，被统称为"臣"，古代称"百官"，相当于现在的公务员；第四层是没有政治权力的所有社会成员，即"民"[1]。

在这个格局中，皇帝是"孤家寡人"，只有一个，即所谓"天无二日，国无二君"，而"民"的人数最多，正所谓"万民"。"臣"与"民"之间又可以分为许多等级，不同等级的"臣"在政权机器中起着不同的作用，不同类别的"民"因为财产、知识、家族以及宗法关系而又有不同的社会地位，其间存在着复杂的相互关系。四层次的横向关系就是伦理纲常，纵向关系就是历史发展（继承与变革），中国传统政治哲学所要探讨的就是这四层次格局及其相互之间的关系[1]。

制度可以选择或强化某种文化，而某种文化亦可型塑制度系统。因此，这些格局及关系就是在与官僚政治制度应运而生的官僚政治文化框架下予以探讨的。

（二）官僚政治文化的内核

儒学是中国传统政治哲学的主干[2][3]，即成为官僚政治文化的内核。儒学不仅是伦理性的哲学，其讲求内圣外王，内圣则主要涉及仁义道德、心性修养的伦理性哲学，但外王则是政治性哲学，内圣是为了外王，将德治、仁政、王道统合起来，实则就是一种政治哲学。孔子的终极关怀是天下太平，理想人格就是古代圣王。所提倡的仁、义、礼、智、信，过去只将其视为伦理的范畴，实际上都与政治有密切的关系；有关天命、道德、圣贤、礼乐、忠孝、刑政、教化、学思等论述都围绕政治展开，可以说，孔子及其弟子所创立的儒学是一门关切社会的政治哲学[4]。

周桂细（2007年）、王亚楠（1981年）都发现"最便于专制"的儒术实际上都是通过三个思想来为政治服务的，从而被官僚政治所选择而作为文化内核，即天命论、大一统观念、纲常论。其中，影响最为深厚的是纲常论，可借此对官僚政治文化进行阐释。

---

[1] 周桂细.中国传统政治哲学[M].石家庄:河北人民出版社,2007:21-24.
[2] 周桂细.中国传统政治哲学[M].石家庄:河北人民出版社,2007:11.
[3] 刘慧敏,刘余莉.儒家文化与和谐社会[J].齐鲁学刊,2007(6):11-17.
[4] 周桂细.中国传统政治哲学[M].石家庄:河北人民出版社,2007:16-17.

1. 作为精神支持的天命论

任何政治都需要精神支柱或者信仰，这种支柱可以是人、是神、是著作。很多国家多以宗教信仰作为精神支持，比如基督教国家将上帝作为精神支持、伊斯兰国家将阿拉作为精神支柱。而在古代中国则是将天命作为精神支柱，皇帝的祭天活动、"天意"、"尽人事，听天命"、"谋事在人，成事在天"、"五十而知天命"、"替天行道"、"天命不可违"等说法正是其映射[①]。

原始天命论认为整个世界的主宰者是天命。天命不仅主宰自然界，而且还主宰人类社会。人类社会由天的儿子来主宰，也即"天子"，他是人间最高的统治者，代表天与人沟通，这就是原始天命论的主要内容。而天人合一的思想也源于此。《周易·序卦》中说道："有天地然后有万物，有万物然后有男女，有男女然后有夫妇，有夫妇然后有父子，有父子然后有君臣，有君臣然后有上下，有上下然后礼义有所错。"也就是说，人是天地所生，人命与天命是一体的。天立君以为民，君则要为民服务，那么君需要研究人的问题，研究人的问题也就等于研究天的问题，研究人与天的关系，从而发展出了天人合一的思想。

天命论思想的影响及其意义在于：首先，天命论肯定世界是可以认识的，为中国古代天文学的研究铺平了道路、积累了有用资料；其次，天命论承认天命是自然界与人类社会的最高主宰，从一切统归于天命的思想首次提出了世界统一性的问题，其逻辑在于先有天命一元论，而后才有道一元论、理一元论、气一元论和元气一元论；最后，也是其影响和意义最为深远的，天命论成为当时最强有力的理论武器和最先进的上层建筑，统治者都要打着奉天承命的旗号，假借天命来召集群众，发动群众，进行政治斗争和采用政治举措[②]。夏、商、周三代政治都将天命论作为意识形态，不管什么问题都与天命联系上，才能为一般大众所接受。

天命是不可违背的，与天命相联系的政治制度就具备了天然的约束力，人们只能顺从。于是，天命就成为一个强有力的政治操控武器，对中国人的观念和行

[①] 杨国枢.中国人与自然、他人、自我的关系[C]//文崇一,萧新煌.中国人:观念与行为[M].北京:中国人民大学出版社,2013:3.

[②] 周桂钿.中国传统政治哲学[M].石家庄:河北人民出版社,2007:26-27.

为产生了深远的影响。现在,天坛作为一座古代祭天的建筑物仍然存在,而祭天的活动已经罕见。尽管天命论已不再成为中国政治的精神支持,但其所型塑的国人顺从性人格却并未随之消失。

2. 大一统思想

大一统思想产生较早,在《尚书·尧典》的"光被四表"、"以亲九族"、"平章百姓"、"协和万邦"中就已有显露。大一统的政治中心是天子。在天命论的影响下,天子就是人间的最高权威,是政治权力的核心,也是大一统的中心[①],百官则是国家机器的重要部件,大一统思想所宣扬的则是以天子、皇帝为中心的集权制。

这一制度正式确立于秦朝,巩固于汉朝,来自历史经验的总结。董仲舒在答对汉武帝的《天人三策》中就曾明确提出:"《春秋》大一统者,天地之常经,古今之通谊也。今师异道,人异论,百家殊方,指意不同,是以上亡以持一统,法制数变,下不知所守。臣愚以为诸不在六艺之科、孔子之术者,皆绝其道,勿使并进;邪辟之说灭息,然后统纪可一而法度可明,民知所从矣。"董仲舒认为,统治者如果缺乏统一贯性,就会出现朝令夕改的现象。而法令、政策、制度等都是人民必须遵守的,如果经常变动,人民就会无所适从,势必就会导致社会、政治的不稳定。要维持社会、政治的稳定,就应该从统一思想着手[②]。于是,其"罢黜百家、独尊儒术"的建议得以通过,产生了经学,以儒家思想为统一指导思想,在思想上实现了大一统,巩固了汉朝政权的统一。而这一思想的影响更加深远,在不同程度上渗透在其后的政治、经济、社会制度建设中,尤其成为中华民族的政治观念和思维方式。比如,当国家处于分崩离析之时,人们都会奋力维护统一,反对分裂,这样的事例在历史上屡见不鲜。

大一统的现实表现就是中央集权制,该制度直到辛亥革命才结束。其能存续如此之久存在着某种合法性:首先,皇权是社会秩序的象征,有了皇权,就有了稳定的社会秩序;其次,历史上的太平盛世都发生在大一统的中央集权制比较巩

---

① 周桂细.中国传统政治哲学[M].石家庄:河北人民出版社,2007:153.
② 周桂细.中国传统政治哲学[M].石家庄:河北人民出版社,2007:79.

固的时期；最后，中国历史上人口最多的时期也是在汉唐盛世时代[1]。由此可以看出，这种体制在当时的历史背景下产生了诸多积极作用，其存续具有一定的历史必然性与合理性。

3.作为官僚政治文化纽带的纲常论

儒家学说用五伦定义了人际关系：父子有亲，君臣有义，夫妇有别，长幼有序，朋友有信。而纲常论则是中国古代社会用以调节、处理人际关系的一项基本准则。纲常是三纲五常的简称。其中，纲是主的意思，三纲是指君为臣纲、父为子纲、夫为妻纲，说明在君臣、父子、夫妻这三种社会关系中，君、父、夫三者是主导的，臣、子、妻必须服从君、父、夫；常则代表仁、义、礼、智、信五种道德观念、道德原则。而纲又代表着"根本"，常代表着"不变"，君为臣纲、父为子纲、夫为妻纲和仁义礼智信组合起来的纲常，是要说明说它们是人类社会永恒不变的真理[2]。

（1）三纲五常的含义

尽管古人还概括了其他道德观念，比如四维八德，但三纲五常抓住了中国传统社会及传统政治的根本，最能揭示当时的社会关系及处理原则，是最具代表性的道德观念。之所以这样说，是因为三纲描绘了中国古代最基本的三种社会关系，其他社会的关系都由其派生出来或者依附于它。只要这三种社会关系得到稳定，整个社会政治生活也会呈现出有序的状态。五常则包含了德性与智性、内在意识与外在规范等人伦道德。就三纲与五常的特点而言，三纲是外在社会规范，有行政、法律上的强制性；五常则属于内在的道德意识，主要依靠人的自觉性。就三纲与五常之间的关系而言，三纲更为根本；五常以三纲为依托，所谓的仁、礼、义、智、信不过是君臣、父子、夫妻之间忠孝道德的推衍。就三纲五常的实质内容来看，主要包括三个方面：反映伦理关系的父为子纲、夫为妻纲；反映政治关系的君为臣纲；反映了社会基本道德观念的仁礼义智信五常[3]。

---

[1] 周桂细.中国传统政治哲学[M].石家庄:河北人民出版社,2007:161.
[2] 周桂细.中国传统政治哲学[M].石家庄:河北人民出版社,2007:235.
[3] 周桂细.中国传统政治哲学[M].石家庄:河北人民出版社,2007:235.

由此可见,纲常的内容可以概括为伦理关系与政治关系的契合、社会关系与个人道德意识的契合,这种契合在政治上就体现为伦理、政治、道德一体化。以纲常论为核心价值观的中国传统政治就像一张坚固的大网,把不同阶层、不同民族、不同文明程度的人们紧密地联系在一起,共同构成一个大一统的国家。纲常论以中国传统社会政治现实为存在背景,又反过来以纲常论的思想规范引导现实政治。纲常论既是构成现实政治统治的基础,也是评价现实政治统治好坏的最高标准。因此,纲常论是解剖中国传统政治的切入口,是了解官僚政治文化的视窗。

(2) 纲常论的形成

纲常是中国传统社会最基本的价值标准、行为准则。从历史渊源看,它最初诞生于西周宗法制度的母体之中。在其后的中国古代社会里,宗法制度的变相存在以及宗法精神的不断强化,就成为纲常论一直存在的深厚的社会经济、政治、习俗基础。历代的政治家、思想家也从国家的长治久安出发,竭力宣扬纲常论,为其寻找各种自然哲学、人性论、现实需要等方面的论证,使得纲常论的思想体系不断丰富、完善[1],并成为政治稳定的文化保障。

以血缘亲情为纽带所构成的宗法制度在中国古代社会生活中长期占据着重要地位。从世界范围来看,旧的氏族社会时代形成的以血缘为纽带的家族、宗族制度通常都会被按照地域划分的国家行政组织所替代或打散。但中国古代国家较为独特的地方在于,它在形成初期就在国家政治制度中保存了浓厚的血缘因素,氏族社会的宗法制度与新兴的政治国家融为一体,形成了所谓的宗法政治[1]。

这种宗法政治体制表现为依据宗法制度上血缘关系的亲疏远近来确定政治上的阶级或等级,统治者是依靠氏族血缘来对国家进行统治的。该体制兴起于上古的夏、商、周三代,成熟、定型于西周。制度的延续,就形成了一个宗法等级网络和政治等级网络一体化的国家组织[2]。政治统治制度和宗法制度是直接混在一起的,人与人之间的关系纵横交错。统治者之间既可能构成政治上等级尊卑不同的君臣关系,又可能存在宗族里血缘关系亲疏不同的长辈与晚辈、大宗与小宗的

---

[1] 周桂钿.中国传统政治哲学[M].石家庄:河北人民出版社,2007:236.
[2] 周桂钿.中国传统政治哲学[M].石家庄:河北人民出版社,2007:237.

伦理关系，不仅君、臣关系和父、子关系会发生重叠，宗族事务管理和国家政治管理也是有可能发生重叠的，君、父一体，道德、伦理、政治一体[①]。由此可见，以西周为代表的宗法政治是一种政治、伦理、道德一体化的社会组织形式，在治国方略上就体现为靠血缘宗族的礼仪制度来约束君臣、君民之间的关系，主要依靠道德教化而非暴力压制施政。这就是纲常的雏形，特别是亲亲、尊尊的宗法精神更为纲常论所发扬光大。尽管严格的宗法制度在西周以后逐渐衰亡，但以血缘为纽带的家族、宗族在其后社会的政治生活中仍然起着至关重要的作用。纲常论之所以能对中国的政治、社会、经济产生如此大的作用，是因为它适应了中国传统社会的现实状况。

首先，一家一户的小农经济是纲常论存在的最广阔的土壤。中国古代的经济基础是农业，社会财富主要依靠农民创造。单个的农户是当时社会最基层的经济组织和政治组织细胞，独立分散的生产需要某种权威来协调。同时，古代农业生产对体力劳动的需要，自然使得男子的权力得到巩固。因此，父家长的统治权在古代农业社会里就显得必要、合理。因此，可以说，一家一户的小农经济是父为子纲、夫为妻纲的最根本原因。

其次，中国古代自给自足的自然经济和交通状况又加强了纲常论存在的必要。依靠大自然的农业经济和落后的交通状况，使得人们普遍以血缘为纽带的家族、宗族为单位聚族而居，中国古代的村落基本上都由同姓、同宗的家庭聚集而成，这种习俗也延续至今。这也是纲常能够存在的一个重要因素。因为中国古代的政治管理受制于各种客观因素，难以实现对疆土内全社会的严格控制和管理，社会基层和偏远地区通常处于不自觉的自治状态。而在依靠血缘聚居的村落里，家族、宗族的大家长对于整个家族、宗族拥有和父家长对个体家庭一样的权力，国家政权就不得不利用和凭借家族、宗族的血缘组织来推行国家政令、维持稳定[②]。因此，血缘村落就成为国家政权机构的延伸，在一定程度上能够代行国家的基层政权，这就加强了父家长的权力，既有血缘伦理上的意义，又有国家政权

[①] 周桂钿.中国传统政治哲学[M].石家庄:河北人民出版社,2007:237.
[②] 王金崇."三纲五常"在批判[D].哈尔滨:黑龙江大学硕士学位论文,2004.

上的意义。国家政权和宗族族权得到了叠加与结合,父为子纲、君为臣纲成为互相利用的同构关系[1],纲常论成为政治统治的需要。

最后,中国古代的君主专制制度,是纲常存在的政治靠山。皇帝的权力最初是靠武力打出来的,所谓"打天下",但其后代子孙的权力则是靠血缘关系继承来的,即所谓"家天下"[1]。纲常论将伦理关系、政治关系合二为一,为君主权力来源提供支持是其最现实的政治价值。君为臣纲的政治原则为皇帝的专职提供了最好的依据,以君统臣、以父统子、以夫统妻的三纲政治统治方式提纲挈领,而五常的道德则为封建政治的等级压迫缘饰几分温情、增添几分缓和色彩,所以这一思想被当时制度所选择、强化。

由此来看,纲常论的存续产生于客观的历史必然和主观的政治选择。不管怎样,纲常根植于中国古代宗法社会的深厚土壤之中,成为官僚政治文化中最为重要的思想,在官僚政治体制中产生了极大的影响。

(3) 纲常论的政治作用

纲常论产生于中国古代的社会生活实际,既是现实反映,也是历代思想家、政治家的理论创造。从某种意义上来看,纲常论也代表着一种修身、治国、平天下的系统性政治哲学,往往被视为治国之本而大加倡导。

首先,伦理关系对政治统治具有支持作用。

三纲中的君臣关系是要求臣下对君主的片面服从,其政治价值毋须多言。而三纲中的父为子纲、夫为妻纲属于社会伦理关系,和政治并无直接联系。但在古代中国的社会关系中,只有父子、夫妻这种基本社会关系的稳定,才能保证社会政治的稳定。夫妻、父子之间的伦理关系是君臣之间政治关系的源头,政治关系是伦理关系自然发展的结果[2],只要人伦关系的存在是合理的,君尊臣卑的政治等级关系也就是合理的。而传统的纲常论中,父子之间的伦理关系与君臣之间的政治关系是同构的,所以,三纲成为封建社会等级统治的依据。三纲中所宣扬的主副关系要求在对立关系中存在一方对另一方的主宰,并要求卑者、贱者顺从于

---

[1] 周桂细.中国传统政治哲学[M].石家庄:河北人民出版社,2007:239.
[2] 周桂细.中国传统政治哲学[M].石家庄:河北人民出版社,2007:257.

尊者、贵者，从而达到社会关系的稳定和持久。由此可见，纲常论中的伦理关系处理原则是直接为政治服务的。

其次，调和伦理关系与政治关系之间的矛盾。

法家学派认为，伦理关系与政治关系之间具有不可调和的矛盾，但儒家学派则认为二者可以调和，其关于处理伦理关系与政治关系的主张也旨在尽力消弭或回避这一矛盾。鉴于一个国家政治统治的稳定是以社会基础的稳定为前提，因此父子夫妻伦理关系的稳定就是国家政权稳定的微观基础。这反映在中国古代社会，就是需要占国家人口大多数的一家一户的小农家庭得以稳定。所以，儒家学者们从维护社会组成的基本细胞——家庭稳定的角度出发，提倡伦理关系高于政治关系[1]，以此调和二者对立时可能的冲突与矛盾。

最后，道德修养对政治统治也提供了支持。

在纲常论中，五常是指仁、义、礼、智、信五种道德原则，其不是外在于人的教条，而是人们心中固有的良知、良能，主要是一种意识、观念性的存在[2]。中国古代的思想家一致认为，不管是统治者还是被统治者，其道德意识的提高都有助于维持现实社会的秩序、获得国家的长治久安。因此，三纲五常所蕴含的道德规范则有助于国家的政治统治。具体来看，由于中国古代政治是君主专制政体，皇帝的权威无限，其个人素质对社稷安危起着举足轻重的作用。所以纲常论中的圣王人格理想就要求统治者具备一种圣王人格，"修己以敬"以提高自身修养，为内圣；"修己以安百姓"以建立外在事功，为外王。如果统治者遵守了这些道德规范，自然就会得到民众的支持。另外，传统纲常论中关于道德意识与政治统治关系的一个核心论述所涉及的就是父子之间的孝德和君臣之间的忠德关系问题[3]。在历史上，孝德和忠德是一致的，古人之所以倡导二者的一致，目的就在于希望将血缘亲情和君臣关系融合起来，使得人们像孝敬父母那样忠于君主。所以，培养民众的孝德也是为维护国家政治统治、维护等级制服务的。

---

[1] 周桂细.中国传统政治哲学[M].石家庄:河北人民出版社,2007:262.
[2] 周桂细.中国传统政治哲学[M].石家庄:河北人民出版社,2007:263.
[3] 周桂细.中国传统政治哲学[M].石家庄:河北人民出版社,2007:264.

通过以上分析可知,纲常论对政治的影响主要是通过束君和约民两条路径实现。纲常论的实质是道德品质、伦理关系、政治关系的三位一体,在统治者的人格素质上体现为两种要求:统治者本身的道德高尚和依据伦理施政。纲常论还为圣王人格的统治者提供了一套系统的施政方略:从君主个人的道德修养做起,进一步扩大到齐家、治国、平天下,把纲常论的实质内容"道德修养——伦理关系——政治关系",贯穿成一个由内到外的自然为政顺序[1]。不过,由于缺乏制度约束,很难确保君主的实际遵循,作用有限,更多时候只能流于劝谏;但其成功塑造了君主专制下被统治者的理想人格——忠君。因此,信奉纲常论的国家不仅会遵循纲常来运作,政府还会宣传纲常论,有意识地向各阶层灌输纲常思想,并将有违纲常的名教视为异端学说而予以遏制,借此保证社会关系的稳定。

总之,纲常论是道德原则、伦理关系、政治关系的结合,其所倡导的政治统治方式渗透着德治、仁政、礼治的思想,其所构想的政治是一种道德政治、伦理政治,是一种王道政治而非霸道政治。纲常论所蕴含的政治价值观追求的不是权力和利益,而是人际关系的和谐、社会生活的稳定,政治关系与宗法关系并存,总体上重义轻利。而义的基本含义是适宜,即在政治上合理地分配权力和利益。何为合理?根据纲常论的立场,按照君为臣纲、父为子纲、夫为妻纲,以及仁、义、礼、智、信去做事即为合理,否则就是非理。利是各种利益的统称,在社会政治生活中不可或缺,"天下熙熙皆为利来、天下攘攘皆为利往"。但从纲常论的立场讲,道德、伦理才是主导,利必须为道德、伦理服务,符合君臣、父子名分的利才可取[2],所谓"君子爱财,取之以道"。

纲常论的政治价值观反映了中国古代政治建立在深厚的血缘家族制度基础上的这一事实,其对中国社会的影响既有正面的,也有负面的。正面的影响在于:在西方文化传入之前,中国人正是遵循重义轻利的原则,维持了社会政治的基本稳定,建立了一个幅员辽阔、人口众多的大一统国家;而负面的影响在于:重义轻利只注意维持社会政治稳定而相对忽视社会财富的创造,阻碍了社会进步和科

---

[1] 周桂钿.中国传统政治哲学[M].石家庄:河北人民出版社,2007:267.
[2] 周桂钿.中国传统政治哲学[M].石家庄:河北人民出版社,2007:270.

学技术发展①。

从以上论述来看，中国官僚政治文化的形成具有一条内在逻辑链，是当时客观社会背景和主观人为观念共同型塑的结果。将天命作为最高意识形态，塑造了人们的顺从人格；在其影响下，面对当时的历史与现实背景最后选择了大一统的思想和中央集权的政治形式；制度被选择之后，则必然会选择能够维持这种政治秩序和社会稳定的社会、文化机制作为支撑和保障，这就是纲常论登上历史政治舞台的深层次原因。最终，天命论、大一统思想与纲常论相互联结，构成了官僚政治文化的核心，与官僚政治制度互为依衬，共同造就出一个两千余年的超稳定结构。

三、官僚政治文化的合法性基础

中国的封建中央集权制始于秦，直到清末辛亥革命才被推翻，绵延两千年之久。以现代民主思想来看弊端重重的官僚政治制度，建立时间比任何国家都早、存续时间比任何国家都长，这并非偶然，其中蕴藏着某种合法性基础。组织社会学的新制度理论解释了一项制度得以存续的三种合法性：规制合法性、规范合法性、文化—认知合法性。其中，文化—认知合法性是更基础的合法性②。由此可见，官僚政治制度存在如此之久的合法性基础更可能来自文化—认知层面。而与该制度相适应的文化即传统官僚政治文化，其内核又在于儒家思想。因此，可以推知，官僚政治文化的合法性基础则源于儒家思想。

（一）以民为本的民本思想

中国古代社会渊源于四五千年前的原始部落联盟，其后随着生产力的发展和人类文明的进化，社会形态不断发展。在西方资本主义进入之前，中国已经进入成熟状态的封建社会③。其间，虽然社会形态不断演变，但在政治体制上，君主专制集权制度却一直占据主位，除个别情况外，也并未出现极端独裁现象。其原

---

① 周桂细.中国传统政治哲学[M].石家庄:河北人民出版社,2007:271.
② W.t理查德·斯科特.姚伟,王黎芳译.制度与组织——思想观念与物质利益[M].北京:中国人民大学出版社,2010:56-66.
③ 周桂细.中国传统政治哲学[M].石家庄:河北人民出版社,2007:295.

因就在于中国传统思想中蕴含着以民为本的思想。民本论对上层统治者行使统治权给予指导，并对违反民心的政治行为从思想上、舆论上加以制约[①]，构成中国传统政治稳定和社会发展的一个坚实基础。

民本思想对于中国古代政治影响巨大。从西周以后，统治者已经认识到人民是国家的根本。秦汉实现大一统之后，在君主集权不断加强的同时，民本思想也已成为共识，并贯穿历史发展的始终，历朝历代的统治者也将其作为实际政治的指导思想。其在中国传统的治国之道中，一直处于要位。

民本论作为儒家思想的核心[②]，涉及以下三个层面的问题：第一，肯定民众在政治上的根本地位和决定作用；第二，要求统治者在政治实践中以服务民众为目的；第三，反对君主专制制度，追求民众的政治权利。在这三个层面中，第一、二两个层面为社会各阶层所普遍接受，而第三个层面涉及民权问题，基本只有少数激进思想家和明君才具有。民本思想是一个多层面的理论体系。

1. 民本思想中民的作用

儒家思想家在观察现实政治和总结历史经验的基础上得出了"民是国家根本"的结论。儒家民本思想的核心理念正是"以民为本"，即充分肯定"民"的地位和作用，进而倡导"重民"、"爱民"、"顺民"、"富民"、"信民"[②]。"桀纣之失天下也，失其民也；失其民者，失其心也。得天下有道；得其民，斯得天下矣；得其民有道；得其心，斯得民矣"、"得民者昌、失民者亡"等都是这一思想的反映。

在儒家民本论看来，民众是国家中最广大的人群，是社会财富的创造者和衣食住行等生产和生活资料的提供者，他们用辛勤的劳动创造了物质财富和精神财富，是战争胜负、事业成功、王朝兴衰的决定力量。统治者虽然居于国家的顶端，但最终决定其命运的却是"卑贱"的民众[③]，所谓"夫君者舟也，人者水也。水可载舟，亦可覆舟。君以此思危，则可知也"。民本思想中时刻显现出"民无不为本"的思想。

---

① 周桂钿.中国传统政治哲学[M].石家庄：河北人民出版社，2007：295.
② 胡晓娟.儒家文化与社会主义法制国家建设[D].济南：济南大学硕士学位论文，2012.
③ 周桂钿.中国传统政治哲学[M].石家庄：河北人民出版社，2007：297.

2. 民本思想中的为民举措

"天立君以为民""惟以一人治天下,岂将天下奉一人"说明民本论认为君是为民众服务的,皇帝是为民众治理天下的。何以为民,民本论强调以下观点。

首先,统治者主观上要爱民、重民。要做到治国为民,统治者自身先要有爱民、为民服务的主观心态。其次,政治上安民、救民。统治者只有必须保证社会秩序稳定,避免战乱,消除或减轻社会危机和自然灾害等对民众的危害,才能让民众过上幸福安定的生活。而当民众生活处于疾苦之中时,统治者则需要给予救济、同情和抚恤。只有民众生活安定,统治集团的政权才会稳固。安民、保民、救民既是为民服务,也是维护自身利益的必然要求。然后,经济上富民、利民,"因民之所利而利之""民利则国利,民富则国富"。传统民本论认为,统治者的政治活动应该为民众谋福利,使民众过上安稳富足的日子。民本思想强调,治国为民不仅要在政治上安民、经济上富民,还应该在道德、文化上教民,治国根本在治民,治民根本在治心[①]。

总之,中国传统民本论要求执政者有仁爱之心,并提出了在政治、经济、道德、文化等方面执政为民的政治举措。大体上可归为直接利民和间接利民两种。直接利民,包括如发展生产、解决土地问题、重农抑商等举措;间接利民是通过减少害民因素而为民谋福利,比如精兵简政、减轻赋税、惩治贪官污吏等措施[②]。

3. 民本论中的民权思想

关于传统民本论中是否涉及民权,目前学术界存在较大争议,其中否定观点占主流。中国传统民本论的范围相当广泛,有些内容在现在的政治民主中也未涉及,但就其涉及的与民主有关的民权问题来看,民本论中的确存在着一些民主的思想和内容[③]。民权主要包括民众的政治主权和行政参与两大部分,即所谓的政权和治权,而政治主权的归属又决定治权的形式[③]。中国传统民本论中有许多关于民众拥有政治主权的论述。

---

① 周桂细.中国传统政治哲学[M].石家庄:河北人民出版社,2007:308-312.
② 周桂细.中国传统政治哲学[M].石家庄:河北人民出版社,2007:320.
③ 周桂细.中国传统政治哲学[M].石家庄:河北人民出版社,2007:336.

首先，人格平等。现代政治的基本前提之一——人是天生平等的，而中国古代的社会事实却是，人们实际生活在等级森严的政治环境中，处于不同等级的人则在政治、经济、文化生活方面都有差别化的待遇，底层民众与上层统治者在政治上极不平等。而民本论对此并不反对，因为其蕴含着人格平等的思想，承认天赋的人格是平等的，尤其是天赋的道德禀性是平等的[1]。从乞丐到皇帝的事实说明，底层民众具有向上流动的机会，具有政治空间，即所谓的"布衣卿相"。民本论中的人格平等思想接近于现代民主思想。

其次，天下为公。民本论中蕴含着"天下为公"的思想。天下每一个人的人格都是平等的，而管理天下的政治主权也是属于天下所有人的。《吕氏春秋》中就有"天下，非一人之天下也，天下之天下也"的论述。而《礼记·礼运》中写道："大道之行也，天下为公，选贤与能，讲信修睦。故人不独亲其亲，不独子其子，使老有所终，壮有所用，幼有所长，矜寡孤独废疾者皆有所养，男有分，女有归。货恶其弃于地也，不必藏于己；力恶其不出于身也，不必为己。是故谋闭而不兴，盗窃乱贼而不作，故外户而不闭。是谓大同。"这段文字是中国传统民本论中关于政治主权属于民众最精彩的论述，它提出天下是天下人共同拥有的，应该选用贤能之士来治理国家，培养良好的社会道德风尚，建立安民、利民、救民的社会制度[2][3]。民本论中天下为公的思想与民主政治的理想趋同[3]。

最后，民是君主、官吏权力的来源。民本论肯定了民众的基础地位和作用。一些思想家提出了天下为公、政治主权属于全体民众的主张，但他们未能提出比君主专制制度更好的社会政治制度，只是在承认现实政治的基础上，肯定民众还是统治者权力的来源[4]。虽然这种主张未能得以实现，保证民众拥有民权，不同于现代民主，但比天赋君权、强权的政治理论先进，属于一种民权思想。

总之，在儒家民本思想的影响下，君权、官吏的政治权力受到限定，而民权也得到一定程度的体现，比如政治决策听取民众意见、行政立法需顺应民心民

---

[1] 周桂细.中国传统政治哲学[M].石家庄:河北人民出版社,2007:336.
[2] 周桂细.中国传统政治哲学[M].石家庄:河北人民出版社,2007:340.
[3] 胡晓娟.儒家文化与社会主义法制国家建设[D].济南:济南大学硕士学位论文,2012.
[4] 周桂细.中国传统政治哲学[M].石家庄:河北人民出版社,2007:342.

欲、政治行为接受民众监督等。正如李约瑟所说，尽管中国历史传统并不存在西方国家的"代议制"民主政体，但中国也并非一个纯粹的专制独裁国家，它是依靠风俗习惯来进行统治的。虽然代议制度对中国人很陌生，但中国传统中一直存在着民主因素[①]。正是因为在传统官僚政治文化中渗透着为民服务的民本思想，中央集权式官僚政治体制的弊端才得到一定程度的规避，该政体才得以存续两千多年。

（二）以德治国的政治方略

德治论（或德治主义），是儒家政治哲学的重要组成部分，也是中国传统政治哲学的重要组成部分。

1. 德治主义的含义

从内容上说，道德总是指向他人和公共利益，是对自我的排他性利益的限制；从维系力量上说，道德总是依赖人的某种特定的心理反应方式，而非原初的反应方式[②]。道德和他人利益、社会公益其实就是一回事。

如果将道德纳入分析范畴，就可以区分出政治哲学中存在的两种倾向：关注个人自我利益对主体的制约性，将功利性手段作为社会治理的基本手段的功利主义路线；重视道德的社会作用，依据人的道德观念来建章立制的德治主义路线。二者的区别与联系在于：第一，功利主义和德治主义并不是局限于社会管理的具体手段，而是只蕴含在具体手段中的指导思想。第二，功利主义和德治主义在具体手段方面通常不是完全对立、互相排斥的。一般来说，功利主义也承认道德的有效性，不完全否认道德的社会作用，只是认为道德不如自我利益那样对人有足够的支配力。反过来，主张德治论的思想家，几乎也不否认自我利益对主体的影响，承认功利性手段的现实必要性，他们只是认为道德比自我利益更重要[③]。儒家德治主义秉持的就是这种观点。

2. 德治思想的基本体现

儒家德治思想继承和发展了西周以来的礼治以及"明德慎罚"思想，提出了

---

① 胡晓娟.儒家文化与社会主义法制国家建设[D].济南:济南大学硕士学位论文,2012.
② 周桂钿.中国传统政治哲学[M].石家庄:河北人民出版社,2007:371.
③ 周桂钿.中国传统政治哲学[M].石家庄:河北人民出版社,2007:372.

一套维护礼治、重视德治、强调人治的治国方略[1]。具体体现在以下三个方面。

（1）为政以德，强调统治阶层的内圣外王人格

儒家强调道德在治国中的重要性，主张为政以德。一方面，儒家强调统治者需要重视道德教化的重要性，提高德性，修身正己以达人，正所谓"其身正，不令而行；其身不正，虽令不从"。另一方面，儒家的德治主义还倡导施行仁政，以德治国，反对暴政、苛政。

（2）注重教化，强调家庭伦理道德修养

儒家不但重视君王的人格修养，还重视民众的基本道德教化。儒家德治思想认为，家庭伦理道德与社会政治伦理道德是可以异质共生的。前者完全是后者的基础，民众的道德水平提高了，国家治理就会变得容易。基于这种观点，儒家思想家一向重视家庭伦理道德的建设问题。其原因在于：在封建时代，个人与家庭之间存在高度的利益关联性，家庭成为国家控制个人的强大中介组织[2]。在那时，个人不是作为现代意义上的独立承担权利和义务的个人而存在，而是作为家庭的代表来参加社会生活。因此，家庭可以享受个体所带来的利益，同时要承担个体所带来的责任。这也是"一人得势，鸡犬升天"、"株连九族"的历史原因。在这种情况下，个人与家庭存在利益攸关的关系，个人的行为会对家庭产生影响。因此，要使个人能够受到家庭因素的制约，就必须强化他对家庭的责任感。所以，儒家倡导的家庭伦理道德，实则就是教化人的这种家庭责任感，以通过家庭实现对其控制或制约。这种德治也是为政治服务，而封建统治者对家庭伦理道德的重视正是受到儒家德治这一特点的影响。

（3）德主刑辅，强调功利性措施的辅助作用

儒家德治主义的另一个特点是，它并不排斥功利性措施，而是认为功利性措施跟道德教化是相辅相成的，具有积极而重要的社会作用，即所谓"道之以政，齐之以刑，民免而无耻；道之以德，齐之以礼，有耻且格"。强调功利性措施主要表现在两个方面：一是注重社会利益关系的调节，具体地说，就是强调统治阶

---

[1] 胡晓娟.儒家文化与社会主义法制国家建设[D].济南:济南大学硕士学位论文,2012.
[2] 周桂细.中国传统政治哲学[M].石家庄:河北人民出版社,2007:385.

层对下层民众的利益给予一定程度的尊重，采取惠民政策；二是承认法律的社会必要性，把法律视为道德教化的辅助手段。

（三）儒家人伦中的公平思想

除了儒家思想中的民本论、德治论以外，其人伦思想中所蕴含的公平性也是官僚政治体制得以存在的一个重要的文化认知合法性基础。甚至史学家钱穆先生曾如是说："传统中国一直是一个士人政府领导下的相对平等的社会，不但不专制，反而是太开明了。"虽然这一观点稍有偏激，但其揭示出了儒家文化中蕴含着的公平思想。

儒家文化界定了父子有亲、君臣有义、夫妇有别、长幼有序、朋友有信的人际关系，并通过三纲五常限定了人的身份等级及行为规范。因此，儒家思想则强化了宗族中代与代之间的名分、辈分顺序（牒谱）的安排规定[①]。事实上，从动态的和人成长的角度来看，封建等级制中确实含有机会均等的和客观公平的含义。因为晚辈不可能总是晚辈，也有成长为长辈的一天。在儒家伦理思想影响下，身份等级、行为规范及相应待遇被固定化、仪式化。这就意味着如果有朝一日能在身份地位上进阶，则同样会获得相应的权力、享受相应的礼遇。因此论资排辈的思想和传统就使人们暗自知道这一切都是暂时的，自己总有一天也会熬出头，耀武扬威，会获得伦理地位及相应的礼遇。这也就是在等级制中的人们为何更能够心甘情愿、忍气吞声、甘拜下风的原因。由此看来，在儒家人伦思想下，人生会形成一种进阶机制，个人具备向上流动的政治空间而不会被永远锁定在社会最底层。

与此同时，中国的官僚政治还是基于宗法的政治体制，政治权力与宗族权力纵横交叉。依照儒家礼治，在宗族中拥有权力的个人身份有可能高于在政治中拥有权力的个人。所以，封建官僚制下的民众拥有多条权力路径，而并非一直处于最底层。

官僚政治文化中渗透着的民本论、德治论及儒家公平论，这三种思想构成了官僚政治制度得以存续如此长久的文化合法性基础。事实上，民本论、德治论都

---

① 翟学伟.人情、面子与权力的再生产[M].北京:北京大学出版社,2005:228.

是针对君王的，间接作用于民。只有儒家人伦中蕴含的公平思想才是民众在日常生活中可直接触及、可自己主导的。所以三者相比，儒家公平思想的作用更为基础。但这一合法性存在的一个前提就是进阶机制的存在，抑或获得权力、权威的机会的存在。然而，在等级森严的官僚政治体制下，尽管也有家族、宗族权力的弥补，但仍极为有限。而该制度存续如此之久需要广泛的合法性基础为依托。一般来说，一个社会中资源越缺乏，越为少数人控制，则个人越可能用"拉关系、走后门"的方法来打通关节①。因此，中国的人情社会则是这一制度的强力互补性机制，为其提供了民众可以获得日常权威的更为广泛的合法性基础。

第二节 人情社会机制与中国人的政治行为

与中国封建官僚政治体制相伴随的是官僚政治文化，其内核是儒家思想文化。而儒家伦理的一大特点在于意识形态上理想目标和现实行为的规范存在距离甚至矛盾②。比如，儒家思想强调仁、恕，兼爱天下，但同时又强调五伦。在中国的差序格局中，儒家人伦思想仅限于自己人、熟人，与陌生人的关系并未纳入其规范范畴。不仅如此，即使在五伦内，也有等级差别。于是，就出现了生人、熟人有差别，男人、女人有差别，血亲、非血亲有差别，同乡、非同乡有差别，尊贵、卑贱也有差别③。所以，儒家伦理的理想与现实存在着内生性矛盾、观念与行为之间遵循着双重标准。观念并不一定会导致某种行为。如若对这种社会中人们的心理和行为展开研究，则就需要纳入其他社会规范性的解释变量。Jacobs（1979年）④、乔健（1982年）⑤都指出了"关系"或"kuanhsi"在了解中国人政

---

① 黄光国.中国人的人情关系[C]//文崇一,萧新煌.中国人:观念与行为[M].北京:中国人民大学出版社,2013:32.
② 文崇一,萧新煌.中国人:观念与行为[M].北京:中国人民大学出版社,2013:1.
③ 文崇一,萧新煌.中国人:观念与行为[M].北京:中国人民大学出版社,2013:3.
④ Jacobs, B.J.. A Preliminary Model of Particularistic Ties in Chinese political Alliances: Kan-ch'ing and Kuan-hsi in a Rural Taiwanese Township. China Quarterly, 1979, 78(6):237-273.
⑤ 乔健.关系刍议[C]//杨国枢.中国人的心理[M].北京:中国人民大学出版社,2012:93.

治行为中的重要性，应该成为研究复杂政治体系中的关键变量。鉴于此，对中国人政治行为的考察则需深入剖析其所嵌入的社会情境，以此分析与官僚政治体制之间的互动关系。

中国是一个人情社会，这已是共识。人际关系是揭示中国人社会心理与行为乃至中国社会运作的关键所在[①]。梁漱溟的伦理本位、费孝通的差序格局、许烺光的情境中心、杨国枢的社会取向、翟学伟的人缘—人情—人伦三位一体模式、乔健的自我中心、黄光国的人情面子模型、金耀基的人情研究、杨中芳的送礼研究、朱瑞玲的面子研究等都是对中国人情社会所展开的本土研究。而了解人情社会形成的基础和结构是把握中国人情社会，乃至中国人的心理和行为特征的前提。

一、人情社会的形成

古代中华民族是一个农耕民族，中华文明也多体现为一种农耕文明。自给自足的小农经济是封建官僚政治体制的基础，而农业社会同时也是人情社会形成的基础。何以如此？是因为农耕文明的特质决定了人际交往的特点，农耕文明的封闭性决定了乡村社会是一种乡土性的"熟人社会"[②]。在农业社会中，农业生产是维系传统中国社会的主要经济活动，而家庭是最基本的社会单位[③]。在一家一户的小农经济下，中国传统社会的家庭形态建立在农业生活的基础之上。经济上的自给自足、落后的生产工具以及土地不能转移导致人们对人口、劳动力及和睦相处的重视[④]，再加上落后的交通工具，使得人口流动的可能性大为降低，所以，传统中国采取的是家庭聚居的方式。那么，个人即随家人，在固定的土地上从事生产，生于斯，长于斯，工作于斯；日常生活中经常接触的人，除了家人，

---

① 翟学伟.人情、面子与权力的再生产[M]. 北京：北京大学出版社，2005：92.
② 贺培育，黄海."人情面子"下的权力寻租及其矫治[J]. 湖南师范大学社会科学学报，2009(3)：57-76.
③ 黄光国.中国人的人情关系[C]//文崇一，萧新煌.中国人：观念与行为[M].北京：中国人民大学出版社，2013：32.
④ 翟学伟.人情、面子与权力的再生产[M]. 北京：北京大学出版社，2005：82.

便是亲戚、街坊邻里①。长期的农耕性与聚居性的家庭生活则要求人们在彼此面对面的关系上将"情"而非"理"作为日常生活的核心②，由此发展出一套以"情"为中心的行为规范。在其制约下，个人必须和家人讲"亲情"，和家庭以外的熟人讲"人情"①。人们生活在熟人社会中，彼此熟识，共享生活的常识，建构生活的意义系统，这便是人情现象发生的基本前提③，由此就形成了人情社会。

但中国人际关系的运作并不排斥"理"的作用，中国人讲人情，通常与"理"相提并论，所谓"合情合理"、"合乎情理"④。因为真正的人情是不离开理的，情感一旦失去了理性，就会变得放肆、冲动或任性，导致不稳定状态的出现②。在中国人看来，人情很重要，但也要受到理（伦常）的规范和引导②。儒家的伦理性格具有浓厚的家族主义色彩，君臣、父子、夫妇、兄弟、朋友五伦中有三伦都属家族关系范围④，所谓"亲亲、尊尊、长长、男女有别"，对代与代之间的名分、辈分顺序（碟谱）都作出了安排与规定。正是在这样一种基础上，中国传统的家族生活提供了一套以情为中心的规范体系和运作制度（早期为宗法制，后来为宗族制）②。这样的情理逻辑反过来为人们的聚居生活提供了双重保障。

可以说，人情社会是农耕时期中国家族制度的衍生品。在当时的社会背景下，中国的家族和家庭并不同义。家族是一种扩大式的家庭形式，是由几代同堂、具有一定范围的血缘关系的成员组合而成的，并影响着村落和国家的形态⑤。在家庭关系中，父子关系是最主要的成员关系，因为这一关系的中断就象征着家庭连续体的终止，即所谓"香火"。为了保证香火延续，采取了多生和纳妾；为了解决由此出现的人口增多和财富分配问题，又采取了同财共居的生活方式，由家长负责掌管财政、处理家庭事务、协调成员关系。当这种形式发展到一定规模，就出现了分家的情况。于是，家庭逐渐演变为宗族、村落，发展成了扩

---

① 黄光国.中国人的人情关系[C]//文崇一,萧新煌.中国人：观念与行为[M].北京：中国人民大学出版社,2013：32-33.
② 翟学伟.人情、面子与权力的再生产[M]. 北京：北京大学出版社,2005：228.
③ 宋丽娜.人情的社会基础研究[D].武汉：华中科技大学博士学位论文,2011.
④ 金耀基.人际关系中人情之分析[C]// 杨国枢.中国人的心理.北京：中国人民大学出版社,2012：63.
⑤ 翟学伟.人情、面子与权力的再生产[M]. 北京：北京大学出版社,2005：82-83.

大式的家族制。这就解释了为什么中国人在纵向上对共同祖宗和家谱的认同，在横向上对各种亲属关系的重视，即所谓"五百年前是一家"、"一表三千里"。

由此可见，中国古代的家庭制度是社会结构的基础（家国同构）、儒家伦理思想的出发点、中国人际关系的滥觞①。在中国的人际关系中，最重要、最基础的是血缘关系，其他如君臣、长幼等关系都是其派生物[1]。在由此而形成的人情社会中，秩序和关系的稳定依靠的是儒家伦理思想，靠的是这种"家"文化。基于农业生产方式而形成的家庭制度，建构了中国的人情社会及其运作机制。

另外，中国人情社会的存续又是当时政治、经济、社会、文化背景共同作用的结果。古代中国建立在小农经济之上的政治体制是集权式的封建官僚制，资源明显由少数人控制。根据黄光国（2013年）的观点，稀缺资源被少数人控制，则会激发个体的"拉关系、走后门"行为，以此打通关节②。而同样基于小农经济，形成了家族制、宗法制，由此衍生出了人情社会。这种社会机制正好可被民众利用，个人可以借由该机制下的人情法则来获取权力等稀有资源。于是，人情社会的产生显得必要且必然。同时，家庭的稳定又是农耕时代的中国政治、经济、社会稳定的微观基础，这又成为政治哲学核心的儒家纲常论提出的现实需要和背景，对这类政治和社会秩序起着规范和稳定作用。于是，在儒家文化影响下，所形成的人情社会又得以强化。

二、人情社会的特征

中国社会是一个人情社会，要了解这一社会情境中人的心理和行为反应，需要先对该情境本身的一些特征进行剖析。

（一）关系取向

杨国枢（2013年）通过对中国人与自然、他人、自我关系的分析，识别出在天人合一思想的影响下，中国人具有强社会取向（social orientation）的性格，即外化性，相当重视外在的社会情境和社会现实。中国人的社会取向突出地表现为：

---

① 翟学伟.人情、面子与权力的再生产[M].北京:北京大学出版社,2005:82-83.
② 黄光国.中国人的人情关系[C]//文崇一,萧新煌.中国人:观念与行为[M].北京:中国人民大学出版社,2013:32.

强调人际或社会关系和谐、重视别人的意见或批评、重视个人言行因人因时因地制宜的权变性、习惯于压抑自我以求和谐、强调反求诸己而不外责。前文已经论述天命论对国人顺从性格的型塑,那么在天人合一思想的影响下,中国人形成这种丧失自我的社会取向人格,为维持和谐关系而压抑自我①则也可以理解。这些社会取向性格实质就是一种关系取向,所以说,中国人的行为具有相当高的关系取向②。

黄光国(2013年)对中国文化中所谓的"人情"含义进行了多层面的分析,他认为:首先,人情是"人之常情"的意思,即当个人在遭遇到某种生活情境时可能产生的行为和情绪反应,包括喜、怒、哀、乐、爱、恶、欲七情;其次,人情是指个人与他人进行社会交易时,用来馈赠对方的一种资源(resource),或者说是一种交换资源;最后,人情还指个人和关系网内的其他人相处的社会规范。人情社会则是一个包含人的真实情感、关联法则和规范的社会③。形成于小农经济家族制的人情社会,是靠儒家伦理来规范的。正如梁漱溟所说,"儒家文化伦理不是从社会本位或个人本位出发,而是从人与人之关系着眼,伦理本位者,关系本位也"④⑤。这说明儒家人伦所涉及的就是人际关系,揭示出人情社会就是一种关系取向的社会。而这种关系表现为自我中心的(ego-centric)(包括自己或所在团体)动态特征。它不同于父子、夫妇等亲近关系,是需要通过不断交往来维系的。关系靠"人情"联系,不断地与其他同一自我的关系交叉作用结成一张张关系网⑥,建构出了人情社会。

(二)人情关系有差别

人情社会是一个关系取向的社会,然而在这种社会中人情关系是存在差别

---

① 杨国枢.中国人与自然、他人、自我的关系[C]//文崇一,萧新煌.中国人:观念与行为[M].北京:中国人民大学出版社,2013:7.
② 文崇一.中国人的富贵与命运[C]//文崇一,萧新煌.中国人:观念与行为[M].北京:中国人民大学出版社,2013:21.
③ 黄光国.中国人的人情关系[C]//文崇一,萧新煌.中国人:观念与行为[M].北京:中国人民大学出版社,2013:35-36.
④ 梁漱溟.中国文化要义[M].上海:上海人民出版社,2005:84.
⑤ 贺培育,黄海."人情面子"下的权力寻租及其矫治[J].湖南师范大学社会科学学报,2009(3):57-76
⑥ 乔健.关系刍议[C]//杨国枢.中国人的心理[M].北京:中国人民大学出版社,2012:93.

的。费孝通将中国的社会关系形态描绘为"差序格局":"好像把一块石头丢在水面上所发生的一圈圈推出去的波纹,每个人都是他社会影响所推出去的圈子的中心,被圈子波纹所推及的就发生联系。"①

差序格局说明中国社会人际关系发生在熟人社会里,揭示的是一种熟人社会结构,每个人都能而且只能利用"差序格局"由己推人,成为人际交往圈子的中心②。伦理本位也是一种差序结构,维持社会秩序和社会关系的儒家伦理也是一种差序结构,因为儒家的伦就是指"从自己推出去的和自己发生社会关系的那一群人里所发生的一轮轮波纹的差序"③。所以,儒家伦理的规范作用也就限于熟人圈子里,未囊括与圈外人的关系。这一格局实则揭示了中国人情社会关系的格局:关系差异,即因人己关系之不同而有差等。

中国人对关系差异十分敏感,通常会采取不同的方式来对待与自己关系不同的人②,关系有无、深浅、好坏都极大地影响着彼此之间的言行举止及相处方式。中国人尤为重视关系的距离,亲疏或远近是认知的基本原则,所谓疏不间亲,就是因关系的远近来决定行动的方向④。

中国社会的关系构成又有多种,亲人构成亲缘关系、宗族构成族人关系、乡邻构成地缘关系、同事构成业缘关系、同窗构成学缘关系。不同关系的重要程度差别很大,最重要的是血缘关系,包括宗族关系和婚姻关系;其次是地缘关系;然后是朋友关系;还有其他通过仪式或手续转化成的关系,比如结拜、收干子女等⑤。

差序格局揭示出,中国社会中交往的社会关系可以区别为家人、熟人、陌生人三种。人们会针对不同类型,遵照内外有别的原则和特殊主义逻辑,选择不同

---

① 费孝通.乡土中国[M].北京:人民出版社,2010:28.
② 贺培育,黄海."人情面子"下的权力寻租及其矫治[J].湖南师范大学社会科学学报,2009(3):57-76.
③ 费孝通.乡土中国[M].北京:人民出版社,2010:30.
④ 文崇一.中国人的富贵与命运[C]//文崇一,萧新煌.中国人:观念与行为[M].北京:中国人民大学出版社,2013:20.
⑤ 文崇一.中国人的富贵与命运[C]//文崇一,萧新煌.中国人:观念与行为[M].北京:中国人民大学出版社,2013:21.

的交往方式①。对待家人，则依据亲情和需求法则，即必须全力照顾家人的需求，以维持家庭和谐；对待熟人，则依据人情与人情法则，即通人情、做人情、还人情；对待外人，则依据冷漠与公平法则，即如果双方势均力敌，则会依据理性、公平法则，但如果势力悬殊，就可能会不讲人情，甚至"强凌弱、众暴寡"，这类人并不是儒家伦理规范的对象②。

金耀基（1981年）进一步将中国人情社会中的这种关系差异提炼为"特殊关系"和"非特殊关系"两类，二者是由人己关系的不同而决定的。有特殊关系者，或称为熟人，包括家人和熟人，即属于某一特殊之"伦"者，意味其具有某种身份，或者叫做"名分"、"理分"，也相应承担某种义务，受儒家伦理规范；无特殊关系者，即彼此不属某一特殊之"伦"者，则不属于儒家伦理探讨范围③。

不管作何划分，表现出差序格局的中国人情社会是一个熟人结构社会。儒家人伦是属熟人圈的，而对与生人之间的关系未作规定。因此，人情社会中人情关系存在差异，人们对此的处理和应对方式也存在差异。但由于家在中国是一个极有伸缩性的单位③，差序格局所构成的以自己为中心的社会关系网亦具有伸缩性④，即说明人情社会中的关系结构可以发生变化，原来没有关系的人可以通过某种仪式或手段变成有关系。比如，陌生人关系可以转化成为熟人关系，熟人关系也可以变成家人关系③。由此可见，在中国的人情社会中，人情关系存在差异，且可转化。

（三）人情可交换

在人情社会中，人情是可以作为交换媒介的。黄光国指出，人情成为人与人之间可以互相交易的一种社会资源，其本来是维持人际和谐关系的一种社会规范，但当个人需要某些特殊资源时，"人情"也可以转变成为争取资源的一项

---

① 桂华,欧阳静.论熟人社会面子——基于村庄性质的区域差异比较研究[J].中央民族大学学报(哲学社会科学版),2013,39(1):72-81.
② 黄光国.中国人的人情关系[C]//文崇一,萧新煌.中国人:观念与行为[M].北京:中国人民大学出版社,2013:35-36.
③ 金耀基.人际关系中人情之分析[C]//杨国枢.中国人的心理[M].北京:中国人民大学出版社,2012:70.
④ 乔健.关系刍议[C]//杨国枢.中国人的心理[M].北京:中国人民大学出版社,2012:90.

工具。

  人与人之间关系的建立必须以交换行为存在为前提，它是社会中不可或缺的一种社群现象①。布劳将人类社会中的交换分为经济性交换和社会性交换②。在前者中，交换者通常以钱为媒介，交换价值是较确切的、特定的、可以计算或易清算的，以市场理性为原则，人之情感因素被冻结，这种交换是无人味（impersonal）、感情中性的（affective-neutrality）；而在社会性的交换中，人情则极为重要③。对于"社会交换"中所涉及的施（to give）、受（to receive）与报（to repay）④，儒家伦理强调"施人慎勿念，受施慎勿忘"。但"施恩拒报"并非一种"超道德"，因为相对而言，中国社会伦理更强调的是"受恩者"的义务。中国的道德往往分为常人之道德与圣人之道德两种。对"施者"求以圣人之道德，而对"受者"则求之以常人之道德。对"施者"之所以会要求"施恩不望报"，是因为这种伦理体系更强调"受者"的"不能不报"，所谓的"来而不往非礼也"、"有恩不报非君子也"、"知恩图报"、"滴水之恩当涌泉相报"，这样，人人即可放心成为"施者"。因为在这种伦理体系的约束下"施后必有报"，不用担心付出得不到回报。只要施——报行为一发生，社会交换行为也就得以发生，社会关系就建立起来，且很少被视为不讲"人情"⑤。

  在人情社会中，以"人情"作为社会交易的资源和一般的社会资源最大的不同在于，"人情"无法精确估算，既不能要求对方回报，也不知道对方在什么时候、以什么回报⑥，有时候也会陷入人情困境。人情社会中的交换特征主要体现为：延时回报的交换、模糊回报的交换、熟人社会的交换、依靠道德约束的交

---

① 金耀基.人际关系中人情之分析[C]//杨国枢.中国人的心理[M].北京:中国人民大学出版社,2012:66.
② [美]彼得·布劳.李国武译.社会生活中的交换与权力[M].上海:商务印书馆,2008.
③ 金耀基.人际关系中人情之分析[C]//杨国枢.中国人的心理[M].北京:中国人民大学出版社,2012:72.
④ Mauss, M.. The Gift: The Form and Reason for Exchange in Archaic Societies. New York: The Norton Library, 1967.
⑤ 金耀基.人际关系中人情之分析[C]//杨国枢.中国人的心理[M].北京:中国人民大学出版社,2012:72.
⑥ 黄光国.中国人的人情关系[C]//文崇一,萧新煌.中国人:观念与行为[M].北京:中国人民大学出版社,2013:36.

换、特殊主义的交换[①]，其与契约社会中交换的区别如表4.1所示。正因为如此，人们在人情交换时会陷入人情困境。人情社会中的人们通常会依据自己的代价、对方的回报以及该人情行为在关系取向社会中可能的外部性和内部性来决定是否会去做这个人情。

表4.1 人情社会与契约社会的区别

交换特征 \ 交换类型	人情交换	契约交换
人与人的熟练程度	熟人社会	陌生人社会
交换的性质	交换是手段	交换是目的
适用领域	情感、利益领域	利益领域
交换的精确程度	模糊性交换	精确性交换
约束交换者的手段	道德	法规
社会的流动程度	低流动性	高流动性
交换双方的地位	主动与被动	同属主动
行为模式	特殊主义	普遍主义
社会开放程度	封闭的社会	开放的社会

资料来源：冯必扬. 人情社会与契约社会——基于社会交换理论的视角[J]. 社会科学, 2011 (9): 67-75.

三、人情社会的运作机制

中国的人情社会即是关系社会，而关系的建立通过交换来实现。人情交换机制则是整个人情社会运作机制的表现。交换法则、交换媒介和交换通道可以揭示人情社会中的交换机制。

（一）交换法则——人情法则

中国的人情社会体现出差序格局，因人己关系不同存在序差。中国社会的人情交往乃至关系伦理都仅限于熟人社会，即特殊主义，而非西方意义上的普遍主义。这种特殊主义、熟人社会的交换依据是人情法则，具体体现在做人情

[①] 冯必扬. 人情社会与契约社会——基于社会交换理论的视角[J]. 社会科学, 2011(9):67-75.

（施）、欠人情（受）、还人情（报）之间的关系上。

而中国人情社会中的人情交换特点主要体现在报的非等值性上。相对而言，西方的人际交换往往具有等值的倾向，表现出理性、短暂性和间断性的特点，常以清算、明算和等价、不欠和公平为交换原则，这源于其重视价值引起的自我利益、小型的家庭生活及人口流动性等情境原因。而中国的人情交换则相反，算不清、欠不完的人情才能旷日持久。因为农业社会安土重迁和血缘关系导致人际交往的长期性和连续性，这种情形下算账、清帐等都被视为不通人情的表现，家庭制度中的平均分配原则也对回报的公平性起着抑制的作用[①]。再加上儒家伦理对"报"的强调，当人际交换开始后，受恩者总会加重分量去报答对方，造成施恩的人反欠人情，如此反复，人情关系便得以建立。而"施"与"报"交换关系的长期交互，彼此间"亏欠"的程度不断加深，"关系"就越发紧密和稳定[②]。可见，经济性交换中的盈亏平衡非常清楚，但在社会交换中，人情的平衡难以算清。事实上，如果人情这种社会性交换双方全面等值、平衡，那也意味着彼此关系的终结[③]。中国社会中的人情不是西方意义上的感激（gratitude），后者是一个可以偿清的债，一旦偿还，便再无瓜葛；而人情一旦示之于人，即使最初之债已经偿付，其情谊之结永续不断[④]。此所谓"钱债好还，人情债难偿"，也揭示出人情交换中非等值法则。所以说，人情社会中的人情法则遵循的是报（恩）大于施（恩）的交换法则。

（二）交换手段——面子功夫

在人情社会运作机制的分析中，另一个不可忽略的社会事实就是"面子"或"面子功夫"。Goffman（1955年）就曾指出，"面子功夫"（face-work）是社会互

[①] 翟学伟. 人情、面子与权力的再生产[M]. 北京：北京大学出版社，2005：86-87.

[②] 沈毅. "仁"、"义"、"礼"的日常实践："关系"、"人情"与"面子"——从"差序格局"看儒家"大传统"在日常"小传统"中的现实定位[J]. 开放时代，2007（4）：88-104.

[③] 金耀基. 人际关系中人情之分析[C]//杨国枢. 中国人的心理[M]. 北京：中国人民大学出版社，2012：74.

[④] Hu, H.C. Emotion, Real and Assumed, in Chinese Society. Unpublished Manuscript on File with Columbia University Research in Contermptorary Culture, 1949, Document No. CH 668.

动行为中的仪式化表现,可以说"面子顾虑"是人类生活中普遍存在的现象[①]。而一个讲人情的社会必然是个重"面子"的社会[②],面子在中国社会中广泛存在,实际而又具体。林语堂把面子(face)、命运(fate)、恩典(favor)视为统治中国的三女神,"永久不变性超乎罗马天主教教条,其权威超乎美国的联邦宪法"[③]。虽然"面子"不是中国文化的特产,但在如此严格的礼教传统下,"爱面子"的文化特质特别凸显[④],是支配人及其行为的重要文化概念或原则[⑤]。

1. 面子的含义

美国传教士在Authur. H. Smith在《中国人的归格》(Chinese Characteristics)一书中最早对"面子"进行了论述,他发现了面子在中国社会生活中的重要地位,但未给出定义[⑥]。胡先缙(1944年)首次对面子进行了概念性诠释,她将中国人的脸面观进行了"脸"和"面"的区分,认为"面"是指个人在社会上取得成就(不论是实质的还是表面的)而建立起的名望(prestige);"脸"则是指个人因为其道德修养受人尊重而享有的声誉(reputation)。在她看来,"脸"和"面子"是不同的,面子是社会对能看得见的成就的承认,可以是社会身份、政治权力或学术修养等;而脸则是个人对自己是否遵照了合宜的行为规范的判断[⑦]。前者是指社会性的成就,后者是指个人道德的人格[⑧]。脸无所谓分量,人人都有一

---

① 朱瑞玲.中国人的社会互动:论面子的问题[C]//杨国枢.中国人的心理[M].北京:中国人民大学出版社,2012:122.

② 黄光国.中国人的人情关系[C]//文崇一,萧新煌.中国人:观念与行为[M].北京:中国人民大学出版社,2013:40.

③ 林语堂.吾国与吾民[M].西安,陕西师范大学出版社,2002:180-188.

④ 朱瑞玲.中国人的社会互动:论面子的问题[C]//杨国枢.中国人的心理[M].北京:中国人民大学出版社,2012:189.

⑤ 金耀基."面"、"耻"与中国人行为之分析[C]//杨国枢.中国人的心理[M].北京:中国人民大学出版社,2012:250.

⑥ 吴铁钧."面子"的定义及其功能的研究综述[J].心理科学,2004,27(4):927-930.

⑦ Hu H.C.. The Chinese Concepts of Face. American Anthropologist, 1944(1)-1944(3),46(1):45-64.

⑧ 金耀基."面"、"耻"与中国人行为之分析[C]//杨国枢.中国人的心理[M].北京:中国人民大学出版社,2012:253.

张，面子可有可无，可增可减[①]，有面者并不一定有脸，反之亦然。该概念虽然揭示出中国人脸面观的双重含义，但割裂了脸与面之间的联系，忽视了面子的其他方面，显得过于狭窄[②]。金耀基在此概念框架下，将胡先缙（1994年）的定义整合为"面子"概念，提出了道德性的面（胡定义中的脸）和社会性的面（胡定义中的面）双重构面。前者是自律的，类似于西方"guilt"含义；后者是他律的，类似于西方"shame"含义[③]。何友辉（1976年）则对面子与其他易混概念进行了区辨，通过说明面子不是什么来烘托面子是什么，将其定义为"个人由于地位和贡献而从他人那里获取到的尊重和顺从"[④]。这一定义揭示出了面子从何而来，并识别出了体现中西方面子观的一个差异：个人的面子受到与其关系密切者的影响[⑤]。受此启发，陈之昭（1982年）提出了面子是"自我心像"的概念，认为面子是在自我或自我涉入的对象所具有且为我所重视的属性上，当事人认知到重要的人对该属性的评价后，所形成的具有社会意义或人际意义的自我心像[⑥]。

通过以上从社会学、心理学视角对面子概念的本土研究可知，面子具有社会规范的作用，也是社会阶层化的产物，在中国社会中普遍存在。

2. 面子的运作

面子行为是社会行为的一种，面子本身就是社会交换的产物，所谓"架子是自己拆的，面子是人家给的"，就是这种取与予特质的明显体现[⑦]。面子在根本上是一种由于个人表现出来的形象类型而导致的能不能被他人看得起的心理和行

[①] 朱瑞玲.中国人的社会互动：论面子的问题[C]//杨国枢.中国人的心理[M].北京：中国人民大学出版社，2012：192.

[②] 吴铁钧."面子"的定义及其功能的研究综述[J].心理科学，2004，27(4)：927-930.

[③] 金耀基."面"、"耻"与中国人行为之分析[C]//杨国枢.中国人的心理[M].北京：中国人民大学出版社，2012：261-263.

[④] Ho, D.Y.. On the Concept of Face[J]. American Journal of Sociology, 1973, 81：867-884.

[⑤] 王轶楠，杨中芳.中西方面子研究综述[J].心理科学，2005，28(2)：398-401.

[⑥] 陈之昭.面子心理的理论分析与实际研究[C]//杨国枢.中国人的心理[M].北京：中国人民大学出版社，2012：125.

[⑦] 陈之昭.面子心理的理论分析与实际研究[C]//杨国枢.中国人的心理[M].北京：中国人民大学出版社，2012：127.

为[①]，是人与人比较出来的，比较的结果产生了高低、等级次序，由此决定面子的大小[②]。所以，面子要靠争、比、竞而来。而获取面子的行为包括事先避免失面子、事后挽回面子、增加面子三类[③]，是一种习得的社会技巧。面子行为的产生除了自身的面子追求动机外，行为的代价及代价为人所知的程度也是其影响因素[③]。

之所以会有面子行为，是因为在人情社会中面子分量可以成为交换的社会资源[④]，即所谓的人情面子。在人际关系中，面子行为的互惠性尤为明显。给对方面子也是一种维护自己面子的技巧，因为给对方面子也是为了日后对方能给自己留面子。而且，在熟人社会里，有关系的双方之一如果丢了面，也会殃及整个圈子成员。所以，从面子的拥有者来看，其社会行为必须维护三方面的面子：自己的、互动对方的以及所属团体的[⑤]。

而面子法则所适用的范围仍然决定于中国的人情社会结构。由于差序格局、熟人社会揭示出中国人际关系的特殊取向、关系趋向，因此"情面"法则的适应范围与其也是一致的。讲情面、留面子、护面子也仅限于跟自己有关系的，即以主团体（primary group）为主的差序格局下的关系群体，对于超过这个关系圈的人就不会这么讲情面[⑥]。面子与人情社会是契合的。

在儒家思想下，中国传统社会中面子功夫的运作机制表现为如下四个特点：（1）讲求形式的面子，即以表面无违的履行礼仪来获取面子；（2）强调阶级的尊

[①] 费正清.美国与中国[M]. 张理京,译.北京:世界知识出版社,1999:125.
[②] 陈之昭.面子心理的理论分析与实际研究[C]//杨国枢.中国人的心理[M].北京:中国人民大学出版社,2012:133.
[③] 朱瑞玲.中国人的社会互动:论面子的问题[C]//杨国枢.中国人的心理[M].北京:中国人民大学出版社,2012:212.
[④] 朱瑞玲.中国人的社会互动:论面子的问题[C]//杨国枢.中国人的心理[M].北京:中国人民大学出版社,2012:203.
[⑤] 朱瑞玲.中国人的社会互动:论面子的问题[C]//杨国枢.中国人的心理[M].北京:中国人民大学出版社,2012:193.
[⑥] 陈之昭.面子心理的理论分析与实际研究[C]//杨国枢.中国人的心理[M].北京:中国人民大学出版社,2012:125.

卑和面子维护责任之间的关系,即优先维护上位者的面子,而后下位者才有获得面子的可能;(3)家族或集体的面子大于个人的面子;(4)以面子的交换及取予来建立社会关系[①]。

由此可见,在中国的人情社会中,受政治、经济、文化等因素的影响,人们的面子行为普遍存在。这种情境中,如果一个人权力越大、声望越高、地位越显赫、社会关系网越复杂,在尊尊、长长等人伦思想的影响下,互动时对方会越发给自己留面子,越不容易拒绝自己[②]。所以,人情社会中的个体总是会做出各种"面子功夫",以此表明、炫耀自己的身份、地位、财富、学问,从而为自己争得面子。而且地位越高的人,也越容易"好面子",为了维护现在的身份、地位,还会不停地表现出"面子功夫",比如给别人添面子、留面子,至少不让别人没面子。凡此种种,都是面子功夫。面子和人情的运作,联系十分密切。在人情社会中,不管是普通人还是有地位的人,日常中的面子行为都是司空见惯的。

3. 面子的功能

面子在中国传统社会的重要性,仍然与儒家思想所提倡的名分阶级有密切联系。阶级代表名望、生活方式及法定特权,面子分量的大小是通过严格的阶级差序来区分的。重功名的价值观孕育出中国人看重由功名带来的面子观。阶级除了赋予个人不同分量的面子、尊卑关系外,还强调个人应负的面子维护责任:居下位卑者的本分乃是保护为上位尊者的面子[③]。所以,面子在中国社会中也起着维持社会秩序的作用。

具体来看,面子的功能主要体现在个人和社会两个方面,对后者作用更大。对个人而言,面子观可以帮助自己获得友谊、认同、信任、敬重、赞美、权力或

[①] 朱瑞玲. 中国人的社会互动:论面子的问题[C]//杨国枢. 中国人的心理[M].北京:中国人民大学出版社,2012:204.

[②] 黄光国. 中国人的人情关系[C]//文崇一,萧新煌. 中国人:观念与行为[M].北京:中国人民大学出版社,2013:40.

[③] 朱瑞玲. 中国人的社会互动:论面子的问题[C]//杨国枢. 中国人的心理[M].北京:中国人民大学出版社,2012:203.

影响力、尊严、自信等社会资源，增加个体心理资本[1]。对于社会而言，其功能着重体现在社会控制、约束与规范上。一般来说，对社会行为的约束主要依靠的是道德和法律。前者是自律性的，约束的是少数真君子；后者是他律性的，约束了少数真小人；而面子则弥补了制度空间，约束了大多数"伪君子"[1]。面子本身就包含道德性和社会性双重构面，具有自律和他律意义，面子的规范约束作用则是借由耻感、罪感来对人的行为进行社会化。三者的区别在于法律是有形的规范，道德及面子则为无形的规范。相对而言，无形规范的社会控制更迅速有效。在无形规范中，道德约束的是人的里子，面子约束的是人的架子。面子的控制范围，较之法律、道德广，但涉及的人际空间比较窄，因为面子的作用范围也仅限于关系圈内[1]。

总之，面子的这种社会控制作用既有积极的一面，比如激发人们的善行、德行、义行和礼行。为了争面子、不丢面子而努力工作、积极进取。而其负面影响则表现为虚荣和形式主义。不管是正面的还是负面的，毋庸置疑的一点就是，面子在中国人情社会中广泛而持久地存在着，是人情社会交换中的一个重要媒介，对社会关系产生重要影响。

（三）交换通道——权力勾连

寻靠山、拉关系、走后门、求人情是中国人司空见怪的日常行为，其所涉及的实质是一个人情与权力的勾连问题[2]。

政治权力仍然可被视为一种同人情、面子一样的可用于交换的社会资源。在人情社会中，如果这种资源操控在少数人手里，那么则可用其来卖人情、做面子[3]。另外，如果这种资源越集中、越稀有、越被少数人控制，那些想要获取这种资源的人就会想方设法来获取这种资源。如果其不具备权力获取的正式渠道，自然就会想到通过关系、面子、人情的手段来获得资源。传统的中国既是一个集

---

[1] 陈之昭.面子心理的理论分析与实际研究[C]//杨国枢.中国人的心理[M].北京:中国人民大学出版社,2012:136-137.

[2] 翟学伟. 人情、面子与权力的再生产[M]. 北京:北京大学出版社,2005:170.

[3] 黄光国.中国人的人情关系[C]//文崇一,萧新煌.中国人:观念与行为[M].北京:中国人民大学出版社,2013:50.

权社会，又是一个人情社会，上述两种情况毫无疑问会普遍出现。所以，中国社会中存在权力勾连现象。

何以为此？是因为中国人的政治生活有一个特点：权力不受约束[1]，这就意味着权力可以发生转让。只要能攀上权贵，就可获得权力转让。在一个集权社会和人情社会中，对于普通老百姓来说，获取权力转让的最佳途径莫过于用人情来同权威者进行交易[2]。但人情和权力之间的交换不是权力的真正移交传递，也不是授予他人行使该权力。而是说因为有这样一种人情交往的存在，便如同相关者拥有了同样大小的权力[1]，即可获得相应的待遇，比如资源、尊重等。这一机制其实就是人情与权力的勾连法则。正是由于该机制的存在，才形成了"小人物不总是小人物，大人物也不总敢说自己是大人物；只要关系存在，权力没有最大，也没有最小；任何人都有自己可制约的对象，也都能被别人制服"等局面的出现[2]。人们常玩的"石头、剪子、布"；"老虎吃鸡、鸡吃虫子、虫咬棒子、棒子打老虎"的游戏，就是关系与权力勾连法则的映射；"中国人原来个个都是顺民，同时亦个个都是皇帝"[3]就是权力转让的写照。

综上所述，儒家伦理道德使得官僚政治体制中底层民众具有狭窄的政治空间，而人情社会使得常人具有转让权力的广阔途径。普通民众可以依靠人情法则操作权力，获取稀有资源。关系、人情、面子是人情交换的资源，也是获取权威的手段。从某种意义上讲，资源的集中程度、稀缺程度与人们的人情运作程度成正比。资源越稀缺，人们越可能采取非正式手段来获取。这样来看，传统官僚政治社会中，中国人拉关系、争面子、讲人情等行为司空见怪，屡见不鲜，不足为奇。

事实上，将官僚政治文化与人情社会机制整合起来就可以很好地理解中国人的政治观与日常政治行为。这两种制度系统都衍生于小农经济的生产方式，是由经济形式催生出的政治、文化和社会机制。在儒家人伦思想的影响下，官僚政治

---

[1] 翟学伟. 人情、面子与权力的再生产[M]. 北京：北京大学出版社，2005：170-171.
[2] 翟学伟. 人情、面子与权力的再生产[M]. 北京：北京大学出版社，2005：229.
[3] 梁漱溟. 中国文化要义. 载梁漱溟全集第3卷[M]. 济南：山东人民出版社，1990：69.

体制和人情社会机制形成制度互补，使得中国人即使在等级森严的政治体制下也具有政治空间和向上流动的机会，所以才能够长期接受官僚体制并乐于表现出拉关系、争面子、讲人情等政治行为，这也正是中国官僚政治制度存续两千年之久的合法性基础所在。

第三节　国企的功能特质与员工的组织政治

当今社会已经从农业化迈向工业化，经济的发展也从依靠农业转为工业，那么问题分析的情境也需从农业社会转向企业社会。尽管分析单元发生置换，但是整套分析逻辑仍然受用。因为文化的影响更为深远，不会随着封建政治制度的消亡而立即消亡。所以，只需弄清存续如此之久的互补性制度系统在新情境中有多大程度的遗传或变异，就能知道形成于传统社会的中国人的政治观和日常政治行为能有多大程度的沿袭或扬弃，即可解析企业中的组织政治问题。依据企业所有制形式，企业可以划分为多重类型，比如国企、民企、外企等。相比较而言，基于中国政治体制的特殊性，国有企业与传统中国的政治、社会情境最为相近，尤其是计划经济时代的国企，带有明显的体制性特点和行政化职能。那么，接下来再聚焦国企员工组织政治知觉的直接情境——国有企业，从其起源、功能与转型方面来展开分析，仍然从历史、演化的视角捕捉这一过程中的"变"与"不变"，以此来解析国企员工的组织政治知觉问题。

一、国有企业的起源

国有企业是一种特殊的制度形式，是世界经济和各国经济的重要组成部分。国有企业是在社会化大生产条件下，为弥补市场失灵，在制度、目标和管理诸方面具有特性的现代契约组织。它的内涵是资产属于全民所有，由政府占有终极所有权的企业[①]。在国际上，国有企业通常仅指一个国家的中央政府或联邦政府投资、参与控制的企业。而在中国，国有企业还包括由地方政府投资参与控制的企

---

① 戴炳源. 从起源、功能、性质、实证看国有企业改革[J]. 当代财经, 1999(6): 32-35.

业。国家统计局、国家工商行政管理总局在《关于划分企业登记注册类型的规定》中规定:"国有企业是指企业全部资产归国家所有,并按《中华人民共和国企业法人登记管理条例》规定登记注册的非公司制的经济组织,不包括有限责任公司中的国有独资公司。[①]"由此可知,国有企业包括国有独资企业、国有控股企业和国有参股企业等多种形式。

世界上绝大多数国家都有国有企业,但各国建立国有企业的初衷却不尽相同。从理论逻辑来看,依照马克思主义政治经济学原理,计划经济的历史必然性是国有企业的逻辑基础,国有企业是计划经济的逻辑产物,即计划经济的所有制基础。既然如此,只有国有企业,至少是大多数企业都成为国有企业,计划经济才有可靠的现实经济基础和可操作的运行工具。资本主义社会中的国有企业,同马克思主义者所设想的社会主义社会的国有企业是不同的。在资本主义社会中,国有企业并不是计划经济的逻辑产物,而是为实现某些社会政策目标而建立的一种特殊的企业组织形式,也可以说是国家直接干预经济的一种方式,以作为弥补市场缺陷的一种手段。

各国国有企业的建立和发展,尽管受到理论主张和意识形态的强烈影响,但是其并非理论逻辑,而是现实逻辑。从起源上说,战争使得国家对军用物资产生需求,需要建立自己的军工厂;或者战胜国没收战败方的财产来建立自己的企业,这些都自然成为国有企业[②]。如奥地利和法国国有企业的产生均与其所处的战争环境有关。中国共产党在战争期间建立的军工厂和接管国民党统治区的矿山、工厂和其他经济实体,在战后都转为了国有企业。除此之外,国有企业的产生还与观念有关,如富国强兵以抵御外敌入侵的心态也会推进国有企业的建立。然而,这些因素都具有历史性和特殊性,不足以说明在和平时期和正常时期国有企业存在的原因。

经济学家通过对各国经济发展史的研究,发现国有企业的作用同国家的规模

---

① 张宽政,陈跃. 关于国有企业的概念探析[J]. 经济师,2002(5):47.
② 戴炳源. 西方国家国有化的起源给我们的启示[J]. 东莞理工学院学报,1997,4(1):53-56.

及经济发展的水平有着密切的关系[1]。我国建立国有企业的原因也不能仅仅从理想或意识形态中去寻找。经济发展的现实要求也是我国国有企业得以建立和大规模发展的重要根源。有的学者认为:"国有企业及其特殊的治理结构是重工业优先发展战略的产物。"[2]也就是说,我国建立和发展国有企业是源于实行重工业优先发展战略的需要。还有一些学者指出,国有企业的根源在于国家融资体制[3]。也就是说,之所以建立和发展国有企业,是因为我国需要由国家来筹集经济发展的资金,即使是今天,我国经济发展资金的筹措仍然主要依赖以国家为中介的融资体制,被称为"国家借贷经济"[4]。

经济发展的中心问题是资金的筹集和配置。新中国成立以来,我国实行行政型的纵向筹资机制和以国家为主渠道的投资体制,工业化的这一传统筹资模式必然导致国有企业在国民经济中占有越来越大的比重[5]。翻开我国工业化历史可以看到,我国现代工业化建立于20世纪50年代,主要得益于苏联援建的156个重点项目,以后的工业发展主要由一个个"五年计划"的国家筹资和投资推动。这种工业化的过程,当然依赖国有企业的发展和壮大,而且循环累积效应也必然导致国有企业实力的不断增强。这既是一个历史事实,也是合乎逻辑的结果。所以我国国有企业成长为国民经济的主体,并不全是主观意志的作用,而在很大程度上也是历史客观演化过程的结果[6]。

二、国有企业的功能定位

国有企业的共同功能反映了国有企业的共同本质[7]。从本质上说,不论是在计划经济条件下,还是在市场经济条件下,国有企业并不是真正的经济实体或法

---

[1] 哈罗德·德姆塞茨. 所有权、控制与企业——论经济活动的组织[M]. 段毅等,译. 北京:经济科学出版社,1999:29-30.
[2] 林毅夫,李周. 现代企业制度的内涵与国有企业改革方向[J]. 经济研究,1997(3):3-9.
[3] 张春霖. 国有企业改革与国家融资[J]. 经济研究,1997(4):3-14.
[4] 周天勇. 改革面临重大转折:从国家借贷经济转向社会资本经济[J]. 经济研究,1997(5):8-15
[5] 金碚. 中国工业化经济分析[M]. 北京:中国人民大学出版社,1994.
[6] 金碚等. 中国国有企业发展道路[M]. 北京:经济管理出版社,2013.
[7] 何炼成. 正确认识和对待国有制与私有制[J]. 当代经济科学,1999,101(1):1-5.

人实体[①]。主流经济学家往往把市场经济作为研究国企性质的前提,而国内部分学者则认为国有企业在计划经济体制中和市场经济体制中的性质和功能不尽相同。因此,为了解决经济转型中国有企业所面临的问题,国内学者们对计划经济体制中的国有企业性质展开了一系列研究。结果表明,在传统的计划经济体制下,国有企业不是企业,这在学术界已达成共识[①]。研究者认为,计划经济体制下的国有企业是国家行为的结果[②③],其边界完全是由国家决定的[④⑤⑥⑦]。由于我国正经历着从计划经济体制向市场经济体制的转型,因此分析市场经济体制中国有企业的性质更具有现实意义,而计划经济体制中的国有企业则作为研究的历史起点。

有关市场经济体制中国有企业性质的理论,主要讨论的是国有企业在市场经济中的特殊功能。既有理论将国有企业的功能分为经济功能、政治功能、政策工具功能三大类,因此国有企业扮演着三重角色。

(一)作为企业制度的国有企业——实现宏观经济功能

这一理论将国有企业作为一种企业形式,以现代企业理论为理论工具对国有企业功能进行分析。该理论认为,国有企业的首要功能是实现宏观整体社会经济利益的增长。新古典经济学家从私有企业的局限性角度来分析国有企业存在的合理性,他们认为私人企业一味追求个体利益而忽略整体利益,而国有企业则从事一些技术水平要求高、投资高、风险高的行业和无盈利或自然垄断行业,以满足社会公共需求、稳定产业基础,同时实现限制私人垄断和保护国家安全等宏观经济目的[⑧]。实践表明,在西方发达国家,国有企业的存在是源于国家弥补市场的不足。国家为了调节经济发展,通过国有化或直接投资新建企业的方式建立国有

[①] 戴炳源.从起源、功能、性质、实证看国有企业改革[J].当代财经,1999(6):32-35.
[②] 张宇燕,何帆.国有企业的性质(上)[J].管理世界.1996(5):128-135.
[③] 张宇燕,何帆.国有企业的性质(下)[J].管理世界.1996(6):137-144.
[④] 黄仁宇.资本主义与二十一世纪[M].北京:生活·读书·新知三联书店,2006.
[⑤] 林毅夫,谭国富.自生能力、政策性负担、责任归属和预算软约束[J].经济社会体制比较,2000(4):54-58.
[⑥] 刘世锦.中国国有企业的性质与改革逻辑[J].经济研究,1995(4):29-36.
[⑦] 周其仁.公有制企业的性质[J].经济研究,2000(11):3-12.
[⑧] Lin, Y.F., Cai, F., Li, Z.. Competition, Policy Burdens, and State-Owned Enterprise Reform [J]. American Economic Review, 1998, 88(2):422-427.

企业，从而实现优化产业结构、充分就业、实现经济增长、维护经济稳定、促进对外贸易等社会经济目标，以保证国家经济的稳步发展[1]。

由此可见，与私企相比，国有企业作为一种企业制度，在弥补"市场缺陷"、维持市场机制运行及保证社会经济稳定发展中起着极为重要的作用[1]。

我国的国有企业除上述功能外，还作为社会主义制度的体现方式而存在，并发挥着巩固社会主义制度经济基础和发挥国民经济主导的作用[2]，这是我国国有企业的特点所在。

（二）作为国家制度的国有企业——实现政治目标的功能

由于受制于政府，国有企业不仅具有企业的特征，而且具有国家制度的特征。国有企业的内在属性及其在国家中所处的独特地位，决定了国有企业需要承担政治功能，在政治共同体的维系和变迁中发挥作用。因此，20世纪70年代兴起的政治选择理论，在新古典理论的基础上将国家行为引入国有企业的分析框架中。该理论主张国有企业是国家制度的一部分，其首要功能是帮助国家实现政治目标。国有企业是国家基于扩大政府自身权利、获得政治稳定、增强国家财政[3]的需要而建立的，因此国有企业不可能独立于政治之外，更不可能像私营企业一样专心追逐利润，而必须牺牲经济利润来服务政治目标[4]。但国有企业制度并不等同于国家制度，它只是国家制度的实现方式之一。

虽然具有重要的政治功能，但国有企业首先仍是一个企业，主要属于经济系统，所以其对政治领域所发挥的作用往往是间接的。作为一个经济组织，国有企业的基本功能是为社会提供有效的商品和服务，发挥其在国民经济中的主导作用。但是按照马克思主义的观点，经济基础决定上层建筑（政治），所以国有企业的政治功能性对于国家政治领域至关重要。在社会主义国家中，国有企业作为全民所有制实现形式的载体，不仅构成了社会主义国家制度意义上的经济基础，

---

[1] 李华民.从国有企业的性质看国有企业改革方向[J].经济问题，1997(3):30-33.
[2] 毕志强.国有企业的双重属性与国企改革[D].北京：首都经济贸易大学硕士学位论文，2006.
[3] Andrei, S., Rober, W.V.. Corruption [J]. Quarterly Journal of Economics, 1993, 108(3):599-617.
[4] Olivier, B., Maxim, B., Marek, D., et al.. The Politics of Russian Privatization, Post-Communist Reform: Pain and Progress[M]. MA Cambridge: MIT Press, 1993.

还在意识形态上承担着否定剥削、实现社会公正的重任[1]。

在我国,国有企业是"作为一个整体",即单位,发挥其政治功能的。比如国企的工人、经营者可以作为人大或政协代表去参政、议政,国企中的党委或者工会组织也可以通过"组织生活"和政治宣传等加强工人的"政治社会化",这些行为也可视为某种政治作用的发挥,但其更多的是作为一般公民或政治性组织而发挥作用的[2]。另外,国企作为一个单位和国家政治体系的基层组织,也是一种控制机制[3]。国企将国家部分利益的分配、利益平衡纳入单位内部解决,对政治利益冲突起到了"减压阀门"的作用。同时,国企"政行合一"的体制,使得国家行政与社会民众之间在组织形态上建立了一种政治联系。作为国家和个体之间连接的桥梁,国有企业虽处于强烈的角色冲突中,却对社会利益的平衡作出了贡献[4]。鉴于国企的政治属性,国企管理者必然存在政治化倾向。

(三)作为政策工具的国有企业——社会功能

国有企业的政策工具性,实质是综合了新古典理论和政治选择理论的观点,认为国有企业兼具企业制度和国家制度两种功能,能更为准确地表达了国有企业的性质。国内外学者对此均有所研究[5][6][7][8][9],结果表明,国有企业直接体现和执行国家意志,服务于国家利益,具有维护国家经济安全和满足社会公共需要的职能,其所从事的生产经营活动有营利性目的,也有非营利性目的。国有企业生产的目的是服务于社会总体利益,具有全社会公有的性质[10]。国家将国有企业作为

---

[1] 廖元和.国企论纲:国企在中国特色社会主义事业中的地位和作用[J].企业文明,2011(9):26.
[2] 王冠杰.挑战与应对:中国国有企业的政治功能研究[D].长春:吉林大学博士学位论文,2012.
[3] 李培林.转型中的中国企业:国有企业组织创新论[M].济南:山东人民出版社,1992.
[4] 郭庆松,刘建洲,李婷玉等.新形势下国有企业劳动关系研究[M].北京:中国社会科学出版社,2007.
[5] Von Weizsacker, E.U., Young, O.R., Finger, M.. Limits to Privatization: How to Avoid too Much of a Good Thing, A Report to the Club of Rome [M].London: Earthscan, 2005.
[6] 杨瑞龙,杨其静.企业理论:现代观点[M].北京:中国人民大学出版社,2005.
[7] 刘元春.国有企业的"效率悖论"及其深层次的解释[J].中国工业经济,2001(7):31-39.
[8] 杨灿明.产权特性与产业定位——关于国有企业的另一个分析框架[J].经济研究,2001(9):53-59.
[9] 黄速建,余菁.国有企业的性质、目标与社会责任[J].中国工业经济,2006,215(2):68-76.
[10] 王冠杰.挑战与应对:中国国有企业的政治功能研究[D].长春:吉林大学博士学位论文,2012.

干预经济生活的一种特殊宏观经济政策工具,对国家经济进行宏观调控,贯彻国家社会经济发展的战略意图,实现社会经济目标①。

国有企业的政策工具性质决定了其行为目标的双重性:社会目标和利润目标,且二者的均衡点在于社会目标。当国有企业的社会目标和利润目标发生冲突时,要优先考虑社会目标①②。那么,作为国家宏观调控的政策工具,国有企业既有别于非国有企业,具有特殊的社会属性,承担着特殊的社会功能;又由于其强烈的经济属性,带有经济功能而有别于政府组织③。

另外,中国国有企业的社会功能还具有一定的特殊性。具体而言,中国国有企业的社会功能包括企业在支付职工货币报酬方面的职能;向职工提供生活服务,并负担职工及其家庭成员的管理教育及生活保障方面的职能④。根据科斯的理论,这种社会职能的过分承担,必然导致其企业性质的丧失。正是由于这种对社会职能的过分担负,中国国有企业实际成为政府的附属物,是政府的"儿子"("父子论"观点),从而使得中国国有企业的企业性质丧失殆尽④。正如20世纪80年代中期,日本著名经济学家小宫隆太郎在他的《竞争的市场机制和企业的作用》一文中所说的:"中国不存在企业,或者几乎不存在企业。"⑤国内学者刘世锦将国企的这一特性概括为:由国家"制造"的"社区单位",兼有生产、社会保障、社会福利和社会管理多种职能⑥。

由此可见,中国的国有企业如同一个小社会,进入这个企业"社区"的正式成员,其一生的命运都将与企业息息相关,企业正式职工的社交、生活、身份、家庭等期望都可在企业内部得以实现⑦。美国社会学家华尔德认为,计划经济体制下的中国国有企业首先是社会结构,其次才是企业经济实体。华尔德还认为,

---

① 李华民. 从国有企业的性质看国有企业改革方向[J]. 经济问题, 1997(3): 30-33.
② Tinbergen, J.. On the Theory of Income Distribution[J]. Weltwirtschaftliches Archiv, 1956, 77(2): 155-173.
③ 毕志强. 国有企业的双重属性与国企改革[D]. 北京: 首都经济贸易大学硕士学位论文, 2006.
④ 管理年. 分析我国国有企业的性质运用交易成本理论——兼论非生产性资产的剥离[J]. 经济问题, 1995(9): 15-17.
⑤ 小宫隆太郎. 竞争的市场机制和企业的作用——日中比较研究[J]. 科技导报, 1986(2): 14-20.
⑥ 刘世锦. 当前的宏观经济形势与政策选择[J]. 管理世界, 1996(5): 10-14.
⑦ 郭玉锦. 中国身份制及其潜功能研究[M]. 哈尔滨: 黑龙江人民出版社, 2002.

在这一机构里，员工在经济上依附企业，在政治上依附企业的党政领导，在个人关系上依附直接领导。员工可以通过培植自己的私人关系网络实现对领导行为决策的影响，使之作出有利于自己的变通，帮助其实现自身利益[1]。国企领导与职工之间的这种关系有三种解读："庇护与被庇护关系"、"施恩与回报关系"、"主从关系"，并一直延续至今[2]。这种关系在某种程度上表现为"单位政治"的特点，即利益冲突在单位之间展开；社会个体通过单位正式成员的身份获得利益分享，单位利益的主体是有边界的，甚至是特定的（正式员工）无法提供给单位之外的人员共享[3]。

三、转轨时期中国国有企业的特点

改革开放以来，国家正经历着从计划经济向市场经济的转型。在此带动下，国有企业也进行了一系列改革，逐步从计划经济时代的单位制实现向市场经济下的现代企业制度转型。在这个过程中，国企也呈现出一些独特的表现。

在现代企业制度下，一般企业实行以自由契约为基础的法人制度，其实质是企业经济决策权来源并受约束于财产所有权，自然人和法人的一切决策和行为责任自负，但各自然人及法人之间的财产界限分明，相互不具有清偿债务的连带责任[4]。国有企业虽然是一个组织，但它的财产是全民的，而出资人和主要控股者是国家，经营管理收益由全民所有。与一般出资人不同的是，国家和全体人民作为一个整体既不是自然人也不是法人，这就造成了所有权分散的问题。受交易成本的限制，全民无法真正完成对国有企业的经营和监督。国家作为出资人需要以其他方式代为履行出资人的权力。所以，绝大多数国家都以特殊的法律形式对国有企业的运作进行规范，对国有企业的经营决策权给予明确界定。中国国有企业的出资人职责由国务院和地方政府代表国家履行，对于国有独资企业而言，国家

---

[1] Walder, A.G.. 共产党社会的新传统主义——中国工业中的工作环境和权力结构[M]. 龚小夏,译.伦敦:牛津大学出版社,1996.

[2] 郭玉锦. 中国身份制及其潜功能研究[M]. 哈尔滨:黑龙江人民出版社,2002.

[3] 郭庆松,刘建洲,李婷玉等. 新形势下国有企业劳动关系研究[M]. 北京:中国社会科学出版社,2007.

[4] 金碚等. 中国国有企业发展道路[M]. 北京:经济管理出版社,2013.

是惟一出资人；对于国家控股、参股的企业，国家是主要的出资人。此外，国家机关并不直接进行具体的投资管理和经营活动，国家按照"统一领导、分级管理"原则，分别由各级国家机关或其授权部门代表所有者负责国有企业的具体投资、经营和管理活动。

我国国有企业的特殊性在于以下三个方面。

（一）产权结构的特殊性

我国国有企业的特殊性在于，作为典型的公有制企业，传统的国企是建立在否定个人产权的基础之上。在法律上，国有企业的资产所有权属于国家，而不是属于个人和个人所有权人任何形式的集合[1]。如果将企业定义为一个由各类资源所有者缔结的合约，那么我国国有企业由于不承认个人所有权而失去企业的市场合约基础，也失去了市场校正机制。同时，国有企业产权的模糊使得其与市场经济相背离[2]，并由于所有权无法专门化而削弱了所有者监督管理行为的权力[3]。我国改革开放之前的计划经济体制是以单一公有制为基础的，国有企业的产权归全民所有并由政府统一代理，因此在原始所有者同经营者之间存在着一个庞大的委托代理机构——各级政府[4]。这种庞大的委托代理链将原始所有者所获收益和监督的积极性耗损殆尽，加之收益的非货币化，导致所有者的角色被淡化，原始所有者对企业的风险和剩余索取权、剩余控制权反应冷淡，国企的实际剩余控制权和剩余索取权落入政府官员手中，最终由于"所有者缺位"而导致官员控制。

改革开放初期，实行的"放权让利"政策，只是在形式上实现了剩余索取权和控制权从中央政府向地方政府、从政府到企业的转移，但由于未能从根本上解决"所有者缺位"的问题，难以形成市场型约束机制，因此政府仍然对国企进行直接干预，形成了"行政干预下的内部人控制"[5]局面，国企陷入代理危机和低

---

[1] 李哲君.转轨时期国企治理研究[D].长沙：中南大学博士学位论文,2009.
[2] 凌相权,陈爱斌.国有企业法律地位新论[J].法商研究,1996(6):29-33.
[3] De Alessi, L.. The Economics of Property Rights: A Review of the Evidence[J]. Research in Law and Economics, 1980,2(78):1-47.
[4] 梁光伟.国有企业剩余索取权和控制权配置与约束机制选择[J].江汉论坛,2002(7):46-48.
[5] 钟海燕,冉茂盛,文守逊.政府干预、内部人控制与公司投资[J].管理世界,2010(7):98-108.

效率的两难困境。

在20世纪80年代开始实行的股份制，在国有企业引入了企业外的替代约束机制，较之政府约束是一种进步。但在国有股份和国有控股不可转让的前提下，而且国家控股的实质是代理人控制，国有资产局的官员作为国有股份代理人的制度在本质上仍由政府官员代理，原有的"委托—代理"风险问题依然存在，因此国有企业低效率的问题未得到解决。

鉴于此，通过产权多元化形成符合行业技术经济特征和经济发展要求的产权结构和治理结构是我国垄断行业国有企业改革的重要内容[1]。在制定"十一五"规划时中央提出，鼓励国有大中型企业通过规范上市、中外合资和相互参股等形式，实行股份制[2]。2005年国务院提出，鼓励非公有制经济参与国有经济结构调整和国有企业重组。大力发展国有资本、集体资本和非公有资本等参股的混合所有制经济。鼓励非公有制企业通过并购和控股、参股等多种形式，参与国有企业和集体企业的改组改制改造[3]。在上述思想和政策的指导下，垄断行业国有企业加快了产权多元化、发展混合所有制经济和改善治理的步伐。

正如国内学者周其仁（2000年）所比喻，市场化改革以前的公有制企业类似于一个没有任何私人房间的公共过道，他认为传统的"委托—代理"框架并不适合分析公共过道的经济性质，而国有企业改革实质上是一个从否认个人产权的公有制企业走向承认个人产权的市场合约性组织的转变过程[4]。

（二）治理机制以政治监管为特点

国有企业的法人治理结构所代表的所有者与经营者之间的委托—代理关系，表现为明确界定股东大会、董事会、监事会和经理人员职责和功能的一种企业组织结构。从本质上讲，公司治理结构是企业所有权安排的具体化，核心问题是确保国有企业剩余控制权和剩余索取权[5]。

---

[1] 吕政,黄速建.中国国有企业改革30年研究[M].北京:经济管理出版社,2008:318-330.
[2]《中共中央关于制定国民经济和社会发展第十一个五年规划的建议》,2005.
[3]《国务院关于鼓励支持和引导个体私营等非公有制经济发展的若干意见》,2005.
[4] 周其仁.公有制企业的性质[J].经济研究,2000(11):3-12
[5] 吕政,黄速建.中国国有企业改革30年研究[M].北京:经济管理出版社,2008:265-273.

在我国国有企业内部权力的分配上，法定代表人和国企党委是国企内部的实际控制者。作为厂长（经理）责任制的历史遗产，担任国企法定代表人的董事长拥有庞大的权力，是国企一切事务的受托人，而不只是企业的利益代表[①]。国企党委虽然表面上不是法定的治理机构，但实际上大权在握，其作为国有企业的政治核心，掌握着企业内部管理人员和政群干部的任免权；并参与股东大会、监事会、董事会和管理层等各个层面的决策；领导工会、团委、妇联等政群组织[②]。此外，企业党委和董事会、管理层实行"双向进入、交叉任职"。党委书记作为党委领导人，通过"党政一肩挑"策略兼任公司法定代表人，将执政党的政治纪律引入公司治理，建立起一种高度集权的内部权力格局[③]。

我国国有企业经营者的外部约束机制是"党管干部"的组织原则[④]。党政合一的人事安排制度为执政党任免国企经营管理人员提供了合法的通道，而企业的党委领导成员由上级组织部门进行任免。这一制度使得股东大会、董事会等由市场选择经营者的机制形同虚设。组织部门对国企经营者的任免带有浓厚的政治色彩，国企经营者的人事权完全由执政党控制成为国企治理最重要的外部机制。

剩余索取权随着国企的改革逐步成为一种虚化的权力。国有企业剩余索取权虚化的根本原因在于国企的剩余控制权与剩余索取权配置严重失衡，企业的剩余索取者不能参与企业剩余的分配，滋生了剩余索取者在控制和行使剩余索取权的过程中的偷懒行为，从而导致公司治理中对经营者的监督和约束机制软化，并最终致使剩余索取权的虚化[⑤]。

20世纪80年代的国有企业改革重点是将企业的剩余索取权（利润存留）下放到国企管理层，政府只收回固定的收益。此后，国企进行了经营机制转轨，拥

[①] 李哲君.转轨时期国企治理研究[D].长沙:中南大学博士学位论文,2009.
[②] 叶林.公司治理机制的本土化:从企业所有与企业经营相分离理念展开的讨论[J].政法论坛,2003(6):16-23.
[③] 李哲君.转轨时期国企治理研究[D].长沙:中南大学博士学位论文,2009.
[④] 杨瑞龙.国有企业治理结构创新的经济学分析[M].北京:中国人民大学出版社,2001.
[⑤] 徐涛.剩余索取权虚化与国有企业公司治理——基于"清江体制"的研究[J].管理世界,2004(10):125-130.

有了自主经营权,利润分配作为其自主经营权沿用至今。然而,这一改革并未达到预期的提高国企效率的效果。国有企业上缴财政的利润较改革前大幅度下降,甚至出现国家财政补贴国企亏损的局面[①]。由此,代表国有企业所有权的现金流权被虚化。中共十六大以后,各级政府纷纷设立国资委,将其作为国企出资人的代表行使所有者权力。然而,由于国企最高经营者的人事任免权仍掌握在各级党委的组织部门手中,因此国资委并未能解决国企所有权中现金流权与控制权彻底分离的诟病[②]。事实上,国资委对国企的所有权是一个既无控制权又无现金流权的虚无的所有权。

由此可见,剩余控制权和剩余索取权的不对称是我国国有企业治理的根本问题。作为优化和改善国有企业治理而建立的所有者治理结构,包括董事会、股东和管理层的分权制衡机制及独立董事制等[③],则均因为我国国有企业政治监管的特点而成了国有企业治理的"表面文章",失去其实际功效。

从制度变迁的角度来看,制度的变迁依据其层次差异,分为基础性制度变迁和次级制度变迁。通常制度环境作为基础性制度,其变迁要滞后于具体制度(次级制度)的安排。而且,在制度环境不发生变化的情况下,次级制度的变迁会导致制度内部压力和冲突[④]。国有企业改革是在传统的制度环境未发生变迁的前提下进行的。传统的中国社会是建立在家族制基础上的高度集权的帝制社会[⑤],"天无二日,民无二主"的集权意识形态深入人心。因此,中国的传统政治意识形态必然成为国有企业改革的指导思想。辛亥革命虽然推翻了封建帝制,但封建集权的意识形态仍然根深蒂固。无论是孙中山"以党治国"的政治方略,还是中国共产党人的"一元化"领导体制,都可以看出浓厚的集权烙印。传统的政治文化作为制度环境对国有企业市场治理机制的形成产生内部压力,是型塑国企治理机制

---

① 孔善广.国有企业改革:对成本与效率几方面问题的反思[J].学习与实践,2009(10):30-41.
② 张维迎.控制权损失的不可性与国有企业兼并中的产权障碍[J].经济研究,1998(7):1-10.
③ 钱颖一.企业的治理结构的改革和融资结构的改革[J].经济研究,1995(1):1-13.
④ 戴维斯,L.E.,诺斯,D.C..制度变迁的理论:概念与原因[A]//财产权利与制度变迁[M].刘守英等,译.上海:三联书店出版社,1994.
⑤ 周其仁.产权与制度变迁——中国改革的经验研究[M].北京:社会科学文献出版社,2002.

的"软"力量,受此影响,国企才最终形成了这种政治监管型的治理机制①。

(三) 政治寻租

当前我国正处于经济制度的转型期,产权多元化、发展混合所有制经济等这些改革从本质上意味着权力结构的再调整,自然也影响到经济利益的分配,这一变革的思路是权力下放,表现出权力由集中向分散的改革过程。在这一变革过程中,新旧制度的交叠期必然存在诸多制度的空隙和漏洞,为制度性寻租活动提供了温床。同时,我国国有企业政治地位的特殊性决定了其既有经济目标,也包括维持社会稳定等政治目标,而且国企机构设置的基本框架是在计划经济体制下形成和发展起来的。这种计划经济的体制实际上表现为官本位的经济体制。政府对整个社会经济的管理高度集权,并以国有企业为依托形成了一个庞大的管理体系。在这一"政企不分"的制度背景下,产生了产权模糊、代理链过长、监督机制失效等一系列问题。国有企业的当权者和政府官员为了自身利益而结成利益共同体,从而产生了地方保护主义、部门保护主义等现象,甚至形成了相互割据的"诸侯经济"②。这些均为"权力寻租"行为提供了空间和条件。

基于这一特殊的制度背景,我国国有企业的制度性寻租行为也具有了独特的发生机制。我国国有企业的控股方是政府,大多数国有企业的经营和管理人员由政府直接任命,而且有些人原本就是政府官员,他们代替政府行使股东权利,使其符合政府利益③。国有企业与政府的利益不存在分歧,政府会对国企有一定的支持,所以国有企业不需要通过政治寻租来获得经济方面的利益。事实上,国有企业的政治寻租并非表现在政府与企业之间,而更多地表现在上级官员与国企高管之间,不是一种企业行为而是一种个人行为。国有企业经营管理者进行政治寻租的目的是获得政治上的晋升。

基本框架形成于计划经济时代的国有企业,在中国特殊的政治体制下,扮演

---

① 涂一鸣. 国企"法定代表人"权力腐败现象的法律透视[J]. 河南大学学报(社会科学版),2001(7):62-66.
② 刘红娟,唐齐鸣. 公司内部控制权的配置状态、寻租主体及治理机制分析[J]. 南开管理评论,2004(5):63-69.
③ 彭羽. 宏观经济政策、政治寻租与企业产权性质——基于不同产权性质的企业外部环境的研究[J]. 会计师,2012(12):8-10.

着多重角色，承担着多重功能，而并非以经济为单一目标。正因为它的政治性角色和功能，其在运行过程中也带有浓厚的政治性色彩，在管理中体现出明显的官本位和行政化作风。中国国有企业的产权特殊性导致其存在内生性的委托—代理问题。尽管国企已经经历了一系列改革与转型，引入了现代管理制度，但囿于其被赋予的特殊功能角色及形成的制度背景，国企中难以在短时期建立起市场经济国家行之有效的约束与激励机制。这不可避免会使得国企管理者会出现权力寻租，为了获得晋升或走入仕途，过于重视国企的政治、社会职能而忽视企业的经济职能。反映在日常管理中就可能体现为管理制度的政治性和领导风格的官僚性，比如任人唯亲、徇私舞弊、拉帮结派、流于形式、讲人情、讲关系等。当然，随着国企转型的进一步加大、市场化程度的进一步加深，其经济功能的重要性凸显而政治性和社会性功能的衰减，会逐渐消除现存的这些问题。但就目前而言，可以推测国企中仍然存在较为浓厚的官僚作风和行政化色彩。而且制度改革的成效具有滞后性，可以预计国企中的政治性色彩在短期内仍无法根除。

  此外，国企中员工对组织政治的认识和反应，可通过对比国企这种新情境与传统社会情境的相似性来把握国企员工对传统政治观和政治行为的继承性，再据此进行分析。通过以上阐述可发现，形成于计划经济时代的国有企业实行的是单位制，其相当于一个小型社会，职工个人的身份由单位决定，其工作、生活、社交等都可在其中得以实现。以前的国企大包大揽，有家属楼、食堂、医院、运动休闲场所，有的甚至还有学校，人们的日常生产生活基本都可从中得到满足。再者，在当时，单位与单位之间的流动非常困难，这就决定着那个时代的国有企业员工的生活圈子仍然相对固定。由此可以看出，虽然这是工业化生产方式，但是其社会形态与原始的小农经济下所形成的社会形态极为相似，比如聚居式的生活、较低的流动性、熟人圈子等。那么，尽管"单位"这种组织形式替代了"家族、村落"的组织形式，但社会形态的相似性会让诸多社会因素得到保留和移植。同时，虽然国企已经历30多年的改革与转型，计划经济时代的单位制已被打破，社会性功能被大幅削减而市场化功能得到极大提升，但在计划经济时代得以继承和强化的一些社会性因素并不能随之一起消失。而更重要的是，在现有体制下，国企的政治功能在改革进程中并未发生根本性改变。那么，形成于计划经济时代的集权式管理体制基本仍然存在。尽管引入了董事会、监事会等治理机制，但事实上"党管干部"的组织原则仍在坚持，导致国企中资源垄断、权力集中的现象犹存。从某种意义上看，现在的国企仍可以说是传统官僚社会的一个缩影，是滋生传统官僚政治文化和人情社会运作机制的温床。尽管近代中国就已经开始受到西方民主思潮的影响，而且也经历了"五四"新文化运动、土地改革、"文革"、改革开放，现在社会较之以前的确发生了重大改变，政治、经济、社会和文化也变得多元。但是如果仔细比较和分析，发现古今社会的基本形态仍然较为相似的话，那么现在所改变的与在几千年历史中所沉淀的相比，则就显得微不足道。由此可以推测，受传统官僚政治文化和人情社会的影响，国企中的员工仍然可以对组织中的政治产生较高的承受力和适应力，且在必要时也会有政治行为表现。

总之，通过对官僚政治文化、人情社会和中国国有企业的三重情境分析，可以得出如下结论：

1. 中国人对政治表现出很强的承受力和适应力。

2. 中国人在日常生活中具有普遍的政治行为表现。

3. 国有企业中存在较高程度的政治性，受传统官僚政治文化和人情社会机制的影响，当需要时，国企员工会有组织政治行为表现。

第五章 研究模型与研究假设

本章主要构建研究模型，提出研究假设。首先，将所提出的组织政治知觉与工作绩效关系的理论构型转化成研究模型，通过模型形态的确定和变量的选择构建研究模型。然后基于对传统官僚政治文化——人情社会——国企性质三重情境特征作出的剖析，依据资源保存理论的分析框架提出研究假设。

第一节 研究模型

一、研究模型的形态

为了将理论构型转化为研究模型以便对其展开实证研究，首先需要将理论构型中所揭示的概念关系用适当的模型形态表现出来，将理论关系转化为实证可操作化的变量关系。所以，在提出研究模型之前，需要先确定模型形态。由于本研究关注的是组织政治知觉对工作绩效的影响机制，旨在识别影响组织政治知觉与工作绩效关系及情境因素。尽管依据AMO模型框架，绩效是由动机、能力、机会三要素的交互效应决定，但根据本研究欲探究的问题，将组织政治知觉（M）视为自变量，能力（A）、机会（O）视为调节变量更为恰当。

同时，鉴于不同绩效类型之间存在交互效应，为了清晰揭示组织政治知觉对工作绩效影响的中间机制，本研究除了考察影响二者关系的情境因素外，还欲进一步考察OCB对角色内绩效的影响。

基于此，研究模型形态设定如图5.1所示。

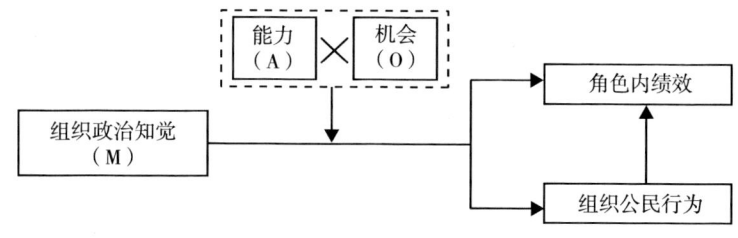

图5.1 研究模型的形态

资料来源：本研究设计。

二、研究变量的选择

模型形态确定之后，需要选择合适的变量指代理论构型中的概念，以通过构念之间关系的假设检验来验证理论模型中所揭示关系的真伪。

组织政治知觉作为一个动机性变量已被确定，并且反映了组织层次的制度环境。为了能够反映多层次影响因素，欲从个人和工作层面来选择能力和机会要素。通过文献回顾可知，机会因素通常反映在工作设计方面，而能力因素首先蕴藏于个体中，那么本研究的思路即从工作层次确定机会因素，从个体层次确定能力因素。

鉴于角色外行为在更大程度上是受机会的影响，就可从工作设计方面来寻找显著影响角色外行为的变量。由于OCB作为一种自由裁量式行为，其表现需要的是工作中的自主决策权。而工作特征模型中工作自主性恰好是对"个体在什么时候会承担更多角色"问题的一个回应[1]，反映了工作所允许的员工在任务完成过程中的自由、独立和自决程度[2]。而且工作自主性与绩效的强关系已经得到证实[3][4]。

---

[1] Fuller, J.B., Hester, K., Cox, S.S.. Proactive Personality and Job Performance: Exploring Job Autonomy as a Moderator[J]. Journal of Managerial Issues, 2010, 22(1): 35-51.

[2] Hackman, J. R., Oldham, G. R.. Motivation through the Design of Work: Test of a Theory[J]. Organizational Behavior and Human Performance, 1976, 16(2): 250-279.

[3] Dodd, N.G., Ganster, G.C.. The Interactive Effects of Variety, Autonomy, and Feedback on Attitudes and Performance[J]. Journal of Organizational Behavior, 1996, 17(4): 329-347.

[4] Tyagi, P. K.. Relative Importance of Key Job Dimensions and Leadership Behaviors in Motivating Salesperson Work Performance[J]. Journal of Marketing, 1985, 49(3): 76-86.

同时，Lorenzo 和 Giuseppe（2011 年）[①]、Kim et al.（2009 年）[②]、Fuller et al.（2010年）[③]等的研究还证明工作自主性适合于作为绩效的调节变量。为此，本研究将工作自主性作为"机会"因素的代理变量。

同理，角色内绩效在更大程度上受能力影响，可从反映环境监控及行为调适能力的个人特质方面来选取指代变量。在组织政治环境下，这种能力体现为能够洞察环境并据此调控自身行为，不仅能够快速准确判断出哪类绩效行为可以在政治性组织中得到奖励，还能敏捷地调适出社会情境欲求的绩效行为。通过文献分析，表现为"根据社会适应性的情境线索进行自我观察、自我控制和调节的能力[④]"的自我监控符合研究要求。自我监控就是个体对他人表达行为的敏感性和调节自我表现的能力[⑤]，也可以理解为一种印象管理能力，即在环境中维护面子、提升形象的能力。Spiro 和 Weitz（1990 年）[⑥]、Goolsby et al.（1992 年）[⑦]、Deeter-Schmelz 和 Sojka（2007 年）[⑧]、Deeter-Schmelz 和 Ramsey（2010 年）[⑨]等学者都证

[①] Lorenzo, B., Giuseppe, S.. The Paradox of Authentic Selves and Chameleons: Self-aonitoring, Perceived Job Autonomy and Contextual Performance[J]. British Journal of Management, 2011, 22(2): 324-339.

[②] Kim, T.Y., Cable, D.M., Kim, S.P., Wang, J.. Emotional Competence and Work Performance: The Mediating Effect of Proactivity and the Moderating Effect of Job Autonomy[J]. Journal of Organizational Behavior, 2009, 30(7): 983-1000.

[③] Fuller, J.B., Hester, K., Cox, S.S.. Proactive Personality and Job Performance: Exploring Job Autonomy as a Moderator[J]. Journal of Managerial Issues, 2010, 22(1): 35-51.

[④] Gangestad, S. W, Snyder, M.. Self-monitoring: Appraisal and Reappraisal[J]. Psychological Bulletin, 2000, 126(4): 530-555.

[⑤] Lennox, R.D, Wolfe, R.N.. Revision of the Self-monitoring Scale[J]. Journal of Personality and Social Psychology, 1984, 46(6): 1349-1364.

[⑥] Spiro, Weitz.. Adaptive Selling: Conceptualization, Measurement, and Nomological Validity[J]. Journal of Marketing Research, 1990, 27(1): 61-69.

[⑦] Goolsby, J. R, Ramsey, R. R, Boorom, M. L.. Psychological Adaptiveness and Sales Performance[J]. Journal of Personal Selling and Sales Management, 1992, 12(2): 51-66.

[⑧] Deeter-Schmelz, D. R, Sojka, J. Z.. Personality Traits and Sales Performance: Exploring Differential Effects of Need for Cognition and Self-monitoring[J]. Journal of Marketing Theory & Practice, 2007, 15(2): 145-157.

[⑨] Deeter-Schmelz, D.R., Rosemary, P.R.. A Psychometric Assessment of the Lennox and Wolfe Self-monitoring Scale in the Sales Force[J]. Industrial Marketing Management, 2010, 39(7):1162-1169.

明了自我监控与绩效之间的显著关系，Michael et al.（2005年）[①]等学者证明自我监控适合作为绩效的调节变量。为此，本研究将选择自我监控来作为能力因素的代理变量（选择结果如表5.1所示）。

表5.1　研究变量的选择

	A	M	O
个体	自我监控		
工作			工作自主性
组织		组织政治知觉	

资料来源：本研究设计。

依据所确定的模型形态和研究变量，本研究的研究模型如图5.2所示。

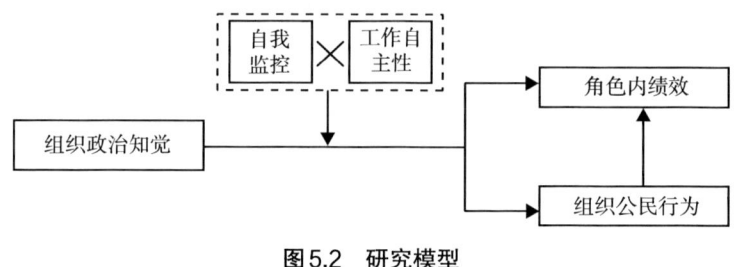

图5.2　研究模型

资料来源：本研究设计。

第二节　研究假设的理论基础

以往探讨组织政治知觉影响的研究主要依据社会交换理论来进行解释，但该理论在同时预测角色内绩效和组织公民行为这两种绩效行为时略显乏力，不足以揭示员工的行为决策与选择。鉴于资源保存理论（Conservation of Resources Theory，COR）整合了角色理论、期望理论以及社会认知理论，是从资源视角来预测

[①] Barrick, M.R, Parks, L, Mount, M.K.. Self-monitoring As a Moderator of the Relationships between Personality Traits and Performance[J]. Personnel Psychology, 2005, 58(3): 745-767.

行为[1]，不仅可以解释动机，还可提供行为发生的资源性条件分析，能更好地预测在资源有限情形下员工的行为取舍。即便组织公民行为作为一种自由裁量式行为，实际发生情况还要受员工工作自主空间大小的影响，但反映这种工作自决程度的工作自主性[2]，也是员工的一项资源[1]；同理，反映个体对环境的敏感性和行为调适能力的自我监控，也可被视为员工的一项自有资源，都能囊括在资源保存理论的分析框架下。鉴于此，本研究欲选择资源保存理论作为分析国企员工组织政治知觉与角色内绩效、组织公民行为之间假设关系的理论依据。

一、资源保存理论的主要内容

资源保存理论属于压力研究的一个分支，是随着压力理论的发展而提出的一个理论新视角。该理论由Hobfoll在1989年首先提出，用以描述资源在个人和社会环境之间的交互过程。COR理论主要是从资源得失的视角来解析压力情景下的个体行为，使得抽象的压力概念易于测量，自提出以来迅速得到推广。目前主要用于工作倦怠、情绪耗竭等工作压力问题的研究，工作需求—资源模型就是在其基础上发展而成的。

COR理论有一个基础假设：人们总是在积极努力地维持、保护和构建他们所认为的宝贵资源；这些资源的潜在或实际损失，会对他们造成威胁[3]。Hobfoll（1989年）将"资源"界定为："个体特征、条件、能量等让个体觉得有价值的东西或者获得这些东西的方式"[3]。这些资源不但可以满足个体需求，而且还有助于个体准确地进行自我识别和社会定位[4]。在COR理论中，这种资源可分为四类：一是物质性资源，其与社会经济地位直接相关，是抗压能力的一个重要决定

---

[1] Hobfoll, S.E.. Conservation of Resources—A New Attempt at Conceptualizing Stress[J]. American Psychologist, 1989, 44(3): 513-524.

[2] Hackman, J. R., Oldham, G. R.. Motivation through the Design of Work: Test of a Theory[J]. Organizational Behavior and Human Performance, 1976, 16(2), 250-279.

[3] Hobfoll, S.E.. Conservation of Resources—A New Attempt at Conceptualizing Stress[J]. American Psychologist, 1989, 44(3): 513-524.

[4] Lee, R., Ashforth, B.E. A Meta-analytic Examination of the Correlates of the three Dimensions of Job Burnout [J]. Journal of Applied Psychology, 1996, 81(2): 123-133.

因素，如汽车、住房等；二是条件性资源，是为个体获得关键性资源创造条件的资源，决定着个体或群体的抗压潜能，如朋友、婚姻、权力等；三是人格特质资源（尤其是积极的人格特质），是个体内在抗压能力的重要影响因素，如自我效能和自尊等；四是能源性资源，是有助于个体获得其他三种资源的资源，如时间、金钱与知识等[1]。由此可见，社会关系、社会支持、工作发展机会、决策参与程度、工作自主性、回报、工作幸福感、乐观个性等都可被视为个体有价值的资源。

二、资源保存理论的解释逻辑

COR理论是从个体资源投入—产出的不平衡角度来阐释压力的产生机制，当个体投入大量的固有资源，如时间、精力、机会和社会关系，却只得到了微不足道的资源回报时，就会产生倦怠[2]。工作需求和工作资源是COR理论的两个核心向度，分析逻辑可概括为：与需求相关的因素会导致资源失衡，是造成情绪耗竭和去人性化的主要原因[3][4]；而与资源相关的因素则可为个人价值提供支持，从而减缓情绪耗竭和去人性化的扩张、缓解压力[5][6]。

通过COR理论对压力解释逻辑的梳理，可以提炼出该理论的核心观点：拥有较多资源的个体不易受到资源损失的攻击，且更有能力获得资源，反之亦然，进而揭示出资源的两个螺旋效应——丧失螺旋（loss spiral）和增值螺旋（gain spiral）。丧失螺旋是指缺乏资源的个体不但更易遭受资源损失带来的压力，而且

---

[1] Hobfoll, S.E.. Conservation of Resources—A New Attempt at Conceptualizing Stress[J]. American Psychologist, 1989, 44(3):513-524.

[2] Hobfoll, S.E.. The Influence of Culture, Community, and the Nested-Self in the Stress Process: Advancing Conservation of Resources Theory[J]. Applied Psychology: An International Review, 2001, 50(3): 337-421.

[3] Lee, R., Ashforth, B.E.. A Meta-analytic Examination of the Correlates of the three Dimensions of Job Burnout [J]. Journal of Applied Psychology, 1996, 81(2): 123-133.

[4] Leiter, M.P., Maslach, C.. Burnout and Quality in a Speed-Up World[J]. Journal for Quality and Participation, 2001, 24(2): 48-51.

[5] Cummings, T., Cooper, C.L.. A Cybernetic Framework for the Study of Occupational Stress[J]. Human Relations, 1979,32(5):395-419

[6] Lazarus, R.S., Folkman, S.. Stress, Appraisal, and Coping[M]. New York: Springer, 1984.

这种压力的存在致使防止资源损失的资源投入往往入不敷出，会加速资源损失，形成损失螺旋；增值螺旋是指拥有充足珍贵资源的个体不但更有能力获得资源，而且所获得的这些资源会产生更大的资源增量，形成增值螺旋。不过，资源获取螺旋的形成速度不及损失螺旋，所以缺乏资源的人更易陷入损失螺旋中[1]。基于此，可以产生如下三个相互关联的推论。

（一）资源保护的首要性（Primacy of Resource Loss）

对个体而言，越珍贵的资源获得的难度越大，对其损耗就越敏感。所以，个体对自有资源的保护意识强于对多余资源的获取意识。当面临资源损失时，个体会倾向于首先采取行动防止其继续丧失，避免形成损失螺旋，以减少损失。

（二）资源获取的次要性（Secondary Importance of Resource Gain）

尽管获取多余资源的重要性不及保护珍贵资源，但拥有更多资源不仅可以降低其他资源损失的风险，而且资源本身也可以创造获取其他有价值资源的机会。所以，当不存在较大压力时，人们就会努力积攒资源，培植增值螺旋。

（三）创造资源盈余

个体总会试图利用机会创造资源盈余，以抵御未来可能面临的资源损失。现实中，个体总是承载多重角色，而资源总是稀缺且分布不均。为了增加资源存量，个体竭力避免损失螺旋、培育增值螺旋，则更愿意将资源投入那些回报率高或风险小的角色行为中。所以，个体会事先对多重角色进行认知性评估，以此决定降低或放弃什么角色，投资什么角色。

由此可见，COR 理论揭示了个体有对资源的保存、获取和利用的心理动机，不同的资源处理动机会对心理、态度、行为产生不同的影响。基于该理论，可以从资源的损耗和收益视角对个人的不同态度、行为等反应展开区辨性分析。

---

[1] Hobfoll, S.E.. Conservation of Resources—A New Attempt at Conceptualizing Stress[J]. American Psychologist, 1989, 44(3):513-524.

第三节 研究假设

一、组织政治知觉与工作绩效的关系

根据理论回顾可知，POP对员工行为的影响取决于其对组织政治的知觉和判断。如果将组织政治视为障碍性压力，则会产生消极行为；如果视为机会性压力，则会采取积极行动。对组织政治的不同心理反应激发员工不同的资源保存行为，由此决定资源的分配和投入，进而影响其角色内和OCB的行为选择。

首先，当国企员工具有一般性政治行为知觉时，说明其感到组织中存在拉帮结派、恃强凌弱、打压攻击等威胁性政治行为，会导致其产生焦虑、不安等心理应激，需要花费时间和精力来应对和处理，这就会造成国企员工心理资源的损失或耗竭[①]。根据COR理论的推论1，当面临资源损失时，员工首先会保护既存资源，防止陷入损失螺旋。在这种情况下，员工就会降低工作投入，包括角色内和角色外。基于此，本研究提出假设1。

假设1：国企员工的一般性政治行为知觉会降低其角色内绩效和组织公民行为。

其次，当国企员工具有保持沉默静待好处知觉时，说明其意识到"树大招风"、"枪打出头鸟"，组织论资排辈、等级森严，少说多做、低调行事、唯唯诺诺才是行为规范。这一知觉会提醒国企员工专心做好该做的事，不落把柄，所以可以推测国企员工的角色内绩效会因而提高。尽管这种知觉也会让员工产生一定的心理应激，但程度不如一般性政治行为知觉高。根据推论2，为了培育资源增值螺旋，在不存在太多压力的情形下，员工会采取行动努力积攒资源。而在国企中，好人缘、好口碑、好形象等都是员工有价值的资源，也是在这种境地下员工"安身立命"的重要条件。鉴于OCB在实际中并非不能获得回报，表现出OCB的

---

① 秦晓蕾、杨东涛.社会型工作价值观、关系绩效与组织政治知觉——国有企业员工团结、奉献与利益的博弈[J].中国软科学，2010(06)：151-159+176.

员工往往具有融洽同事关系、高绩效评价[1]，这一知觉则会激发员工的功利性动机，从而表现出OCB来获取这些资源。所以，本研究推断：保持沉默静待好处知觉不仅会提高角色内绩效，还会增加国企员工的OCB。于是，提出假设2。

假设2：国企员工的保持沉默静待好处知觉会提高其角色内绩效和组织公民行为。

最后，当国企员工具有政治性薪酬和晋升政策知觉时，就说明其认为组织的报酬系统是不公平的。国外研究发现，这种不公正性破坏了员工与组织的社会交换关系，员工会以降低工作投入来维持心理的平衡。但是，Hofsted（1980年）指出国家文化影响着员工对工作不同构面的解释和反应[2]，不同国家文化下员工对组织社会交换关系有着不同评价和预期，Chang et al.（2009年）等证实了POP影响的跨文化差异[3]。通过多层次情境特征的分析可知，西方的交换更多体现为契约的经济性交换，而中国的交换则更多体现为人情的社会性交换。那么，西方的人际交换具有等值倾向，常以清算、明算和等价、不欠和公平为原则，其社会交换表现出理性、短暂性和间断性的特点；而中国的人情交换与之相反，依据报（恩）大于施（恩）的不公平性人情法则才能建立关系，算不清、欠不完的人情才能持久[4]。所以，对于受官僚政治文化和儒家人伦思想深远影响的国企员工而言，对政治文化已较为习惯和适应，这种不平衡性社会交换关系反而可能成为其获取资源的契机。在中国传统的人情社会中，无权者可以通过个人关系[4]和面子功夫[5]来获得权力，那么，关系和面子成为把握这类机会的工具性资源。由此可见，国企中不但可能将不公平的报酬系统视为一种可获得利益的机会，还具备获得这种利益的可能，自然就会采取相应措施来争夺利益。

---

[1] Podsakoff, N.P., Whiting, S.W., Podsakoff, P.M.. Individual-and Organizational-Level Consequences of Organizational Citizenship Behaviors: A Meta-analysis[J]. Journal of Applied Psychology, 2009, 94(1): 122-141.

[2] Hofstede, G. Culture's Consequences: International Differences in Work Related Values[M]. London: Sage, 1980.

[3] Chang, C.H., Rosen, C.C., Levy, P.E.. The Relationship between Perceptions of Organizational Politics and Employee Attitudes, Strain, and Behavior: A Meta-analytic Examination[J]. Academy of Management Journal, 2009, 52(4): 779-801.

[4] 翟学伟. 人情、面子与权力的再生产[M]. 北京：北京大学出版社，2005: 77-227.

[5] 黄光国,胡光缙等. 人情与面子：中国人的权利游戏[M]. 北京：中国人民大学出版社，2010: 3-32.

通过对转型期国企特征的分析可知，目前国企或多或少还存在着一些行政化色彩和"人治"大于"法治"的状况，重人情轻能力，决策程序不够透明，用人制度不尽合理，人际关系较为复杂，绩效评价和薪酬体系不尽科学，更看重与领导关系、是否善于维持人际和谐、是否积极参加公司活动等[①]。这就向员工传递出一个信号：做好本职工作、提高角色内绩效可能不会获得欲求回报，而通过做人情、争面子、搞关系等角色外行为才能换来个人发展空间。根据COR理论推论3，个体为了创造资源盈余，在面临多重角色选择时，会放弃一些角色而将资源投入回报率高且风险小的角色行为中。由此，在国企的激励导向下，相对于角色内绩效而言，OCB可能获得更高的绩效评价、更好的同事关系、更多的晋升机会和发展机会。而且对政治习以为常的员工忽视本职工作、积极表现OCB又不会产生太多内疚感和压力感，耗竭资源。所以，本研究推断：当知觉到薪酬和晋升政策具有政治性时，国企员工会降低在角色内绩效上的投入，而把资源集中在能带来更大回报的OCB上。为此，提出假设3。

假设3：国企员工的政治性薪酬和晋升政策知觉会降低其角色内绩效，增加组织公民行为。

二、自我监控与工作自主性的调节作用

根据AMO模型框架可知，绩效是动机、能力、机会交互作用的结果。所以，组织政治知觉与工作绩效之间的关系受到能力与机会因素的影响。那么，从理论上看，指代能力的自我监控与指代机会的工作自主性的交互性可对二者关系产生调节性影响。事实上，自我监控与工作自主性对绩效的预测效应已被诸多研究所证实。Robbins（1994年）提出个体认知能力和人格特征的差异是引起绩效差异的主要因素之一[②]，Spiro和Weitz（1990年）[③]、Deeter-Schmelz和Sojka

---

[①] Wong, Y., Ngo, H., Wong, C.. Perceived Organizational Justice, Trust, and OCB: A Study of Chinese Workers in Joint Ventures and State-Owned Enterprises[J]. Journal of World Business, 2006, 41(4): 344-355.

[②] Robbins, T. L, Denisi, A. S.. A Closer Look at Interpersonal Affect as a Distinct Influence on Cognitive Processing in Performance Evaluations[J]. Journal of Applied Psychology, 1994, 79(3): 341-353.

[③] Spiro, Weitz.. Adaptive Selling: Conceptualization, Measurement, and Nomological Validity[J]. Journal of Marketing Research, 1990, 27(1): 61-69.

（2007年）[1]、Goolsby et al.（1992年）[2]、Deeter-Schmelz 和 Ramsey（2010年）[3]等学者都证明了自我监控与绩效之间的显著关系，Michael et al.（2005年）[4]等学者证明自我监控适合作为绩效的调节变量；Tyagi（1985年）[5]、Dodd 和 Ganster（1996年）[6]、Eisenberger et al.（1999年）[7]等学者也都证实了工作自主性与绩效之间的强关系，而 Lorenzo and Giuseppe（2011年）[8]、Kim et al.（2009年）[9]、Fuller et al.（2010年）[10]等发现工作自主性适合于作为绩效的调节变量。

然而，不管是自我监控还是工作自主性，尽管已被证实会对绩效产生显著影响，但也有研究得出其他结论，二者关系在理论上还存在争议。Fuller et al.（2010年）发现工作绩效是工作自主性和个体差异性变量共同作用的结果[10]，该发现为解决上述争议，阐明二者与绩效的真实关系带来启示：这两类变量的联合

---

[1] Deeter-Schmelz, D. R, Sojka, J. Z.. Personality Traits and Sales Performance: Exploring Differential Effects of Need for Cognition and Self-monitoring[J]. Journal of Marketing Theory & Practice, 2007, 15(2): 145-157.

[2] Goolsby, J.R., Ramsey, R.R, Boorom, M.L. Psychological Adaptiveness and Sales Performance[J]. Journal of Personal Selling and Sales Management, 1992, 12(2):51-66.

[3] Deeter-Schmelz, D.R., Rosemary, P.R.. A Psychometric Assessment of the Lennox and Wolfe Self-monitoring Scale in the Sales Force. Industrial Marketing Management, 2010, 39(7):1162-1169.

[4] Barrick, M.R, Parks, L, Mount, M.K.. Self-monitoring As a Moderator of the Relationships between Personality Traits and Performance[J]. Personnel Psychology, 2005, 58(3): 745-767.

[5] Tyagi, P. K.. Relative Importance of Key Job Dimensions and Leadership Behaviors in Motivating Salesperson Work Performance[J]. Journal of Marketing, 1985, 49(3): 76-86.

[6] Dodd, N.G., Ganster, G.C.. The Interactive Effects of Variety, Autonomy, and Feedback on Attitudes and Performance[J]. Journal of Organizational Behavior, 1996, 17(4): 329-347.

[7] Eisenberger, R., Rhoades, L., Cameron, J.. Does Pay for Performance Increase or Decrease Perceived Self-Determination and Intrinsic Motivation?[J]. Journal of Personality and Social Psychology, 1999, 77(5): 1026-1040.

[8] Lorenzo, B., Giuseppe, S.. The Paradox of Authentic Selves and Chameleons: Self-monitoring, Perceived Job Autonomy and Contextual Performance[J]. British Journal of Management, 2011, 22(2): 324-339.

[9] Kim, T.Y., Cable, D.M., Kim, S.P., Wang, J.. Emotional Competence and Work Performance: The Mediating Effect of Proactivity and the Moderating Effect of Job Autonomy[J]. Journal of Organizational Behavior, 2009, 30(7): 983-1000.

[10] Fuller, J.B., Hester, K., Cox, S.S.. Proactive Personality and Job Performance: Exploring Job Autonomy as A Moderator[J]. Journal of Managerial Issues, 2010, 22(1): 35-51.

效应而非单一效应更能预测绩效。Lorenzo 和 Giuseppe（2011年）[①]证实自我监控人格特质与情境绩效之间正向关系受到工作自主性的负向调节。他们发现高自我监控者更可能感觉到高工作自主性，但是其情境绩效反而低于低自我监控者。

由此可见，AMO模型所揭示的A、O交互效应对绩效的影响的确在其他研究中得到证实。又考虑到不同绩效维度存在不同的决定机制，角色内绩效受能力影响更大[②]，而角色外行为受机会影响更大[③]。那么，相比较而言，自我监控对决角色内绩效影响更大，而工作自主性对OCB影响更大。

为此，对于高自我监控者而言，其能够快速准确地识别情境变化，需要并具备行为调适的能力。当其意识到一个政治性组织环境中需要表现或者抑制某种行为，如果其具备较高的工作自主性，具有行为调适的机会，能够自己决定自己的行为表现时，那么组织政治知觉与工作绩效之间的关系会得到强化，不管是正向还是负向；如果其不具备这种自主性，就不具有行为自主决定空间，OCB的表现受限，但对角色内绩效影响不大，因为角色内绩效的达成不需要高工作自主性为前提，那么组织政治知觉对角色内绩效的影响不会受太大影响，而与OCB之间的关系会减弱。

对于低自我监控者而言，其不具备很强的环境识别和行为调适能力。所以，即使当政治性组织已经给出明显的行为信号和暗示，其要么未必能够觉察得到，要么觉察到了也未必能够快速表现出环境所需行为。在这种情况下，即使员工具有高工作自主性，被赋予自由裁量权，能够自由决定如何开展工作，但其也不太可能表现出太多的角色外行为。因为在政治环境中，低自我监控者往往不善交际，会担心"出格"的工作表现反倒会"好心办坏事"、"弄巧成拙"，所以更可能会专注于其角色内绩效，不会在OCB上投入过多精力，不过自主的工作安排或多或少还是会增加OCB可能性。同时，由于自我监控能力较低，所以其也很难有准

[①] Lorenzo, B., Giuseppe, S.. The Paradox of Authentic Selves and Chameleons: Self-monitoring, Perceived Job Autonomy and Contextual Performance[J]. British Journal of Management, 2011, 22(2): 324-339.

[②] Daniel R.Ilgen, Elaine D, Pulakos.变革的绩效评估——员工安置、激励与发展[M]. 张宏,关丹丹,彭广强译. 北京:中国轻工业出版社. 2004:14-33.

[③] Smith, C.A., Organ, D.W., Near, J.P.. Organizational Citizenship Behavior: Its Nature and Antecedents[J]. Journal of Applied Psychology, 1983, 68(4): 655-663.

确的"角色定位",因而角色内绩效反而会有所降低。基于此,提出假设4。

假设4:自我监控和工作自主性的交互作用会显著调节组织政治知觉对角色内绩效和组织公民行为的影响。

具体来看,本研究在假设1中提出一般性政治行为知觉对角色内绩效和组织公民行为有显著负向影响,基于假设4可提出假设$4a_1$、$4a_2$。

假设$4a_1$:对于高自我监控的国企员工而言,如果其具备较高的工作自主性,那么一般性政治行为知觉与角色内绩效和组织公民行为的负向关系将加强;如果不具备较高的工作自主性,那么一般性政治知觉与角色内绩效的负向关系将加强,与组织公民行为的负向关系将减弱。

假设$4a_2$:对于低自我监控的国企员工而言,如果其具备较高的工作自主性,那么一般性政治行为知觉与角色内绩效的负向关系将减弱,组织公民行为的负向关系将加强;如果不具备较高的工作自主性,那么一般性政治知觉与角色内绩效和组织公民行为的负向关系都将减弱。

本研究在假设2中提出保持沉默静待好处知觉对角色内绩效和组织公民行为有显著正向影响,基于假设4可提出假设$4b_1$、$4b_2$。

假设$4b_1$:对于高自我监控的国企员工而言,如果其具备较高的工作自主性,那么保持沉默静待好处知觉与角色内绩效和组织公民行为的正向关系将加强;如果不具备较高的工作自主性,那么保持沉默静待好处知觉与角色内绩效的正向关系将加强,与组织公民行为的正向关系将减弱。

假设$4b_2$:对于低自我监控的国企员工而言,如果其具备较高的工作自主性,那么保持沉默静待好处知觉与角色内绩效的正向关系将减弱,与组织公民行为的正向关系将加强;如果不具备较高工作自主性,那么保持沉默静待好处知觉与角色内绩效和组织公民行为的正向关系将减弱。

本研究在假设3中提出政治性薪酬和晋升政策知觉对角色内绩效有显著负向影响,对组织公民行为有显著正向影响,基于假设4可提出假设$4c_1$、$4c_2$。

假设$4c_1$:对于高自我监控的国企员工而言,如果其具备较高的工作自主性,那么政治性薪酬和晋升政策知觉与角色内绩效的负向关系将加强,与组织公民行为的正向关系也将加强;如果不具备较高的工作自主性,政治性薪酬和晋升政策知觉与角色内绩效的负向关系将加强,与组织公民行为的正向关系将减弱。

假设4c$_2$:对于低自我监控的国企员工而言,如果其具备较高的工作自主性,那么政治性薪酬和晋升政策知觉与角色内绩效的负向关系将减弱,与组织公民行为的正向关系将加强;如果不具备较高的工作自主性,政治性薪酬和晋升政策知觉与角色内绩效的负向关系将减弱,与组织公民行为的正向关系也将减弱。

三、组织公民行为与角色内绩效的关系

关于OCB与角色内绩效关系的既有研究主要得出了积极和消极两种结论。Organ、Borman和Motowidlo、Podsakoff等学者认为OCB对角色内绩效具有积极促进作用。研究发现,OCB有助于协调工作群体内和群体间的工作行为[1],产生积极的工作态度、积极情感、支持性组织氛围[2]以及更高的绩效评价[3]等,证实了OCB对角色内绩效的积极影响。而Bolino和Turnley(2003年)从"OCB升级(escalating citizenship)"角度[4]、Vigoda-Gadot(2006年)从被动型OCB(强制性公民行为)角度[5]、Van Dyne和Ellis(2004年)提出的工作蠕变模型(job creep)从外角色向内角色转化角度[6]、Bergeron(2007年)[7]从资源分配角度、

---

[1] Organ, D.W.. Organizational Citizenship Behavior: The Good Soldier Syndrome[M]. Lexington, MA: Lexington Books, 1988.

[2] Organ, D.W., Podsakoff, P.M., MacKenzie, S.B.. Organizational Citizenship Behavior: Its Nature, Antecedents and Consequences[M]. Thousand Oaks, CA: Sage, 2006.

[3] Podsakoff, N.P., Whiting, S.W., Podsakoff, P.M.. Individual-and Organizational-Level Consequences of Organizational Citizenship Behaviors: A Meta-Analysis[J]. Journal of Applied Psychology, 2009, 94(1):122-141.

[4] Bolino, M. C., Turnley, W. H.. Going the Extra Mile: Cultivating and Managing Employee Citizenship Behavior [J]. The Academy of Management Executive, 2003, 17(3): 60-71.

[5] Vigoda-Gadot, E.. Compulsory Citizenship Behavior: Theorizing Some Dark Sides of the Good Soldier Syndrome in Organizations[J]. Journal for the Theory of Social Behaviour, 2006, 36(1): 77-93.

[6] Van Dyne, L., Ellis, J. B.. Job Creep: A Reactance Theory Perspective on Organizational Citizenship Behavior as Over-Fulfillment of Obligations. In Coyle-Shapiro, J.A., Shore, L.M., Taylor, M.S., et al. & L. E. Tetrick (Eds.), The Employment Relationship: Examining Psychological and Contextual Perspectives. Oxford: Oxford University Press. 2004: 181-205.

[7] Bergeron, D.M.. The Potential Paradox of Organizational Citizenship Behavior: Good Citizens at what Cost?[J]. Academy of Management Review, 2007, 32(4): 1078-1095.

Klotz 和 Bolino（2013 年）依据道德许可理论从 OCB 的消极转化角度，分别阐释了 OCB 对角色内绩效可能产生的负面影响[①]。Bolino 和 Turnley（2005 年）[②]、Grant 和 Schwartz（2011 年）明确指出，高压下的 OCB、过度的 OCB 可以增加工作负荷，导致角色超载、工作家庭冲突，从而有损角色内绩效[③]。

将两种视角结合起来可推知，OCB 与角色内绩效可能存在的是倒 U 形关系。当 OCB 处于适度水平，表现出 OCB 也不会消耗太多时间、精力等资源，那么其对角色内绩效会产生积极作用；但当 OCB 表现过度，必然会占据其他行为表现的时间、精力，则可能以牺牲其他行为为代价，过度 OCB 所产生的角色超载、负荷增加、工作—家庭冲突加剧会降低角色内绩效，于是提出假设 5。

假设 5：组织公民行为与角色内绩效之间存在倒 U 形关系。当组织公民行为表现在一个适度范围之内时，其对角色内绩效具有促进作用；当表现过度时，其会对角色内绩效产生消极作用。

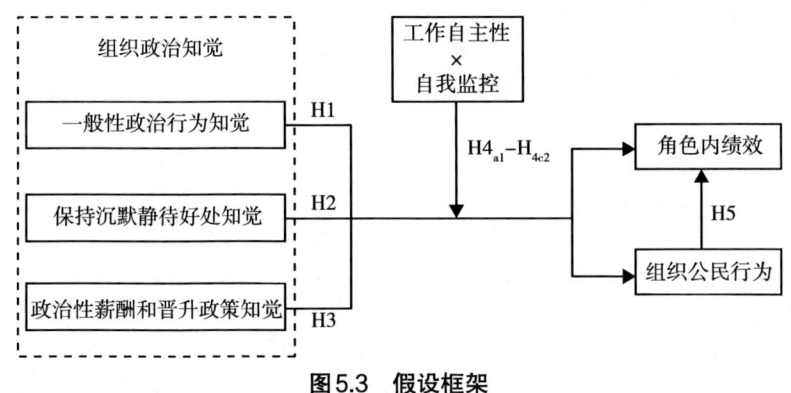

图 5.3　假设框架

资料来源：本研究设计。

---

① Klotz, A. C., Bolino, M. C.. Citizenship and Counterproductive Work Behavior: A Moral Licensing View[J]. Academy of Management Review. 2013,38(2):292-306.

② Bolino, M.C., Turnley, W.H.. The Personal Costs Of Citizenship Behavior: The Relationship between Individual Initiative and Role Overload, Job Stress, and Work‐Family Conflict[J]. Journal of Applied Psychology, 2005, 90(4): 740-748.

③ Grant, A.M., Schwartz, B.. Too Much of a Good Thing: The Challenge and Opportunity of the Inverted U[J]. Perspectives on Psychological Science, 2011, 6(1): 61-76.

第六章 实证研究设计

本章主要围绕研究问题,在所提出的研究模型和假设框架的基础上,设计模型和假设验证的总体思路。本章主要介绍三方面的内容:一是所涉变量的操作化定义和测量工具;二是模型检验步骤和方法;三是数据采集工作。

第一节 研究变量的定义与测量

本研究共涉及五个核心构念:组织政治知觉、角色内绩效、组织公民行为、自我监控、工作自主性,其界定和测量都相对成熟。所以,本研究选择在研究中得以广泛应用、信效度已被证实的成熟工具来测量所涉构念。所有测量均采用 Likert 5 点计分,"1"代表完全相符、"5"代表完全不相符。

一、组织政治知觉的定义与测量

Ferris et al.(2000 年)在综合前人研究的基础上,将组织政治知觉定义为:组织成员对工作环境中的自利行为发生程度的主观评估以及对这种行为的归因[1]。该定义揭示出组织政治知觉的三层含义:是一种主观感受,并不一定与现实情况相符;是对个体行为意图的一种归因,包括对组织氛围、制度环境等情境因素的判断;能够显著影响组织中员工的行为表现。

目前,学术界普遍认同组织政治知觉是一个三维结构,由一般性政治行为知

---

[1] Ferris, G.R., Harrell-Cook, G., Dulebohn, J.. Organizational Politics: The Nature of The Relationship Between Politics Perceptions and Political Behavior[J]. Research in the Sociology of Organizations,2000,17(17): 89-130.

觉、保持沉默静待好处知觉、薪酬和晋升政策知觉构成[1][2][3]，并据此开发出多个三维测量工具。其中，Kacmar 和 Carlson（1997年）在 Kacmar 和 Ferris（1991年）12题项量表的基础上，对组织政治知觉的测量进一步进行了修订与完善，最后发展出一个15题项量表，被广泛应用于其后的研究中。

鉴于此，本研究选择 Kacmar 和 Carlson（1997年）开发的15题项量表作为 POP 的测量工具。其中，一般性政治行为知觉维度有2个题项、保持沉默静待好处知觉有7个题项、薪酬和晋升政策知觉有6个题项，具体题项如表6.1所示。

表6.1 组织政治知觉的测量题项

变量	题项编号	题项	来源
一般性政治行为知觉	D1	在我们单位,有人喜欢踩着别人往上爬	
	D2	我们部门中总是会有一些惹不起的势力群体	
保持沉默待好处知觉	D3	我们单位鼓励大家积极建言献策,甚至允许对执行多年的政策规定提出批评和改进意见(R)	Kacmar and Carlson（1997年）
	D4	在我们单位,做事情最好按部就班,不要总想着别出心裁、玩什么新花样	
	D5	要想在我们单位混下去,永远不要去得罪那些有权势的人	
	D6	那种只会对领导点头哈腰的"应声虫"在我们单位是不受欢迎的;单位鼓励我们大胆提出建设性意见,只要是好的建议甚至还可以和领导叫板(R)	
	D7	有时,跟现有体制较劲不如隐忍、顺应省事	
	D8	在我们单位,有时候实话实说不如捡人家爱听的说更实际	
	D9	在我们单位,听听别人的忠告比自己闭门造车更稳妥	

---

[1] Ferris, G.R., Russ, G.S., Fandt, P.M.. Politics in Organizations. In R.A. Giacalone, P. Rosenfeld(Eds.), Impression Management in the Organization, Hillsdale, NJ: Erlbaum, 1989.

[2] Ferris, G.R., Kacmar, K.M. Perceptions of Organizational Politics[J]. Journal of Management, 1992, 18(1): 93-116.

[3] Kacmar, K.M., Carlson, D.S.. Further Validation of the Perceptions of Politics Scale(POPS): A Multiple Sample Investigation[J]. Journal of Management, 1997, 23(5): 627-658.

续表

变量	题项编号	题项	来源
政治性薪酬和晋升政策知觉	D10	从我工作以来,我们部门所有的加薪和提拔决定都符合相关规定,没人玩弄权术(R)	
	D11	在我们单位,薪酬和晋升制度就是个摆设,等执行的时候压根就不是那么回事	
	D12	在我们单位现有体制下,既使我符合条件也不一定能得到嘉奖	
	D13	印象中,我们单位的加薪和提拔都是按规定执行的(R)	
	D14	我们单位没有明文规定员工在什么情况下可以获得加薪和提拔	
	D15	在我们单位,那些获得提拔的人也没啥好羡慕的,反正也不是凭借才华出众,而是依靠关系和手段得到的	

注：R表示反向计分。

二、角色内绩效的定义与测量

Katz 和 Kahn（1978 年）将角色内行为定义为是一种被期望或要求的行为，是稳定、持续工作绩效的基础[1]。基于绩效的行为观，角色内绩效与角色内行为等效，主要是指正式的、岗位说明书上明确规定的与工作职责和责任相关的行为[2]，直接与奖赏挂钩，其内涵等与任务绩效内涵相同[3]。

关于角色内绩效的测量，目前学术界常用的是 Williams 和 Anderson（1991 年）[4]开发的7题项量表。本研究也选择该量表作为角色内绩效的测量工具，具

---

[1] Katz, D., Kahn, R.L.. The Social Psychology of Organizations (2nd Ed.)[M]. New York: Wiley, 1978.
[2] Rotundo, M., Sackett, P.R.. The Relative Importance of Task, Citizenship, and Counterproductive Performance to Global Ratings of Job Performance: A Policy-Capturing Approach[J]. Journal of Applied Psychology, 2002, 87(1): 66-80.
[3] 刘军,宋继文,吴隆增. 政治与关系视角的员工职业发展影响因素探讨[J]. 心理学报,2008,40(2):201-209.
[4] Williams, L.J., Anderson, S.E.. Job Satisfaction and Organizational Commitment as Predictors of Organizational Citizenship and In-Role Behaviors[J]. Journal of Management, 1991, 17(3): 601-617.

体题项如表6.2所示。

表6.2 角色内绩效的测量题项

变量	题项编号	题项	来源
角色内绩效	B1	我总是圆满完成单位分配的任务	Williams and Anderson（1991年）
	B2	我履行了岗位职责	
	B3	我总是保质保量地完成该做的工作	
	B4	我的工作一般都能达到考核标准	
	B5	我没有做好本职工作(R)	
	B6	我总是会认真做好绩效考核范围内的那些工作	
	B7	我疏忽了份内工作(R)	

注：R表示反向计分。

三、组织公民行为的定义与测量

Organ最初将组织公民行为定义为：个体的自发性行为、没有直接或明确地受到正式奖酬体系的认可，其在整体上促进了组织职能的有效发挥[1]，后来将其修订为一种"支持任务绩效的社会和心理环境的自愿行为"[2]，与情境绩效概念类似。根据定义，组织公民行为是一种自发性行为，不是工作描述或角色所强制要求的，不在雇佣合同条款规定范围之内，忽略了也不会认为应受惩罚。

OCB的结构和测量研究成果较为丰富，其中，Farh et al.（1997年）、Farh et al.（2004年）基于华人情境提出了OCB维度并开发了相应量表。Farh et al.（1997年）对中西方情境所开发的OCB量表进行了对比，发现跨文化情境中有一些共同的维度（Etic Dimension）和独特的维度（Emic Dimension）[3]。而Farh et

---

[1] Organ, D.W.. Organizational Citizenship Behavior: The Good Soldier Syndrome[M]. Lexington, MA: Lexington Books, 1988:4.

[2] Organ, D.W.. Organizational Citizenships Behavior: It's Construct Cleanup Time[J]. Human Performance, 1997,10（2）: 85-97.

[3] Farh, J.L., Earley, P.C., Lin, S.C.. Impetus for Action: A Cultural Analysis of Justice and Organizational Citizenship Behavior in Chinese Society[J]. Administrative Science Quarterly, 1997, 42(1): 421-444.

al.（2004年）所开发的四类11维度量表则含有共同维度和独特维度，在华人研究中得到了一定的应用。

鉴于此，本研究选择Farh et al.（2004年）所开发的量表来测量OCB。但原量表有33个题项，为了控制问卷篇幅，本研究分别从四个大类中选取1个代表性维度进行测量。参考Farh et al.（1997年）的研究成果，Farh et al.（2004年）量表中助人行为、尽职行为具有文化普适性（Etic）特征，而参与组织活动、参与公益活动又是经常所见的国企员工行为表现，所以本研究选择尽职行为（4题项）、助人行为（3题项）、参与组织活动（3题项）、参与公益活动（4题项）共14个题项来测量OCB，具体题项如表6.3所示。

表6.3 组织公民行为的测量题项

变量	题项编号	题项	来源
尽职行为	A1	即使干好干坏一个样，但我依然会认真干好工作	
	A2	即使不给加班费，我也愿意加班	
	A3	如果有需要，我就会主动加班把工作做完	
	A4	我经常是还没到上班时间就已经在单位开始工作了	
助人行为	A5	当同事忙不过来时，我会主动提供帮助	
	A6	我会帮助新来的同事适应新的工作环境	
	A7	如果同事在工作上遇到问题，我很乐意提供帮助	Farh et al.（2004年）
参与组织活动	A8	我会积极参加单位的各类竞赛，如劳动竞赛及球赛	
	A9	我会积极参加单位组织的各种活动，如各类会议	
	A10	我会自觉参加单位组织的义务劳动	
参与公益活动	A11	我会热心赞助社会上的各种公益募捐活动	
	A12	我会主动支持社会上各种扶贫帮困的活动	
	A13	我会积极参与各项社会公益活动，如献血及植树	
	A14	我会主动参加各种社区服务，如维护治安及照顾孤寡老人	

四、自我监控的定义与测量

社会心理学领域将自我监控视为一种特殊的社会认知和人际交往能力，并作为人格的一个维度[1]。Snyder（1974年）将其定义为：一个人在自我表现方面的心理结构[2]。广义的自我监控是指个体根据社会适应性的情境线索进行自我观察、控制和调节的能力[3]。

关于自我监控的结构，目前学术界并未达成共识，存在单维、多维的分歧，而Snyder等学者仍然坚持自我监控的单维性，认为虽然其可能具有多因素结构，但这些因素反映的是一个共同的潜在变量[3]。在单维模型中，Lennox和Wolfe（1984年）将自我监控界定为：个体对他人表达行为的敏感性和调节自我表现的能力[4]，这种能力是调节个体"感知—行为关系"的关键因素，所以，Lennox和Wolfe（1984年）所开发的13题项量表得到更多应用。鉴于此，本研究也采用该量表作为自我监控的测量工具，具体题项如表6.4所示。

表6.4 自我监控的测量题项

变量	题项编号	题项	来源
自我监控	C1	在社交场合中，我一般都能随机应变	Lennox and Wolfe（1984年）
	C2	我通常能够通过别人的眼神准确捕捉到他们内心的真实情感	
	C3	我想要给别人留下什么印象，一般都能如愿以偿	
	C4	在交谈中，我对对方的面部表情非常敏感，连一些细微的变化都能经常被我察觉到	
	C5	我的直觉通常都很准	
	C6	别人再怎么伪装，我也能一眼识破	
	C7	一旦发觉某种表现有损自身形象，我可以很快作出调整	

---

[1] Carver, Charles, S.. How Should Multifaceted Personality Constructs be Tested? Issues Illustrated by Self-monitoring, Attributional Style, and Hardiness[J]. Journal of Personality and Social Psychology, 1989, 56 (4): 577-585.

[2] Snyder M.. Self-monitoring of Expressive Behavior[J]. Journal of Personality and Social Psychology, 1974, 30 (4): 526-537.

[3] Gangestad, S. W, Snyder, M.. Self-monitoring: Appraisal and Reappraisal[J]. Psychological Bulletin, 2000, 126(4): 530-555.

[4] Lennox, R.D, Wolfe, R.N.. Revision of the Self-monitoring Scale[J]. Journal of Personality and Social Psychology, 1984, 46(6): 1349-1364.

续表

变量	题项编号	题项	来源
	C8	如果某人说的话不合时宜,我通常能够从周围其他人的眼神中察觉出来	
	C9	不管在什么场合,我都能有得体的表现	
	C10	明知道笑脸相迎、逢场作戏大有好处,但我还是不太能装出来(R)	
	C11	我对环境比较敏感,一般都能审时度势,自如应对	
	C12	如果某人对我撒了谎,我一般马上就能从他的表情动作中看出来	
	C13	我从来不委屈自己、将就别人(R)	

注:R表示反向计分。

五、工作自主性的定义与测量

Hackman 和 Oldham 在工作特征模型(job characteristic model,JCM)首次将工作自主视为一个独立的工作特征维度展开研究,明确提出了工作自主性这一概念,将其定义为:在工作执行过程中,员工所享有的自主权程度[1],反映了工作所允许的员工在任务完成过程中的自由、独立和自决程度[2]。

关于工作自主性的结构和测量,不同学者仍然持有不同观点,得出了单维、三维、高阶因子模型等结论。但相对而言,单维结构的应用更为广泛。在单维模型中,Quinn 和 Staines(1979年)对工作自主性的界定更为全面,认为工作自主性实际包含了员工在工作中关于做什么、如何做、何时做、与谁一起做以及与工作相关的发言权等内容[3],并据此开发出一个7个题项量表。Kirmeyer 和 Shirom

---

[1] Hackman, J. R., Oldham, G. R.. Development of the Job Diagnostic Survey[J]. Journal of Applied Psychology, 1975, 60(2):159-170.

[2] Hackman, J. R., Oldham, G. R.. Motivation through the Design of Work: Test of a Theory[J]. Organizational Behavior and Human Performance, 1976, 16(2), 250-279.

[3] Quinn, R.P., Staines, G.L. The 1977 Quality of Employment Survey: Descriptive Statistics with Comparison Data from the 1969-70 and 1972-73 Surveys[M]. Ann Arbor, Mich.: Institute for Social Research, 1979.

（1976年）[①]、Thompson 和 Prottas（2005年）[②]在研究中采用了该量表，表现出良好的信效度。鉴于此，本研究选择 Quinn 和 Staines（1979年）的7题项量表来测量工作自主性，具体题项如表6.5所示。原量表是4点计分，为了增加区分度，本研究修改为5点计分。

表6.5 工作自主性的测量题项

变量	题项编号	题项	来源
工作自主性	E1	在工作中,我有自由发挥的空间	Quinn and Staines（1979年）
	E2	对于具体的任务安排,我有一定的选择余地	
	E3	工作时我可以自己决定什么时候能停下来歇会儿	
	E4	我可以自己掌控工作进度	
	E5	我对自己的工作结果负直接责任	
	E6	对工作上的事,我有充分的发言权	
	E7	在完成某项具体任务时,我可以自由选择和谁搭档	

为了对不同维度构念的生成或影响进行区辨性分析，本研究将组织政治知觉和组织公民行为两个多维构念的不同维度也视为一个研究变量，所以，本研究共涉及10个变量。

第二节 研究程序与方法

一、研究程序

为了验证研究模型和研究假设，本研究设计如下流程来完成实证检验。
第一，问卷设计。根据研究模型和假设框架，选择所涉变量的测量工具。根

[①] Kirmeyer, S.L., Shirom, A..Perceived Job Autonomy in the Manufacturing Sector: Effects of Unions, Gender, and Substantive Complexity[J]. Academy of Management Journal, 1986.29(4): 832-840

[②] Thompson, C.A., Prottas, D.J. Relationships among Organizational Family Support, Job Autonomy, Perceived Control, and Employee Well-Being[J]. Journal of Occupational Health Psychology, 2005, 10(4):100-118

据研究需要，确定合适的量表，并采取翻译—回译等措施确保不同语境的测量等值性。在此基础上，进行问卷格式设计，包括问卷介绍、填写说明、回收方式、题项顺序、计分原则、问卷版式等，制定调查问卷。

第二，数据收集。完成调查问卷设计之后，开启数据收集工作。为了提高数据质量，保证测量问卷的有效性，本研究采取两步计划，在大样本调查之前，先进行小样本预测试。根据小样本预测试结果，对量表进行进一步修订和完善，删除未达阈值的题项、修改测量效果较差的题项及计分方式等以确定最终问项，然后再据此展开大样本数据调研。在此之前，制订详细的调研计划，确定调研时间、对象、问卷发放与回收方式、联系并实施调研。

第三，数据处理。完成数据收集工作后，对数据进行初步处理，包括问卷编码、问卷检查与筛选、数据录入、数据的预处理等。首先做好问卷编码工作，确保数据的完整并留底；然后对问卷填写情况进行检查，删除无效问卷；完成之后，编制数据模板，录入数据；最后对所录入的数据进行检查，对录入错误、异常值等进行预处理。

第四，结果分析。完成数据录入工作后，根据研究假设，依据相关原理，选择合适工具来分析数据，进行假设检验，并对数据结果展开分析与讨论，从而得出研究结论，完成实证研究。

二、分析方法

本研究具体所需用到的数据分析方法主要有：描述性统计分析、信度分析、效度分析、相关分析、路径分析、调节效应分析。

（一）描述性统计分析

描述性统计分析（descriptive statistics）主要用于了解研究对象和测量数据的分布特征，通过SPSS 21.0来实现。

（二）信度分析

信度分析（reliability analysis）主要用于评估测量工具的可信程度，了解所收集数据的可靠性。本研究主要通过SPSS 21.0来分析Cronbach's alpha内部一致性、校正题总相关性（corrected item-total correlation，CITC）。

（三）效度分析

效度分析（validity analysis）主要用于评估测量题项与理论概念之间的相符程度。由于本研究所涉构念全部借由成熟量表测量，所以采用验证性因子分析来对测量工具的构念效度进行评估，具体通过 LISREL 8.80 来分析聚合效度和判别效度。

（四）相关分析

相关分析（correlation analysis）用于分析变量之间的关联性，本研究通过 SPSS 21.0 来分析各变量的均值、标准差及相关性。

（五）路径分析

路径分析（path analysis）用于多重变量之间的影响关系分析，尤其适合于多重自变量对多重因变量的效应分析。本研究通过结构方程建模，利用 LISREL 8.80 来完成线性路径分析。

（六）调节效应分析

调节效应分析（moderate effect analysis）用于分析调节变量的调节效应。由于本研究所涉变量都是潜变量，欲利用 MPLUS 7.0 通过潜调节结构方程模型（latent moderated structural equations，LMS）实现潜变量调节效应分析。

（七）回归分析

回归分析（regression analysis）用于分析变量之间的依存关系。本研究需要考察潜变量之间的非线性关系，欲利用 MPLUS 7.0 通过潜变量二次效应检验方法来实现。

第三节 问卷的预测试与正式调研

一、问卷设计

为了提高数据质量，本研究在问卷设计时采取如下措施。

第一，为了保证基于外国情境开发的量表在中国情境测量的等值性，本研究聘请多名具有英语学习背景的人力资源管理专业博士生对量表并行进行互译。先由2名博士生将英文问卷翻译成中文；再由另外1名具有英语国家学习经历的博士生进行回译；然后3人一起进行对比、修订，直至达成一致；最后再交由1名人力资源管理专业的教授审核，对语义表述和版式设计稍作修改之后形成最终问卷。

第二，为了控制共同方法偏差（common method variance，CMV），将问卷设计为自评和他评两部分：自评部分包括POP、工作自主性、自我监控题项；他评部分包括角色内绩效和OCB题项。并在问卷中说明填写方式：自评问卷部分由答题者自行填写；他评问卷部分由答题者自主选择了解情况的同事填写。

第三，由于本研究涉及较为敏感的组织政治话题，为了减少评价者担忧，在问卷开头向答题者说明调研目的在于纯学术研究，填写结果用于分析总体情况，采取匿名方式，通过e-mail回收，不涉及个人隐私，答案无所谓对与错，以减少答题者答题顾虑。

第四，为了降低答题者一致性作答的可能性，将反向问项穿插到同一构念的其他题项中。

二、问卷预测试

为了提高测量质量，本研究在发放正式问卷进行大样本调研之前，对问卷进行前测。在小范围内先对初始问卷进行预调研，对象仍然为国有企业，考虑到数据收集的便利性，主要选择在天津和北京两个城市的三家国有企业员工作为预测试对象。具体做法是，经由各公司人力资源部负责人与各部门领导沟通协调，在其方便时以办公室为单位，现场进行问卷发放与回收。在被试完成自评问卷之后，即刻由其选择同一办公室的同事完成他评问卷，结束后由研究者立即做好数据编码与配对。预测试于2013年4月15日—5月20日完成，共发放并回收150份问卷，其中有效问卷123份，有效问卷回收率达82%。

本研究依据CITC对测量题项进行净化。卢纹岱（2002年）指出，对于CITC＜0.30且删除后可以提高α值的题项应该删除[①]；而Nunnally（1978年）则认

[①] 卢纹岱.SPSS for windows统计分析[M].第3版.北京:电子工业出版社,2006.

为，α值要高于0.70才表明量表信度较好[1]。本研究依据这两项原则来删除垃圾题项，以净化量表、提高测量质量。

组织政治知觉量表预测试分析结果如表6.6所示。其中，一般性政治行为知觉维度的两个题项CITC值均达0.3的阈值，予以保留，该分量表α=0.756，大于0.70标准；保持沉默静待好处知觉的7个题项中，第3、第6两个反向问项以及第9题"在我们单位，听听别人的忠告比自己闭门造车更稳妥"的CITC分别为0.136、0.120、0.047，未达阈值，删除后该分量表α值明显提高，从0.559增加到0.728，信度水平明显改善，达到0.70标准；政治性薪酬和晋升政策知觉的6个题项中，第10、第13两个反向问项的CITC未达阈值，删除后该分量表的α值从0.767增加到0.797。尽管提升并不太明显，考虑到Farh et al.（1997年）在研究中已发现反向问项不符合中国人的语言习惯[2]，为了提高测量质量，本研究对这类未达阈值的反向题项作出了删除处理。处理后，组织政治知觉量表从原来的15题项缩减为10题项，量表总体α值从0.803提高到0.834。

表6.6　组织政治知觉量表的预测试分析

变量	维度	题项编号	CITC值	删除该题项后α值	处理	维度α值	量表α值
组织政治知觉	一般性政治知觉	D1	0.475	0.787	保留	α=0.756	$α_1$=0.803 $α_2$=0.834
		D2	0.513	0.784	保留		
	保持沉默静待好处知觉	D3	0.136	0.811	删除	$α_1$=0.559 $α_2$=0.728	
		D4	0.375	0.795	保留		
		D5	0.629	0.774	保留		
		D6	0.120	0.814	删除		
		D7	0.411	0.792	保留		
		D8	0.474	0.788	保留		
		D9	0.047	0.814	删除		

---

[1] Nunnally, J.C.. Psychometric Theory (2nd ed.)[M]. New York: McGraw-Hill, 1978.
[2] Farh, J.L., Earley, P.C., Lin, S.C.. Impetus for Action: A Cultural Analysis of Justice and Organizational Citizenship Behavior in Chinese Society[J]. Administrative Science Quarterly, 1997, 42(1): 421-444.

续表

变量	维度	题项编号	CITC值	删除该题项后α值	处理	维度α值	量表α值
	政治性薪酬和晋升政策知觉	D10	0.280	0.809	删除	$\alpha_1=0.767$ $\alpha_2=0.797$	
		D11	0.680	0.772	保留		
		D12	0.569	0.779	保留		
		D13	0.227	0.801	删除		
		D14	0.313	0.799	保留		
		D15	0.526	0.783	保留		

注："α_1"表示题项删除前的内部一致性系数；"α_2"表示题项删除后的内部一致性系数。

角色内绩效量表预测试分析结果如表6.7所示。其中，第5、第7两个题项是反向问项，CITC未达阈值，同理予以删除。处理后该量表缩减为5个题项，α值从0.367提高到0.763，信度水平明显改善。

表6.7　角色内绩效量表的预测试分析

变量	题项编号	CITC值	删除该题项后α值	处理	量表α值
角色内绩效	B1	0.369	0.219	保留	$\alpha_1=0.367$ $\alpha_2=0.763$
	B2	0.526	0.140	保留	
	B3	0.595	0.042	保留	
	B4	0.489	0.193	保留	
	B5	−0.033	0.464	删除	
	B6	0.707	−0.008	保留	
	B7	−0.619	0.746	删除	

注："α_1"表示题项删除前的内部一致性系数；"α_2"表示题项删除后的内部一致性系数。

组织公民行为量表预测试分析结果如表6.8所示。其中，只有尽职行为维度第4题项CITC未达阈值，删除后该分量表α值从0.407提高到0.789，信度水平明显提高。处理后，组织公民行为总量表缩减为13个题项，α值从0.809提高到0.835。

表6.8 组织公民行为量表的预测试分析

变量	维度	题项编号	CITC值	删除该题项后α值	处理	维度α值	量表α值
组织公民行为	尽职行为	A1	0.348	0.803	保留	α_1=0.407 α_2=0.789	α_1=0.809 α_2=0.835
		A2	0.454	0.796	保留		
		A3	0.488	0.793	保留		
		A4	0.109	0.835	删除		
	助人行为	A5	0.548	0.790	保留	α=0.705	
		A6	0.528	0.790	保留		
		A7	0.457	0.795	保留		
	参与组织活动	A8	0.550	0.788	保留	α=0.735	
		A9	0.421	0.798	保留		
		A10	0.453	0.796	保留		
	参与公益活动	A11	0.497	0.793	保留	α=0.790	
		A12	0.516	0.792	保留		
		A13	0.522	0.791	保留		
		A14	0.422	0.798	保留		

注:"α_1"表示题项删除前的内部一致性系数;"α_2"表示题项删除后的内部一致性系数。

自我监控量表预测试分析结果如表6.9所示。其中,第10、第13两个反向问项的CITC亦未达阈值,删除后量表α值从0.756提高到0.830。处理后,自我监控量表缩减为11个题项。

表6.9 自我监控量表的预测试分析

变量	题项编号	CITC值	删除该题项后α值	处理	量表α值
自我监控	C1	0.321	0.747	保留	α_1=0.756 α_2=0.830
	C2	0.628	0.715	保留	
	C3	0.492	0.728	保留	
	C4	0.509	0.727	保留	
	C5	0.370	0.742	保留	

续表

变量	题项编号	CITC值	删除该题项后α值	处理	量表α值
	C6	0.554	0.720	保留	
	C7	0.381	0.741	保留	
	C8	0.513	0.726	保留	
	C9	0.367	0.742	保留	
	C10	−0.009	0.782	删除	
	C11	0.591	0.722	保留	
	C12	0.607	0.714	保留	
	C13	−0.183	0.803	删除	

注:"$α_1$"表示题项删除前的内部一致性系数;"$α_2$"表示题项删除后的内部一致性系数。

工作自主性量表预测试分析结果如表6.10所示。从中可知,该量表所有题项的CITC均达阈值,α值为0.822,高于0.70最低接受标准,题项全部予以保留。

表6.10 工作自主性的预测试分析

变量	题项编号	CITC值	删除该题项后α值	处理	量表α值
工作自主性	E1	0.443	0.816	保留	α=0.822
	E2	0.591	0.794	保留	
	E3	0.641	0.784	保留	
	E4	0.625	0.788	保留	
	E5	0.407	0.822	保留	
	E6	0.661	0.781	保留	
	E7	0.578	0.796	保留	

通过小样本预测试,将初始量表中测量质量较低的题项予以删减,得到的最终量表α值均高于0.70,各题项CITC值均大于0.30,表明净化后的量表可靠性较高,可据此展开大样本调查。

三、正式调研

本研究利用修订后的问卷展开大样本正式调研。鉴于本研究欲解决的研究问题，样本选择是数据收集工作的一个重要环节，直接影响着其后的实证分析。为了提高样本代表性，本研究对调查对象及调查过程作出了特定的限制。

首先，样本必须来自国有企业。鉴于改革开放30多年来，国企经历了一系列的变革，产权性质也相应呈现多样化的趋势，从传统的国有到国有独资、国有控股、央企、省属等类型的分化，行业也从钢铁、煤炭、石油等重工业延伸至金融、通信、地产等服务业。为了消除这些差异的可能影响，本研究不对国企产权性质、行业、规模等进行控制，而是尽量扩大样本的覆盖面，以增加其代表性。

其次，研究对象不包括高层管理者，仅限于一般员工或中低层管理者。因为已有研究证明，层级水平是影响组织政治知觉的一个重要的组织因素，较高层级的员工会表现出更多的政治行为[1]，更易将其视为工作的一个自然部分；相对而言，较低层次的员工因为缺乏对过程的控制则通常受组织政治的负向影响[2]。鉴于此，为了最大化系统变异，本研究样本选择仅限于一般员工和中低层管理者，而不包括高层管理者。

再次，研究对象仅限于具有国企正式身份的员工。因为员工的身份差异是导致国企管理困境的另一个敏感问题。为了消除身份差异对分析结果可能造成的影响，本研究对研究对象进行了限定，仅包括国企正式员工，不包括派遣工等非标准雇佣的员工。

最后，采用滚雪球的方式发放问卷，通过个人关系向在国企工作的同学、朋友、亲戚等发放电子版问卷，拜托他们依照同样的方式和标准发放问卷，并给予充分的时间作答。问卷通过电子邮件方式进行回收，确保问卷的保密性。

从2013年6月3日开始正式发放问卷，截至2013年12月27日，共收回电子版问卷1362份。在数据录入前，本研究首先对问卷进行了排查，依以下标准对问卷进行删减：（1）信息严重缺失；（2）答案集中，呈明显规律；（3）与反向

---

[1] Ferris, G.R., Adams, G., Kolodinsky, R.W, et al.. Perceptions of Organizational Politics: Theory and Research Directions. In F.J. Yammarino, F. Dansereau (Eds.), Research in Multi-level Issues, The Many Faces of Multi-level Issues. Oxford, England: JAI Press/Elsevier Science, 2002, 1:179-254.

[2] Atinc, G., Darrat, M., Fuller, B., et al.. Perceptions of Organizational Politics: A Meta-analysis of Theoretical Antecedents[J]. Journal of Managerial Issues, 2010, 22(4): 494-513.

题项前后矛盾；(4)同一批问卷大量重合。经过检查，删除了138份无效问卷，最后得到有效问卷1224份，问卷有效率为89.9%。

(一)样本来源

本研究样本主要来自中铁大桥局集团、中国移动通信集团、中国联合通信股份有限公司、河北钢铁集团、中冶赛迪集团、华润集团、中国石油天然气集团、国家电网、中国广核集团、十一冶建设集团、晋煤集团、中国嘉陵工业股份有限公司、中煤财产保险股份有限公司、重庆农村商业银行、天津高速公路集团等十多家大型国有或国有控股企业，既包括钢铁、路桥、煤炭、电力、石油、汽车等产业的老牌制造型国有企业员工，又涵盖通信、金融、保险、地产等产业的新兴服务型国有企业员工。样本主要分布于武汉、太原、新疆、重庆、北京、天津、广西等十多个省、市自治区，具有较高的覆盖率和代表性。

(二)样本基本信息

研究样本分布如表6.11所示。其中，男性占大多数，有64.2%，性别偏离稍大，这可能与国企招聘时更倾向于选择男性有关；调查对象较为年轻，26—30岁年龄段占49.6%，40岁以上仅占12.7%；调查对象的受教育程度较高，中专及以下仅占9.6%，大多数具有本科学历，占55.2%；而本次样本中有近90%的研究对象都熟悉本单位工作及环境，工作1年及以下的仅占10.8%，且有34.2%的人年资在5年及以上。由此可见，该样本基本符合国企员工分布的状况，能够满足研究需要。

表6.11 样本信息（N=1224）

特征	特征值	频次(N=1224)	频率(%)
性别	男	786	64.2
	女	437	35.7
年龄	25岁及以下	182	14.9
	26—30岁	607	49.6
	36—40岁	279	22.8
	40岁以上	156	12.7

续表

特征	特征值	频次（N=1224）	频率(%)
教育程度	中专及以下	117	9.6
	大专或高职	292	23.9
	本科	676	55.2
	硕士及以上	134	10.9
年资	1年及以下	132	10.8
	1—3年	388	31.7
	3—5年	279	22.8
	5年及以上	419	34.2

第七章　数据分析与结果讨论

本章主要对数据展开分析，验证假设。首先对正式测量工具的信效度进行分析，了解测量质量；然后依据数据对假设关系进行检验，包括各变量相关分析、组织政治知觉对角色内绩效和组织公民行为的主效应分析、自我监控和工作自主性的双重调节效应分析、组织公民行为对角色内绩效影响的回归分析；最后，对检验结果进行讨论和解释，得出研究结论。

第一节　信效度分析

一、数据的正态性检验

为了确保后续研究分析与检验方法的适切性，在开始分析前需要对数据的正态性进行检验。只要数据接近正态分布即可进行下一步的统计分析。本研究通过 Kolmogorov–Smirnov D 检验（经过 Lilliefor 修正后的 K–S 检验值）并辅以偏度系数（skewness）和峰度系数（kurtosis）来判断测量数据的正态性。

检验结果如表 7.1 所示。尽管所有题项的 K–S 检验的显著性都等于 .000，说明数据不符合正态分布，但鉴于 K–S 检验对样本量或异常值非常敏感，数据通常都难以通过正态分布假设，所以需要辅以偏度系数和峰度系数来衡量。一般认为偏度系数绝对值小于 3，峰度系数绝对值小于 10，样本可判定为基本服从正态分布[1]。从表 7.1 中可看到，本研究所有题项数据的峰度和峰度绝对值都小于 1.96，说明本研究数据服从或近似服从正态分布，因此可据此展开下一步分析。

---

[1] Kline, R.B.. Principle and Practice of Structural Equation Modeling[M]. New York: The Guliford Press, 1998.

表7.1 测量题项的正态性检验结果

变量	题项编号	Kolmogorov-Smirnov[a]			偏度		峰度	
		统计值	自由度	显著性	统计值	标准误	统计值	标准误
一般性政治行为知觉	D1	0.262	1213	0.000	−0.058	0.070	−0.727	0.140
	D2	0.168	1213	0.000	−0.213	0.070	−0.841	0.140
保持沉默静待好处知觉	D3	0.242	1213	0.000	0.073	0.070	−0.565	0.140
	D4	0.238	1213	0.000	−0.018	0.070	−0.455	0.140
	D5	0.269	1213	0.000	0.235	0.070	−0.317	0.140
	D6	0.238	1213	0.000	0.151	0.070	−0.458	0.140
政治性薪酬和晋升政策知觉	D10	0.262	1213	0.000	−0.026	0.070	−0.481	0.140
	D11	0.227	1213	0.000	−0.181	0.070	−0.494	0.140
	D12	0.219	1213	0.000	0.111	0.070	−0.746	0.140
	D13	0.217	1213	0.000	−0.266	0.070	−0.439	0.141
角色内绩效	B1	0.297	1218	0.000	−0.492	0.070	0.832	0.140
	B2	0.277	1218	0.000	−0.690	0.070	0.867	0.140
	B3	0.290	1218	0.000	−0.645	0.070	0.931	0.140
	B4	0.290	1218	0.000	−0.697	0.070	1.381	0.140
	B5	0.281	1218	0.000	−0.768	0.070	1.095	0.140
尽职行为	A1	0.262	1213	0.000	−1.071	0.070	0.821	0.140
	A2	0.168	1213	0.000	−0.202	0.070	−0.695	0.140
	A3	0.283	1213	0.000	−1.025	0.070	0.926	0.140
助人行为	A4	0.242	1213	0.000	−0.544	0.070	−0.059	0.140
	A5	0.238	1213	0.000	−0.597	0.070	0.004	0.140
	A6	0.269	1213	0.000	−1.009	0.070	1.399	0.140
参与组织活动	A7	0.202	1213	0.000	−0.238	0.070	−0.419	0.140
	A8	0.215	1213	0.000	−0.381	0.070	−0.407	0.140
	A9	0.262	1213	0.000	−0.786	0.070	0.631	0.140
参与公益活动	A10	0.227	1213	0.000	−0.486	0.070	0.266	0.140
	A11	0.219	1213	0.000	−0.137	0.070	−0.284	0.140
	A12	0.217	1213	0.000	−0.244	0.070	−0.240	0.140
	A13	0.231	1213	0.000	−0.085	0.070	−0.211	0.140

续表

变量	题项编号	Kolmogorov-Smirnov^a			偏度		峰度	
		统计值	自由度	显著性	统计值	标准误	统计值	标准误
自我监控	C1	0.264	1218	0.000	−0.075	0.070	0.066	0.140
	C2	0.267	1218	0.000	0.016	0.070	0.019	0.140
	C3	0.293	1218	0.000	0.157	0.070	0.334	0.140
	C4	0.236	1218	0.000	−0.153	0.070	0.057	0.140
	C5	0.250	1218	0.000	−0.039	0.070	−0.139	0.140
	C6	0.280	1218	0.000	0.208	0.070	0.317	0.140
	C7	0.264	1218	0.000	−0.229	0.070	0.215	0.140
	C8	0.287	1218	0.000	−0.211	0.070	−0.137	0.140
	C9	0.297	1218	0.000	0.140	0.070	0.173	0.140
	C10	0.271	1218	0.000	0.165	0.070	0.013	0.140
	C11	0.274	1218	0.000	−0.012	0.070	0.175	0.140
工作自主性	E1	0.220	1221	0.000	−0.270	0.070	0.132	0.140
	E2	0.207	1221	0.000	−0.314	0.070	−0.227	0.140
	E3	0.217	1221	0.000	−0.443	0.070	−0.266	0.140
	E4	0.258	1221	0.000	−0.520	0.070	0.185	0.140
	E5	0.278	1221	0.000	−0.680	0.070	0.547	0.140
	E6	0.218	1221	0.000	−0.225	0.070	−0.002	0.140
	E7	0.184	1221	0.000	0.205	0.070	−0.435	0.140

注："a"表示Lilliefors显著相关。

二、信度分析

正式量表的信度水平同样根据Cronbach's α系数来衡量。通过SPSS 21.0对1224份数据的分析结果显示，所有量表的α系数均高于0.70的最低标准，说明大样本调查工具的一致性和稳定性较高，所得数据具有较高的可信度。

表7.2 信度分析结果

变量	题项数	α系数
一般性政治行为知觉	2	0.712
保持沉默静待好处知觉	4	0.820
政治性薪酬和晋升政策知觉	4	0.792
尽职精神	3	0.711
助人行为	3	0.759
参与组织活动	3	0.712
参与公益活动	4	0.846
角色内绩效	5	0.852
自我监控	11	0.878
工作自主性	7	0.822

三、效度分析

本研究所用测量工具都是相对成熟的量表，在国内外研究中已得到大量应用。为了保证跨情境测量的等值性，量表都经过了翻译—回译处理，并经由相关专家对内容进行了审核、修订。在正式调研前，先在近似情境中对问卷进行了预试，并依据预调研结果再次对问卷进行了相应修订。由此可见，问卷的内容效度基本得以保证。那么，对正式问卷的效度检验则重点考察构念效度（construct validity），包括聚合效度和判别效度。本研究采用结构方程建模技术，借助LIS-REL8.80分析软件通过极大似然法进行验证性因子分析，以此评估正式测量工具的效度。

模型拟合的优劣主要通过绝对拟合指标和相对拟合指标来评鉴。而指标阈值是依据经验法则而定的，不同学者给出了不同标准。通常认为，在绝对拟合指标中，χ^2/df 小于5即可接受，最好小于2；GFI、AGFI取值范围为0—1，越接近1模型拟合效果越好，大于0.90可接受；RMSEA的取值范围0—1越接近0说明理论模型与饱和模型的差异越小，一般要求小于0.05，但Steiger（1990年）将标准放宽，建议0.1作为阀值，认为低于.1则可表示好的拟合，低于0.05表示非常好的拟合，低于0.01表示非常出色的拟合[1]；SRMR取值范围为0—1，越接近0说明假设模型与实际数据标准化残差越小，一般认为小于0.08可接受[2][3]。在相对拟合指标中，CFI、NFI、NNFI、IFI等取值范围为0—1，越接近1表示假设模型较虚无模型改善程度越高，一般认为大于0.90可接受。Bentler（1990年）对上述四个相对拟合指标进行考察后发现，只有NFI会受样本容量的显著影响[4]。鉴于此，本研究选择χ^2/df、GFI、RMSEA、SRMR四个绝对拟合指标和CFI、NNFI、IFI三个相对拟合指标作为模型拟合评鉴依据。

对于测量模型内部拟合性，通常由题项质量（因子载荷λ）、组合信度（CR）、平均变异（AVE）和因素区辨力来评鉴[5]。本研究选择因子载荷、SMC、CR作为结构模型聚合效度检验指标，选择竞争模型作为判别效度检验方法。其中，λ是潜变量的反映能力指标，λ^2表示潜变量对该题项变异的解释力度，大于0.55说明该题项有30%被潜变量所解释，作为最低接受标准；CR值表示测量变量的变异量被潜在变量解释的百分比，大于0.50即可说明测量工具在反映真实分数时具有基本的稳定性[5]。本研究所选择的模型拟合检验指标及标准如表7.3所示。

表7.3 模型拟合检验指标

类型	指标	数值范围	建议标准
绝对拟合指标	χ^2/df	>0	<5
	GFI	0—1	>0.90
	SRMR	0—1	<0.08
	RMSEA	0—1	<0.1

---

[1] Steiger, J.H.. Structure Model Evaluation and Modification: An Internal Estimation Approach. Multivariate Behavioral Research[J].1990, 25(2): 173-180.

[2] 侯杰泰,温忠麟,成子娟. 结构方程模型及其应用[M]. 北京:教育科学出版社,2004:177-185.

[3] 邱皓政,林碧芳. 结构方程模型的原理与应用[M]. 北京:中国轻工业出版社,2012:73-89.

[4] Bentler, P.M.. Comparative Fit Indexes in Structural Models[J]. Psychological Bulletin, 1990, 107 (2): 238-246.

[5] 邱皓政,林碧芳. 结构方程模型的原理与应用[M]. 北京:中国轻工业出版社,2012: 99-107.

续表

类型	指标	数值范围	建议标准
相对拟合指标	CFI	0—1	>0.90
	NNFI	0—1*	>0.90
	IFI	0—1	>0.90
内部拟合指标	λ	0—1	>0.55
	CR	0—1	>0.50

注：*表示指数数值可能会超过该范围。

1. 聚合效度分析

组织政治知觉量表的验证性因子分析结果显示（见表7.4）：各测量题项标准化因子载荷为0.62—0.85，t值均达显著性水平，SMC为0.38—0.72，一般性政治知觉分量表的CR值为0.65、保持沉默静待好处分量表的CR值为0.77、政治性薪酬和晋升政策知觉分量表的CR值为0.73，模型的各项拟合指标比较理想（见表7.9），该量表可判定为具有较高的聚合效度。

表7.4 组织政治知觉的CFA结果

维度	题项编号	因子载荷	测量残差	SMC	CR
一般性政治行为知觉	D1	0.74	0.45	0.55	0.65
	D2	0.81	0.34	0.66	
保持沉默静待好处知觉	D3	0.84	0.30	0.70	0.77
	D4	0.72	0.48	0.52	
	D5	0.74	0.45	0.55	
	D6	0.76	0.42	0.58	
政治性薪酬和晋升政策知觉	D7	0.73	0.47	0.53	0.73
	D8	0.85	0.28	0.72	
	D9	0.62	0.62	0.38	
	D10	0.75	0.44	0.56	

角色内绩效量表的验证性因子分析结果显示（见表7.5）：各测量题项标准化

因子载荷为0.70—0.87，t值均达显著性水平，SMC为0.49—0.76，CR值为0.86。在测量模型的各项拟合指标中（见表7.9），$\chi^2/df=10.39$，高于建议标准。不过，χ^2受样本量影响，而本研究样本量大于1000，在一定程度上会导致χ^2/df偏高，且除此之外的其他拟合指标达建议标准，所以综合来看，该量表的聚合效度仍可判定在可接受范围。

表7.5 角色内绩效的CFA结果

维度	题项编号	因子载荷	测量残差	SMC	CR
角色内绩效	B1	0.70	0.51	0.49	0.86
	B2	0.87	0.24	0.76	
	B3	0.85	0.28	0.72	
	B4	0.82	0.33	0.67	
	B5	0.77	0.40	0.60	

组织公民行为的验证性因子分析结果显示（见表7.6），各测量题项标准化因子载荷为0.50—0.85，t值均达显著性水平，SMC为0.25—0.73；其中，除尽职行为分量表CR值为0.47，略低于0.5以外，助人行为、参与组织活动、参与公益活动分量表的CR都达到建议标准，分别为0.76、0.63、0.83。在测量模型的各项拟合指标中（见表7.9），$\chi^2/df=9.19$，高于建议标准。同理，鉴于χ^2受样本量影响而且除此之外其他拟合指标均达建议标准，所以综合来看，该量表的聚合效度仍判定在可接受范围。

表7.6 组织公民行为的CFA结果

维度	题项编号	因子载荷	测量残差	SMC	CR
尽职行为	A1	0.60	0.64	0.36	0.47
	A2	0.50	0.75	0.25	
	A3	0.80	0.37	0.63	
助人行为	A4	0.71	0.50	0.50	0.76
	A5	0.83	0.31	0.69	
	A6	0.82	0.32	0.68	

续表

维度	题项编号	因子载荷	测量残差	SMC	CR
参与组织活动	A7	0.70	0.50	0.50	0.63
	A8	0.67	0.55	0.45	
	A9	0.78	0.39	0.61	
参与公益活动	A10	0.81	0.34	0.66	0.83
	A11	0.85	0.27	0.73	
	A12	0.79	0.37	0.63	
	A13	0.76	0.41	0.59	

自我监控量表的验证性因子分析结果显示（见表7.7），各测量题项标准化因子载荷为0.65—0.79，t值均达显著性水平，SMC为0.42—0.62，CR值为0.85。在测量模型的各项拟合指标中（见表7.9），$\chi^2/df=12.25$，GFI=0.86，这两个绝对拟合指标未达建议标准，考虑到样本量对χ^2的影响以及GFI也接近0.9的最低阀值，且其他拟合指标均在可接受范围，所以综合判断，该量表的聚合效度仍可接受。

表7.7 自我监控的CFA结果

维度	题项编号	因子载荷	测量残差	SMC	CR
自我监控	C1	0.79	0.38	0.62	0.85
	C2	0.75	0.43	0.57	
	C3	0.70	0.50	0.50	
	C4	0.68	0.53	0.47	
	C5	0.74	0.45	0.55	
	C6	0.71	0.50	0.50	
	C7	0.65	0.58	0.42	
	C8	0.69	0.53	0.47	
	C9	0.72	0.48	0.52	
	C10	0.73	0.47	0.53	
	C11	0.68	0.53	0.47	

工作自主性量表的验证性因子分析结果显示（见表7.8），各测量题项标准化因子载荷为0.52—0.79，t值均达显著性水平，SMC为0.27—0.62，CR值为0.73。在测量模型的各项拟合指标中（见表7.9），$\chi^2/df=11.11$，高于建议标准。同理，鉴于χ^2受样本量的影响并参照其他拟合指标综合判断，该量表的聚合效度也可接受。

表7.8　工作自主性的CFA结果

维度	题项编号	因子载荷	测量残差	SMC	CR
工作自主性	E1	0.69	0.53	0.47	0.73
	E2	0.72	0.48	0.52	
	E3	0.63	0.61	0.39	
	E4	0.70	0.51	0.49	
	E5	0.52	0.73	0.27	
	E6	0.79	0.38	0.62	
	E7	0.66	0.56	0.44	

表7.9　构念测量模型的整体拟合结果（N=1224）

	WLSχ^2	df	χ^2/df	GFI	CFI	NNFI	IFI	SRMR	RMSEA
组织政治知觉	227.29	32	7.10	0.96	0.98	0.98	0.98	0.034	0.071
角色内绩效	51.95	5	10.39	0.98	0.99	0.98	0.99	0.057	0.088
组织公民行为	542.31	59	9.19	0.94	0.97	0.96	0.97	0.038	0.082
自我监控	539.03	44	12.25	0.86	0.93	0.91	0.93	0.063	0.097
工作自主性	155.55	14	11.11	0.92	0.94	0.94	0.91	0.056	0.084

2. 判别效度分析

本研究采用竞争模型比较法来检验变量的判别效度。研究共涉及10个变量，将10因子模型作为基准模型首先进行验证性因子分析，然后根据PH矩阵将相关系数大于0.5的因子合并，同时还构建了POP、工作自主性、自我监控、角色内绩效、OCB的5因子以及单因子模型，共形成16个嵌套模型。对各个模型验证性因子分析结果如表7.10所示。由此可看出，10因子模型各项拟合指标都优于其他嵌套模型，表明本研究所选测量工具具有较好的判别效度。

表7.10 变量判别效度分析结果

模型	因子	WLSχ2	df	Δχ2	Δdf	NNFI	CFI	IFI	GFI	RMSEA
Mode1 10因子	GE,GA,PA,JO,CO,HE,PO,PP,IR,SM	7675.47	944			0.92	0.92	0.92	0.89	0.076
Mode2 9因子	GE,GA,PA,JO,PO,PP,IR,SM,CO+HE	7975.33	953	299.86***	9	0.91	0.92	0.92	0.88	0.078
Mode3 9因子	GE,GA,PA,JO,HE,PP,IR,SM,CO+PO	8180.83	953	505.36***	9	0.91	0.92	0.92	0.87	0.079
Mode4 9因子	GE,GA,PA,JO,CO,PP,IR,SM,HE+PO	8302.38	953	626.91***	9	0.91	0.92	0.92	0.87	0.079
Mode5 9因子	GE,GA,PA,JO,CO,PO,IR,SM,HE+PP	9985.95	953	2310.48***	9	0.89	0.90	0.90	0.84	0.088
Mode6 9因子	GE,GA,PA,JO,CO,HE,IR,SM,PO+PP	8146.09	953	470.62***	9	0.91	0.92	0.92	0.88	0.079
Mode7 9因子	GE,GA,PA,JO,HE,PO,PP,SM,CO+IR	8333.59	953	658.12***	9	0.91	0.92	0.92	0.84	0.080
Mode8 9因子	GE,GA,PA,JO,CO,PO,PP,SM,HE+IR	8634.41	953	958.94***	9	0.91	0.91	0.91	0.87	0.081
Mode9 9因子	GE,GA,PA,JO,CO,HE,PP,SM,PO+IR	8864.57	953	1189.1***	9	0.90	0.91	0.91	0.86	0.082
Mode10 9因子	PA,JO,CO,HE,PO,IR,PP,SM,GE+GA	7967.22	953	291.75***	9	0.91	0.92	0.92	0.88	0.078
Mode11 9因子	GA,JO,CO,HE,PO,PP,IR,SM,GE+PA	8175.39	953	499.92***	9	0.91	0.92	0.92	0.87	0.079
Mode12 9因子	GE,JO,CO,HE,PO,PP,IR,SM,GA+PA	8374.53	953	699.06***	9	0.91	0.92	0.92	0.87	0.080

续表

模型	因子	WLSχ2	df	Δχ2	Δdf	NNFI	CFI	IFI	GFI	RMSEA
Mode13 8因子	GE,GA,PA,JO,CO, IR,SM,HE+PO+PP	10085.30	961	2409.83***	17	0.89	0.90	0.90	0.84	0.088
Mode14 8因子	JO,CO,HE,PO,PP,IR, SM,GA+GE+PA	8629.34	961	953.87***	17	0.91	0.91	0.91	0.87	0.081
Mode15 5因子	GE+GA+PA,JO,IR, SM,CO+HE+PO+PP	11621.93	979	3946.46***	35	0.87	0.88	0.88	0.81	0.094
Mode16 1因子	GE+GA+PA+JO+IR+ SM+CO+HE+PO+PP	39538.15	989	31862.68***	45	0.55	0.57	0.57	0.42	0.18

注：GE表示一般性政治行为知觉；GA表示保持沉默静待好处行为知觉；PA表示政治性晋升和薪酬政策知觉；JO表示工作自主性；CO表示尽职行为；HE表示助人行为；PO表示参与组织活动；PP表示参与公益活动；IR表示角色内绩效；SM表示自我监控；"+"表示前后因子合并为一个因子；***表示$p<0.001$。

第二节 假设检验

一、相关分析

利用SPSS 21.0对变量的均值、标准差和变量间相关性进行分析，结果如表7.11所示。POP的三个维度之间显著正相关；OCB的四个维度之间显著正相关；一般性政治行为知觉与角色内绩效显著负相关，与尽职行为、自我监控显著正相关；保持沉默静待好处知觉与工作自主性、尽职行为、参与组织活动、参与公益活动、自我监控显著正相关；政治性薪酬和晋升政策知觉与工作自主性、尽职行为、参与公益活动、自我监控显著正相关，与角色内绩效显著负相关；工作自主性与四个维度OCB、角色内绩效和自我监控显著正相关；角色内绩效与四个维度OCB和自我监控显著正相关；自我监控与其他所有变量显著正相关。

表7.11 变量的均值、标准差和变量间相关系数（N=1224）

	Mean	SD	1	2	3	4	5	6	7	8	9
1.一般性政治行为知觉	3.030	1.003									
2.保持沉默静待好处知觉	2.982	0.817	0.506**								
3.政治性薪酬和晋升政策知觉	2.740	0.787	0.604**	0.613**							
4.工作自主性	3.349	0.660	−0.018	0.162**	0.125**						
5.角色内绩效	4.133	0.554	−0.065*	0.021	−0.060*	0.344**					
6.尽职行为	3.838	0.746	0.095**	0.180**	0.068*	0.328**	0.316**				
7.助人行为	4.183	0.626	0.005	0.041	0.013	0.297**	0.575**	0.403**			
8.参与组织活动	3.736	0.761	−0.046	0.105**	0.051	0.318**	0.426**	0.332**	0.495**		
9.参与公益活动	3.553	0.751	−0.017	0.098**	0.076**	0.282**	0.388**	0.254**	0.416**	0.582**	
10.自我监控	3.338	0.524	0.135**	0.069*	0.091**	0.435**	0.355**	0.167**	0.296**	0.306**	0.316**

注：**表示在0.01水平（双侧）上显著相关；*表示在0.05水平（双侧）上显著相关。

二、组织政治知觉对工作绩效影响的主效应检验

利用LISREL 8.80通过极大似然估计法对组织政治知觉与工作绩效之间的主效应关系进行路径分析，结果如表7.12所示。研究得出一般性政治行为知觉对参与组织活动（γ_{31}=−0.36，$p<0.001$）、参与公益活动（γ_{41}=−0.28，$p<0.001$）、角色内绩效（γ_{51}=−0.10，$p<0.05$）有显著负向影响，假设1得到部分支持；保持沉默静待好处知觉对尽职行为（γ_{12}=0.42，$p<0.001$）、助人行为（γ_{22}=0.14，$p<0.05$）、参与组织活动（γ_{32}=0.28，$p<0.001$）、参与公益活动（γ_{42}=0.17，$p<0.01$）、角色内绩效（γ_{52}=0.25，$p<0.001$）有显著正向影响，假设2得到支持；政治性薪酬和晋升政策知觉对尽职行为（γ_{13}=−0.40，$p<0.001$）和角色内绩效（γ_{13}=−0.17，$p<0.05$）有显著负向影响，对助人行为（γ_{23}=0.13，$p<0.05$）、参与组织活动（γ_{33}=0.12，$p<0.01$）和参与公益活动（γ_{43}=0.18，$p<0.05$）有显著正向影响，假设3得到部分支持。

表7.12 组织政治知觉对组织公民行为影响的路径分析结果

自变量	因变量				
	尽职行为	助人行为	参与组织活动	参与公益活动	角色内绩效
一般性政治行为知觉	0.12	0.04	−0.36***	−0.28***	−0.10*
保持沉默静待好处知觉	0.42***	0.14*	0.28***	0.17**	0.25***
政治性薪酬和晋升政策知觉	−0.40***	0.13*	0.12**	0.18*	−0.17*

注：*表示在.05水平显著；**表示在.01水平显著；***表示在.001水平显著；N=1224。

三、自我监控和工作自主性的调节效应检验

为了检验自我监控和工作自主性两个潜变量对主效应关系的双重调节作用，本研究依据Klein和Moosbrugger（2000年）[1]提出的LMS方法，利用MPLUS 7.0实现。但由于该软件目前不能直接实现3-way的潜调节效应分析，本研究则依据个体自我监控能力大小将样本分成两组，在每组样本中分别进行LMS分析，然后再对两组回归系数进行差异比较，也即通过分组方式把3-way调节分析转化成MPLUS能够直接实现的2-way调节分析，间接实现3-way调节效应分析。

具体做法是：将自我监控的11题项总分平均作为自我监控变量得分；再依据自我监控均值进行分组，将得分高于均值的样本作为高分组，代表高自我监控者；得分低于均值的样本作为低分组，代表低自我监控者。然后分别在每组中验证工作自主性对组织政治知觉和工作绩效主效应关系的调节作用，如果调节项系数显著就可证明调节效应存在，具体程序参见温忠麟等（2013年）[2]和王孟成（2014年）[3]，分析结果如表7.13所示。

---

[1] Klein, A.G., Moosbrugger, H. Maximum Likelihood Estimation of Latent Interaction Effects with the LMS Method[J]. Psychometrika, 2000, 65(4): 457-474.
[2] 温忠麟,刘红云,侯杰泰.调节效应和中介效应分析[M].北京,教育科学出版社,2013:147.
[3] 王孟成.潜变量建模与MPLUS应用·基础篇[M].重庆:重庆大学出版社,2014:222-223.

表7.13 自我监控和工作自主性的调节效应检验结果

	调节项	因变量				
		尽职行为	助人行为	参与组织活动	参与公益活动	角色内绩效
高分组	一般性政治行为知觉×工作自主性	0.026	0.135**	0.120*	0.077	0.189***
	保持沉默静待好处知觉×工作自主性	0.067	0.160***	0.136*	0.091*	0.206***
	政治性薪酬和晋升政策知觉×工作自主性	0.087	0.198***	0.147*	0.102**	−0.253***
	调节项	因变量				
		尽职行为	助人行为	参与组织活动	参与公益活动	角色内绩效
低分组	一般性政治行为知觉×工作自主性	0.025	0.023	−0.005	0.005	0.063
	保持沉默静待好处知觉×工作自主性	0.066	0.023	0.102	0.052	0.041
	政治性薪酬和晋升政策知觉×工作自主性	0.013	0.040	0.075	0.159	−0.061

注：* 表示在.05水平显著；** 表示在.01水平显著；*** 表示在.001水平显著；N=1224。

从表7.13中可以看出，在低分组，工作自主性对组织政治知觉和工作绩效关系的调节效应不显著；而在高分组，工作自主性对主效应关系存在显著调节效应，这说明组织政治知觉与工作绩效之间的关系受到自我监控和工作自主性的交互影响。

具体来看，在高分组中，工作自主性显著正向调节了各维度组织政治知觉与助人行为的关系。工作自主性越高，一般性政治行为知觉与助人行为之间的正向关系变得显著（γ_{21}=0.135，p<0.01），保持沉默静待好处知觉、政治性薪酬和晋升政策知觉与助人行为之间的正向关系得到加强（γ_{22}=0.160，p<0.001；γ_{23}=0.198，p<0.001）。图7.1、图7.2、图7.3分别表示自我监控高分组中，工作自主性对一般性政治行为知觉、保持沉默静待好处知觉、政治性薪酬和晋升政策知觉与助人行为之间关系的调节效应。

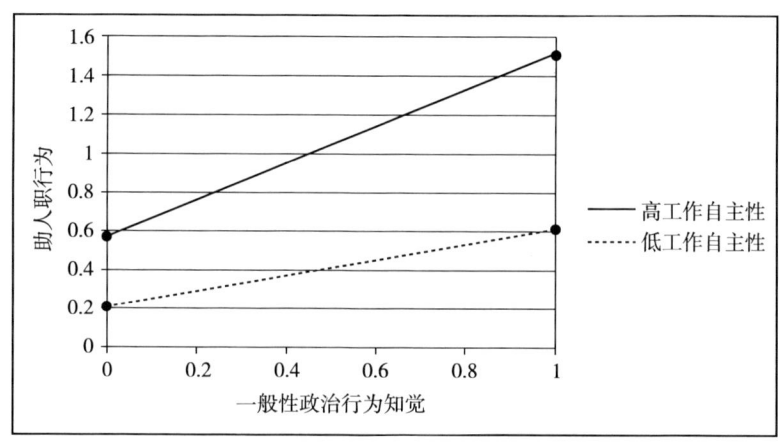

图7.1 工作自主性对一般性政治行为知觉与助人行为关系的调节效应

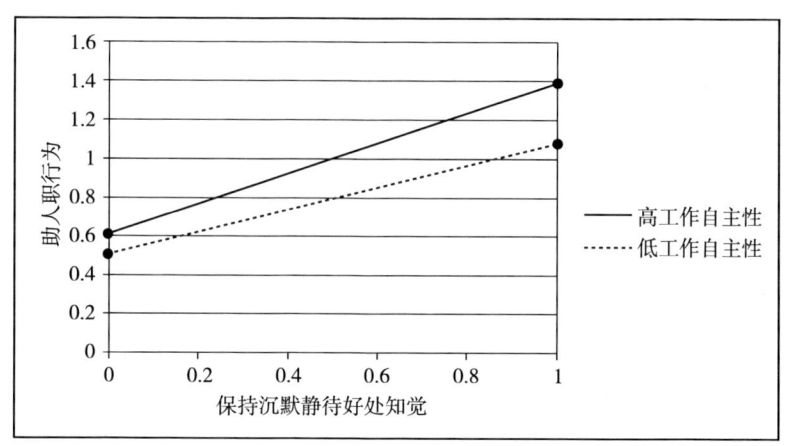

图7.2 工作自主性对保持沉默静待好处知觉与助人行为关系的调节效应

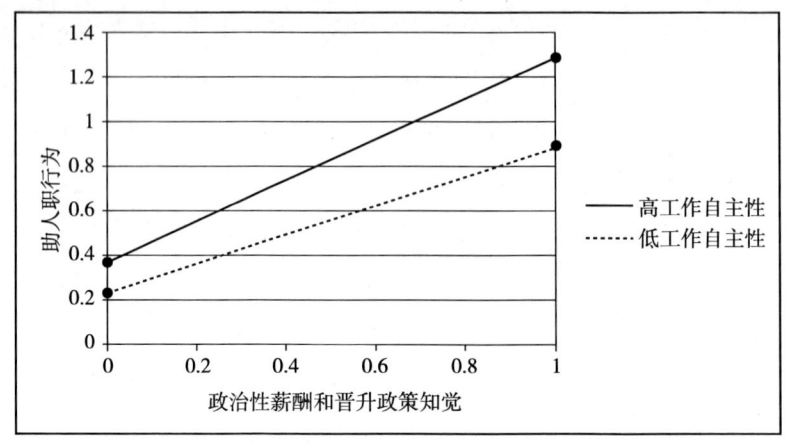

图 7.3 工作自主性对政治性薪酬和晋升政策知觉与助人行为关系的调节效应

工作自主性显著正向调节了三维度组织政治知觉与参与组织活动之间的关系。工作自主性越高,一般性政治行为知觉与参与组织活动之间的负向关系减弱,保持沉默静待好处知觉与政治性薪酬和晋升政策知觉对参与组织活动之间的正向关系得到加强（γ_{31}=0.120，P<0.05；γ_{32}=0.136，P<0.05；γ_{33}=0.147，P<0.05）。图7.4、图7.5、图7.6分别表示自我监控高分组中,工作自主性对保持沉默静待好处知觉、政治性薪酬和晋升政策知觉与参与组织活动之间关系的调节效应。

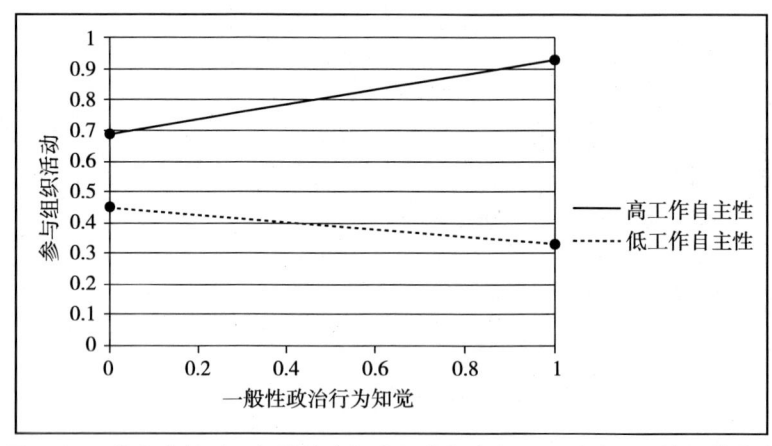

图 7.4 工作自主性对一般性政治行为知觉与参与组织活动关系的调节效应

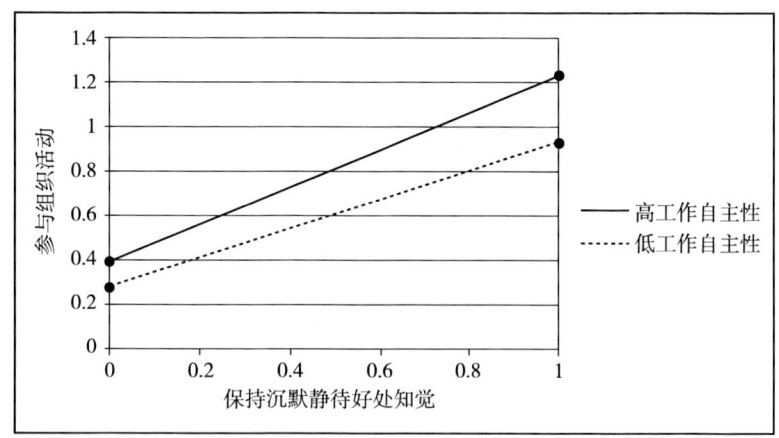

图7.5 工作自主性对保持沉默静待好处知觉与参与组织活动关系的调节效应

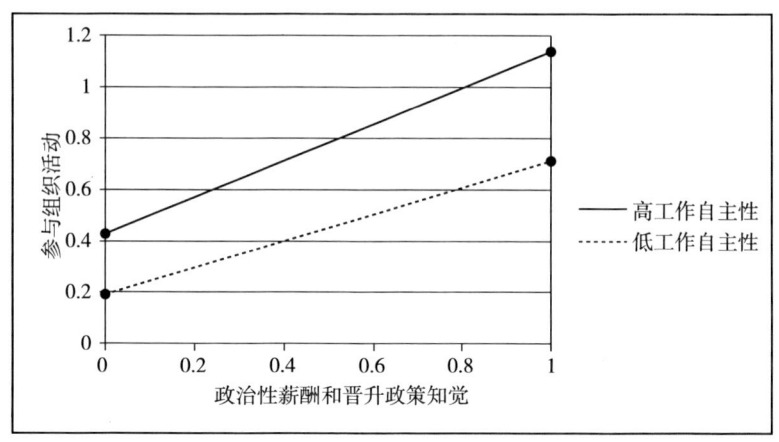

图7.6 工作自主性对政治性薪酬和晋升政策知觉与参与组织活动关系的调节效应

工作自主性对保持沉默静待好处知觉、政治性薪酬和晋升政策知觉与参与公益活动之间关系起到显著正向调节作用（$\gamma_{42}=0.09$，$P<0.05$；$\gamma_{43}=0.102$，$P<0.05$），即工作自主性越高，保持沉默静待好处知觉、政治性薪酬和晋升政策知觉与参与公益活动之间的正向关系会加强，但不能显著正向调节一般性政治行为知觉与参与公益活动之间的关系（$\gamma_{42}=0.07$，$P>0.05$），即对于高自我监控者而言，高工作自主性也不能改变一般性政治行为知觉对参与公益活动的负向影响。图7.7、图7.8分别表示高分组中，工作自主性对保持沉默静待好处知觉、政治性薪酬和晋升政策知觉与参与公益活动之间关系的调节效应。

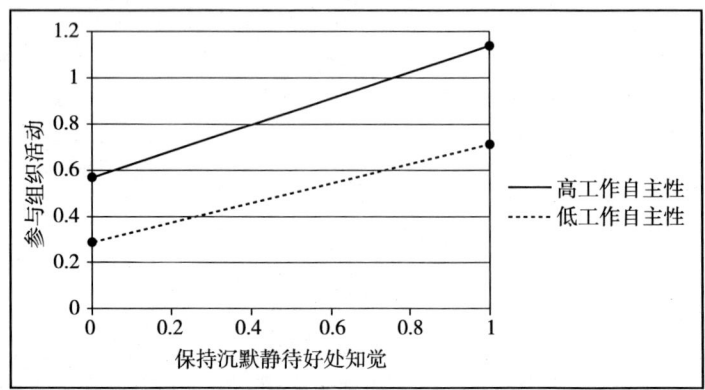

图 7.7　工作自主性对保持沉默静待好处知觉与参与公益活动关系的调节效应

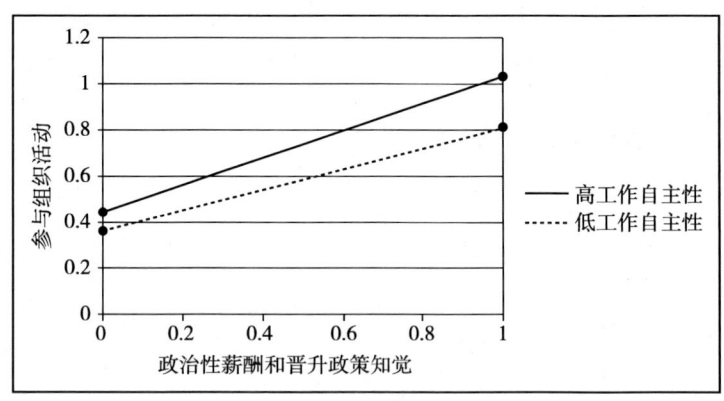

图 7.8　工作自主性对政治性薪酬和晋升政策知觉与参与公益活动关系的调节效应

工作自主性显著正向调节各维度组织政治知觉与角色内绩效的关系。工作自主性越高，一般性政治行为知觉与角色内绩效之间的负向关系减弱（γ_{51}=0.189，$P<0.001$）、保持沉默静待好处知觉与角色内绩效的正向关系得到加强（γ_{52}=0.206，$P<0.001$）；政治性薪酬和晋升政策知觉对角色内绩效的负向影响将加强（γ_{53}=−0.253，$P<0.01$）。图 7.9、图 7.10、图 7.11 分别表示工作自主性对一般性政治行为知觉、保持沉默静待好处知觉、政治性薪酬和晋升政策知觉与角色内绩效之间关系的调节效应。

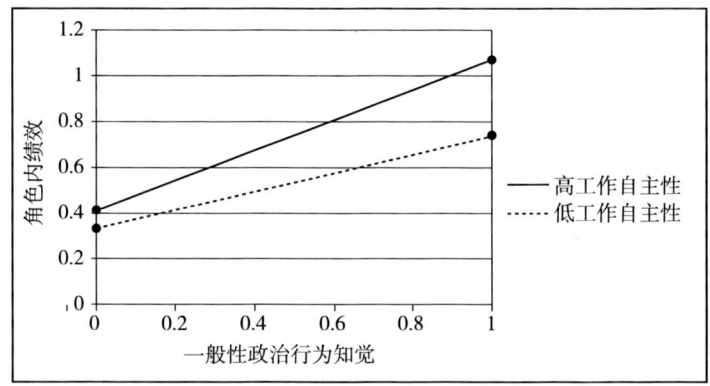

图7.9 工作自主性对一般性政治行为知觉与角色内绩效关系的调节效应

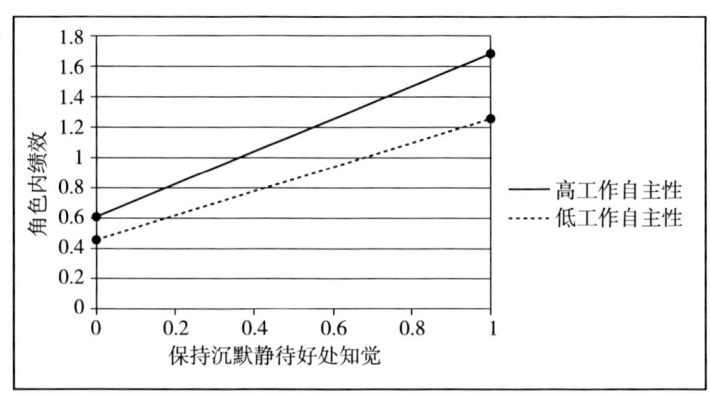

图7.10 工作自主性对保持沉默静待好处知觉与角色内绩效关系的调节效应

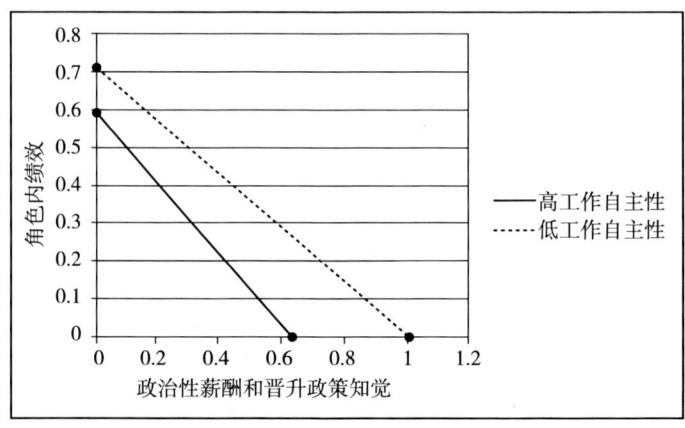

图7.11 工作自主性对政治性薪酬和晋升知觉与角色内绩效关系的调节效应

不过，本研究发现工作自主性并不能显著调节不同组织政治知觉维度与尽职行为之间的关系（γ_{11}=0.026，P>0.05）、（γ_{21}=0.067，P>0.05）、（γ_{31}=0.087，P>0.05），即对于高自我监控者而言，工作自主性的高低并不能改变各维度组织政治知觉与尽职行为之间的关系。

检验结果显示：假设4_{a1}得到部分支持，4_{a2}未得到支持；假设4_{b1}得到部分支持，4_{b2}未得到支持；假设4_{c1}得到部分支持，4_{c2}未得到支持。总体来看，研究结果支持组织政治知觉对工作绩效的影响关系受到自我监控和工作自主性的交互调节，只不过不同维度的效应有所不同，有些维度效应并不显著。

四、组织公民行为对角色内绩效影响的回归分析

为了检验组织公民行为与角色内绩效两个潜变量的曲线关系，本研究通过潜变量二次效应检验来实现。参照温忠麟等（2013年）[①]的建议，首先构建二次项，将OCB各维度的测量指标（X）平方（X^2），作为该二次项维度（ξ^2）的测量指标，然后再将二次项维度（ξ^2）和原始一次项维度（ξ）作为自变量，通过无均值结构的无约束结构方程模型进行路径分析。

本研究采用MPLUS 7.0来检验OCB与角色内绩效的非线性关系，具体操作程序参见王孟成（2014年）[②]，分析结果如表7.14所示。

表7.14 组织公民行为对角色内绩效的回归分析结果

自变量	因变量 角色内绩效		模型解释力度
	二次项系数	一次项系数	
尽职行为	0.243	0.338*	56.6%
助人行为	−0.317[+]	0.936***	
参与组织活动	−0.076**	0.179*	
参与公益活动	−0.131**	0.194**	

注：+表示在.1水平上显著；*表示在.05水平显著；**表示在.01水平显著；***表示在.001水平显著；N=1224。

---

① 温忠麟,刘红云,侯杰泰.调节效应和中介效应分析[M].北京,教育科学出版社,2013:122-124.
② 王孟成.潜变量建模与MPLUS应用·基础篇[M].重庆：重庆大学出版社,2014:218.

从表7.14可以看出，尽职行为对角色内绩效影响的二次项系数不显著，一次项系数显著为正（β=0.338，p<0.05），说明二者之间是线性关系，尽职行为能够显著正向影响角色内绩效（如图7.12所示）。

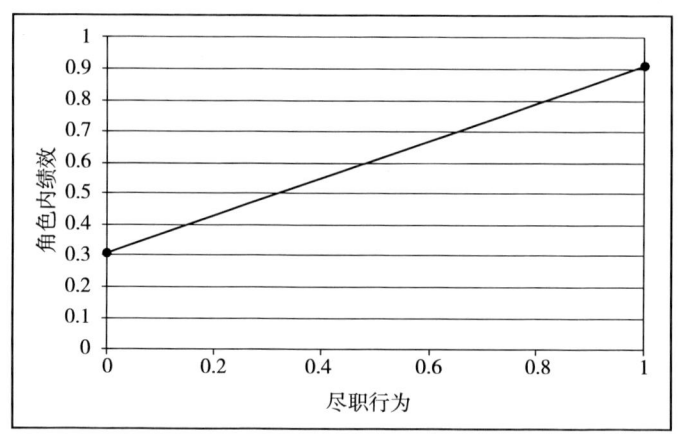

图7.12　尽职行为与角色内绩效的关系

助人行为对角色绩效影响的二次项系数显著为负（β=-0.317，p<0.1），一次项系数显著为正（β=0.936，p<0.001），说明助人行为对于角色内绩效的影响先正后负，当助人行为表现在一个适度水平时，其对角色内绩效具有显著正向影响，但超过这个临界值时，则会对角色内绩效产生负向影响，二者之间存在的是倒U形关系（如图7.13所示）。

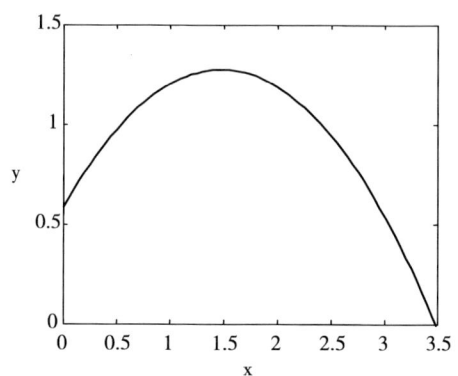

图7.13　助人行为与角色内绩效的关系

参与组织活动对角色内绩效影响的二次项系数显著为负（β=-0.076，p<0.01），一次项系数显著为正（β=0.179，p<0.05），说明参与组织活动与角色内绩效也存在倒U形关系（如图7.14所示）。

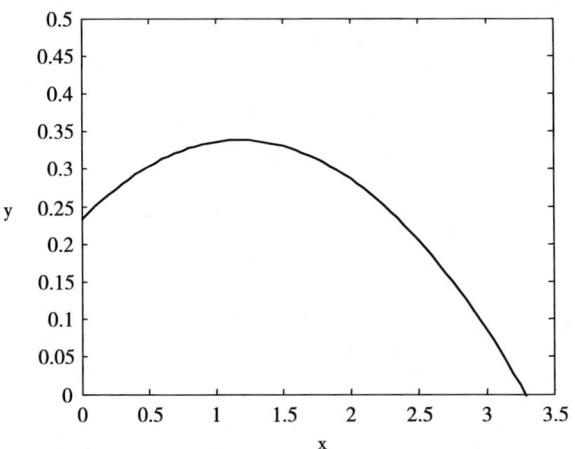

图7.14　参与组织活动与角色内绩效的关系

参与公益活动对角色内绩效影响的二次项系数显著为负（β=-0.131，p<0.01），一次项系数显著为正（β=0.194，p<0.01），说明参与公益活动与角色内绩效的关系同样呈现出先正后负的倒U形（如图7.15所示）。

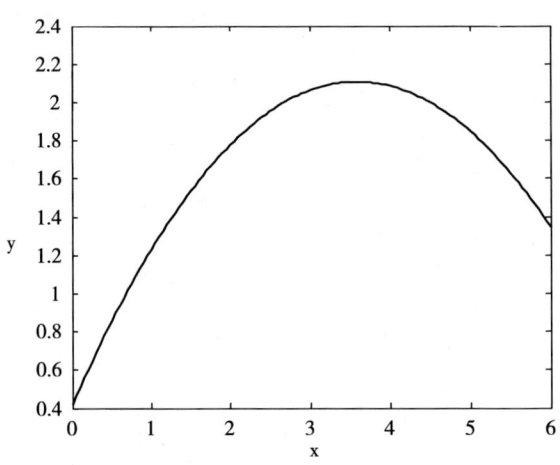

图7.15　参与公益活动与角色内绩效的关系

总之，除了尽职行为与角色内绩效之间存在线性关系外，其他三类OCB与角色内绩效都呈现出非线性关系，当这些OCB表现程度过高时，其对角色内绩效的影响就会从促进变成抑制，呈现出倒U形关系，假设5得到部分支持。

第三节 结果分析与讨论

一、组织政治知觉对工作绩效的主效应分析

首先，研究发现国企员工一般性政治行为知觉的确显著降低了角色内绩效和参与组织活动、参与公益活动两类OCB，但对尽职行为、助人行为的影响却是正向的。这可能是由于尽职行为、助人行为与参与组织活动、参与公益活动代表着两类不同的OCB。在国企中，后两者更可能被视为出风头行为，在感受到"枪打出头鸟"的氛围下，员工自然会降低这种容易招致非议、打压的行为，以避免造成更大的心理资源损失。相对而言，在国企中表现出尽职行为、助人行为不仅不会带来这种麻烦，反而还可以通过做好分内工作、建立良好人际关系来避免遭受攻击。所以，即使在这种危险性氛围感知下，表现出这类角色外行为也不会有太多顾虑，员工就会增加这种行为投入。同时，本研究还发现，这一知觉对参与组织活动和参与公益活动两类OCB的负向影响大于角色内绩效，说明当决定降低工作投入时，国企员工会首先选择降低不在正式奖赏制度范围内的OCB，这也进一步证实了Chang et al.（2012年）[①]的结论。

其次，本研究证明保持沉默静待好处知觉会增加角色内绩效和四类OCB，支持了COR理论推论2，说明在这一知觉产生的压力下，员工仍会提高工作绩效，以此获取更多资源以防患于未然。在这种沉默是金、低调行事的环境下，员工埋头于本职工作、专注分内之事不难理解，但之所以还会表现出助人行为、参与组织活动、参与公益活动等风头行为，主要还是因为在国企既有管理体制下，这类

---

① Chang, C.H., Rosen, C.C., Siemieniec, G.M., et al.. Perceptions of Organizational Politics and Employee Citizenship Behaviors: Conscientiousness and Self-Monitoring as Moderators[J]. Journal of Business and Psychology, 2012, 27(4):395-406.

行为属于规范性、普遍性行为，只有积极参加才算合群，更容易成为"圈内人"。如果只关注本职工作而忽视这些角色外行为反而可能被视为孤傲、太有个性或不易接近而被孤立、挤兑。并且，如果能把握好既能展现自己又不至于锋芒毕露的尺度，这些OCB还有助于挣得"面子"、建立"交情"，获得在国企职场中生存的法宝。所以，在这一知觉下，角色内绩效和OCB都会提高。

最后，研究证实政治性薪酬和晋升政策知觉会降低角色内绩效，增加助人行为、参与组织活动、参与公益活动三类OCB。这一结论揭示出国企目前的管理机制所存在的问题，说明激励机制的规范性和科学性都存在一定缺陷，致使员工觉得尽职尽责做好本职工作并不能得到应有的认可和奖励，而善于交际、懂得如何展现自己才更可能获得晋升和发展机会。在这种管理导向下，理性的员工为了获得更大的资源盈余，自然会降低在不能得到预期回报的行为上的投入，而把资源投入更能得到认可的行为中。而且，对于已经习惯和适应国企中的行政化和政治化色彩的员工来说，这样做也不会产生不妥和愧疚等心理应激而造成心理资源的损失。因此，在这一知觉影响下，国企员工行为就发生错位，会降低与本职工作相关的角色内绩效投入，而提高助人行为、参与组织活动、参与公益活动这类角色外行为表现。但研究发现，政治性薪酬和晋升政策知觉却降低了尽职行为，其原因可能在于受国企中长期形成的"主人翁"精神影响，员工已将理论上属职责外的加班加点工作等尽职行为视为己任，认为其属角色内绩效范畴，并不能带来预期回报，也就会降低这一行为投入。研究结论证实了COR理论推论3。

此外，本研究还发现政治性薪酬和晋升政策知觉对尽职行为的负向影响大于角色内绩效。这说明尽管尽职行为已被内化为分内之事，但毕竟不在正式职责规范范围之内。所以当认识到这两类行为都不太可能获得欲求回报时，员工会更倾向于降低尽职行为。这再次证明了在进行行为取舍时，国企员工会首先考虑放弃不在正式职责规范范围内的角色外行为，以求在保存资源的同时避免受到领导责罚。

二、自我监控和工作自主性的调节效应分析

本研究证实了自我监控和工作自主性的交互作用可以调节组织政治知觉与工作绩效之间的关系。在高自我监控组中，工作自主性存在显著调节效应；但在低

自我监控组中，工作自主性的调节效应不显著。这说明组织政治知觉对工作绩效的影响的确受到自我监控和工作自主性的共同影响。但同时，研究结果还揭示出自我监控的作用先于工作自主性。对此可解释为，如果员工不具备较高的自我监控能力，说明其对环境的敏感性以及行为调适能力较弱，则要么并未知觉到政治因素的存在，要么虽然知觉到了但不能灵活应对，缺乏"变色龙"的技能。那么，这类员工即使在工作中具备自由决定权，也不善于利用这种机会，甚至还有可能根本没意识到工作自主性的大小。所以，在低自我监控组中，工作自主性的调节作用不显著。该结果表明，工作自主性调节效应的产生，需要个体具有较强的环境敏感性及行为调适能力为前提。具体有如下四个方面体现。

第一，本研究发现，在高分组中，高工作自主性并未强化一般性政治行为知觉与参与组织活动和角色内绩效之间的负向关系，反而有所降低。出现这一结果的原因可以从COR理论中找到答案。因为工作自主性本身是员工的一项宝贵资源。资源的增加，则可提高人们抵御压力的能力。因而在知觉到组织中存在一般性政治行为时，也就不会像之前那样担心和顾虑，其具有更大的自由度来决定自己行为，具有更大的空间来按自己意愿行事，所以，受组织中一般性政治行为的消极影响会减弱。另外，本研究还发现，对于高自我监控者而言，其工作自主性显著加强了一般性政治行为知觉与助人行为之间的正向关系，并未支持预期的负向关系。在具有拉帮结派、打压攻击的这种威胁性氛围中，员工可能会增加助人行为表现，这样可以做人情、争面子，为自己创造一个相对安全的工作环境；倘若不乐于助人、与人为善，在那种环境中很可能会遭受打击报复、招致非议。所以，即使是在威胁性的环境中，员工是可能具有助人行为动机的。并且高自我监控者往往更容易识别出这一情况。那么，当具有高工作自主性时，就意味着其拥有了更多的资源和机会来表现出相应行为，助人行为的增加就得以解释。而研究发现工作自主性对一般性政治行为与参与公益活动之间关系的调节效应为正，但不显著。可能的原因在于工作自主性的提高增加了员工的角色柔性，具有更多的机会参与公益活动。但是，参与公益活动这样的行为并不是日常性和全员性的，不及参与组织活动的频率、程度以及便捷性，也即组织中存在的打压攻击等一般性政治行为对参与公益活动者的影响程度相对较小。且国企中的这类公益活动通常由公司组织、领导，发生在特定时间，不太受工作是否自主的影响，所以工作自主性对二者关系的调节效应正向，但不显著。

第二，研究结果证实对于高自我监控者而言，保持沉默静待好处知觉与组织公民行为与角色内绩效间的正向关系会随工作自主性的提高而加强。研究发现，除尽职行为以外，工作自主性可以显著提高保持沉默静待好处知觉与其他三个维度OCB和角色内绩效之间的正向关系。这是因为，随着工作自主性的增加，员工可供行为投入的资源以及行为发生的机会都得以增加。那么，具有较强自我监控能力的员工，很容易意识到组织中存在着保持沉默静待好处的政治性氛围。一旦产生这种政治知觉，就会告诫自己做好分内之事，不落把柄，且日常工作生活需要按照国企中的规矩及潜规则行事。那自然就激发其表现出助人行为、参与组织活动、参与公益活动等国企的日常规范行为。随着工作自主性的提高，这类行为发生的可能性又得以提高，所以，正向关系得以加强就不难理解。

第三，本研究证实对于高自我监控者而言，政治性薪酬与晋升政策知觉与助人行为、参与组织活动、参与公益活动三类OCB的正向关系，以及与角色内绩效的负向关系随工作自主性的增加而得以加强。同理，当高自我监控者意识到政治性薪酬和晋升政策对员工的行为导向是偏重OCB而不关注角色内绩效时，随着工作自主性的提升，其可供投入的资源和行为机会都得以增加，那理性的员工大多都会决定将资源投入到可能获得更大回报的OCB中。所以，政治性薪酬和晋升政策与角色内绩效之间的负向关系进一步加强，而与助人行为、参与组织活动、参与公益活动三类OCB的正向关系进一步强化。

第四，本研究发现工作自主性并不能改变POP与尽职行为的关系。进一步考察发现，尽职行为有一个与其他OCB不同的特点在于：其不需要太高的工作自主性为前提就可以得以履行。即使员工在工作中不具有太大的自由裁量权，也可以表现出尽职行为。所以，POP与尽职行为的关系就不太会受工作是否自主的影响。这一研究结果再次反映不同OCB维度具有不同的性质和不尽一致的生成逻辑。

三、组织公民行为对角色内绩效的影响分析

研究结果显示，除尽职行为外，其他OCB与角色内绩效的关系呈现出倒U形。也即随着助人行为、参与组织活动、参与公益活动等OCB的过度表现，其对角色内绩效的影响就会从正向转为负向，积极变为消极。这也证实了Bolino和Turnley（2005年）[1]、Grant和Schwartz（2011年）[2]的研究发现。说明在时间、精力等资源有限的情况下，如果员工表现出过多的OCB，势必会影响本职工作的完成，而且OCB提高所增加的好处也不能够弥补其导致角色内绩效降低而产生的损失。

同时，本研究发现尽职行为这一OCB与角色内绩效之间存在线性关系而非假设的曲线关系。对此的解释是，尽职行为这类OCB相对于其他OCB，对本职工作的联系更为紧密，二者具有协同性。在尽职行为上投入的精力，大部分也转嫁到角色内绩效、本质工作上，而并不像其他OCB那样是此消彼长的关系。所以，尽职行为这一OCB的增加，会一直促进角色内绩效的增加，而不会对其产生抑制作用。该结果又一次表明，尽职行为与其他OCB之间的性质存在差异，说明不同OCB维度有着并不相同的作用逻辑。

---

[1] Bolino, M.C., Turnley, W.H.. The Personal Costs of Citizenship Behavior: The Relationship between Individual Initiative and Role Overload, Job Stress, and Work-Family Conflict[J]. Journal of Applied Psychology, 2005, 90(4): 740-748.

[2] Grant, A.M., Schwartz, B.. Too Much of a Good Thing: The Challenge and Opportunity of the Inverted U[J]. Perspectives on Psychological Science, 2011, 6(1): 61-76.

第八章 研究结论与展望

本章是末章,主要对研究结论进行总结,揭示研究的理论和实践贡献,介绍研究的主要创新与存在的不足,并在此基础上对未来研究进行展望。

第一节 研究结论与研究贡献

一、研究结论

在文献研究的基础之上,本研究基于AMO模型构建了员工组织政治知觉与工作绩效关系的理论模型。然后对员工组织政治知觉的多重嵌入情境进行了深入剖析,通过历史的演化视角从中国传统官僚政治文化、人情社会及国有企业的政治—社会—经济三个层次分析了情境独特性可能的影响。在此基础上,依据资源保存理论的分析框架,提出了研究模型与研究假设,并通过来自中国国有企业的1224份数据进行了实证检验。主要研究结论如下。

(一)员工的组织政治知觉对工作绩效存在直接影响

本研究发现,不同维度的组织政治知觉对不同维度的工作绩效存在着不尽相同的直接影响。

1. 员工的一般性政治知觉对参与组织活动、参与公益活动两类OCB和角色内绩效都有显著负向影响,而对尽职行为、助人行为的影响是正向但不显著。

2. 员工的保持沉默静待好处知觉对尽职行为、助人行为、参与组织活动、参与公益活动四个维度的OCB及角色内绩效具有显著正向影响。

3. 员工的政治性薪酬和晋升政策知觉对助人行为、参与组织活动、参与公益活动三类OCB具有显著正向影响,而对尽职行为这一OCB和角色内绩效有着显著负向影响。

4. 当知觉到组织中存在政治因素而作出降低工作绩效的行为决策时，员工会首先选择降低不在正式工作要求范围内的OCB。

（二）员工的组织政治知觉与工作绩效之间的关系受自我监控和工作自主性的交互调节影响

本研究发现，代表能力的自我监控和代表机会的工作自主性二者的交互效应能够显著影响员工组织政治知觉与工作绩效之间的关系，但对不同维度的关系调节效应有所差异。

1. 对于高自我监控者而言，工作自主性越高，其一般性政治行为知觉与助人行为之间的正向关系会提高、与参与组织活动和角色内绩效的负向关系会减弱。

2. 对于高自我监控者而言，工作自主性越高，其保持沉默静待好处知觉与助人行为、参与组织活动、参与公益活动、角色内绩效之间的正向关系将增强。

3. 对于高自我监控者而言，工作自主性越高，其政治性薪酬和晋升政策知觉与助人行为、参与组织活动、参与公益活动的正向关系、与角色内绩效的负向关系都将增强。

4. 工作自主性对组织政治知觉与尽职行为这一OCB之间的关系没有显著调节影响。

5. 相对于代表机会的工作自主性，代表能力的自我监控在决定组织政治知觉和工作绩效之间的关系时显得更为重要。

（三）组织公民行为与角色内绩效之间存在倒U形关系

本研究发现，OCB这一角色外对角色内绩效的影响会随其程度的加大而从积极变为消极，不同OCB维度对角色内绩效的影响不尽一致。

1. 尽职行为与角色内绩效之间存在的是线性关系而非曲线关系，员工的尽职行为显著正向影响角色内绩效。

2. 助人行为与角色内绩效之间存在倒U形关系，随着员工助人行为的增加，其对角色内绩效的影响会从促进变为抑制。

3. 参与组织活动与角色内绩效之间存在倒U形关系，随着员工参与组织活动行为的增加，其对角色内绩效的影响会从促进变为抑制。

4. 参与公益活动与角色内绩效之间存在倒U形关系，随着员工参与公益活动行为的增加，其对角色内绩效的影响会从促进变为抑制。

二、研究贡献

本研究证实国企政治的某些元素使得员工因过于关注OCB而降低角色内绩效，揭示出组织政治是导致国企低效的一个重要原因。同时，本研究也发现组织政治的某些元素对角色内绩效和OCB存在积极影响。研究结论对理论和实践都有一定贡献。

（一）理论贡献

1. 发现了POP的不同维度对员工的不同绩效行为有不同的影响逻辑。以往研究未能重视POP不同维度之间的区别，也未能充分认识到不同类型绩效行为之间的差异。本研究结果显示：不仅POP不同维度对同一种绩效行为的影响不尽相同，而且同一种POP对不同绩效行为的影响也不完全一致。这说明POP不同维度对行为的影响逻辑之间存有差异，角色内和角色外两种绩效行为的产生机制也有所不同。这一发现有助于揭示POP对员工绩效的真实影响，后续研究需加以辨别。

2. 识别出不同OCB类型有不同的产生机制。Mackenzie et al.（2011年）等已经指出，OCB各维度的特性并非完全相同，存有挑战性和亲和性之分[1]。因此，不同特性的OCB就可能具有不尽一致的生成过程。但以往研究在探讨POP与OCB关系时对其有所忽视。本研究发现尽职行为、助人行为与一般性政治知觉的关系就不同于另外两种OCB；尽职行为与工作自主性的关系也不同于其他OCB。这一发现有助于解决理论上尚存的POP与OCB关系不一致的问题，并对OCB的其他相关研究也具有一定的启示意义。

3. 证实了OCB与角色内绩效之间存在倒U形关系。Bergeron（2007年）[2]Bo-

---

[1] Mackenzie, S.B., Podsakoff, P.M., Podsakoff, N.P.. Challenge-Oriented Organizational Citizenship Behaviors and Organizational Effectiveness: Do Challenge-Oriented behaviors really have an Impact on the Organization's Bottom Line?. Personnel Psychology, 2011, 64(3): 559-592.

[2] Bergeron, D.M.. The Potential Paradox of Organizational Citizenship Behavior: Good Citizens at what Cost?[J]. Academy of Management Review, 2007, 32(4): 1078-1095.

lino和Turnley（2005年）[①]、Grant和Schwartz（2011年）[②]等学者都明确指出，高压下的、过度的OCB会增加工作负荷，导致角色超载、工作家庭冲突，从而有损角色内绩效，揭示出OCB与角色内绩效可能存在倒U形关系，MacKenzie et al.（2011年）在研究中发现挑战性OCB与群体任务绩效之间存在倒U形关系[③]。本研究证实除尽职行为外的其他三类OCB的确如此，当其处于适度水平时，对角色内绩效有促进作用；而当超过临界值有过高程度的表现时，反倒会对角色内绩效产生消极影响。这一发现有助于推动POP与工作绩效的关系研究，以及工作绩效的其他相关研究。

4. 揭示了POP对员工绩效的影响机理。本研究证实，POP与工作绩效的关系受能力和机会的双重调节影响。通过对自我监控和工作自主性的双重调节效应的考察，发现对于低自我监控者而言，工作自主性对主效应不存在显著调节作用；而在高自我监控组中，工作自主性存在显著调节作用，说明工作自主性的调节效应受自我监控的影响，进而证明POP与工作绩效的关系受能力和机会这两个中间机制的交互效应的调节影响。

5. 证明了POP影响的跨文化差异。目前关于POP影响的研究大多都持消极视角。但Chang et al.（2009年）的跨文化比较研究发现POP的影响存在跨文化差异[④]。本研究证实，在具有高政治氛围的中国国有企业中，员工的组织政治知觉对工作绩效存在正向影响。高POP和高工作绩效并存的现象有悖于西方主流研究

[①] Bolino, M.C., Turnley, W.H.. The Personal Costs Of Citizenship Behavior: The Relationship between Individual Initiative and Role Overload, Job Stress, and Work-Family Conflict[J]. Journal of Applied Psychology, 2005, 90(4): 740-748.

[②] Grant, A.M., Schwartz, B.. Too Much of a Good Thing: The Challenge and Opportunity of the Inverted U[J]. Perspectives on Psychological Science, 2011, 6(1): 61-76.

[③] Mackenzie, S.B., Podsakoff, P.M., Podsakoff, N.P.. Challenge-Oriented Organizational Citizenship Behaviors and Organizational Effectiveness: Do Challenge-Oriented behaviors really have an Impact on the Organization's Bottom Line?. Personnel Psychology, 2011, 64(3): 559-592.

[④] Chang, C.H., Rosen, C.C., Levy, P.E.. The Relationship between Perceptions of Organizational Politics and Employee Attitudes, Strain, and Behavior: A Meta-analytic Examination[J]. Academy of Management Journal, 2009, 52(4): 779-801.

结果，是其结论无法解释的。通过在中国国企情境中POP与工作绩效关系的研究，得出了差异化结论，揭示了文化情境的作用，间接支持了POP影响存在跨文化差异的观点，有助于推动POP影响的本土化及跨文化比较研究。

6. 探明了资源保存理论在POP影响研究中的应用性。本研究发现COR理论在POP对员工行为的影响上具有很强的解释力，可以作为POP研究的理论基础。而目前该理论主要用于分析员工情绪、压力等问题，本研究将其应用到POP研究领域，拓展了其应用范围，并对它在其他相关领域的应用研究带来启示。

7. 证实了中国语境下问卷设计中不宜采用反向问项。Farh et al.（1997年）[①]等研究发现，反向问项不符合中国人的语言习惯。本研究结果显示POP、角色内绩效、自我监控量表中所涉及的所有反向问项信度都未达阈值。在问卷设计中将反向问项修改成正向表述形式，有望提升测量工具的测量效果。

（二）管理启示

本研究发现，除了保持沉默静待好处政治知觉以外，其他两种POP对员工角色内绩效具有消极影响；而保持沉默静待好处、政治性薪酬和晋升政策知觉对多种OCB都有正向影响，对于高自我监控者而言，工作自主性还加强了这一关系。说明国企的文化氛围、工作设计以及绩效、薪酬机制的政治性有可能是导致员工行为发生错位的原因，造成其忽视本职工作而重视角色外行为的局面出现。而且本研究还证实，过高的OCB会对角色内绩效产生负向影响，"好事过头反成坏事"（too-much-of-a-good-thing，TMGT）[②]的现象的确存在于中国国企中。那么，如果OCB增加对组织产生的积极效应不足以弥补其所导致的角色内绩效降低所造成的损失，对组织来说就得不偿失。因此，对国有企业的管理者而言，需要对现有人力资源管理体系进行变革与优化，及时对员工过度的OCB等角色外行为进行纠偏。具体建议如下。

1. 重视激励机制的建设与完善，激励重心向本职工作倾斜，在确保任务绩

[①] Farh, J.L., Earley, P.C., Lin, S.C.. Impetus for Action: A Cultural Analysis of Justice and Organizational Citizenship Behavior in Chinese Society[J]. Administrative Science Quarterly, 1997, 42(1): 421-444.

[②] Grant, A.M., Schwartz, B.. Too Much of a Good Thing: The Challenge and Opportunity of the Inverted U[J]. Perspectives on Psychological Science, 2011, 6(1): 61-76.

得以有效完成的基础上再激发员工的利他性角色外行为动机及表现。

本研究结果显示，国企中薪酬和晋升政策较之于其他组织政治因素对员工行为错位的影响更大。这一方面说明国企的激励错位，过度偏向OCB这类角色外行为导致员工对本职工作的忽视，需要纠偏；另一方面又揭示出薪酬、晋升政策是决定员工工作绩效的重要制度因素，应该成为人力资源管理工作的重点。所以，建议国企管理者改进既有绩效管理制度，完善绩效评价体系及薪酬、晋升等激励机制。比如，在评价指标中规范绩效行为类型及标准，明确什么行为相应可以得到什么评价，并可加大本职工作的考核比重；在绩效评价时尽量客观公正，减少主观臆断；将评价结果作为决策依据，应用于薪酬、晋升等激励决策中。

值得注意的是，尽管员工保持沉默静待好处知觉、政治性薪酬和晋升政策知觉会提高OCB，但并不意味着国企必然应当提倡这种氛围和激励政策。因为一方面，在国企高政治氛围情境下，员工的OCB并不一定是利他性的，可能是由印象管理等功利性动机引发。Bolino（1999年）质疑了这类OCB的质量，认为其会低于利他性动机下的OCB，未必能给企业带来如期的有利影响[1]；另一方面，Bolino和Turnley（2005年）[2]、Nielsen et al.（2012年）[3]都证明过多的OCB还可能会让员工感到角色模糊、角色超载、工作压力、工作家庭冲突，尤其当他们被迫表现出OCB时，而本研究也证实OCB与角色内绩效存在倒U形关系，所以这类政治知觉所带来的OCB未必真如企业所愿，能够创造支持性组织氛围、积极的工作环境、促进组织效能提高，反而有可能会制约员工有效地完成本职工作，降低角色内绩效。因此，国企管理者需要仔细辨别OCB的动机，谨慎作出奖赏决策。比如可以设置合理的考评周期并做好考评日志，增加询证式人力资源管理

---

[1] Bolino, M.C.. Citizenship and Impression Management: Good Soldiers or Good Actors?[J]. Academy of Management Review, 1999, 24(1): 82-98.

[2] Bolino, M.C., Turnley, W.H.. The Personal Costs of Citizenship Behavior: The Relationship between Individual Initiative and Role Overload, Job Stress, and Work-Family Conflict[J]. Journal of Applied Psychology, 2005, 90(4): 740-748.

[3] Nielsen, T.M., Bachrach, D.G., Sundstrom, E., et al.. Utility of OCB: Organizational Citizenship Behavior and Group Performance in a Resource Allocation Framework. Journal of Management, 2012, 38(2): 668-694.

机制，对员工的OCB进行长期考察，防止近因效应，以辨别OCB动机。

总之，国企管理者应该重视绩效管理、薪酬管理等激励机制，从这方面入手纠正行为错位，让员工在做好本职工作的基础上发挥出更多的主人翁精神、主动性行为等积极的角色外行为。

2. 在工作流程和任务分工设计方面，消除柔性过度、控制不足的缺陷

适度的自主性是必要的，但是角色范围过宽又缺乏监控，就容易造成员工行为的本末倒置。本研究发现在某些情况下，国企员工的高工作自主性的确会加重其对本职工作的忽视。所以，国企管理者需要在工作设计上进行一定改进，建议从工作结构、职能分工、流程、任务分派上进行优化，规范工作职责，减少可能存在的自由散漫、柔性过度的问题，在保持适度自主的情况下增加必要控制。

3. 加强企业文化建设，正确引导员工行为

本研究发现国企中尚存较为严重的"聚山头"、拉帮结派、打击报复、徇私舞弊、欺小凌弱等一般性政治行为，这是影响员工身心健康的消极因素，会对员工绩效乃至组织绩效产生有害影响。同时，国企中还或多或少存在员工沉默的行为表现，尽管对员工绩效具有正向影响，但对组织未必有利。尤其当需要合理化建言、同事之间相互知会时，这类行为的弊端就会显现。所以，建议国企管理者从企业文化建设入手，采取措施净化政治空气，塑造友好、公平、融洽、互助互爱的文化氛围，增进互相沟通、信任与分享，积极引导和规范员工行为，以减小并杜绝这种知觉及其所带来的消极影响，激发其可能存在的积极影响。

4. 正视组织政治的利弊

政治本是解决利益多重性和资源稀缺性之间的矛盾，在处理组织冲突、挽救组织衰退、促进员工职业发展方面具有优势[①]，不可忽视。本研究发现国企中的组织政治既可以促进员工绩效，也可以降低员工绩效。建议国企管理者客观、辩证地看待组织政治，提升政治技能，巧妙地发挥其在稀缺资源配置方面的积极作用，规避其所存在的消极影响，发挥出领导艺术、增加领导力。同时，还建议国

[①] Fedor, D.F., Ferris, G.R., Harrell-Cook, G., et al.. The Dimensions of Politics Perceptions and Their Organizational and Individual Predictors[J]. Journal of Applied Social Psychology, 1998, 28(19): 1760-1797.

企员工也正确对待组织政治。要认识到组织政治的普遍性及中立性，减少由此产生的应激感、焦虑感等消极态度和心理，防止自己"同流合污"，克制具有威胁性的政治行为表现，尽到自己应尽之责。此外，也建议员工可使自己具备一定政治技能，在不损害他人利益的前提下，为自己争取更多资源或机会。

第二节　研究创新、研究不足及研究展望

一、研究创新

本研究基于中国国有企业情境，对员工组织政治知觉与工作绩效关系展开了理论及实证分析，创新点主要体现在以下四个方面。

1. 在理论建构上，基于AMO模型提出了POP与工作绩效关系的理论构型。AMO理论模型目前主要应用于战略人力资源管理系统或实践与绩效关系的"黑箱"研究，在揭示绩效，尤其是个体绩效方面已被证实具有很强的解析效力。能力、动机和机会的交互性对员工绩效的预测展现了逻辑完整性，对机理的揭示更为全面。本研究将其引入POP研究领域，基于能力和机会两个维度构建了POP与工作绩效关系的理论构型，揭示出POP对工作绩效影响的中间机制。

2. 在研究思路上，基于角色内和角色外行为划分，对POP与工作绩效的关系进行了区辨性考察，探讨了不同维度POP对不同类型绩效的影响机制以及OCB对角色内绩效的影响。以往关于POP影响的研究都未曾对不同维度进行区分，预设不同维度效应一致。关于POP与工作绩效关系的研究也鲜有对不同绩效维度进行区分，默认其产生机制无异。本研究对以往研究思路进行了突破，基于不同维度可能存在不同的影响逻辑对POP和工作绩效的关系在维度层次展开了分析，并考察了工作绩效的两个维度之间的关系。研究发现，不同POP维度对不同绩效维度有着不同的作用关系，不同绩效维度之间还存在影响关系，更完整地揭示出POP与工作绩效之间的关系机理。

3. 在研究视角上，摒弃了组织政治学领域关于POP的消极视角和积极心理学领域关于OCB的积极视角，而持中立视角来探讨POP和工作绩效之间的关系。

目前学术界关于 POP 的研究主要持有消极、积极、中立三种视角，而消极占主导；关于 OCB 的动机研究主要存在利他、利己两种对立性视角，积极心理学范式下对于积极的概念则提倡越多越好。政治的本质是用来解决资源稀缺性和利益多重性之间的矛盾，本身是一个中立概念。又鉴于目前关于 POP 影响的研究结论尚不一致，并未完全支持消极说，以及已有研究发现 OCB 的确可以由利己和利他两种动机引发，甚至可以同时存在，并且证实过多的 OCB 也会产生负面效应，本研究则转换了既有研究的主流视角，秉持效应中性的实然视角，来对 POP 与工作绩效关系展开分析，揭示出不同情境下二者之间存在差异化关系。

4. 在分析技术上，首次尝试利用潜调节结构方程模型完成 3-way 调节效应检验。目前关于 3-way 调节效应检验的方法和软件并不多见，既有的也主要是采用层级回归法通过 SPSS 软件来实现。然而，SPSS 回归分析的明显缺陷就在于一是未考虑内生潜变量测量误差，二是不能进行多路径分析，有可能导致检验结果的不精确。为了克服上述缺陷，本研究尝试引入潜调节结构方程模型来进行检验。该方法是基于潜变量建模技术，通过结构方程模型来检验调节效应。其优点就在于既可以检验潜变量的调节效应、又可进行路径分析。不过，该方法目前只能通过 MPLUS 软件来实现，而该软件暂时不能直接实现 3-way 的调节效应检验，只能完成 2-way 检验。本研究在检验方法上了进行了转换处理，先依据其中一个调节变量（自我监控）进行分组，然后分别对两组主效应关系进行潜调节效应分析。将 3-way 转化成 2-way 调节效应，通过 MPLUS 间接实现了 3-way 潜变量调节效应检验，在分析技术上具有创新。

二、研究不足

本研究是基于现实观察，在大量的文献阅读与研究基础上，通过逻辑推演建构理论模型，提出研究假设，并据此展开实证分析。每一步都尽力遵循研究规范。但囿于条件、时间、空间及个人能力的局限，本研究仍存在一些不足，有待进一步完善，具体体现在以下五个方面。

1. 在研究设计上，本研究采取横截面研究，所有测量都在同一个时点完成，不足以揭示 POP 与角色内绩效和 OCB 关系的因果机制。并且为了数据收集的便利，选择同事而非直接上司评价绩效行为来控制共同方法偏差，但同事在角色内绩效和OCB边界的把握上可能不如领导准确。另外，对大样本调查过程控制不足，不能确定行为问卷部分是由答题者同事填写，未能确保问卷数据的非单一来源，对结论的准确性造成一定影响，需在后续研究中加以改进。

2. 在问卷设计上，本研究基于预测试分析将未达阈值的所有反向题项进行了删除处理。事实上，Farh et al.（1997年）已经证明反向问项不符合中国人的语言习惯[1]，对于外文量表中的反向问项更合适的处理方式则是修改成正向表述而不是直接删除。若正向表述问项的信效度仍未达阈值，再考虑将其删除。所以，本研究在问卷设计过程中，对反向问项的处理上过于激进，存在不足。尽管处理后的问卷信效度基本都达阈值，但这样的处理有可能会造成原始量表实际效度的降低，需要在以后研究中引起注意。

3. 在变量的选择上，借由角色内绩效和OCB两类来分别代表角色内绩效和角色外绩效，两个构念在测量上缺乏足够的区分度。Bolino et al.（2012年）指出OCB的成熟量表与角色内绩效有重合[2]，而本研究的确发现尽职行为和角色内绩效的检验结果出现重合，这就有可能对研究结果造成一定混淆。未来研究需予以改进，可选择更有区分度的构念或测量工具，比如任务绩效和情境绩效等。

4. 在分析技术上，尽管创新性地引入潜调节结构方程模型，通过MPLUS软件间接实现了对自我监控、工作自主性双重调节效应的检验，克服了以往分析技术中存在的缺陷，但新方法自身也存在一定不足。由于MPLUS目前还不能直接实现3-way的调节效应检验，本研究进行了分组转换，将3-way效应转化为两组2-way调节效应，以在MPLUS中实现潜调节变量效应检验。如果分组变量是类别变量，这样的处理则是合适的。但是本研究所涉两个调节变量都是连续变量，将自我监控这一连续变量视为类别变量处之，依据均值分成高低两组，则存在一定的人为性，有可能会改变变量原意，对结果的准确性造成一定影响。未来研究需

---

[1] Farh, J.L., Earley, P.C., Lin, S.C.. Impetus for Action: A Cultural Analysis of Justice and Organizational Citizenship Behavior in Chinese Society[J]. Administrative Science Quarterly, 1997, 42(1): 421-444.

[2] Bolino, M.C., Anthony, C.K., William, H.T., et al.. Exploring the Dark Side of Organizational Citizenship Behavior[J]. Journal of Organizational Behavior, 2012, 34(4):542-559.

要探索其他更合适的方法来实现这类分析。

5. 在理论建构上，缺乏对POP影响差异的文化因素辨析。本研究选择中国国有企业为研究对象，证实了POP对员工绩效行为的影响与西方情境研究结论存在差异，但不足以揭示这种差异的文化成因，未明确是受国企这种特定的组织文化影响，还是受中国独特的国家文化影响。未来研究可通过中国情境下不同所有制企业的比较研究以及不同国家企业的跨文化比较研究来进一步明晰。

三、研究展望

鉴于研究所得出的结论以及所存在的不足，发现了一些值得进一步挖掘与探讨的议题。

1. 组织政治行为的构型研究

目前，组织政治学研究领域几乎都聚焦于政治知觉这一主观感知，取得了丰硕成果。未来研究可以重新将视角转向客观政治行为的研究。本研究通过中立视角证实组织政治知觉在不同情境下会产生不同影响。一个有意思的研究则是，采取中立视角对组织政治行为展开构型研究，进一步界定其内涵和外延，区分出不同组织政治行为的不同价值、不同的生成和影响逻辑，探讨哪些政治行为是组织提倡而哪些需要极力避免，哪类人更易表现出哪种政治行为，理清不同政治行为的前因和结果及应对策略等问题。

2. 概念的本土研究

基于中国国企情境，本研究证实了POP对工作绩效的确存在着正向影响，间接支持了POP跨文化影响差异的存在。鉴于中国几千年的传统官僚政治文化和人情社会运作机制在当今仍有较高程度的继承和沿袭，那么中国人会对政治有着更高的承受力，在日常生活中表现出政治行为也司空见惯。那么，中国员工对组织政治的看法和理解与国外情境就可能存在一定差异，尤其可能表现在对组织政治内涵的界定、程度的判定上，进而可能导致行为反应上的差异。所以，未来研究可尝试对这一概念进行本土化研究，探讨中国情境下组织政治知觉的内涵、维度及测量工具，以更准确地界定广泛存在于中国的这一社会事实。

3. 跨情境比较研究

本研究证实了中国国有企业中员工组织政治知觉的影响不同于西方甚至大中华区的诸多研究，间接支持了POP影响存在跨文化差异，但不足以揭示导致差异的文化层次。鉴于一个有意思的发现：作为一家外企的天津摩托罗拉公司成立了党委，那么政治文化的影响既可能来自组织层面，又可能来自国家层面。未来值得探讨的一个议题则是关于POP的跨情境研究，包括跨组织、跨所有制、跨国家、跨文化等的比较研究，以找出文化差异的层次，并对不同情境下的构型关系进行对比分析，进一步完善本研究所提出的理论构型。

4. 多重中间机制的考察

本研究揭示了POP与工作绩效关系的多重调节机制。而已有研究发现OCB可以同时由利他和利己两种竞争性动机引发，且一些学者也已开始呼吁在POP影响的研究中需要考虑多重中间机制。鉴于目前统计分析技术的进步与发展，已经可以实现复杂模型的分析与检验，包括动态演化分析。沿着这一思路，未来值得尝试的研究包括：竞争性中介机制、竞争性调节机制、链式中介、调节的中介、中介的调节、混合效应、潜增长机制效应分析。

5. POP影响下的OCB质量研究

学术界关于OCB存在利他性和利己性之分已达成共识，但是关于二者的效应却存在争议，可进一步探讨在POP影响下受利己动机驱使的OCB质量与利他动机下的OCB质量及其对组织的影响是否存在差异。Bolino（1999年）认为，由印象管理动机驱动的OCB对组织有效性的积极影响会低于利他动机下的OCB[1]，但Organ et al.（2006年）不同意这种观点，认为没有证据支持这两种动机下的OCB对组织影响有差异[2]。本研究只考察了OCB对角色内绩效的影响，并未将OCB置于组织政治知觉影响下进行探讨。未来研究可对此进行进一步挖掘，区分OCB的动机，然后再考察不同动机下OCB的效应。这一思路将有利于揭示POP

---

[1] Bolino, M.C.. Citizenship and Impression Management: Good Soldiers or Good Actors?[J]. Academy of Management Review, 1999, 24(1): 82-98.

[2] Organ, D.W., Podsakoff, P.M., MacKenzie, S.B.. Organizational Citizenship Behavior: Its Nature, Antecedents, and Consequences[M]. Thousand Oaks, CA: Sage, 2006.

对组织的影响。

6. 增加国企身份向度的考察

除了体制性特征外，国企另一特征就是员工身份的多样化。国企内部的改革与转型、外部雇佣方式的灵活多样，再加上劳动力市场、员工队伍的多元，国企员工出现了多重身份。这其中，有的来自于体制因素、有的来自市场因素、有的来自社会因素。不同身份意味着不同的地位、定位、认同及待遇。目前，国企中的身份问题已经引发大量关于公平与效率的研究与讨论。未来可以将身份纳入研究框架，探讨国企的这一特征对组织政治及其影响的作用，以更加全面地揭示国企可能存在的特殊性问题。

7. POP及其影响演变的追踪研究

从历史上看，传统中国实行的是官僚政治体制，小农经济是其基础、儒家文化是其保障，使得这一封建官僚等级制得以存续两千年之久，所形成的封建官僚政治文化对中国人的思想和观念造成了深远影响。而现在，中国已经摆脱封建官僚政治体制一百余年，小农经济不再是国家发展的经济基础，中国不断加快工业化进程，并处于政治、经济、社会、文化的转型中。未来可展开的一项追踪研究就是考察POP及其影响随着政治、经济、社会、文化情境的变迁会发生怎样的演变。这一研究的价值不仅在揭示POP及其影响关系的变化，更在于通过个体微观机制来把握宏观嵌入情境，揭示宏观环境对微观机制的形塑和建构作用，以及变迁逻辑。

参考文献

中文参考文献

[1] [美]彼得·布劳.李国武译.社会生活中的交换与权力[M].上海:商务印书馆,2008.

[2] 《国务院关于鼓励支持和引导个体私营等非公有制经济发展的若干意见》,2005.

[3] 《中共中央关于制定国民经济和社会发展第十一个五年规划的建议》,2005.

[4] Daniel R.Ilgen,Elaine D,Pulakos.变革的绩效评估——员工安置、激励与发展[M].张宏,关丹丹,彭广强译.北京:中国轻工业出版社,2004:14-33.

[5] Heywood A.政治学[M].第二版.张立鹏,译.北京:中国人民大学出版社,2006:1-93.

[6] Jon Warner.双面神绩效管理系统[M].许玉林,付亚和,译.北京:电子工业出版社,2003:498-512.

[7] Mintzberg.明兹伯格论管理[M].闾佳,译.北京:机械工业出版社,2007:189-200.

[8] W·理查德·斯科特.姚伟,王黎芳译.制度与组织——思想观念与物质利益[M].北京:中国人民大学出版社,2010:56-66.

[9] Walder, A.G..共产党社会的新传统主义——中国工业中的工作环境和权力结构[M].龚小夏,译.伦敦:牛津大学出版社,1996.

[10] 毕志强.国有企业的双重属性与国企改革[D],北京:首都经济贸易大学硕士学位论文,2006.

[11] 曾贱吉,胡培,蒋玉石.员工对工作满意度、离职倾向影响的实证研究——基于组织政治知觉的角度[J].山西财经大学学报,2010,32(2):104-109.

[12] 陈启山,温忠麟.印象整饰的测量及其在人力资源管理中的应用[J].心理科学,2005,28(1):178-179.

[13] 陈之昭.面子心理的理论分析与实际研究[C]//杨国枢.中国人的心理[M].北京:中国人民大学出版社,2012:125-137.

[14] 陈志霞.知识员工组织支持感对工作绩效和离职倾向的影响[D].武汉:华中科技大学博士学位论文,2006.

[15] 崔勋,瞿皎姣.组织政治知觉对组织公民行为的影响辨析——基于国有企业员工印象管理动

机的考察[J].南开管理评论:2014,17(2):129-141.

[16] 戴炳源.从起源、功能、性质、实证看国有企业改革[J].当代财经,1999(6):32-35.

[17] 戴炳源.西方国家国有化的起源给我们的启示[J].东莞理工学院学报,1997,4(1):53-56.

[18] 戴维斯,L.E.,诺斯,D.C..制度变迁的理论:概念与原因[A]//财产权利与制度变迁[M].刘守英等,译.上海:三联书店出版社,1994.

[19] 董奇,周勇.10—16岁儿童自我监控学习能力的成分、发展及作用的研究[J].心理科学,1995,18(2):75-79.

[20] 董奇,周勇.论学习的自我监控[J].北京师范大学学报(社科版),1994(1):8-14.

[21] 费孝通.乡土中国[M].北京:人民出版社,2010:28-30.

[22] 费正清.美国与中国[M].张理京,译.北京:世界知识出版社,1999:125.

[23] 冯必扬.人情社会与契约社会——基于社会交换理论的视角[J].社会科学,2011(9):67-75.

[24] 高超.知识型员工工作自主性与心理授权的相关性研究[D].开封:河南大学硕士学位论文,2007.

[25] 管理年.分析我国有企业的性质运用交易成本理论——兼论非生产性资产的剥离[J].经济问题,1995(9):15-17.

[26] 桂华,欧阳静.论熟人社会面子——基于村庄性质的区域差异比较研究[J].中央民族大学学报(哲学社会科学版),2013,39(1):72-81.

[27] 郭庆松,刘建洲,李婷玉等.新形势下国有企业劳动关系研究[M].北京:中国社会科学出版社,2007.

[28] 郭玉锦.中国身份制及其潜功能研究[M].哈尔滨:黑龙江人民出版社,2002.

[29] 哈罗德·德姆塞茨.所有权、控制与企业——论经济活动的组织[M].段毅等,译.北京:经济科学出版社,1999:29-30.

[30] 韩翼.雇员工作绩效结构模型构建与实证研究[D].武汉:华中科技大学博士学位论文,2006.

[31] 何炼成.正确认识和对待国有制与私有制[J].当代经济科学,1999,101(1):1-5

[32] 贺培育,黄海."人情面子"下的权力寻租及其矫治[J].湖南师范大学社会科学学报,2009(3):57-76

[33] 侯杰泰,温忠麟,成子娟.结构方程模型及其应用[M].北京:教育科学出版社,2004:177-185.

[34] 胡三嫚,佐斌.组织政治知觉与组织承诺:工作不安全感的调节作用研究[J].心理学探新,2007,27(2):82-87.

[35] 胡晓娟.儒家文化与社会主义法制国家建设[D].济南:济南大学硕士学位论文,2012.

[36] 胡竹菁,徐淑媛.影响大学生自我监控能力的情境因素的实验研究[J].心理学探新,2001,21(4):35-39.

[37] 黄光国,胡光缙等.人情与面子:中国人的权利游戏[M].北京:中国人民大学出版社,2010:3-32.

[38] 黄光国.中国人的人情关系[C]//文崇一,萧新煌.中国人:观念与行为[M].北京:中国人民大学出版社,2013:32-50.

[39] 黄仁宇.资本主义与二十一世纪[M].北京:生活·读书·新知三联书店,2006.

[40] 黄速建,余菁.国有企业的性质、目标与社会责任[J].中国工业经济,2006,215(2):68-76.

[41] 杰里·W.吉雷,安·梅楚尼奇.组织学习、绩效与变革——战略人力资源开发导论[M].康青,译.北京:中国人民大学出版社,2005.

[42] 金碚.中国工业化经济分析[M].北京:中国人民大学出版社,1994.

[43] 金碚等.中国国有企业发展道路[M].北京:经济管理出版社,2013.

[44] 金耀基."面""耻"与中国人行为之分析[C]//杨国枢.中国人的心理[M].北京:中国人民大学出版社,2012:250-263.

[45] 金耀基.人际关系中人情之分析[C]//杨国枢.中国人的心理.北京:中国人民大学出版社,2012:63-74.

[46] 孔善广.国有企业改革:对成本与效率几方面问题的反思[J].学习与实践,2009(10):30-41.

[47] 李华民.从国有企业的性质看国有企业改革方向[J].经济问题,1997(3):30-33.

[48] 李培林.转型中的中国企业:国有企业组织创新论[M].济南:山东人民出版社,1992.

[49] 李万县,李丹.基于角色内取向的组织公民行为个体差异研究[J].河北经贸大学学报,2009,30(5):53-58.

[50] 李悦.创造性角色期望的影响机制及其对创造性的影响效应研究[J].科技管理研究,2013(10):214-218.

[51] 李哲君.转轨时期国企治理研究[D].长沙:中南大学博士学位论文,2009.

[52] 厉明.组织创新氛围对员工创新行为的影响机制研究[J].暨南学报,2013,172(5):62-70.

[53] 连蓉,罗丽芳.学业成就中等生和优良生的成就目标、自我监控与学业成绩关系的比较研究[J].心理科学,2003,26(6):1043-1046.

[54] 梁光伟.国有企业剩余索取权和控制权配置与约束机制选择[J].江汉论坛,2002(7):46-48.

[55] 梁漱溟.中国文化要义.载梁漱溟全集第3卷[M].济南:山东人民出版社,1990:69.

[56] 梁漱溟.中国文化要义[M].上海:上海人民出版社,2005:84.

[57] 廖元和.国企论纲:国企在中国特色社会主义事业中的地位和作用[J].企业文明,2011(9):26.

[58] 林毅夫,李周.现代企业制度的内涵与国有企业改革方向[J].经济研究,1997(3):3-9.

[59] 林毅夫,谭国富.自生能力、政策性负担、责任归属和预算软约束[J].经济社会体制比较,2000(4):54-58.

[60] 林语堂.吾国与吾民[M].西安:陕西师范大学出版社,2002:180-188.

[61] 林忠,孙灵希.组织政治知觉类群划分及其对工作压力影响[J].财经问题研究,2011(12):108-115.

[62] 凌相权,陈爱斌.国有企业法律地位新论[J].法商研究,1996(6):29-33.

[63] 刘哈兰.角色理论视角下的高校管理干部"双肩挑"现象研究[D].武汉:华中科技大学硕士学位论文,2006.

[64] 刘红娟,唐齐鸣.公司内部控制权的配置状态、寻租主体及治理机制分析[J].南开管理评论,2004(5):63-69.

[65] 刘慧敏,刘余莉.儒家文化与和谐社会[J].齐鲁学刊,2007(6):11-17.

[66] 刘军,宋继文,吴隆增.政治与关系视角的员工职业发展影响因素探讨[J].心理学报,2008,40(2):201-209.

[67] 刘世锦.当前的宏观经济形势与政策选择[J].管理世界,1996(5):10-14.

[68] 刘世锦.中国国有企业的性质与改革逻辑[J].经济研究,1995(4):29-36.

[69] 刘霞.成就目标定向、成就动机、自我监控策略与绩效的关系研究[D].西安:陕西师范大学硕士学位论文,2003.

[70] 刘元春.国有企业的"效率悖论"及其深层次的解释[J].中国工业经济,2001(7):31-39.

[71] 柳丽华,徐向艺.知识型员工绩效管理模型及其优化[J].山东社会科学,2006,129(5):56-58.

[72] 卢纹岱.SPSS for windows 统计分析[M].第3版.北京:电子工业出版社,2006.

[73] 罗渝川.企业员工工作自主性的探索性研究[D].重庆:西南师范大学硕士学位论文,2003.

[74] 吕政,黄速建.中国国有企业改革30年研究[M].北京:经济管理出版社,2008:265-330.

[75] 马超,凌文辁,时勘.组织政治认知对员工行为的影响[J].心理科学,2006,29(6):1434-1438.

[76] 马超.组织政治认知及其对人力资源管理影响的研究[D].广州:暨南大学博士学位论文,2005.

[77] 毛寿龙.政治社会学[M].北京:中国社会科学出版社,2001:25-63.

[78] 孟睿智.变革型领导与员工工作不安全感:组织政治知觉的中介作用[J].生产力研究,2011(7):178-181.

[79] 彭娟.基于构型理论的人力资源系统与组织绩效的关系研究[D].广州:华南理工大学博士学

位论文,2013.

[80] 彭羽.宏观经济政策、政治寻租与企业产权性质——基于不同产权性质的企业外部环境的研究[J].会计师,2012(12):8-10.

[81] 彭钊琪.服务型领导与组织公民行为的关系:中介效应与调节效应[D].杭州:浙江理工大学硕士学位论文,2013.

[82] 钱颖一.企业的治理结构的改革和融资结构的改革[J].经济研究,1995(1):1-13.

[83] 乔健.关系刍议[C]//杨国枢.中国人的心理[M].北京:中国人民大学出版社,2012:90-93.

[84] 秦晓蕾、杨东涛.社会型工作价值观、关系绩效与组织政治知觉——国有企业员工团结、奉献与利益的博弈[J].中国软科学,2010(6):151-159+176.

[85] 秦源.自我监控和组织政治知觉对工作满意度以及绩效影响的研究[D].上海:复旦大学硕士学位论文,2010.

[86] 邱皓政,林碧芳.结构方程模型的原理与应用[M].北京:中国轻工业出版社,2012:73-107.

[87] 沈德立,白学军.高效率学习的心理机制研究[J].心理科学,2006,29(1):2-6.

[88] 沈毅."仁""义""礼"的日常实践:"关系""人情"与"面子"——从"差序格局"看儒家"大传统"在日常"小传统"中的现实定位[J].开放时代,2007(4):88-104.

[89] 斯蒂芬·P.罗宾斯,蒂莫西·A.贾齐.组织行为学(第12版)[M].李原,孙健敏 译.北京:中国人民大学出版社.2008:158-177.

[90] 宋丽娜.人情的社会基础研究[D].武汉:华中科技大学博士学位论文,2011.

[91] 孙汉银.组织公平对组织政治知觉与工作满意度之间关系的调节作用——以北京市中学教师为例[J].师范大学学报(社会科学版),2009,211(1):60-67.

[92] 孙灵希,滕飞.新进科研人员工作特征与工作投入之间关系的纵向研究[J].科技管理研究,2013(23):150-154.

[93] 汤志群.中学生价值取向、自我监控性与亲社会行为关系初探[M].北京:北京师范大学出版社,1991.

[94] 唐静.自我监控对团队绩效的影响机制研究[D].成都:西南交通大学硕士学位论文,2012.

[95] 田立法.个体层面的战略人力资源管理"黑箱"研究[J].科技和产业,2013,13(4):51-58.

[96] 涂一鸣.国企"法定代表人"权力腐败现象的法律透视[J].河南大学学报(社会科学版),2001(7):62-66.

[97] 王朝晖,罗新星.战略人力资源管理内部契合及中介机制研究:一个理论框架[J].管理科学,2008,21(6):57-65.

[98] 王朝晖.人力资源管理与组织绩效关系:基于AMO理论的分析[J].当代经济管理,2009,31(2):58-60.

[99] 王东波.基于工作特性模型的先进制造技术实施效果实证研究[D].大连:大连理工大学硕士学位论文,2007.

[100] 王端旭,洪雁.领导支持行为促进员工创造力的机理研究[J].南开管理评论,2010,13(4):109-114.

[101] 王端旭,赵轶.工作自主性、技能多样性与员工创造力:基于个性特征的调节效应模型[J].商业经济与管理,2011,240(10):43-50.

[102] 王冠杰.挑战与应对:中国国有企业的政治功能研究[D].长春:吉林大学博士学位论文,2012.

[103] 王玲,方平,郭德俊.元认知的性质、结构与评定方法[J].心理学动态,1999,7(1):6-10.

[104] 王孟成.潜变量建模与MPLUS应用·基础篇[M].重庆:重庆大学出版社,2014:218-223.

[105] 王金崇."三纲五常"在批判[D].哈尔滨:黑龙江大学硕士学位论文,2004.

[106] 王亚南.论官僚政治与官僚主义[J].学术月刊,1957(7):33-39.

[107] 王亚南.中国官僚政治研究[M].北京:中国社会科学出版社,1981:38-57.

[108] 王轶楠,杨中芳.中西方面子研究综述[J].心理科学,2005,28(2):398-401.

[109] 王益富,秦启文,张建人.生产型企业的工作自主性:概念、测量与相关研究[J].心理科学进展,2012,20(7):1062-1067.

[110] 温志毅.工作绩效的四因素结构模型[J].首都师范大学学报(社会科学版),2005(5):105-111.

[111] 温忠麟,刘红云,侯杰泰.调节效应和中介效应分析[M].北京,教育科学出版社,2013:122-147.

[112] 文崇一,萧新煌.中国人:观念与行为[M].北京:中国人民大学出版社,2013:1-3.

[113] 文崇一.中国传统价值的稳定与变迁[C]//杨国枢.中国人的心理[M].北京:中国人民大学出版社,2012:402.

[114] 文崇一.中国人的富贵与命运[C]//文崇一,萧新煌.中国人:观念与行为[M].北京:中国人民大学出版社,2013:20-21.

[115] 吴铁钧."面子"的定义及其功能的研究综述[J].心理科学,2004,27(4):927-930..

[116] 肖崇好,黄希庭.自我监控量表的比较研究[J].心理科学,2009,32(1):74-76.

[117] 肖宁灿.科层制与中国古代文化初探[J].社会科学研究,2001(1):119-122.

[118] 小宫隆太郎.竞争的市场机制和企业的作用——日中比较研究[J].科技导报,1986(2):14-20.

[119] 徐涛.剩余索取权虚化与国有企业公司治理——基于"清江体制"的研究[J].管理世界,2004

（10）：125-130

[120] 薛琴,林竹.胜任力研究溯源与概念变迁[J].商业时代,2007,31:4-5.

[121] 薛琴.胜任力及相关概念辨析[J].商场现代化,2008(1):277-278.

[122] 亚里士多德.政治学[M].颜一,秦典华,译.北京:中国人民大学出版社,2003:20.

[123] 燕继荣.政治学十五讲[M].北京:北京大学出版社,2001:3.

[124] 杨灿明.产权特性与产业定位——关于国有企业的另一个分析框架[J].经济研究,2001(9):53-59.

[125] 杨国枢.中国人与自然、他人、自我的关系[C]//文崇一,萧新煌.中国人:观念与行为[M].北京:中国人民大学出版社,2013:3-7.

[126] 杨洁.技术经理的胜任特征与工作绩效的关系:领导成员交换的中介作用研究[D].南京:南京大学博士学位论文,2010.

[127] 杨林波.人格特质与员工绩效间关系研究[D].新疆:石河子大学硕士学位论文,2013.

[128] 杨瑞龙,杨其静.企业理论:现代观点[M].北京:中国人民大学出版社,2005.

[129] 杨瑞龙.国有企业治理结构创新的经济学分析[M].北京:中国人民大学出版社,2001.

[130] 杨玉浩,龙君伟,库夭梅.员工组织政治知觉与知识分享行为的关系:珠三角地区企业的实证研究及其启示[J].科学学与科学技术管理,2009(5):175-180.

[131] 叶林.公司治理机制的本土化:从企业所有与企业经营相分离理念展开的讨论[J].政法论坛,2003(6):16-23.

[132] 于茂双.企业中层管理人员工作自主性及其与工作绩效关系研究[D].济南:山东大学硕士学位论文,2009.

[133] 于伟,倪慧君.员工组织政治知觉与知识分享意愿关系研究——以团队心理安全为中介[J].图书情报工作,2011,55(8):131-134+88.

[134] 于文华,喻平.个体自我监控能力、思维品质与数学学业成绩的关系研究[J].心理科学,2011,34(1):141-144.

[135] 余君.基层公务员工作特征及其与人格特质、工作满意度、工作绩效关系研究[D].杭州:浙江大学硕士学位论文,2005.

[136] 余玺梅.内外控人格特质、自我监控和员工沉默的关系[D].太原:山西大学硕士学位论文,2012.

[137] 翟学伟.人情、面子与权力的再生产[M].北京:北京大学出版社,2005:77-229.

[138] 张春霖.国有企业改革与国家融资[J].经济研究,1997(4):3-14.

[139] 张华,郎淳刚.自我监控、知识创新与合作网络的协同演化研究[J].科技管理研究,34(8):

153-157.

[140] 张军成,凌文辁. 组织政治知觉对研发人员工作态度的影响——基于资源保存理论的实证分析[J]. 科学学与科学技术管理,2013,34(2):134-143.

[141] 张军成,凌文辁. 组织政治知觉影响离职倾向的多重中介效应比较分析[J]. 商业经济与管理,2011,231(1):44-51+59.

[142] 张宽政,陈跃. 关于国有企业的概念探析[J]. 经济师,2002(5):47.

[143] 张蕾,于广涛,周文斌. 真实型领导对下属真实型追随的影响——基于认同中介和组织政治知觉调节作用的研究[J]. 经济管理,2012,34(10):97-106.

[144] 张维迎. 控制权损失的不可性与国有企业兼并中的产权障碍[J]. 经济研究,1998(7):1-10.

[145] 张永军. 组织政治知觉对员工反生产行为的影响:心理契约破裂的中介检验[J]. 商业经济与管理,2013,264(10):63-71.

[146] 张宇燕、何帆. 国有企业的性质(上)[J]. 管理世界. 1996(5):128-135.

[147] 张宇燕、何帆. 国有企业的性质(下)[J]. 管理世界. 1996(6):137-144.

[148] 赵冬阳. 自我监控人格对销售绩效的影响研究[D]. 成都:西南财经大学博士学位论文,2011.

[149] 钟海燕,冉茂盛,文守逊. 政府干预、内部人控制与公司投资[J]. 管理世界,2010,(7):98-108.

[150] 钟建安,曹忠良,刘庆春. 组织政治知觉对组织认同的影响及工作投入的中介作用[J]. 应用心理学,2011,17(1):24-30.

[151] 周桂细. 中国传统政治哲学[M]. 石家庄:河北人民出版社,2007:11-385.

[152] 周其仁. 产权与制度变迁——中国改革的经验研究[M]. 北京:社会科学文献出版社,2002.

[153] 周其仁. 公有制企业的性质[J]. 经济研究,2000(11):3-12.

[154] 周天勇. 改革面临重大转折:从国家借贷经济转向社会资本经济[J]. 经济研究,1997(5):8-15.

[155] 朱瑞玲. 中国人的社会互动:论面子的问题[C]//杨国枢. 中国人的心理[M]. 北京:中国人民大学出版社,2012:122-212.

[156] 诸彦含. 员工交换关系感知对个体行为的作用机理研究[D]. 成都:西南财经大学博士学位论文,2011.

英文参考文献

[1] Abraham, R.. Emotional Dissonance in Organizations: Antecedents, Consequences, and Moderators[J]. Genetic, Social, and General Psychology Monographs, 1998, 124(2): 229-246.

[2] Adler, P.S., Kwon, S.W. Social Capital: Prospects for a New Concept[J]. Academy of Management Review, 2002, 27(1): 17-40

[3] Aldog, R. J., Barr, S. H., Brief, A. P.. Measurement of Perceived Task Characteristics[J]. Psychological Bulletin, 1981, 90(3):415-431.

[4] Alexander, M.. Introduction to Soil Microbiology[M]. John Wiley and Sons, Inc. New York, 1977.

[5] Allen, R.W., Madison, D.L., Porter, L.W., et al.. Organizational Politics: Tactics and Characteristics of its Actors[J]. California Management Review, 1979, 22, 77-83.

[6] Allworth, E., Hesketh, B.. Adaptive Performance: Updating the Criterion to Cope with Change. Paper Presented at the 2nd Australian Industrial and Organizational Psychology Conference, Melbourne, 1997.

[7] Amabile, T. M.. A Model of Creativity and Innovation in Organizations. In B. M. Staw, L. L. Cummings (Eds.), Research in Organizational Behavior (Vol. 10: 123-168). Greenwich, CT: JAI, 1988.

[8] Amabile, T.M.. Creativity in Context: Update to the Social Psychology of Creativity[M]. Boulder, CO: Westview Press, 1996.

[9] Anders, D., Bård, k.. Intrinsic Motivation as a Moderator on the Relationship between Perceived job Autonomy and Work Performance[J]. European Journal of Work and Organizational Psychology, 2011,20(3): 367-387.

[10] Anderson, L.R., McLenigan, M.. Sex Differences in the Relationship between Self-monitoring and Leader Behavior[J]. Small Group Behavior, 1987, 18(2): 147-167.

[11] Andeson, J.R.. The Role of Hope in Appraisal, Social-setting, Expectancy and Coping. In Darid, F.et.al(Eds). Social Cognitive Psychology Plenum press, New York, 1997.

[12] Andrei, S., Rober, W.V.. Corruption [J]. Quarterly Journal of Economics, 1993, 108(3):599-617.

[13] Appelbaum, E., Bailey, T., Berg, P., et al.. Manufacturing Advantage: Why High Performance Work Systems Payoff[M]. Cornell University Press, 2000.

[14] Armstrong, M., Baron, A.. Performance Management[M]. London: The Cromwell Press, 1998.

[15] Atinc, G., Darrat, M., Fuller, B., et al.. Perceptions of Organizational Politics: A Meta-analysis of Theoretical Antecedents[J]. Journal of Managerial Issues, 2010, 22(4): 494-513.

[16] Axtell, C. M., Parker, S.K.. Promoting Role Breadth Self-efficacy through Involvement, Work Redesign and Training[J]. Human Relations, 2003, 56 (1): 113-131.

[17] Bacharach, S.B., Lawler, E.J.. Power and Politics in Organizations[M]. San Francisco, CA: Jossey-Bass, 1980.

[18] Bachrach, D.G., Powell, B.C., Collins, B.J., et al.. Effects of Task Interdependence on the Relationship between Helping Behavior and Group Performance. Journal of Applied Psychology, 2006, 91(6): 1396-1405.

[19] Bailey, T., Berg, P., Sandy, C.. The Effect of High Performance Work Practices on Employee Earnings in the Steel, Apparel, and Medical Electronics and Imaging Industries[J]. Industrial and Labor Relations Review, 2001, 54(2): 525-543.

[20] Bailyn, L.. Autonomy in the Industrial R&D Lab[J]. Human Resource Management, 1985, 24, 129-146.

[21] Bandura, A.. Self-efficacy: Toward a Unifying Theory of Behavioral Change[J]. Psychological Review, 1977, 84(2): 191-215.

[22] Barrick, M. R., Mount, M.K.. Autonomy as a Moderator of the Relationships between the Big Five Personality Dimensions and Job Performance[J]. Journal of Applied Psychology, 1993, 78 (1): 111-118.

[23] Barrick, M.R., Parks, L., Mount, M.K.. Self-Monitoring As a Moderator of the Relationships between Personality Traits and Performance[J]. Personnel Psychology, 2005, 58(3): 745-767.

[24] Bateman, T.S., Organ, D.W.. Job Satisfaction and the Good Soldier: The Relationship between Affect and Employee "Citizenship"[J]. Academy of Management Journal, 1983, 26(4): 587-595.

[25] Bates, R.A., Holton, E.F.. Computerized Performance Monitoring: A Review of Human Resource Issues[J]. Human Resource Management Review, 1995, 5(4):267-288.

[26] Baysinger, B.D.. Domain Maintenance as an Objective of Business Political Activity: An Expanded Typology[J]. Academy of Management Review, 1984, 9(2): 248-258.

[27] Becker B., Gerhart, B.. The Impact of Human Resource Management on Organizational Performance: Progress and Prospects[J]. Academy of Management Journal, 1996, 39(4): 779-801.

[28] Becker, B.E., Huselid, M.A., Pickus, P.S., et al.. HR as a Source of Shareholder Value: Re-

search and Recommendations[J]. Human Resource Management, 1997, 36(1): 39-47.

[29] Beemon, D.R., Sharkey, T.W.. The Use and Abuse of Corporate Politics[J]. Business Horisons, 1987, 30(2): 26-30.

[30] Bentler, P.M.. Comparative Fit Indexes in Structural Models[J]. Psychological Bulletin, 1990, 107(2): 238-246.

[31] Berdardin, H.J., Beatty, R.W.. Performance Appraisal: Assessing Human Behavior at Work[M]. Boston: Kent Publish, 1984.

[32] Bergeron, D.M.. The Potential Paradox of Organizational Citizenship Behavior: Good Citizens at what Cost?[J]. Academy of Management Review, 2007, 32(4): 1078-1095.

[33] Blakely, G.L., Srivastava, A., Moorman, R.H.. The Effects of Nationality, Work Role Centrality, and Work Locus of Control on Role Definitions of OCB[J]. Journal of Leadership and Organizational Studies, 2005, 12(1):103-117.

[34] Blumberg, M., Pringle, C.D.. The Missing Opportunity in Organizational Research: Some Implications for a Theory of Work Performance[J]. Academy of Management Review, 1982,7(4):560-569.

[35] Boekaerts, M.. Self-regulated Learning: Where We are Today[J]. International Journal of Educational Research, 1999, 31(6): 445-457.

[36] Bolino, M.C., Turnley, W.H.. Going the Extra Mile: Cultivating and Managing Employee Citizenship Behavior[J]. The Academy of Management Executive, 2003, 17(3): 60-71.

[37] Bolino, M.C., Anthony, C.K., William, H.T., et al.. Exploring the Dark Side of Organizational Citizenship Behavior[J]. Journal of Organizational Behavior, 2012,34(4):542-559.

[38] Bolino, M.C., Kacmar, K.M., Turnley, W.H., et al.. A Multi-Level Review of Impression Management Motives and Behaviors[J]. Journal of Management, 2008, 34(6): 1080-1109.

[39] Bolino, M.C., Turnley, W.H., Niehoff, B.P.. The other Side of the Story: Reexamining Prevailing Assumptions about Organizational Citizenship Behavior[J]. Human Resource Management Review, 2004, 14(2): 229-246.

[40] Bolino, M.C., Turnley, W.H.. The Personal Costs Of Citizenship Behavior: The Relationship between Individual Initiative and Role Overload, Job Stress, and Work - Family Conflict[J]. Journal of Applied Psychology, 2005, 90(4): 740-748.

[41] Bolino, M.C.. Citizenship and Impression Management: Good Soldiers or Good Actors?[J]. Academy of Management Review, 1999, 24(1): 82-98.

[42] Borman, W.C., Motowidlo, S.J.. Expanding the Criterion Domain to Include Elements of Contextual Performance. In N. Schmitt, W. C. Borman(Eds.), Personnel selection in organizations. San Francisco Jossey-Bass, 1993, 71-18.

[43] Borman, W.C., Motowidlo, S.J., Hanser, L.M.. A Model of Individual Performance Effectiveness: Thoughts about Expanding the Criterion Space. Paper Presented as Part of Symposium, Integrated Criterion Measurement for Large Scale Computerized Selection and Classification, the 91st Annual American Psychological Association Convention. Washington, DC, 1983.

[44] Bowen, D.E., Ostroff, C.. Understanding HRM-Firm Performance Linkages: The Role of The "Strength" of the HRM System[J]. Academy of management review, 2004, 29(2):203-221.

[45] Boxall, P., Ang, S.H.., Bartram, T.. Analysing the 'Black Box' of HRM: Uncovering HR Goals, Mediators, and Outcomes in a Standardized Service Environment[J]. Journal of Management Studies, 2011, 48(7):1504-1532.

[46] Boyatzis, R.E. Rendering unto Competence the Things that are Competent[J]. American Psychologist, 1994, 49(1): 64-66.

[47] Bozeman, D.P., Perrewe, P.L., Hochwarter, W.A., et al.. Organizational Politics, Perceived Control, and Work Outcomes: Boundary Conditions on the Effects of Politics. Journal of Applied Social Psychology, 2001, 31(3): 486-503.

[48] Breaugh, J.A., Becker, A.S.. Further Examination of the Work Autonomy Scales: Three Studies [J]. Human Relations, 1987,40(6):381-400.

[49] Breaugh, J.A.. The Measurement of Work Autonomy[J]. Human Relations, 1985,38, 551-570.

[50] Breaugh, J.A.. Further Investigation of the Work Autonomy Scales: Two Studies[J]. Journal of Business and Psycho- logy, 1999,13(3):357-373.

[51] Brief, A.P., Motowidlo, S.J.. Prosocial Organizational Behaviors[J]. Academy of Management Review, 1986, 11(4):710-725.

[52] Briggs, S. R, Cheek, J. M, Buss, A. H.. An Analysis of the Self-monitoring Scale[J]. Journal of Personality and Social Psychology, 1980, 38(4): 679-686.

[53] Briggs, S. R, Cheek, J.M.. On The Nature of Self- Monitoring: Problems with Assessment, Problems with Validity[J]. Journal of Personality and Social Psychology, 1988, 54(4): 663-678.

[54] Brumbrach. Performance Management[M]. London: The Cronwell Press, 1988:15.

[55] Burns, T. Micropolitics: Mechanisms of Institutional Change[J]. Administrative Science Quarter-

ly, 1961, 6(3):257-281.

[56] Caldwell. D. F, O'Reilly, III.. Responses to Failure: The Effects of Choice and Responsibility on Impression Management[J]. The Academy of Management Journal, 1982, 25(1): 121-136.

[57] Campbell, J.P., Mchenry, J., Wise, L.L.. Modeling the Performance Prediction Problem in a Population of Job[J]. Personnel Psychology, 1990, 43(2):313-333.

[58] Campbell, J.P., MeCloy, R.A., Oppler, S.H., et al.. A Theory of Performance. In N., Schmitt, W.C., Boman(Eds), Personnel Selection in Organizations(pp:35-70), San Francisco: Jossey-Bss, 1993.

[59] Campbell, J.P.. Modeling the Performance Prediction Problem in Industrial and Organization Psychology. In M.D., Dunnette, L.M., Hough(Eds.), Handbook of Industrial and Organization Psychology(2nd ed), Palo Alto, CA: Consulting Psychologists Press, 1:687-732.

[60] Cardy, R. L., Dobbins, G. H.. Performance Appraisal: Alternative Perspectives[M]. South Western Publishing Company, Cincinnati, OH, 1994.

[61] Carver, Charles, S.. How Should Multifaceted Personality Constructs be Tested? Issues Illustrated by Self-monitoring, Attributional Style, and Hardiness[J]. Journal of Personality and Social Psychology, 1989, 56 (4): 577-585.

[62] Chang, C., Rosen, C.C., Levy, P.E.. The Relationship between Perceptions of Organizational Politics and Employee Attitudes, Strain, and Behavior: A Meta-analytic Examination[J]. Academy of Management Journal, 2009, 52(4): 779-801.

[63] Chang, C.H., Rosen, C.C., Siemieniec, G.M., et al.. Perceptions of Organizational Politics and Employee Citizenship Behaviors: Conscientiousness and Self-Monitoring as Moderators[J]. Journal of Business and Psychology, 2012, 27(4):395-406.

[64] Chang, P.L., Scott, S.C.. Organizational Changes for Advanced Manufacturing Technology Infusion: An Empirical Study[J]. International Journal of Management, 2002, 19(2): 206-217.

[65] Charles, D.P., Blumberg, B.. What Really Determines Job Performance?[J]. SAM Advanced Management Journal, 1986, 51(4):9-14.

[66] Chinomona, R., Chinomona, E.. The Influence of Employees' Perceptions of Organizational Politics on Turnover Intentions in Zimbabwe's SME Sector[J]. South African Journal of Business Management 2013, 44(2):57-66.

[67] Copeland, L., Griggs, L.. Going International[M]. New York: Random House, 1985.

[68] Corno, L.. The Meta Cognitive Control Components of Self-regulated Learning[J]. Contemporary Educational Psychology, 1986, 11(4): 333-346.

[69] Cropanzano, R., Howes, J.C., Grandey, A.A., et al.. The Relationship of Organizational Politics and Support to Work Behaviors, Attitudes, and Stress[J]. Journal Of Organizational Behavior, 1997, 18(2):159-180.

[70] Cropanzano, R.S., Kacmar, K.M., Bozeman, D.P.. Organizational politics, justice, and support: Their differences and similarities. In R.S. Cropanzano, K.M. Kacmar (Eds.), Organizational Politics, Justice, and Support: Managing the Social Climate of the Workplace. Westport, CT: Quorum Books, 1995: 2-18.

[71] Cummings, T., Cooper, C.L.. A Cybernetic Framework for the Study of Occupational Stress[J]. Human Relations, 1979,32(5):395-419.

[72] Cunningham, C.E., Woodward, C.A., Shannon, H.S., et al.. Readiness for Organizational Change: A Longitudinal Study of Workplace, Psychological and Behavioural Correlates[J]. Journal of Occupational and Organizational Psychology, 2002, 75 (4): 377-392.

[73] Dalton, D.R., Todor, W.D., Spendolini, M.J.. Organization Structure and Performance: A Critical Review[J]. The Academy of Management Review, 1980, 5(1): 49-64.

[74] Danaeefard, H., Balutbazeh, A.E., Kashi, K.H.A.. Good Soldiers' Perceptions of Organizational Politics Understanding the Relation between Organizational Citizenship Behaviors and Perceptions of Organizational Politics: Evidence From Iran[J]. European Journal of Economics, Finance, and Administrative Sciences, 2010, 18(1):146-162.

[75] Day, D. V, Schleicher, D. J, Unckless, A. L.etc.. Self-monitoring Personality at Work: A Meta-Analytic Investigation of Construct Validity[J]. Journal of Applied Psychology, 2002, 87(2), 390-401.

[76] De Alessi, L.. The Economics of Property Rights: A Review of the Evidence[J]. Research in Law and Economics, 1980,2(78):1-47.

[77] Deci, E. L., Ryan, R. M.. Intrinsic Motivation and Self-Determination in Human Behavior[M]. New York, NY: Plenum Press, 1985.

[78] Deeter-Schmelz, D. R, Sojka, J. Z.. Personality Traits and Sales Performance: Exploring Differential Effects of Need for Cognition and Self-Monitoring[J]. Journal of Marketing Theory & Practice, 2007, 15(2): 145-157.

[79] Deeter-Schmelz, D.R., Rosemary, P.R.. A Psychometric Assessment of the Lennox and Wolfe Self-Monitoring Scale in the Sales Force[J]. Industrial Marketing Management, 2010, 39(7): 1162-1169.

[80] Delery, J.E., Doty, D.H.. Modes of Theorizing in Strategic Human Resource Management: Tests of Universalistic, Contingency, and Configurational Performance Predictions[J]. Academy of Management Journal, 1996, 39(4): 802-835.

[81] Dodd, N.G., Ganster, G.C.. The Interactive Effects of Variety, Autonomy, and Feedback on Attitudes and Performance[J]. Journal of Organizational Behavior, 1996, 17(4): 329-347.

[82] Doty, D.H., Glick, W.H., Huber, G.P.. Fit, Equifinality, and Organizational Effectiveness: A Test of Two Configurational Theories[J]. Academy of Management Journal, 1993, 36(6): 1196-1250.

[83] Doty, D.H., Glick, W.H.. Typologies as A Unique form of Theory Building: Toward Improved Understanding and Modeling[J]. Academy of Management Review, 1994, 19(2): 230-251.

[84] Drory, A., Romm, T.. Politics in Organization and its Perception in the Organization[J]. Organizational Studies, 1988, 9(2): 165-179.

[85] Drory, A., Romm, T.. The Definition of Organizational Politics: A Review[J]. Human Relations, 1990, 43(11): 1133-1154.

[86] Drory, A.. Perceived Political Climate and Job Attitudes[J]. Organization Studies, 1993, 14(1): 59-71.

[87] Dubinsky, A.J, Hartley, S.W.. A Path-analytic Study of a Model of Salesperson Performance[J]. Journal of the Academy of Marketing Science, 1986, 14(1): 36-46.

[88] Dysvik, A., Kuvaas, B.. The Relationship between Perceived Training Opportunities, Work Motivation and Employee Outcomes[J]. International Journal of Training and Development, 2008, 12(3): 138-157.

[89] Eisenberger, R., Rhoades, L., Cameron, J.. Does Pay for Performance Increase or Decrease Perceived Self-Determination and Intrinsic Motivation?[J]. Journal of Personality and Social Psychology, 1999, 77(5): 1026-1040.

[90] Eran Vigoda. Internal Politics in Public Administration Systems: An Empirical Examination of its Relationship with Job Congruence, Organizational Citizenship Behavior, and In-role Performance [J].Public Personnel Management, 2000, 2: 185-201.

[91] Farh, J.L., Earley, P.C., Lin, S.C.. Impetus for Action: A Cultural Analysis of Justice and Orga-

nizational Citizenship Behavior in Chinese Society[J]. Administrative Science Quarterly, 1997, 42 (1): 421-444.

[92] Farh, J.L., Zhong, C.B., Organ, D.W.. Organizational citizenship behavior in the People's Republic of China[J]. Organization Science, 2004, 15(2):241-253.

[93] Farrell, D., Petersen, J.C.. Patterns of Political Behavior on Organizations[J]. Academy of Management Review, 1982, 7(3):403-412.

[94] Fedor, D., Maslyn, J., Farmer, S., et al.. The Contribution of Positive Politics to the Prediction of Employee Reactions[J]. Journal of Applied Social Psychology, 2008, 38(1): 76-96.

[95] Fedor, D.B., Maslyn, J. M.. Politics and Political Behavior: Where Else do We Go from here? In F. Dansereau, F. J. Yammarino (Eds.), Research in Multi-Level Issues. Oxford: Elsevier/JAI Press, 2002, 1: 287-294.

[96] Fedor, D.F., Ferris, G.R., Harrell-Cook, G., et al.. The Dimensions of Politics Perceptions and Their Organizational and Individual Predictors[J]. Journal of Applied Social Psychology, 1998, 28 (19): 1760-1797.

[97] Ferris, G.R., Adams, G., Kolodinsky, R.W, et al.. Perceptions of Organizational Politics: Theory and Research Directions. In F.J. Yammarino, F. Dansereau (Eds.), Research in Multi-Level Issues, The Many Faces of Multi-Level Issues. Oxford, England: JAI Press/Elsevier Science, 2002, 1: 179-254.

[98] Ferris, G.R., Fedor, D. B., King, T. R.. A Political Conceptualization of Managerial Behavior[J]. Human Resource Management Review, 1994, 4(1): 1-34.

[99] Ferris, G.R., Fedor, D., Chachere, J.G., et al.. Myths and Politics in Organizational Contexts[J]. Group and Organizational Studies, 1989, 14(1): 88-103.

[100] Ferris, G.R., Frink, D.D., Beehr, T.A., et al.. Political Fairness and Fair Politics: The Conceptual Integration of Divergent Constructs. In R.S. Cropanzano, K.M. Kacmar (Eds), Organizational Politics, Justice, and Support: Managing the Social Climate of the Workplace. Westport, CT: Greenwood Publishing Co. 1995: 21-36.

[101] Ferris, G.R., Frink, D.D., Bhawuk, D.P.S., et al.. Reactions of Diverse Groups To Politics In The Workplace[J]. Journal of Management, 1996, 22(1): 23-44.

[102] Ferris, G.R., Harrell-Cook, G., Dulebohn, J.. Organizational Politics: The Nature Of The Relationship Between Politics Perceptions And Political Behavior[J]. Research in the Sociology of Or-

ganizations, 2000, 17(17): 89-130.

[103] Ferris, G.R., Kacmar, K.M.. Perceptions of Organizational Politics[J]. Journal of Management, 1992, 18(1): 93-116.

[104] Ferris, G.R., King, T.R.. Politics in Human Resource Decisions: A Walk on the Dark Side[J]. Organizational Dynamics, 1991, 20(2): 59-71.

[105] Ferris, G.R., Russ, G.S., Fandt, P.M.. Politics in Organizations. In R.A. Giacalone, P. Rosenfeld(Eds.), Impression management in the organization, Hillsdale, NJ: Erlbaum, 1989.

[106] Ferris, G.R., Russ, G.S., Fandt, P.M.. Politics in Organizations. In R.A. Giacalone, P. Rosenfeld(Eds.), Impression management in the organization, Hillsdale, NJ: Erlbaum, 1989:145.

[107] Fey, C.F., Bjorkman, I., Pavlovskaya, A.. The Effect of Human Resource Management Practices on Firm Performance in Russia[J]. International Journal of Human Resource Management, 2000, 11(1): 1-18.

[108] Fineman, S.. On Being Positive: Concerns and Counterpoints[J]. Academy of Management Review, 2006, 31(2): 270-291.

[109] Fleishman, E.A.. A Relationship between Incentive Motivation and Ability Level in Psychomotor Performance[J]. Journal of Experimental Psychology, 1958, 56(1): 78-81.

[110] Fried, Y., Ferris, G.R.. The Validity of the Job Characteristics Model: A Review and Meta-analysis[J]. Personnel Psychology, 1987, 40(2): 287-322.

[111] Fried, Y., Hollenbeck, J.R., Slowik, L.H., et al.. Changes in Job Decision Latitude: The Influence of Personality and Interpersonal Satisfaction[J]. Journal of Vocational Behavior, 1999, 54(2): 233-243.

[112] Frost, P.J.. Power, Politics, and Influence. In F. Jablin, L. Putnam, K. Roberts, L. Porter (Eds.), Handbook of Organizational Communication. Beverly Hills, CA: Sage, 1987.

[113] Fuller, J.B., Hester, K., Cox, S.S.. Proactive Personality and Job Performance: Exploring Job Autonomy as A Moderator[J]. Journal of Managerial Issues, 2010, 22(1): 35-51.

[114] Gabrenya, W. K, Arkin, R. M.. Self-Monitoring Scale: Factor Structure and Correlates[J]. Personality and Social Psychology Bulletin, 1980, 6(1): 13-22.

[115] Gandz, J., Murray, V.V.. The Experience of Workplace Politics. Academy of Management Journal, 1980, 23(2): 237-251.

[116] Gangestad, S W, Snyder, M.. Self-Monitoring: Appraisal and Reappraisal[J]. Psychological Bul-

letin, 2000, 126(4): 530-555.

[117] Gangestad, S, Snyder, M.. "To Carve Nature at its Joints": On the Existence of Discrete Classes in Personality[J]. Psychological Review, 1985, 92(3):317-349.

[118] Gangestad, S. W, Snyder, M.. Self-monitoring: Appraisal and Reappraisal[J]. Psychological Bulletin, 2000, 126(4): 530-555.

[119] Gangestad, S. W, Snyder, M.. Taxonomic Analysis Redux: Some Statistical and Conceptual Considerations for Testing a Latent Class Model[J]. Journal of Personality and Social Psychology, 1991, 61(1): 141-146.

[120] Gardner, T.M., Wright, P.M., Moynihan, L.M.. The Impact of Motivation, Empowerment, and Skill-Enhancing Practices on Aggregate Voluntary Turnover: The Mediating Effect of Collective Affective Commitment[J]. Personnel Psychology, 2011, 64(2): 315-350.

[121] Gardner, T.M., Moynihan, L.M., Park, H.J., et al.. Beginning to unlock the black box in the HR firm performance relationship: the impact of HR practices on employee attitudes and employee outcomes[M]. CAHRS Working Paper, Ithaca, NY: Cornell University, 2001.

[122] Gellatly,I.R., Irving, P.G.. Personality, Autonomy, and Contextual Performance of Managers[J]. Human Performance, 2001, 14(3): 231-245.

[123] George, J.M., Bettenhausen, K.. Understanding Prosocial Behavior, Sales Performance, and Turnover: A Group-Level Analysis in a Service Context[J]. Journal of Applied Psychology, 1990,75(6): 698-709.

[124] George, J.M., Brief, A.P.. Feeling Good-Doing Good: A Conceptual Analysis of the Mood at Work-Organizational Spontaneity Relationship[J]. Psychological Bulletin, 1992, 112(2): 310-329.

[125] George, J.M., Jones, G.R.. Organizational Spontaneity in Context[J]. Human Performance, 1997, 10(2): 153-170.

[126] Gerhart B., Rynes, S.. Compensation: Theory, Evidence, and Strategic Implications[M]. Sage Publications, Inc., 2003.

[127] Goffman, E.. Interaction Ritual: Essays in Face-to-Face Behavior[M]. Random House, 1967.

[128] Goffman, E.. On Face-work: An Analysis of Ritual Elements of Social Interaction[J].Psychiatry: Journal for the Study of Interpersonal Processes, 1955, 18(3): 213-231.

[129] Goffman, E.. The Presentation of Self in Everyday Life[M]. Garden City, NY: Doubleday, 1959.

[130] Gong, Y., Law K.S., Chang, S., et al.. Human Resources Management and Firm Performance:

The Differential Role of Managerial Affective and Continuance Commitment[J]. Journal of Applied Psychology, 2009, 94(1): 263-275.

[131] Goolsby, J. R, Ramsey, R. R, Booorm, M. L.. Psychological Adaptiveness and Sales Performance[J]. Journal of Personal Selling and Sales Management, 1992, 12(2): 51-66.

[132] Grant, A.M., Mayer, D. M.. Good Soldiers and Good Actors: Prosocial and Impression Management Motives as Interactive Predictors of Affiliative Citizenship Behaviors[J]. Journal of Applied Psychology, 2009, 94, 900-912.

[133] Grant, A.M., Schwartz, B.. Too Much of a Good Thing: The Challenge and Opportunity of the Inverted U[J]. Perspectives on Psychological Science, 2011, 6(1): 61-76.

[134] Gray, B., Ariss, S.. Politics and Strategic Change across Organizational Life Cycles[J]. Academy of Management Review, 1985, 10(4): 707-723.

[135] Hackman, J. R., Lawler, E. E.. Employee Reactions to Job Characteristics[J]. Journal of Applied Psychology, 1971, 55(3): 259-286.

[136] Hackman, J.R., Oldham, G.R.. Work Redesign[M]. Reading, MA: Addison Wesley, 1980.

[137] Hackman, J.R., Oldham, G.R.. Development of the Job Diagnostic Survey[J]. Journal of Applied Psychology, 1975, 60(2): 159-170.

[138] Hackman, J. R., Oldham, G. R.. Motivation Through the Design of Work: Test of A Theory[J]. Organizational Behavior and Human Performance, 1976, 16(2), 250-279.

[139] Halley, Dee.. The Core Competency Model Project[J]. Corrections Today, 2001, 63(7): 154.

[140] Hatcher, L., Ross, T.L, Collins, D.. Prosocial Behavior, Job Complexity, and Suggestion Contribution Under Gain Sharing Plans[J]. Journal of Applied Behavioral Science, 1989, 25(3): 231-248.

[141] Haworth, C.L., Levy, P.E.. The Importance of Instrumentality Beliefs in the Prediction of Organizational Citizenship Behaviors[J]. Journal of Vocational Behavior, 2001, 59(1): 64-75.

[142] Hirschman, A.. Exit, Voice, and Loyalty: Responses to Decline in Firms, Organizations, and States[M]. Cambridge, CA: Harvard University Press, 1970.

[143] Ho, D.Y.. On the Concept of Face[J]. American Journal of Sociology, 1973, 81: 867-884.

[144] Hobfoll, S.E.. Conservation of Resources—A New Attempt at Conceptualizing Stress[J]. American Psychologist, 1989, 44(3): 513-524.

[145] Hobfoll, S.E.. The Influence of Culture, Community, and the Nested-Self in the Stress Process:

Advancing Conservation of Resources Theory[J]. Applied Psychology: An International Review, 2001, 50(3): 337-421.

[146] Hochwarter, W.A., Perrewe, P.L., Ferris, G.R., et al.. Commitment as an Antidote to the Tension and Turnover Consequences of Organizational Politics. Journal of Vocational Behavior, 1999, 55(3): 277-297.

[147] Hochwarter, W.A., Thompson, K.R.. The Moderating Role of Optimism on Politics-Outcomes Relationships: A Test of Competing Perspectives[J]. Human Relations, 2010, 63(9): 1371-1394.

[148] Hofstede, G. Culture's Consequences: International Differences in Work Related Values[M]. London: Sage, 1980.

[149] Hogan, R., Hogan, J., Roberts, B.W.. Personality Measurement and Employment Decisions. American Psychologist, 1996, 51(5): 469-477.

[150] Hosch, H. M, Marchioni, P. M.. The Self-monitoring Scale: A Factorial Comparison among Mexicans, Mexican Americans and Anglo Americans[J]. Journal of Behavioural Sciences, 1986, 8(3): 225-242.

[151] Hsiung, H.H, Lin, C.W., Lin, C.S.. Nourishing or Suppressing? The Contradictory Influences of Perception of Organizational Politics on Organizational Citizenship Behavior[J]. Journal of Occupational and Organizational Psychology, 2012, 85(2): 258-276.

[152] Hsu, I.C., Lin, Y.Y., Lawler, J.J., et al.. Toward a Model of Organizational Human Capital Development: Preliminary Evidence from Taiwan[J]. Asia Pacific Business Review, 2007, 13(2): 251-275.

[153] Hu H.C.. The Chinese Concepts of Face. American Anthropologist, 1944(1)-1944(3), 46(1): 45-64.

[154] Hu, H.C.. Emotion, Real and Assumed, in Chinese Society. Unpublished Manuscript on File with Columbia University Research in Conterrmptorary Culture, 1949, Document No. CH 668.

[155] Hui, C., Lam, S.S. K., Law, K.K.S.. Instrumental Values of Organizational Citizenship Behavior for Promotion: A Field Quasi-Experiment[J]. Journal of Applied Psychology, 2000, 85(5): 822-828.

[156] Hull, J. G, Lehn, D. A, Tedlie, J. C.. A General Approach to Testing Multifaceted Personality Constructs[J]. Journal of Personality and Social Psychology, 1991, 61(6): 932-945.

[157] Hunt, S.T.. Generic Work Behavior: An Investigation into the Dimensions of Entry, Hourly Job Performance[J]. Personnel Psychology, 1996, 49(1):51-83.

[158] Huselid, M.. The Impact of Human Resource Management Practices on Turnover, Productivity, and Corporate Financial Performance[J]. Academy of Management Journal, 1995, 38(3): 635-672.

[159] Jacobs, B.J.. A Preliminary Model of Particularistic Ties in Chinese political Alliances: Kan-ch'ing and Kuan-hsi in a Rural Taiwanese Township. China Quarterly, 1979, 78(6):237-273.

[160] James, L.A., James, L.R.. Integrating Work Environment Perceptions: Explorations into the Measurement of Meaning[J]. Journal of Applied Psychology, 1989,74(5): 739-751.

[161] Jesus, S, María, L. S, María, D. A.. Self-monitoring and the Prediction of one's Own and Others' Personality Tests Cores[J]. European Journal of Personality, 1996, 10(3): 173-184.

[162] Jiang, K.F., Lepak, D.P., Hu, J., et al.. How does Human Resource Management Influence Organizational Outcomes? A Meta-Analytic Investigation of Mediating Mechanisms. Academy of Management Journal, 2012, 55(6): 1264-1294.

[163] John, O. P, Cheek, J. M, Klohnen, E. C.. On the Nature of Self - Monitoring Construct Explication With Q-Sort Ratings[J]. Journal of Personality and Social Psychology, 1996, 71(4): 763-776.

[164] Johnson, M.B.. The Relationship between Self-Monitoring and Successful Ingratiation[J]. The Sciences and Engineering, 2003, 10: 101-112.

[165] Joo, B.B., Jeung, C., Yoon, H.J.. Investigating the Influences of Core Self-Evaluations, Job Autonomy, and Intrinsic Motivation on In-Role Job Performance[J]. Human Resource Development Quarterly, 2010, 21(4):353-371.

[166] Kacmar, K.M., Bozeman, D.P., Carlson, D.S., et al.. An Examination of the Perceptions of Organizational Politics Model: Replication and Extension[J]. Human Relations, 1999, 52(3): 383-416.

[167] Kacmar, K.M., Carlson, D.S.. Further Validation of the Perceptions of Politics Scale(POPS): A Multiple Sample Investigation[J]. Journal of Management, 1997, 23(5): 627-658.

[168] Kacmar, K.M., Ferris, G.R.. Perceptions of Organizational Politics Scale (POPS): Development and Construct Validation[J]. Educational and Psychological Measurement, 1991, 51(1): 193-205.

[169] Kacmar, K.M., Ferris, G.R.. Politics at Work: Sharpening the Focus of Political Behavior in Organizations[J]. Business Horizons, 1993, 36(4): 70-74.

[170] Kalbers, L.P., Cenker, W. J.. The Impact of Exercised Responsibility, Experience, Autonomy and Role Ambiguity on Job Performance in Public Accounting[J]. Journal of Managerial Issues, 2008,20(3): 327-347.

[171] Karatepe, O.M. Perceptions of Organizational Politics and Hotel Employee Outcomes: The Mediating Role of Work Engagement[J]. International Journal of Contemporary Hospitality Management, 2013, 25(1): 82-104.

[172] Katou, A.A, Budhwar, P.S.. Causal Relationship between HRM Policies and Organisational Performance: Evidence from the Greek Manufacturing Sector[J]. European Management Journal, 2010, 28(1): 25-39.

[173] Katz, D., Kahn, R.L.. The Social Psychology of Organizations (2nd Ed.)[M]. New York: Wiley, 1978.

[174] Katz, D.. The Motivational Basis of Organizational Behavior[J]. Behavioral Science, 1964, 9(2): 131-146.

[175] Kilduff, M, Day, D. V.. Do Chameleons Get Ahead? The Effects of Self-monitoring on Managerial Careers[J]. Academy of Management Journal, 1994, 37(4): 1047-1060.

[176] Kim, T.Y., Cable, D.M., Kim, S.P., Wang, J.. Emotional Competence and Work Performance: The Mediating Effect of Proactivity and the Moderating Effect of Job Autonomy[J]. Journal of Organizational Behavior, 2009, 30(7): 983-1000.

[177] Kinnie, N., Hutchinson, S., Purcell, J., et al.. Satisfaction with HR Practices and Commitment to the Organisation: Why One Size does not Fit All[J]. Human Resource Management Journal, 2006, 15(4): 9-29.

[178] Kipnis, D., Schimidt, S.M., Swaffin-Smith, C., et al.. Patterns of Managerial Influence: Shotgun Managers, Tacticians, and Bystanders[J]. Organizational Dynamics, 1980, 12 (3): 58-67.

[179] Kirmeyer, S.L., Shirom, A..Perceived Job Autonomy in the Manufacturing Sector: Effects of Unions, Gender, and Substantive Complexity[J]. Academy of Management Journal, 1986. 29(4): 832-840

[180] Klein, A.G., Moosbrugger, H.. Maximum Likelihood Estimation of Latent Interaction Effects with the LMS Method[J]. Psychometrika, 2000, 65(4): 457-474.

[181] Kline, R.B.. Principle and Practice of Structural Equation Modeling[M]. New York: The Gulilford Press, 1998.

[182] Klotz, A. C., Bolino, M. C.. Citizenship and Counterproductive Work Behavior: A Moral Licensing View[J]. Academy of Management Review. 2013,38(2):292-306.

[183] Kochanski, J.. Competency-Based Management[J]. Training and Development, 1997, 51(10): 41-44.

[184] Koop, C.B.. Antecedents of Self-regulation: A development Perspective[J]. Development Psychology, 1982, 18(2):199-241.

[185] Kumar, P., Ghadially, R.. Organizational Politics and its Effects on Members of Organizations [J]. Human Relations, 1989, 42(4): 305-315.

[186] Kuvaas, B., Dysvik, A.. Perceived Investment in Employee Development, Intrinsic Motivation and Work Performance[J]. Human Resource Management Journal, 2009, 19(3): 217-236.

[187] Kuvaas, B.. Different Relationships between Perceptions of Developmental Performance Appraisal and Work Performance[J]. Personnel Review, 2007, 36(3): 378-397.

[188] Kuvaas, B.. Work Performance, Affective Commitment, and Work Motivation: The Roles of Pay Administration and Pay Level[J]. Journal of Organizational Behavior, 2006, 27(3): 365-385.

[189] Lawler, E.E.. From Job Based to Competency-Based Organizations[J]. Journal of Organizational Behavior, 1994, 15(1):3-15.

[190] Lazarus, R. S., Folkman, S.. Stress, Appraisal, and Coping[M]. New York: Springer, 1984.

[191] Leary, M. R, Kowalski, R. M.. Impression Management: A Literature Review and Two Component Model[J]. Psychological Bulletin, 1990, 107(1): 34-47.

[192] Lee, C., Ashford, S.J., Bobko, P.. Interactive Effects of "Type A" Behavior and Perceived Control on Worker Performance, Job Satisfaction, and Somatic Complaints[J]. Academy of Management Journal, 1990, 33(4): 870-881.

[193] Lee, R., Ashforth, B.E.. A Meta-analytic Examination of the Correlates of the three Dimensions of Job Burnout[J]. Journal of Applied Psychology, 1996, 81(2): 123-133.

[194] Leiter, M.P., Maslach, C.. Burnout and Quality in a Speed-Up World[J]. Journal for Quality and Participation, 2001, 24(2): 48-51.

[195] Lennox, R.D, Wolfe, R.N.. Revision of the Self-monitoring Scale[J]. Journal of Personality and Social Psychology, 1984, 46(6): 1349-1364.

[196] Lester, S.W., Meglino, B.M., Korsgaard, M.A.. The Role of Other Orientation in Organizational Citizenship Behavior[J]. Journal of Organizational Behavior, 2008, 29(6):829-841.

[197] Levy, P. E.. Industrial-Organizational Psychology: Understanding the Workplace (3rd Eds.) [M]. New York: Worth Publishers, 2010.

[198] Lewin, K.. Principles of Topological Psychology[M]. New York: McGraw-Hill. 1936: 12-113.

[199] Li, F, Zhang, Y. L.. Measuring Self-Monitoring Ability and Propensity: A Two-Dimensional Chinese Scale[J]. The Journal of Social Psychology, 1998, 138(6): 758-765.

[200] Lin, Y.F., Cai, F., Li, Z.. Competition, Policy Burdens, and State-Owned Enterprise Reform [J]. American Economic Review, 1998, 88(2):422-427.

[201] Lorenzo, B., Giuseppe, S.. The Paradox of Authentic Selves and Chameleons: Self-Monitoring, Perceived Job Autonomy and Contextual Performance[J]. British Journal of Management, 2011, 22(2): 324-339.

[202] MacDuffie, J.P.. Human Resource Bundles and Manufacturing Performance: Organizational Logic and Flexible Productions Systems in the World Auto Industry[J]. Academy of Management Journal, 1995, 48 (2):197-221.

[203] Mackenzie, S.B., Podsakoff, P.M., Podsakoff, N.P.. Challenge-Oriented Organizational Citizenship Behaviors and Organizational Effectiveness: Do Challenge-Oriented behaviors really have an Impact on the Organization's Bottom Line?[J]. Personnel Psychology, 2011, 64(3): 559-592.

[204] Madison, D.L., Allen, R.W., Porter, L.W., et al.. Organizational Politics: An Exploration of Managers' Perceptions[J]. Human Relations, 1980, 33 (2): 79-100.

[205] Mauss, M.. The Gift: The Form and Reason for Exchange in Archaic Societies. New York: The Norton Library ,1967.

[206] Mayes, B.T., Allen, R.W. Toward a Definition of Organizational Politics[J]. Academy of Management Review,1977, 2(4): 672-678.

[207] McClelland, D.C.. Testing for Competence Rather than for "Intelligence"[J]. American Psychologist, 1973, 28(1): 1-14.

[208] McCloy, R.A., Campbell, J.P., Cudeck, R.. A Confirmatory Test of a Model of Performance Determinants[J]. Journal of Applied Psychology, 1994, 79(4):493-505.

[209] Meece, J. L, Blumenfeld, P. C, Hoyle, R. H.. Students' Goal Orientation and Cognitive Engagement in Class Room Activities[J]. Journal of Educational Psychology, 1988, 80(4), 514-623.

[210] Mehra, A, Martin, K, Brass, D. J.. The Social Networks of High and Low Self-Monitors: Implications for Workplace Performance[J]. Administrative Science Quarterly, 2001, 46(1): 121-146.

[211] Meyer, A.D., Tsui, A.S., Hinings, C.R.. Configurational Approaches to Organizational Analysis [J]. Academy of Management Journal, 1993, 36(6): 1175-1195.

[212] Miller, B.K., K.M. Nicols.. Politics and Justice: A Mediated Moderation Model[J]. Journal of Managerial Issues, 2008, 22(2):214-237.

[213] Miller, B.K., Rutherford, M.A., Kolodinsky, R.W.. Perceptions of Organizational Politics: A Meta-analysis of Outcomes[J]. Journal of Business and Psychology, 2008, 22(3): 209-222.

[214] Miller, M.L, Thayer, J.F.. On the Nature of Self-monitoring: Relationships with Adjustment and Identity[J]. Personality and Social Psychology Bulletin.1988, 14(3): 544-553.

[215] Mintzberg, H.. Power in and around Organizations[M]. Englewood Cliffs: Prentice-Hall, 1983.

[216] Miroslawa, H, Joanna, C.. Self-focused Attention and Self-Monitoring Influence on Health and Coping with Stress[J]. Stress and Health, 2006, 22(2): 153-159.

[217] Mischel, W, Soda, Y.. A Cognitive-affective System Theory of Personality and the Role of Situation[J]. Psychological Review, 1995, 102(2): 246-286.

[218] Morgeson, F.P., Campion, M.A.. Work design. In W. C. Borman, D. R. Ilgen, R. J. Klimoski (Eds.), Handbook of psychology: Industrial and organizational psychology, 2003, 10: 423-452. Hoboken, NJ: Wiley.

[219] Morgeson, F.P., Delaney-Klinger, K., Hemingway, M.A.. The Importance of Job Autonomy, Cognitive Ability, and Job-Related Skill for Predicting Role Breadth and Job Performance[J]. Journal of applied psychology, 2005, 90(2): 399-406.

[220] Morrison, E.W.. Role Definitions and Organizational Citizenship Behavior: The Importance of the Employee's Perspective[J]. Academy of Management Journal, 1994, 37(6): 1543-1567.

[221] Motowidlo, S.J., Van Scotter, J.R.. Evidence that Task Performance should be Distinguished from Contextual Performance[J]. Journal of Applied Psychology, 1994, 79(4): 475-480.

[222] Mumford, M.D., Gustafson, S.B.. Creativity Syndrome: Integration, Application, and Innovation[J]. Psychological Bulletin, 1988, 103(1): 27-43.

[223] Murphy RJ. Field Performance of a Digital Transient Surge Recorder[J].IEEE Transactions on Power Delivery, 1990,5(2):899-904.

[224] Neumann, Avidan, U.L, Nancy P. H. C.. Viral Dynamics in Vivo and the Antiviral Efficacy of Interferon Therapy[J]. Science, 1998, 282(5386): 103-107.

[225] Nicholson, N.. A Theory of Work Role Transitions[J]. Administrative Science Quarterly, 1984,

29, 172-191.

[226] Nielsen, T.M., Bachrach, D.G., Sundstrom, E., et al.. Utility of OCB: Organizational Citizenship Behavior and Group Performance in a Resource Allocation Framework[J]. Journal of Management, 2012, 38(2): 668-694.

[227] Nunnally, J.C.. Psychometric Theory (2nd ed.)[M]. New York: McGraw-Hill, 1978.

[228] Nye, L.G., Witt, L.A.. Dimensionality and Construct Validity of the Perceptions of Politics Scales (POPS)[J]. Education and Psychological Measurement, 1993, 53(3): 821-829.

[229] Oldham, G. R., Cummings, A.. Employee Creativity: Personal and Contextual Factors at Work [J]. Academy of Management Journal, 1996, 39(3):607-634.

[230] Olivier, B., Maxim, B., Marek, D., et al.. The Politics of Russian Privatization, Post-Communist Reform: Pain and Progress[M]. MA Cambridge: MIT Press, 1993.

[231] Organ, D.W., Podsakoff, P.M., MacKenzie, S.B.. Organizational Citizenship Behavior: Its Nature, Antecedents and Consequences[M]. Thousand Oaks, CA: Sage, 2006.

[232] Organ, D.W.. Organizational Citizenship Behavior: The Good Soldier Syndrome[M]. Lexington, MA: Lexington Books, 1988.

[233] Organ, D.W.. Organizational Citizenships Behavior: It's Construct Cleanup Time[J]. Human Performance, 1997,10 (2): 85-97.

[234] Organ, D.W.. The Motivational Basis of Organizational Citizenship Behavior. In B.M. Staw and L. L. Cummings (Eds.), Research in organizational behavior (Vol. 12, pp. 43-72). Greenwich, CT: JAI Press, 1990.

[235] Osterman, P.. How Common is Workplace Transformation and Who Adopts it?[J]. Industrial and Labor Relations Review, 1994, 47(2): 173-188.

[236] Palmer, J.. Scientists and Information. II. Personal Factors in Information Behaviors[J]. Journal of Documentation, 1991, 47(3): 254-275.

[237] Pardo, I.P.G., Moreno, M.V.F.. Looking into the Black-Box: Analysis of the Effectiveness of Human Resources Strategy[J]. Zbornik Radova Ekonomskog Fakultet au Rijeci, 2009, 27(1): 31-55.

[238] Park, H.J., Mitsuhashi, H., Fey, C.F., et al.. The Effect of Human Resource Management Practices on Japanese MNC Subsidiary Performance: A Partial Mediating Model[J]. International Journal of Human Resource Management, 2003, 14(8): 1391-1406.

[239] Parker, C.P., Dipboye, R.L., Jackson, S.L.. Perceptions of Organizational Politics: An Investigation of Antecedents and Consequences[J]. Journal of Management, 1995, 21(5): 891-912.

[240] Parker, S. K., Axtell, C. M., Turner, N.. Designing a Safer Workplace: Importance of Job Autonomy, Communication Quality, and Supportive Supervisors[J]. Journal of Occupational Health Psychology, 2001, 6(3): 211-228.

[241] Parker, S.K., Wall, T.R., Jackson, P. R.. "That's Not My Job."Developing Flexible Employee Work Orientations[J]. Academy of Management Journal, 1997, 40(4): 899-929.

[242] Parker, S.K.. Enhancing Role Breadth Self-Efficacy: The Roles of Job Enrichment and Other Organizational Interventions[J]. Journal of Applied Psychology, 1998, 83(6): 835-852.

[243] Paul, Karoy.. Mechanisms of Self-regulation: A System View[J]. Annual Review Psychology, 1993, 44:23-52.

[244] Payne, R. L., Pugh, D. S. Organizational structure and climate. In M. 1. Dunnette (Ed.), Handbook of Industrial and Organizational Psychology. Chicago: Rand McNally, 1976.

[245] Perrew, P. L., Nelson, D. L.. Gender And Career Success: The Facilitative Role Of Organizational Political Skill[J]. Organizational Dynamics, 2004, 33(4): 366-378

[246] Pettigrew, A.M.. The Politics of Decision Making[M]. London, UK: Tavistock, 1973.

[247] Pfeffer, J.. Power in Organizations[M]. Bostion: Pitman, 1981: 1-22.

[248] Pil, F.K., Macduffie, J.P.. The Adoption of High-Involvement Work Practices[J]. Industrial Relations, 1996, 35(3): 423-455.

[249] Pintrieh, P. R.. Understanding Self-regulated Learning[J]. New Direction for Teaching and Learning, 1995, 1995(63): 3-12.

[250] Podsakoff, N.P., Whiting, S.W., Podsakoff, P.M.. Individual- and Organizational-Level Consequences of Organizational Citizenship Behaviors: A Meta-Analysis[J]. Journal of Applied Psychology, 2009, 94(1):122-141.

[251] Podsakoff, P.M., Mackenzie, S.B, Paine, J.B., et al.. Organizational Citizenship Behaviors: A Critical Review of the Theoretical and Empirical Literature and Suggestions for Future Research[J]. Journal of Management, 2000, 26(3): 513-563.

[252] Podsakoff, P.M., MacKenzie, S.B.. An Examination of the Psychometric Properties and Nomological Validity of some Revised and Reduced Substitutes for Leadership Scales[J]. Journal of Applied Psychology, 1994, 79(5): 702-713.

[253] Podsakoff, P.M., MacKenzie, S.B.. Impact of Organizational Citizenship Behavior on Organizational Performance: A Review and Suggestions for Future Research[J]. Human Performance, 1997, 10(2):133-151.

[254] Poon, J.M.. Situational Antecedents and Outcomes of Organizational Politics Perceptions[J]. Journal of Managerial Psychology, 2003, 18(2): 138-155.

[255] Porter, L.W., Allen, R.W., Angel, H. L.. The Politics of upward Influence in Organizations. In B.M. Staw, L. L. Cummings (Eds.), Research in Organizational Behavior. Greenwich, CT: JAI. 1981, 3: 109-149.

[256] Porter, L.W.. Organizations as Political Animals. Presidential Address, Division of Industrial-Organizational Psychology. 84th Annual Meeting of the American Psychological Association. Washington, DC, 1976.

[257] Pulakos, E.D., Schmitt, N., Dorsey, D.W., et al.. Predicting Adaptive Performance: Further Tests of a Model of Adaptability[J]. Human Performance, 2002, 15(4): 299-323.

[258] Quinn, R.P., Staines, G.L.. The 1977 Quality of Employment Survey: Descriptive Statistics with Comparison Data from the 1969-70 and 1972-73 Surveys[M]. Ann Arbor, Mich.: Institute for Social Research, 1979.

[259] Randall, M.L., Cropanzano, R., Bormann, C.A.. Organizational Politics and Organizational Support as Predictors of Work Attitudes, Job Performance, and Organizational Citizenship Behavior[J]. Journal of Organizational Behavior, 1999, 20(2):159-174.

[260] Richmomd, L. D, Craig, S. S, Ruzieka, M. F.. Self-monitoring and Marital Adjustment[J]. Journal of Research in Personality, 1991, 25(2): 177-188.

[261] Robbins, S. P.. Native American Families in Transition: A Study of Juvenile Delinquency[J]. Tulane Studies in Social Welfare, 1988: 17.

[262] Robbins, T. L, Denisi, A. S.. A Closer Look at Interpersonal Affect as a Distinct Influence on Cognitive Processing in Performance Evaluations[J]. Journal of Applied Psychology, 1994, 79(3): 341-353.

[263] Roberts, K. H., Glick, W.. The Job Characteristics Approach to Task Design: A Critical Review[J]. Journal of Applied Psychology, 1981, 66(2):193-217.

[264] Romm, T., Drory, A.. Political Behavior in Organizations: A Cross-Cultural Comparison[J]. International Journal of Valued Based Management, 1988, 1(2): 97-113.

[265] Rosen, C.C., Chang, C.H., Johnson, R.E., et al.. Perceptions of the Organizational Context and Psychological Contract Breach: Assessing Competing Perspectives[J]. Organizational Behavior and Human Decision Processes, 2009, 108(2): 202-217.

[266] Rosen, C.C., Levy, P.E., Hall, R.J.. Placing Perceptions of Politics in the Context of the Feedback Environment, Employee Attitudes, and Job Performance[J]. Journal of Applied Psychology, 2006, 91(1): 211-220.

[267] Rotundo, M., Sackett, P.R.. The Relative Importance of Task, Citizenship, and Counterproductive Performance to Global Ratings of Job Performance: A Policy-Capturing Approach[J]. Journal of Applied Psychology, 2002, 87(1): 66-80.

[268] Rusbult, C.E., Campbell, M.A., Price, M.E.. Rational Selective Exploitation and Distress: Employee Reactions to Performance-based and Mobility-Based Reward Allocations[J]. Journal of Personality and Social Psychology, 1990, 59(3): 487-500.

[269] Sara, L.R., Barry, G., Parks, L.. Personnel Psychology: Performance Evaluation and Pay for Performance[J]. Annual Review of Psychology, 2005, 56(1): 571-600.

[270] Schein, V. E.. Individual Power and Political Behaviors in Organizations: An Inadequately Explored Reality[J]. Academy of Management Review, 1977, 2(1): 64-72.

[271] Schlenker, B. R.. Impression Management: The Self-concept, Social Identity, and Interpersonal Relation[J]. Monterey, CA: Brooks/Cole, 1980: 46-78.

[272] Schnake, M.E.. Organizational Citizenship: A Review, Proposed Model, and Research Agenda [J]. Human Relations, 1991, 44(7): 735-759.

[273] Schneider, B.. Organizational Climates: An essay[J]. Personnel Psychology, 1975, 28(4): 447-479.

[274] Schuler, R.S.. Definition and Conceptualization of Stress in Organizations. Organizational Behavior and Human Performance, 1980, 25(2): 184-215.

[275] Shalley, C. E., Zhou, J., Oldham, G. R.. The Effects of Personal and Contextual Characteristics on Creativity: Where Should We Go from Here?[J]. Journal of Management, 2004, 30(6): 933-958.

[276] Shoss, M.K., Witt, L.A., Vera, D.. When does Adaptive Performance Lead to Higher Task Performance? Journal of Organizational Behavior, 2012, 33(7): 910-924.

[277] Sims, H.R., Andrew, S., Keller, Robert, K.. The Measurement of Job Characteristics[J]. Academy of Management, 1976, 26(2): 195-212.

[278] Smith, C.A., Organ, D.W., Near, J.P.. Organizational Citizenship Behavior: Its Nature and Antecedents[J]. Journal of Applied Psychology, 1983, 68(4): 655-663.

[279] Snyder M.. Impression Management: The Self in Social Interaction. In: Wrightsman, L. S, Deaux, K (Eds.) Social Psychology in the 80s (3rd Ed). Monterey, CA: Brooks/Cole, 1981: 91-104.

[280] Snyder M.. Self-Monitoring of Expressive Behavior. Journal of Personality and Social Psychology, 1974, 30(4): 526-537.

[281] Snyder, M, Gangestad, S.. On The Nature of Self-Monitoring: Matters of Assessment, Matters of Validity[J]. Journal of Personality and Social Personality and Social Psychology, 1986, 51(1): 125-139.

[282] Snyder, M, Schlenker, B. R.. Impression Management: The Self-concept, Social Identity, and Interpersonal Relation[J]. Monterey, CA: Brooks/Cole.1980: 46-78.

[283] Snyder, M.. Public Appearances, Public Realities: The Psychology of Self-monitoring[M]. New York, Freeman, 1987.

[284] Snyder, M.. Self-monitoring Processes. In: Berkowitz L (Ed.).Advance in Experimental Social Psychology. New York: Academic Press, 1979: 85-128.

[285] Snyder, M.. Self-monitoring of Expressive Behavior[J]. Journal of personality and Social psychology, 1974, 30(4): 526-537.

[286] Spector, P. E., Fox, S.. Theorizing about the Deviant Citizen: An Attributional Explanation of the Interplay of Organizational Citizenship and Counterproductive Work Behavior[J]. Human Resource Management Review, 2010(a), 20(2):132-143.

[287] Spector, P.E., Fox, S.. Counterproductive Work Behavior and Organisational Citizenship Behavior: Are they Opposite Forms of Active Behavior?[J]. Applied Psychology: An International Review, 2010b, 59(1): 21-39.

[288] Spector, P.E.. Perceived Control by Employees: A Meta-Analysis of Studies Concerning Autonomy and Participation at Work[J]. Human Relations, 1986, 39(11): 1005-1016.

[289] Spencer, L.M., Spencer, P.S.. Competence at Work Models for Superior Performance[M]. New York: John Wiley and Sons, 1993.

[290] Spiro, Weitz.. Adaptive Selling: Conceptualization, Measurement, and Nomological Validity[J]. Journal of Marketing Research, 1990, 27(1): 61-69.

[291] Steers, R. M., Spencer, D.G.. The Role of Achievement Motivation in Job Design[J]. Journal of Applied Psychology, 1977, 62: 472-479.

[292] Steiger, J.H.. Structure Model Evaluation and Modification: An Internal Estimation Approach. Multivariate Behavioral Research[J].1990, 25(2): 173-180.

[293] Subramony, M.. A Meta-Analytic Investigation of the Relationship between HRM Bundles and Firm Performance[J]. Human Resource Management, 2009, 48(5): 745-768.

[294] Sydanmaanlakka, P. An Intelligent Organization. Integrating Performance, Competence and Knowledge Management[M]. Capstone. London, 2002.

[295] Taber, T.D., Taylor, E.. A Review and Evaluation of the Psychometric Properties of the Job Diagnostic Survey[J]. Personnel Psychology, 1990, 40(3): 476-500.

[296] Takeuchi, R., Lepak, D.P., Wang, H., et al.. An Empirical Examination of the Mechanisms Mediating Between High-Performance Work Systems and the Performance of Japanese Organizations[J]. Journal of Applied Psychology, 2007, 92(4): 1069-1083.

[297] Thomas, K.W., Velthouse, B.A. Cognitive Elements of Empowerment: An Interpretive Model of Intrinsic Task Motivation[J]. The Academy of Management Review, 1990, 15(4): 666-681.

[298] Thompson, C.A., Prottas, D.J. Relationships among Organizational Family Support, Job Autonomy, Perceived Control, and Employee Well-Being[J]. Journal of Occupational Health Psychology,2005,10(4):100-118.

[299] Tinbergen, J.. On the Theory of Income Distribution[J]. Weltwirtschaftliches Archiv, 1956, 77(2):155-173.

[300] Treadway, D.C., Witt, L.A., Ferris, G.R., et al.. The Role of Age in the Perceptions of Politics-Job Performance Relationship: A Three-Study Constructive Replication[J]. Journal of Applied Psychology, 2005, 90 (5): 872-881.

[301] Troyer, L., Mueller, C. W., Osinsky, P. I.. Who's the Boss? A Role-Theoretic Analysis of Customer Work[J]. Work and Occupations, 2000, 27(3):406-427.

[302] Turner, A.N., Lawrence, P.R. Industrial Jobs and the Worker[M]. Boston: Harvard Graduate School of Business Administration,1965.

[303] Tushman, M.L.. A Political Approach to Organizations: A Review and Rationale[J]. Academy of Management Review, 1977, 2(2): 206-216.

[304] Tyagi, P. K.. Relative Importance of Key Job Dimensions and Leadership Behaviors in Motivat-

ing Salesperson Work Performance[J]. Journal of Marketing, 1985, 49(3): 76-86.

[305] Ullah, S., Jafri, A.R., Dost, M.K.B.. A Synthesis of Literature on Organizational Politics[J]. Far East Journal of Psychology and Business, 2011, 3(3): 36-49.

[306] Utman, C.H.. Performance Effects of Motivational State: A Meta-analysis[J]. Personality and Social Psychology Review, 1997, 1(2): 170-182.

[307] Valle, M., Perrewe, P.L.. Do Politics Perceptions Relate to Political Behaviors? Tests of an Implicit Assumption and Expanded Model[J]. Human Relations. 2000, 53 (3): 359-386.

[308] Van Dyne, L., Cummings, L.L., Parks, J.M.. Extra-Role Behaviors: In Pursuit of Construct and Definitional Clarity (A Bridge over Muddied Waters). In Cummings, L.L., Staw, B.M. (Eds.), Research in organizational behavior (Vol. 17, pp. 215-285).Greenwich, CT: JAI Press, 1995.

[309] Van Dyne, L., Ellis, J. B.. Job Creep: A Reactance Theory Perspective on Organizational Citizenship Behavior as Over-Fulfillment of Obligations. In Coyle-Shapiro, J.A., Shore, L.M., Taylor, M.S., et al. & L. E. Tetrick (Eds.), The Employment Relationship: Examining Psychological and Contextual Perspectives. Oxford: Oxford University Press. 2004: 181-205.

[310] Van Scotter, J.R., Motowidlo, S.J.. Interpersonal Facilitation and Job Dedication as Separate Facets of Contextual Performance[J]. Journal of Applied Psychology, 1996, 81(5): 525-531.

[311] Venkatraman, N., Prescott, J.E.. Environment-Strategy Coalignment: An Empirical Test of its Performance Implications[J]. Strategic Management Journal, 1990, 11(1): 1-23.

[312] Vigoda, E., Vinarski, H., Ben, E.. Politics and Image in the Organizational Landscape: An Empirical Examination among Public Sector Employees[J]. Journal of Managerial Psychology, 2003, 18 (8): 764-787.

[313] Vigoda-Gadot, E.. Compulsory Citizenship Behavior: Theorizing Some Dark Sides of the Good Soldier Syndrome in Organizations[J]. Journal for the Theory of Social Behaviour, 2006, 36(1): 77-93.

[314] Von Weizsacker, E.U., Young, O.R., Finger, M.. Limits to Privatization: How to Avoid too Much of a Good Thing, A Report to the Club of Rome [M].London: Earthscan, 2005.

[315] Vroom, V. H.. Work and motivation[M]. New York: Wiley, 1964.

[316] Waldman, D.A.. The Contributions of Total Quality Management to a Theory of Work Performance[J]. Academy of Management Review, 1994, 19(3): 510-536.

[317] Wayne, A., Kacmar. C, Perrewe, P., et al.. Perceived Organizational Support as a Mediator of the Relationship between Politics Perception and Work Outcomes[J]. Journal of Vocational Behavior. 2003, 263(3):438-456.

[318] Wayne, S.J., Ferris, G.R.. Influence Tactics, Affect, and Exchange Quality in Supervisor-Subordinate Interactions: A Laboratory Experiment and Field Study[J]. Journal of Applied Psychology, 1990, 75(5):487-499.

[319] West, M., Farr, J.. Innovation at Work. In West, M., Farr, J. (Eds.), Innovation and Creativity at Work: Psycho- gical and Organizational Strategies[M]. New York, NY: Wiley, 1990: 3-13.

[320] Williams, L.J., Anderson, S.E.. Job Satisfaction and Organizational Commitment As Predictors of Organizational Citizenship and In-Role Behaviors[J]. Journal of Management, 1991, 17(3): 601-617.

[321] Witt, L.A.. Enhancing Organizational Goal Congruence: A Solution to Organizational Politics. Journal of Applied Psychology, 1998, 83(4): 666-674.

[322] Wong, Y., Ngo, H., Wong, C.. Perceived Organizational Justice, Trust, and OCB: A Study of Chinese Workers in Joint Ventures and State-Owned Enterprises[J]. Journal of World Business, 2006, 41(4): 344-355.

[323] Woodard, G.A., Cassill, N., Herr, D.. The Relationship between Psychological Climate and Work Motivation in a Retail Environment[J]. The International Review of Retail Distribution and Consumer Research, 1994, 4(3):297-314.

[324] Woodruffe, C.. What is Meant by a Competency? In R. Boam and P. Sparrow (Eds), Designing and Achieving Competency. Maidenhead: McGraw-Hill, 1992:16-29.

[325] Wright, P. M., Nishii, L.H.. Strategic HRM and Organizational Behaviuor: Integrating Multiple Levels of Analysis. CARHS Working Paper Series, 05. Available at: http://ilr.corneli.edu/CAHRS, 2006.

[326] Wright, P.M., Snell, S.A.. Toward an Integrative View of Strategic Human Resource Management[J]. Human Resource Management Review, 1991, 1(3): 203-255.

[327] Wright, P.M., Wright, G.C., McWilliams, A.. Human resources and sustained competitive advantage: a resource-based perspective[J]. International Journal of Human Resource Management, 1994, 5(2): 301-326.

[328] Wright, P.M., McCormick, B., Sherman, W.S., et al.. The Role of Human Resource Practices

in Petro-Chemical Refinery Performance[J]. International Journal of Human Resource Management, 1999, 10(4): 551-571.

[329] Yang, C.C., Lin, C.Y.. Does Intellectual Capital Mediate the Relationship between HRM and Organizational Performance? Perspective of a Healthcare Industry in Taiwan[J]. International Journal of Human Resource Management, 2009, 20(9): 1965-1984.

[330] Youndt, M.A., Snell, S.A., Dean, Jr, J.W., et al. Human Resource Management, Manufacturing Strategy, and Firm Performance[J]. Academy of Management Journal, 1996, 39(4): 836-866.

[331] Yun, S., Takeuchi, R., Liu, W.. Employee Self-Enhancement Motives and Job Performance Behaviors: Investigating the Moderating Effects of Employee Role Ambiguity and Managerial Perceptions of Employee Commitment[J]. Journal of Applied Psychology, 2007, 92(3): 745-756.

[332] Zaccaro, Foti.. Self-monitoring and Trait-based Variance in Leadership: An Investigation of Leader Flexibility across Multiple Group Situations[J]. Journal of Applied Psychology, 1991, 76(2): 308-315.

[333] Zhang, G. Lee, G.. The Moderation Effects of Perceptions of Organizational Politics on the Relationship between Work Stress and Turnover Intention: An Empirical Study about Civilian in Skeleton Government of China[J]. iBusiness, 2010, 2(3): 268-273.

[334] Zhou, J., Ferris, G.R.. The Dimensions and Consequences of Organizational Politics Perceptions: A Confirmatory Analysis[J]. Journal of Applied Social Psychology, 1995, 25(19): 1747-1764.

[335] Zimmerman, B.J.. A Social Cognitive View of Self-Regulated Academic Learning[J]. Journal of Educational Psychology, 1989, 81(3), 329-339.

[336] Zurmehly, J.. The Relationship of Educational Preparation, Autonomy, and Critical Thinking to Nursing Job Satisfaction[J]. The Journal of Continuing Education in Nursing, 2008, 39(10): 453-460.

后　记

　　本书是在博士论文的基础上修改而成。回眸博士路，虽布满荆棘，但也美不胜收，就在这艰辛与收获中一路走来。是路上的人给了我无尽的支持与激励，谨以此书向他们致敬、致谢！

　　首先，感谢导师崔勋教授。从师六年，感谢导师的悉心教导与培养，感谢给予我机会、辅以我成长。同时，我要特别感谢李新建、杨斌两位教授，言行中处处透射着宝贵而深厚的"老南开精神"。他们虽不是我的导师，但在学习上却给予了无私指导、生活上给予了无微关怀。甚至在毕业后，还经常回忆与他们关于治学、为人、为师的对话与交流。亦师亦友，弥足珍贵。感谢系主任袁庆宏教授的重视及培养；感谢王健友副教授、张立富副教授的帮助与指导；感谢任兵教授、武立东教授给予的启发。感谢吉林大学的老师们，正是他们为我开启了学术之门，成为我的学术启蒙。感谢孙乃纪教授、于桂兰教授、苗宏慧老师、于楠老师、秦晓利老师、张秋慧老师、潘淑琴老师、张纯洪老师长期以来的关心、培养与厚爱。感谢初中班主任苏志红、英语老师雷春红、高中班主任刘晓华的帮助与惦记，让我感到鼓舞与力量。感谢学习路上指引我前行的各位恩师！

　　然后，我要特别感谢同门曹霞姐。感谢她在论文写作过程中给予的协助，尤其在文献整理和数据收集上作出了实质性贡献；感谢她在经济上给予的支持，偷偷往钱包里放钱的记忆难以抹去；感谢她在生活上给予的照顾，在我独自留守学校完成博士论文的那个冬天，每天一份问候。是她陪我度过博士阶段的艰难日子，在低落、无助的时候，给予关爱与鼓励。她的真诚与善良给那段阴暗的日子增添了几分色彩，让回忆变得温存。借本书出版之际，把内心的感激之情回赠于她。

感谢张义明师兄多年来的指导与帮助；感谢陈东平师兄在学习过程中不断的点拨与关心、在需要帮助时的鼎力相助；感谢孟繁强师兄、吴思嫣师姐、张晴师姐、吴海艳师姐的关心与帮助；感谢郑刚师兄、陈玉明师兄；感谢博士同学王利敏、丁刚、李珲，一起走过的时光，多让人怀念；感谢孙美佳、刘星、陈坤、陈琳、刘翔宇、魏亚欣的帮助；感谢室友石丹的陪伴以及慷慨解囊。

我还要感谢挚友杜晓琳、徐扬。相识10年，是她们一直陪我走过本科、硕士和博士的求学路。感谢她们在经济上的大力救济以及生活上、学习上毫无保留的支持。感谢季娇，作为受过专业心理学训练的朋友，总是及时为我排忧解难，帮我走出低谷。感谢李龙儒，在博士论文的写作过程中不厌其烦地提供技术上的帮助；感谢硕士同学暴娟、晋欣、孙俊杰、冯梦薇、徐静、刘志凤的支持与问候；感谢王孟成在数据分析中所给予的指导。

最应该感谢我的母亲。但谢意与歉意并存。30年来，我一直努力扮演好每个角色，但惟独没有成为一个"好女儿"。每每念及此事，愧疚之情溢于言表。借本书出版之际，向她致歉、致谢、致敬！

还有，特别感谢太原理工大学经济管理学院院长牛冲槐教授。他不但给我提供了这份宝贵的工作机会，还为我创造了良好的工作条件，也正是在他的大力支持下，本书才得以顺利出版。

最后，感谢知识产权出版社的于晓菲编辑。感谢她为本书的出版所付出的辛苦与努力。

囿于个人时间、能力的局限，本书难免存在谬误之处，欢迎读者批评、指正！

瞿皎姣

2014年12月9日